中国博士后科学基金资助

逯宏 著

中国五帝时代

——北方传说时代多元文化融合研究

中国社会科学出版社

图书在版编目（CIP）数据

中国五帝时代：北方传说时代多元文化融合研究／逯宏著 .—北京：中国社会科学出版社，2017.6（2018.8重印）
ISBN 978–7–5161–9920–6

Ⅰ.①中… Ⅱ.①逯… Ⅲ.①文化史—研究—中国—三皇五帝时代　Ⅳ.①K210.7

中国版本图书馆CIP数据核字（2017）第041961号

出 版 人	赵剑英
选题策划	刘志兵
责任编辑	耿晓明
责任校对	郝阳洋
责任印制	李寡寡

出　　版	中国社会科学出版社
社　　址	北京鼓楼西大街甲158号
邮　　编	100720
网　　址	http://www.csspw.cn
发 行 部	010–84083685
门 市 部	010–84029450
经　　销	新华书店及其他书店
印刷装订	北京君升印刷有限公司
版　　次	2017年6月第1版
印　　次	2018年8月第2次印刷
开　　本	710×1000　1/16
印　　张	22
插　　页	2
字　　数	343千字
定　　价	81.00元

凡购买中国社会科学出版社图书，如有质量问题请与本社营销中心联系调换
电话：010–84083683
版权所有　侵权必究

序　一

逯宏送来《中国五帝时代——北方传说时代多元文化融合研究》书稿要我作序，我心情复杂，有惶愧、自责，更有欣慰，感到为难又不能不勉为其难。

逯宏来自辽西建平县农村，当年因由我指导他的本科毕业论文而相识。他诚朴好学，也是在艰困中通过自学完成大学学业的，与我三十年前的经历有相似处，所以有种惺惺相惜的感觉。

2002年逯宏考为辽大硕士生，我给他们这批研究生讲过古代美学范畴生成史的课。记得课后交流中他告诉我：老家山上很容易就能捡到红山文化的陶器碎片，曾试着拼成图案，老想知道四五千年前这里的人是怎么生活的。

红山文化遗存主要分布于冀北、辽西地区，逯宏对出生地附近的考古发现兴趣浓厚，有难解的情结。尽管他不归我指导，也鼓励他留意学术界相关研究的进展，抓住这个课题。红山文化牛河梁遗址作为20世纪最晚发现的大型上古文化遗存，首次证实辽河流域也是中华文化的一个重要起源地，且与黄帝、少皞族有联系。这一研究方向于他岂非最适宜吗？

得其指导老师支持，逯宏将"红山文化"作为自己的硕士论文选题。我很为他高兴，深知自己才学给不了他多少帮助，于是向他强调转益多师的重要。既然是研究生，就要多向自己的导师（当时为辽宁大学的毕宝魁老师，随后还有北师大的尚学锋老师、陕西师大的刘生良老师）以及其他史前文化学者的著述请益。

研究红山文化不可能孤立进行，必与其他文化源起相联系，由此他沉潜于中华史前文化的全面研讨。也许是涉及面过宽的缘故，他最初设想的博士论文题和博士后选题都因属"文明起源"而未果。不过，即使在从事后来拟定的博士和博士后课题的研究中，他也未搁置对考古新发现和中华文化多元融合的思考，本书正是逯宏多年来探究中华文化起源的记录。

十三年前就建议他要抓住红山文化的课题是否适合其学习工作的条件和需要呢？倘若因此影响他的学业，影响到所在院校要求他承担的教学、科研任务，那我是作了怎样的一种误导？此即我的惶愧、自责之处。当然，读毕书稿又颇感欣慰，觉得其论确有不懈求索中的斩获，有突破性的建树。

我于史前文化仅是偶有涉猎，未对中华文明起源问题作过专门研究，如何能中肯地评介本书得失呢，作序确实为难！然而书稿读来我受教匪浅，感佩不已：以为逯宏对中华文化构成多元因素互动与融合过程的宣示具有开创性；其探讨问题的思路、资料和对相关研究成果的广泛征引以及严谨的辨识、综论都相当有说服力。

论题虽属撰著者自设，但确与当初我的鼓动相关，他十来年锲而不舍地爬梳、求索既有所得，作序的请求也就不容我推诿，唯勉力为之而已。尽管以我的认知和感悟写来不免浅陋偏颇，也不妨对书稿的成就得失作尽可能客观的推介。

中华文明的起源从来是学者重视的问题，探索从未停步。

逯宏认为，中国古文化研究，无论运用来自西方的"青铜时代"概念，或是中国学者使用的神话传说和考古学两套话语撰述，都难免成为"夹生饭"。以为"结合田野考古新资料重建与传世文献兼容的上古观念架构"是史学发展的必然趋势。以"五帝时代"为题，是用传统史学固有概念指代近百年考古发现的上古历史遗存的生成期，从而将传说与考古两套古史系整合为一。

提及中国历史，人们常说"上下五千年"，大致是以中国第一部通史《史记》的记载为依据的。司马迁上溯到的五帝时代约在公元前三千余年，其时中国尚处于神话传说时期：三皇是半神半人的始祖，而五帝时的社会形态则已是跨地域、有中心的部族联盟，中华文化汇融而成的征候更为明显。有关三皇的争议较大，而五帝为谁的分歧少些。《史记·五帝本纪》载黄帝轩辕氏、颛顼高阳氏、帝喾高辛氏、唐尧、虞舜史事。篇末司马迁明言："学者多称五帝尚矣"，"尚"是久远之义；孔子亦传五帝事；又说："余尝西至空峒，北过涿鹿，东渐于海，南浮江淮矣，至长老皆各往往称黄帝尧舜之处，风教固殊焉。总之不离古文者近是。"且有自己从《春秋》《国语》有关五帝记载中的"发明"。可知《五帝本纪》史料的来源及其立为《史记》本纪首篇的所以然。汉代典籍（如《大戴礼记》《白虎通》）也多认为五帝即黄帝、颛顼、帝喾、尧、舜。逯宏的论题是成立的。

20世纪有众多上古文化遗址的重大发现：从二三十年代起陆续发现的仰韶文化（公元前5000年至前3000年），良渚文化（公元前3300年至前2000年），龙山文化（公元前2600年至前2000年）；50年代发现的半坡遗址（公元前4900年至前3800年），大汶口文化（公元前4200年至前2600年）；70年代发现和发掘的河姆渡文化（公元前5000年至前4000年）。1921年，考古学者首次收集并报道了有关红山文化（公元前4000年至前3000年）的遗存资料，但直到80年代牛河梁等遗址发掘后，红山文化才引起广泛注意。牛河梁等遗址发现最晚，却证实辽河流域也是中华文化重要源头之一。这些发现帮助学者们不断地补充和修正原来的认识和结论，大大推动了上古历史文化的研究。

逯宏指出：受西学东渐影响，民国早期很多学者认为中华文明是自西方传入的；主要分布于黄河中游的仰韶文化发现之后，学界有以黄河流域为中华文明的摇篮的"黄河文明中心说"，夏鼐的《中国文明的起源》为其代表；20世纪80年代中期，发现红山文化牛河梁遗址，北京大学苏秉琦先生（原中国考古学会会长）在《中国文明起源新探》中提出中国文明起源的"满天星斗说"，否定了"黄河文明中心说"。这样在中原仰韶文化之外，冀北辽西的红山文化、黄河下游（山东）的大汶口文化、长江下游太湖地区的良渚文化，以及时代稍后的中原龙山诸文化、巢湖地区（安徽）的凌家滩文化，等等，都受到中华文明起源研究学者的重视。

传统上古史观是一元的，考古发现的中华文明起源是多元的；苏秉琦先生的"满天星斗说"虽与考古发现的实际相吻合，却没有指明多元的源头如何融汇为一，即形成在五帝时代业已廓定的文明形态。本书力求梳理考古发现及其相关成果，并进一步考论，多元文明是如何互动并最终形成中华文明的主流的，从而与传世文献中一元的上古史观相吻合，以求文明史研究的贯通与全面展示。

通过对历史资料、考古发现和前辈学者成果的学习研讨，逯宏补充修正了以往的认识和结论，从以下几个层面对多元的中华文明源头进行了梳理整合：

书稿第一章中指出："天都""人国""地府"是传统观念里的"三界"；有此，则表明五帝时代人们既注意到"物的世界"，也注意到"精神世界"。

在"天都"的讨论中作了关于昆仑山地望的考证："昆仑山"是中国神话名山，但地望在哪里一直无定论。李炳海先生考定"昆仑山"在鄂尔多斯地区（内蒙古黄河南岸），逯宏则以为"帝之下都"在阴山地区，与鄂尔多斯隔黄河相望。

关于轩辕古国：苏秉琦先生指出，黄帝早期传说与红山文化时空框架相对应，但说得简略。逯宏在第一章第二节对"人国"做了详细论证。

幽都在北方，是人观念里的"鬼府"。逯宏指出，幽都与祭祀祖先神灵相关，是"鬼府"的原型，具体说就是牛河梁的积石冢群。这是以往未曾有过的见解。

第二章讨论古代族群婚姻关系，其中的重要收获在于能认识龙族与凤族间的婚盟关系。炎帝之后姜氏、黄帝之后姬氏的婚盟广为人知，而本书揭示龙凤婚盟出现的时间更早，持续时间更长，影响更大。另外，从龙凤婚盟切入，可以理顺先夏人与先商人之间的关系。

第三章探究五行制度，是本书的关键性论证。国内外研究中国文明起源的专著不少，但多回避"五行"的讨论。可能受顾颉刚等"古史辨派"影响，以为"五行"是战国时邹衍等人提出来的，早期文献里提及的"五行"都属伪造。逯宏通过论证指出，原始五行制度从黄帝时代出现到夏启时代崩溃，持续了一千多年。

第四章讲的是战争。战争是不同族群间文化冲突与交流最剧烈的形式。此章进一步明确以下三个方面：

（1）冀北红山文化是黄帝族留下的；中原仰韶文化是炎帝族留下的；山东早期大汶口文化是蚩尤族留下的，晚期大汶口地区被少皞族

（红山文化一支）控制，而蚩尤族后裔依旧在这一地区社会底层生存。此为第一章内容的补充——第一章是静态地将古史传说与考古资料对应，而第四章是作动态的对应。

（2）原始五行制度在战争中转型、崩溃：战争是社会矛盾的激化，往往直接推动社会制度的变革；颛顼"绝地天通"是对原始五行制度的第一次变革；夏启与有扈氏的战争，是对原始五行制的第二次变革（更准确地说是破坏）。这是第三章内容的延续。

（3）龙凤婚盟与原始五行制度密联系：中央部落首领由龙、凤两族首领交替担任，其实是舅舅传给外甥；如果孩子只知道父亲的族属，而不知道是具体是哪个男人（原始伙婚就是甲族男人们与乙族女人们整体结合），就只好随母居；这样，舅舅传位给外甥，其实就是在同一个集团内传位。鲧、禹、启时代，大约专偶婚出现了，孩子改从父居，所以禹就会传位给龙族之子（启），而不再传位给龙族之甥（益，凤族之子）。可以说是第二章内容的延续。

第五章讲信仰。前四章侧重"实"的层面；第五章则侧重"虚"的层面。实与虚，在一定条件下会相互转化：古史传说与考古资料，既有反映"史实"的，也有反映精神层面的。依传统史观，伏羲与女娲有始祖意味，在五帝前的传说中，本书将对他们的崇拜归入古人原始的精神信仰范畴。

逯宏广泛罗集资料和相关的研究成果，梳理、整合中外探讨文化渊源的各种视角和学说之优长，综论中国上古族群的婚姻关系、精神信仰、思想观念以及战争等因素对中华文化特征形成的影响，是上古史研究上颇具创意、很有价值的尝试。

当然，考古还会有新发现，研讨还会有新成果，补正、整合不会终止。逯宏此书中这些有价值的总结仍然是阶段性的。

书稿也难免有不足之处，逯宏自己也意识到对"良渚文化"相关材料的采撷和讨论薄弱是个重要缺憾。而我还有一种感觉，综论中须强化五帝时期各族群生存方式、社会生产力、生产关系方面的述评，更要显现作者兼取各家所长又使之互为补充的思想方法和科学态度。

比如上古时代有这样的分期：旧石器时代、新石器时代和青铜时代、铁器时代。这种提法确为舶来品，20世纪初它为中国学者认同和采用，也不无理由。只说二十五史不存在"青铜时代"这个词以及国人"理解不到位"，不如以考古发现的各族群精神崇拜、生产生活相关的器物、工具为据进行论证，"五帝时代"不受限于"新石器时代"和"青铜时代"的分际更方便也更有说服力。此外，华夏文明的一个特点是对玉的崇拜，可补强玉器的发现和功用这一侧面：古人认为玉坚实而莹洁温润，有德性、有品格、通神灵，广泛用作祭祀礼器，也能制成玉龙、玉龟、玉鸟、玉鱼、玉牒、玉刀等饰物和器具，有文化特色鲜明。何况这正是五帝时代一些文化遗存中很有价值的发现。玉器的运用跨越了新石器晚期、青铜时代和铁器时代，也可以成为本书以"五帝时代"为题的缘由之一。

涂光社

2016 年 12 月于辽大崇山校区

序　二

逯宏博士后撰写的《中国五帝时代——北方传说时代多元文化融合研究》一书即将由中国社会科学出版社出版，作为合作导师，我应其请求，乐意讲几句话，作为序言。

天地玄黄，宇宙洪荒。传说中的中国五帝时代非常悠远，何其茫然！太史公司马迁在作通史《史记》时，有感于"维昔黄帝，法天则地，四圣遵序，各成法度"而作《五帝本纪》第一，但他当时就深感学者多称的五帝，时代过于久远，"百家言黄帝，其文不雅驯"，因而大多难以据信；唯"《尚书》独载尧以来"，较为可靠。他蒐集有限资料，依据孔子所传《五帝德》《帝系姓》两篇文献及《尚书》中的相关记载，参验《左传》《国语》的某些发明，结合自己到各地游历所得到的部分口传资料，经过慎重甄别，"择其言尤雅者"加以整合，写成了这篇本纪，依次记叙了五帝的品德、才能和功业，勾勒出从黄帝到虞舜这一传说时代的大致历史进程，反映了当时部落战争与统一、首领推举与禅让和国家肇基、制度草创以至初具规模的实际情形，从一个层面上揭示了我国早期社会发展、文明进步的基本情况。然而司马迁所写的这篇本纪及所整合的五帝谱系，后世学者却一直颇有疑问。诸多疑难问题，同样由于材料奇缺，加之研究视野和方法所限，始终难以理清，一直没有得到合理解决。于是，信以传信，疑以传疑，所谓五帝时代尤其是关于炎黄的一些问题，差不多成了谁也无法说清的一笔糊涂账。逯宏君十多年来对此十分关注，凭借自己来自辽西，对当地新石器时代红山文化遗址的考古发掘与研究比较了解的优势，选择这一难度巨大又具有重要学术价值和意义的课题进行探险性研究，试图依托红山文化的研究成果，从多元文化融合的视角，综合运用多重证据，破解关于五帝时代的部分难题，解开诸多谜团，厘正长期存在的某些误解，以重建远古史观。本书即是他对这一课题多年思考与钻研之收获的阶段性呈现。

红山文化最初发现于辽宁西部和内蒙古赤峰（时均属热河省），其分布遍及今冀、蒙、辽交会处的广大地区，因早期发掘多集中于赤峰红山一带，遂命名为"红山文化"。红山文化的考古发掘与研究表明，西辽河流域也是中华文明的发源地之一。逯宏君立足于此，检索整理并审视传说中五帝时代的相关文献资料，惊奇地发现关于黄帝的传说和记载多与红山文化的时空范围相对应，以动物（龙凤）为图腾的黄帝龙族团是北方草原地区的游牧部族，以植物（花）为图腾的炎帝华族团是中原黄河流域的农耕部族，他们所代表的游牧文化和农耕文化及其内部支系间的冲突与交融，构成了五帝时代社会生活和文化发展的基本内容，从而找到了一把打开远古神秘时空的锁钥，进而结合对传世文献记载的辨证，提出一系列重要见解与发明，对诸多疑难问题做出了新的考证和阐论。

本书除绪论和结语外，主要由五章组成，依次考论三界地理原型、史前婚姻联盟、原始五行制度、远古战争神话和伏羲女娲信仰。按其章节顺序，我以为其重要发明和新见主要体现在以下方面：

首先是关于三界地理的考索。他综合传世文献与考古资料，认为昆仑神山的地望在今内蒙古中南部的阴山地区；轩辕古国在今河北北部、内蒙古东南部、辽宁西部的森林草原间；而最初的幽都鬼府原型，则是红山文化牛河梁积石冢群遗址。概言之，北纬40°以北西起阴山东至燕山一带的广大地区，是以黄帝为首领的龙族团早期活动的历史舞台。这就从红山文化的视角，为传说中的黄帝时代建构了文化地理上的新坐标。

其次讨论史前婚姻联盟。他从黄帝的婚姻入手，在人多知道的华族团炎帝之后姜氏与龙族团黄帝之后姬氏间的婚盟之外，依据红山文化中玉龙与玉凤共出等现象，首次揭示出龙族团内部最主要的龙族与凤族间的婚盟，这是出现时间更早、持续时间更长、对后世影响更大的婚姻联盟。同时指出，由于母系社会孩子通常随母亲生活在舅氏家族，也可以说是甥随舅居，舅为龙族则甥为凤族，舅为凤族则甥为龙族，太皞与少皞的关系就是如此，从黄帝至大禹一千余年的时间里都是如此。以龙凤

序 二

婚盟为切入点，考察帝喾的婚姻，也可以理顺先夏人与先商人之间的关系。这就为学界提供了关于黄帝族团内部主要婚姻形态、部族关系及其文化联系与交融的新认识。

再次探考原始五行制度。他摆脱"古史辨派"的成见，参考相关传说和红山文化区出土的类似"玄珠"的玉雕龙，对"黄帝四面"作了新的阐释，提出原始五行制是由黄帝创立的新观点。他认为，原始五行制就是东、南、西、北四方部落首领交汇于中央，共同组成五方部落联盟的制度，它与婚姻联盟交织在一起，本质上又与原始禅让制同构。这种制度能在比较落后的条件下有效凝聚各个部落，形成强大的合力，故从黄帝创始到夏启终结，持续了一千多年。而从匈奴铁骑到满洲八旗，在中国北方的森林草原间也很容易找到这种制度的活化石。这就使我们获得了五帝时代社会组织形式、政治体制、文化交流机制及部族间互动融通纽带的新认知。

随后阐论远古战争神话。他认为，战争是不同族群间文化冲突与交流的最剧烈的形式，从来都是外部或内部矛盾不可调和的产物，并推动社会变革。自黄帝以来，贯穿于史前战争的矛盾主线是：前期、中期以龙族团与华族团的矛盾为主，后期以龙凤联盟内夏人与夷人的矛盾为主。前期主要表现为以黄帝为首的龙族团因气候和环境变化不得不挥师南下，在今河北张家口地区的阪泉、涿鹿同以炎帝为首的华族团进行的一场大战，结果炎帝战败，蚩尤被杀，导致华族团分裂，炎帝姜氏族与黄帝族组成新的婚姻联盟，即炎黄联盟，炎帝后裔逐渐加入到黄帝所建立的原始五行制度中来，但中央盟联的权力一直掌握在龙凤族团手里，由龙、凤两族舅甥相传轮流担任首领。由阪泉、涿鹿之战可以进一步确认，北方红山文化是黄帝族留下的，中原仰韶文化是炎帝族留下的，山东大汶口文化早期是蚩尤族留下的，晚期则为少皞族（红山文化一支）之遗迹。中期，龙族团进入中原向南发展，在很长时间内仍断断续续地与华族团支系发生冲突，如九黎乱德、共工与颛顼争帝等，都可以说是炎黄斗争的延续。面对各种挑战，帝颛顼实施了"绝地天通"的宗教改革，把四方首领的祭天通神权和治民权分离，而中央帝依然集通神权与治民权于一身，使中央集权得以实现，原始五行制由此转型。后期，随着婚姻制度发展，男性渐获优势，龙凤族团内部龙族夏人与凤族夷人

· 3 ·

的矛盾凸显。大禹"归我子"的要求，表明当时社会正处于由母系向父系过渡阶段，龙凤婚盟出现裂痕；而伯益失权，夏启继位，以及夏启与有扈氏的甘之战，则说明龙凤两族因帝位继承而产生的矛盾加深加剧，最终导致禅让制即原始五行制崩溃。本章以阪泉、涿鹿之战为逻辑起点的分析阐论，既对远古战争神话作了深刻的文化透视和真相还原，又使我们对五帝时代的文化冲突与交融、文化因革与重构有了动态的历史体认。

最后考论伏羲女娲信仰。逯宏认为，传统史观中被尊为创世配偶神或人祖神的伏羲女娲，只能视为古人的精神信仰，而无法作为历史真实或真实人物来看待。他发现西汉以前伏羲与女娲从未同时出现，因而根据不同时代、不同地域伏羲女娲陵庙、像石的分布规律，参考相关传说分别追溯，上下求索，进而发现战国时女娲的信众是楚人，由楚人上溯到颛顼再到黄帝，认定女娲最初是黄帝族所信仰的神灵。黄帝族留下的红山文化中女神崇拜的遗迹，或与女娲有关；红山文化东山嘴遗址的圆形祭坛，也似与"补天"关联；还有，黄帝女魃又曾在阪泉、涿鹿之战中于赤水（今河北赤城红河）止雨，据此，女娲及女魃都是以黄帝族的女巫师为原型的。而"华胥履迹生伏羲"与"姜嫄履迹生后稷"类似，表明伏羲与华胥氏、姜氏关系密切；伏羲远在神农、黄帝和太皞之前，可见他并非龙族的太皞，据此可以确定伏羲最初是华族崇拜的祖先神。八卦符号最基本的内涵是阴阳及其转化，所体现的正是华族农民的智慧；考古发现的半坡人面网纹盆边沿符号等文物，也似乎与伏羲画卦传说有关。第五章的梳理考论，显然是前四章内容的必要延展和重要补充，可进一步加固本书所构建的远古史观，以免因民间有关传说受到干扰。

总之，本书立足红山文化视角，依托相关研究成果，全面照观和重新审视传世文献记载，对传说中的五帝时代做出了极富新意的探究和阐说，超越和突破了许多传统观点，理清了不少疑案，从而初步建构起远古五帝时代多元文化融合的新体系和新史观，较好地实现了预定目标，创获甚多，创新性很强。

要完成这样一个难度甚大的研究课题，提出和确立自己的一系列新见解，建构自己的新体系，是颇不容易的。这既需要具备扎实的文献功底和深厚的理论修养，更需要对地上文物、出土文物和民间传说、民俗文化及其研究成果的准确把握和精审辨析；既要博览群书，借鉴前人和今人的研究方法和成果，更要独立思考，自辟新径，求真求实，勇于开拓创新。逯宏正是这样做的，或者说正是朝这个方向努力的。如本书第一章关于三界地理的考证，就能体现这一特点。昆仑山是中国的神山，相当于古希腊的奥林匹斯山，但昆仑神山的地望却一直众说纷纭，大多以为在青藏高原或西域，有人提出在今内蒙境内黄河南岸的鄂尔多斯地区。逯宏则综观细察《史记》《尚书·禹贡》等书之记载，而依据《山海经》中的诸多线索，以雁门山、钟山、恒山为证，以河水、赤水、洋水、黑水为辅，又参验阴山岩画，把昆仑神山的地望进一步确定为今内蒙古境内黄河北岸的阴山地区；通过对"轩辕"诸说的平议，对轩辕、有熊与缙云氏的阐说和对涿鹿与新郑的比较，在前人基础上详细论证了黄帝传说与红山文化时空框架相对应的关系，从而得出轩辕氏乃称雄北方草原近千年的游牧部落，轩辕古国在今河北北部接近草原的地区，桥山在今河北涿鹿的新见解；又认为作为北方地名的幽都乃是作为观念中鬼府的原型，首次将其地点具体确定为牛河梁积石冢群遗址。往下考论黄帝四妃的传说、太皞与少皞的关系、龙凤婚姻联盟以及帝喾的婚姻、"玄鸟生商"神话乃至周人的文化渊源，阐释黄帝四面与建立五行、上古禅让传说、陶寺遗址与尧都平阳传说、若水地望与颛顼之虚及"绝地天通"，阐释"归子"传说、"五行"与"三正"、有扈氏与夷夏之争，解构伏羲女娲传说，考证女娲的原型与分化、伏羲与太皞的分合及八卦的草创等，都是如此，皆能将传世文献与出土文物、考古资料等相结合，在相互印证中有所发明。20世纪初，为解决学术研究中的一些疑难问题，王国维提出"二重证据法"，随后饶宗颐、叶舒宪等又进一步提出"多重证据法"和跨学科、跨文化等研究方法，并率先垂范，为学界提供了不少成功的研究范例。逯宏也将这些方法运用于本课题的研究之中，他聚焦一个个难题，往往罗列多重证据，综合运用文献学、考古学、文化人类学、历史地理学、神话学、宗教学、民族学、艺术学、语言文字学、符号学等原理和方法进行多层面的考辨和阐论，取得了较显著的成绩，做出了较突出的贡献，可以说为学界提供了又一运用多重证据、多学科融通法等解决重大疑难问题的范例。也正因为如此，本书视野开阔，材料丰富，探究较扎实深入，论述较严密到位，言之成理，具有较强的说服力，而且探幽抉奥，钩玄发微，新见迭出，胜义纷呈，读来令人耳目一新，显示出作者良好的学养与功力。与此同时，作者刻苦钻研、孜孜不倦的努力和艰辛劳动也不难想见。

  本书考论的多是远古五帝时代的一些疑难问题，当然也不可避免地会存在一些缺点、不足甚或错误。新石器时代的长江流域同样星罗棋布地存在着古代文化，本书的副标题"北方传说时代多元文化融合研究"虽将其排除在外，但这些文化与黄河流域乃至北方草原文化的关联恐怕是客观存在的，如良渚文化、三星堆文化等，可见作者所建构的体系还不尽完善；作者对某些问题的探究，也显得力不从心，论证不尽充分。对此，逯宏本人已有清醒的认识。面对幽眇神秘的五帝时代这一老大难课题，材料极少，众说不一，要想其所有观点、判断全都正确无误，显然不大可能，因而书中诸多见解虽言之成理，也未必都很妥当。其中有些观点能否成立，还需要进一步研讨，专家和广大读者尽可批评指正。我对这一课题也并不熟悉，完全是在学习，只是因审阅书稿并探讨交流先学一步而已，所以连同我这篇小序，亦请专家学者一并批评指教。不过在我看来，即使本书存在一些缺点错误，也无论其观点能否全都成立，作者的治学精神和创新勇气当是可贵可嘉的，成绩是主要的可喜的，因此我对本书总体上还是非常赞赏的。

  逯宏勤奋好学，对上古文化尤感兴趣，先后师从涂光社、毕宝魁、尚学锋等先生，因而有不少成果及本书面世。希望逯宏继续钻研，就中国文化的溯源探流等做出系列成果和更大贡献，以更多优秀新著嘉惠学林。

刘生良

2016 年 12 月于陕师大雁塔校区

摘　　要

　　从古史传说来看，昆仑神山、轩辕古国、幽都鬼府构成了横跨天神、人国、地府三界的上古神话时空。即便是先民想象的产物，也总会有历史原型的。综合传世文献与考古资料可知：昆仑山的原型在内蒙古阴山地区；轩辕古国在河北北部、内蒙古东南部、辽宁西部的森林、草原间；最初的幽都原型，在红山文化牛河梁遗址一带。总之，北纬40°以北的广大地域是龙族团最初活跃的历史舞台。而同一时期生活在黄河流域原始族群也有很多，他们有很多支系，共同特征是原始农业比较发达，可概称为华族团。

　　婚姻是维系各原始族群之间关系的第一条纽带。北方龙族团内部又可以分为很多支系，崇拜龙的部落与崇拜凤的部落之间存在着龙凤婚盟。先夏人和先商人，分别是龙凤两族的一支，也是早期龙凤联盟的主要组成部分。由于在早期婚姻形态下两性结合相对自由，族人辈分无法按父系计算，所以孩子通常随母亲生活在舅舅的氏族里，即舅舅为龙族则外甥为凤族，舅舅为凤族则外甥为龙族。也就是说，从黄帝至大禹一千余年的时间里，龙凤两族"你中有我，我中有你"。

　　原始五行制度是维系各主要族群的第二条纽带。简单说，原始五行制就是东、南、西、北四方部落首领交会于中央，共同组成五方部落联盟的制度。原始五行制是由黄帝创立的，本质上是原始渔猎、游牧经济的产物。从匈奴铁骑到满洲八旗，在中国北方的森林草原间很容易找到这种制度的活化石。它简单而有效，很容易在比较落后的条件下迅速形成强大的力量中心。

　　战争从来都是社会矛盾不可调和的产物。贯穿于史前战争中的矛盾主线有两条：前期、中期以龙族团与华族团的矛盾为主，后期以龙凤联盟内夏人与夷人的矛盾为主。

距今5000年前后，东亚气候急剧变化，北方草原气温降低很多，降水大幅减少，龙族团的生存环境显著恶化。迫于生存压力，龙族团在联盟首领黄帝的带领下，挥师南下，于阪泉、涿鹿（即今河北北部张家口地区）同华族团发生大规模冲突，而此时华族团的重要首领有炎帝、蚩尤。战争的结果是炎帝战败、蚩尤被杀。继之，原始华族团四分五裂：炎帝姜氏族与黄帝族组成新的婚姻联盟，即炎黄联盟。同时，炎帝后裔也渐渐加入黄帝所建立的原始五行制度中来，但中央盟联的权力一直把持在龙凤族团的手里。

龙族与华族的矛盾延续了很长时间。九黎或战或和，艰难地生存于各地；三苗或南迁或西迁，并断断续续地与龙族团冲突。由于华族团长期生活于黄河流域，比北方龙族团更适应多水环境，所以当洪水与异族同时来袭时，龙族团以为洪水就是共工氏的"武器"。为应对各种挑战，帝颛顼实施了"绝地天通"的宗教改革：四方首领祭天通神权被分割出去，仅保留了治民权，也就是原来归一位部落首领的权力被分派给两个人；由于中央帝依然集通神权与治民权于一身，因而中央集权得以实现。尽管如此，中央帝还是觉得四方首领各自主政一方的权力太大了，于是便把他们的权力逐渐专门化，即由主政一方改为主管一类事务。水、火、金、木、土、谷被当时人认为是六件最重要的事，中央帝将土、谷管理权留在中央，其余四种被分别派给四方首领来管理，这样东正、南正、西正、北正就逐渐演化成了木正、火正、金正、水正。正，即是官。直到殷商时，官制里还有木正、火正、金正、水正和土正。

随着婚姻制度的发展，龙族团内部龙族夏人与凤族夷人也出现了矛盾。大约到夏禹时代，男人在两性生活中获得了相对优势，可以确定妻族中哪个孩子是自己的，哪个孩子不是自己的。在这样的条件下，有权势的男子就会要求将儿子纳入自己所在的氏族，按父系计算辈分。从传说来看，大禹就曾经提出过这样的要求（归我子）。如果依照原始五行制的老规矩，禹最终应该将中央帝位传给伯益（龙族之甥，凤族之子）；但是，孩子们离开舅族改从父居后，伯益成了外族之人，而龙族的长老们当然不愿意看到龙族的大权旁落外族。正是在这样的条件下，夏启破坏禅让制（即原始五行制）才会成功，因为龙族大部分人都会支持他。夏启继承帝位的阻力主要来自凤族（有扈、后羿等），但历史进步的车轮是任何人也阻挡不了的。至此，中原地区的原始五行制宣告终结。

伏羲女娲在诸神里的辈分很高，通常被视为创世的配偶神或人祖神。他们在各地有很多庙宇，拥有数量庞大的信众。而有其庙宇或崇拜遗迹的地方，往往流传着伏羲女娲生于斯、长于斯、葬于斯的传说。这些传说对于坚定人们的信仰无疑起了很大的作用，但显然是无法作为历史真相来看待的。根据不同时代、不同地域伏羲女娲陵庙、像石的分布规律，可以发现战国时女娲的信众是楚人；由楚人向上到颛顼，由颛顼向上到黄帝，可知女娲是黄帝族所信仰的神灵。西汉以前伏羲与女娲从未同时出现，因而只能分别追溯。"华胥履迹生伏羲"与"姜嫄履迹生后稷"类似，表明伏羲与华胥氏、姜氏关系较密切；伏羲在神农前，神农在黄帝前，黄帝在太皞前，因而伏羲并非龙族的太皞。尽管不容易确定伏羲的出生地，但可以确定他最初是华族崇拜的祖先神。

关键词：五帝；龙族；凤族；华族；五行；原始信仰

目　　录

绪　论 ……………………………………………………………（1）
　　一　古史传说与神话 ………………………………………（2）
　　二　考古与文明起源 ………………………………………（5）
　　三　研究目的与意义 ………………………………………（9）
　　四　研究思路与方法 ………………………………………（12）
第一章　见龙在田：三界地理考索 ………………………………（18）
　第一节　昆仑神山考 …………………………………………（19）
　　一　三山为证 ………………………………………………（19）
　　二　四水为辅 ………………………………………………（22）
　　三　岩画透玄机 ……………………………………………（24）
　　小结 …………………………………………………………（26）
　第二节　轩辕古国考 …………………………………………（27）
　　一　"轩辕"诸说平议 ………………………………………（28）
　　二　轩辕、有熊与缙云氏 …………………………………（32）
　　三　涿鹿与新郑的比较 ……………………………………（36）
　　小结 …………………………………………………………（39）
　第三节　幽都鬼府考 …………………………………………（41）
　　一　地名之幽都 ……………………………………………（41）
　　二　"鬼府"的本义 …………………………………………（45）
　　三　幽都原型说 ……………………………………………（48）
　　小结 …………………………………………………………（50）
第二章　龙凤呈祥：史前婚姻联盟 ………………………………（52）
　第一节　黄帝与嫘祖 …………………………………………（53）

· 1 ·

一　黄帝四妃的传说 …………………………………………（53）
　　　二　丑女媒母考 ……………………………………………（56）
　　　三　嫘祖与西陵考 …………………………………………（60）
　　　小结 ……………………………………………………………（64）
　第二节　龙凤同源说 ……………………………………………（65）
　　　一　玉凤何由栖龙岗 ………………………………………（66）
　　　二　太皞与少皞的关系 ……………………………………（68）
　　　三　论龙凤婚姻联盟 ………………………………………（72）
　　　小结 ……………………………………………………………（75）
　第三节　帝喾的婚姻 ……………………………………………（76）
　　　一　"四妃"母题的含义 ……………………………………（77）
　　　二　简狄与"玄鸟生商"神话 ………………………………（80）
　　　三　姜嫄与周人的文化渊源 ………………………………（85）
　　　小结 ……………………………………………………………（89）

第三章　五龙抢珠：原始五行制度 ………………………………（91）
　第一节　论黄帝原始五行 ………………………………………（92）
　　　一　金枝与五龙抢珠的传说 ………………………………（92）
　　　二　"玄珠"与玉雕龙 ………………………………………（94）
　　　三　黄帝四面与建立五行 …………………………………（99）
　　　小结 …………………………………………………………（103）
　第二节　禅让传说及其阐释 ……………………………………（104）
　　　一　传世文献中的禅让传说 ………………………………（104）
　　　二　陶寺遗址与尧都平阳传说 ……………………………（109）
　　　三　从实证到诸子阐释 ……………………………………（114）
　　　小结 …………………………………………………………（122）
　第三节　原始五行的活化石 ……………………………………（123）
　　　一　五色、五方与五京制 …………………………………（124）
　　　二　八旗与五行的关联 ……………………………………（128）
　　　三　五行制的转型与错位 …………………………………（133）
　　　小结 …………………………………………………………（137）

目 录

第四章　飞龙在天：远古战争神话 ……………………………（139）
　第一节　涿鹿的考古学价值 ………………………………（140）
　　　一　从姬水到涿鹿 ……………………………………（140）
　　　二　涿鹿与南北冲突 …………………………………（145）
　　　三　上古神农崇拜与仰韶文化 ………………………（150）
　　　四　论"少皞之虚"的归属 ……………………………（155）
　　　小结 ……………………………………………………（160）
　第二节　帝颛顼与绝地天通 ………………………………（161）
　　　一　若水地望与颛顼之虚 ……………………………（161）
　　　二　江水与共工之城 …………………………………（166）
　　　三　"黄炎斗争余绪"说 ………………………………（171）
　　　四　论"绝地天通" ……………………………………（175）
　　　小结 ……………………………………………………（181）
　第三节　夏启与伯益的权争 ………………………………（183）
　　　一　夏启与"归子"传说 ………………………………（183）
　　　二　伯益与凤族失权 …………………………………（188）
　　　三　"五行"与"三正"新解 ……………………………（193）
　　　四　有扈氏与夷夏之争 ………………………………（198）
　　　小结 ……………………………………………………（203）

第五章　炼石补天：伏羲女娲信仰 ………………………（205）
　第一节　伏羲女娲传说解构 ………………………………（206）
　　　一　伏羲女娲故里之争 ………………………………（206）
　　　二　材料困局与化解 …………………………………（210）
　　　三　信众与祖妣的匹配 ………………………………（213）
　　　小结 ……………………………………………………（217）
　第二节　女娲的原型与分化 ………………………………（218）
　　　一　神与人："女娲补天"原型 ………………………（218）
　　　二　善与恶：女魃的文化功能 ………………………（222）
　　　三　圣与俗：战神玄女 ………………………………（226）
　　　小结 ……………………………………………………（230）
　第三节　伏羲与八卦的草创 ………………………………（232）

· 3 ·

一　论伏羲氏与太昊的分合 …………………………（232）
　　二　八卦基本内涵与华族智慧 ……………………（235）
　　三　从原始八卦看文化多元融合 …………………（239）
　　小结 …………………………………………………（245）
结　论 ………………………………………………（250）
　　一　龙族团和华族团 ………………………………（250）
　　二　婚盟与五行制度 ………………………………（251）
　　三　战争与社会演进 ………………………………（254）
　　四　伏羲与女娲信仰 ………………………………（255）
附　表 ………………………………………………（258）
附　图 ………………………………………………（303）
参考文献 ……………………………………………（309）
回到起点 ……………………………………………（330）

绪　　论

百年来，田野考古学在我国取得了很大进展。迄今为止，这门学科最为重大的收获是"中国文明形成阶段上的新的知识，也就是中国青铜时代的新知识"[①]。其他考古新发现可能是极为壮观的，像秦始皇兵马俑、马王堆汉墓等，但这些资料只为我们提供了更多关于古代史的知识，而青铜时代的资料则可能改变我们对中国上古史的根本看法。所谓青铜时代，在考古学上是以使用青铜器为标志的人类文化发展的一个阶段。郭沫若认为，"中国的青铜器时代，它的下界是很明了的，便是在周秦之际，……但上界却是很渺茫的。中国究竟是在什么时候由石器时代递禅到青铜器，在今天谁也无法回答"[②]。近几十年来，有更多的中国上古文化遗址被考古发掘，尽管有些遗址具体年限不易达成共识，人们还是用"青铜时代"指称中国文明的形成阶段。事实上，最新的考古发现表明，中国文明的起源并不囿于所谓的"青铜时代"。

尽管"石器时代""陶器时代""青铜时代"等概念已经被越来越多的人所熟知，但考诸二十五史，可知中国古代并不存在这些概念。按张光直的说法，"青铜时代"是舶来品，最初由丹麦国家博物馆保管员克·吉·汤姆森（Christian Jorgensen Thomsen，1788—1865）所创用，是代表该馆收藏品的一个新分类的三大时代（石器时代、青铜时代、铁器时代）的第二个。[③] 对于这个实物来自地下而概念来自西方的史前时代，当代中国人的理解还没有到位——大多数讲述中国早期历史与文

[①] 张光直：《中国青铜时代》，生活·读书·新知三联书店1983年版，第1页。
[②] 郭沫若：《中国古代社会研究》，河北教育出版社2000年版，第576—579页。
[③] 张光直：《中国青铜时代》，生活·读书·新知三联书店1983年版，第2页。

化的著作，通常使用两套话语系统，一套是神话传说的，一套是考古学的。同一段历史不得不用两种话语叙述，说明两种知识尚未很好地融合。如果把知识比作"粮食"，那么在未与中国传统旧知识结合前，考古得来的或西方舶来的新知识永远都是"夹生饭"。因此，不论有多少困难与阻力，结合田野考古新资料重建与传世文献兼容的上古观念架构，都是历史发展的必然趋势。

按传世文献记载来看，中国固有的上古观念体系就是被古人反复言说的"三皇五帝"时代。《周礼·春官》载："（外史）掌三皇五帝之书。"而《周礼注疏》引《孝经纬》云："三皇无文，五帝画象"①，可见古人所谓三皇五帝之书只是有文字后对上古时事的追记。既是追记，就必然会有很多不准确的说法，但全盘否定显然不是科学的态度。那么，古史传说应当怎样跟当下业已经取得的考古新资料彼此印证呢？

一 古史传说与神话

"三皇"最早见于《周礼·春官·外史》，但所指并不清楚。《史记·秦始皇本纪》载，秦博士所议"古有天皇，有地皇，有泰皇，泰皇最贵"，也没有明确说三皇指哪几位。《史记索隐》云："天皇、地皇之下即云泰皇，当人皇也。"② 按，泰皇指人皇，则天皇、地皇当指天神、地祇。或许是因为荒邈难稽，《史记》提到"三皇"，却没有将其事迹载入其中。

旧题伏胜所撰《尚书大传》云："燧人以火纪，阳也，阳尊，故托燧皇于天；伏羲以人事纪，故托羲皇于人，盖天非人不因，人非天不成也；神农悉地植谷，故托农皇于地。天、地、人之道备而三五之运兴矣。"③ 此书显然是把燧人氏、伏羲氏、神农氏与秦博士所言的天皇、人皇、地皇联系起来了。

其后，《白虎通义》作了进一步的阐述：

---

① 李学勤：《周礼注疏》，北京大学出版社1999年版，第711页。
② （汉）司马迁：《史记》，中华书局1959年版，第236—237页。
③ 《尚书大传》卷一，《影印文渊阁四库全书》，台北商务印书馆1983—1986年版，第3页。

绪 论

三皇者，何谓也？谓伏羲、神农、燧人也。或曰伏羲、神农、祝融也。《礼》曰："伏羲、神农、祝融，三皇也。"古之时，未有三纲六纪，民人但知其母，不知其父。能覆前而不能覆后，卧之詓詓，起之吁吁，饥即求食，饱即弃余，茹毛饮血，而衣皮革。于是伏羲仰观象于天，俯察法于地，因夫妇，正五行，始定人道。画八卦以治下，下伏而化之，故谓之伏羲也。谓之神农何？古之人民，皆食禽兽肉。至于神农，人民众多，禽兽不足。于是神农因天之时，分地之利，制耒耜，教民农作。神而化之，使民宜之，故谓之神农也。谓之燧人何？钻木燧取火，教民熟食，养人利性，避臭去毒，谓之燧人也。谓之祝融何？祝者，属也；融者，续也。言能属续三皇之道而行之，故谓祝融也。①

东汉距所谓"三皇"时代已经很远了，但当时对远古伏羲、神农、燧人时代的追忆符合原始社会的特征，叙述语言也非常朴实。这里没有神化远古先民，更看不出蓄意"伪造古史"的倾向。至于唐朝司马贞作《三皇本纪》以补《史记》之阙，则明显不符合司马迁的初衷。太史公早司马贞八百余年，他对上古资料或传闻的把握无疑比后者更丰富，之所以不把三皇传说载入正史必定是有缘由的。

疑古思潮久已有之，至清末民初之际，盛极一时。不但《三皇本纪》被学者诟病，就连《五帝本纪》也受到置疑了。崔适在《史记探源》中指出：

《太史公自序》曰"述陶唐以来，至于麟止"，然则此纪之录本当为《陶唐本纪》，与《夏》《殷》《周》《秦本纪》一例，而上系黄帝，下兼虞舜，犹《周本纪》上系后稷、下统武王之比。且《世家》始泰伯，《列传》始伯夷，表让德也，是则《本纪》始陶唐，又可比例而得者。后人改为《五帝本纪》，遂增《自序》篇末云"述历黄帝以来，至太初而讫"，显与"述陶唐以来，至于麟止"之言相抵牾。由是增窜全书者，至太初不足，至征和、后元

---

① （清）陈立撰，吴则虞点校：《白虎通疏证》，中华书局1994年版，第49—52页。

· 3 ·

复不足，下及昭、宣、元、成之世，此《淮南子》所谓凿一孔而开百隙者矣。①

此说貌似合理，实则并不尽然：《五帝本纪》主要依据传闻而写，岂能与后来的周、秦本纪体例相同？即使有《五帝德》《帝系姓》等文献记载，亦不过是有了文字之后人们对早前古史传说的追记罢了。况且，《史记》结构宏大、头绪繁多，太史公虽有千虑也难免一失，不能因个别章节疏漏或被篡改过就草木皆兵，指责今本《史记》被大面积增窜。

在《五帝本纪》篇末，司马迁指出：

学者多称五帝，尚矣。然《尚书》独载尧以来；而百家言黄帝，其文不雅驯，荐绅先生难言之。孔子所传《宰予问五帝德》及《帝系姓》，儒者或不传。余尝西至空桐，北过涿鹿，东渐于海，南浮江淮矣，至长老皆各往往称黄帝、尧、舜之处，风教固殊焉，总之不离古文者近是。予观《春秋》《国语》，其发明《五帝德》《帝系姓》章矣，顾弟弗深考，其所表见皆不虚。《书》缺有间矣，其轶乃时时见于他说。非好学深思，心知其意，固难为浅见寡闻道也。余并论次，择其言尤雅者，故著为本纪书首。②

司马迁曾赴各地考察，是《太史公自序》里明确记载的事，《五帝德》《帝系姓》等文献记载的古帝传说至今也能看到。在汉代书籍流布不广的条件下，掌握文化权力的人的确可以对某部书进行改窜，但是，要把相关的许多部书同时改窜则是不现实的。所以，疑古是一种理性的治学态度，但过度疑古却是失当的。

几乎在这波疑古思潮兴起的同时，西方"神话"概念传入中国。马克思在《〈政治经济学批判〉导言》中指出，"任何神话都是用想象和借助想象以征服自然力，支配自然力，把自然力加以形象化；因而，

---

① 崔适著，张烈点校：《史记探源》，中华书局1986年版，第20页。
② （汉）司马迁：《史记》，中华书局1959年版，第46页。

随着这些自然力实际上被支配,神话也就消失了"①。据此,尚无文字的远古洪荒之际,社会生产力极端低下,人类却正处于神话的黄金时代。

鲁迅是中国较早涉足神话的现代学者。他在《中国小说史略》中这样写道:

> 昔者初民,见天地万物,变异不常,其诸现象,又出于人力所能以上,则自造众说以解释之:凡所解释,今谓之神话。神话大抵以一"神格"为中枢,又推演为叙说,而于所叙说之神、之事,又从而信仰敬畏之,于是歌颂其威灵,致美于坛庙,久而愈进,文物遂繁。故神话不特为宗教之萌芽,美术所由起,且实为文章之渊源。惟神话虽生文章,而诗人则为神话之仇敌,盖当歌颂记叙之际,每不免有所粉饰,失其本来,是以神话虽托诗歌以光大,以存留,然亦因之而改易,而销歇也。②

中国古史传说人物,同时也是各原始部族的祖先,他们生前造福于子孙,去世后自然被颂美于宗庙了。祖先们生前事迹被后人反复推演叙说,久而久之,遂为神话。也正是因为这个原因,上古神话与历史有着千丝万缕的联系。同为中国神话研究先驱之一的茅盾也指出,"各民族的神话是各民族在上古时代(或原始时代)的生活和思想的产物。神话所述者,是'神们的行事',但是这些'神们'不是凭空跳出来的,而是原始人民的生活状况和心理状况之必然的产物"③。上古神话或古史传说,既有真实历史的精神内核,其与百年来的考古新资料彼此印证,当然也就是可能的了。

二 考古与文明起源

19 世纪末 20 世纪初,疑古思潮兴起与神话概念引进,使"三皇五

---

① 马克思、恩格斯:《马克思恩格斯选集》第2卷,人民出版社1995年版,第29页。
② 鲁迅撰,郭豫适导读:《中国小说史略》,上海古籍出版社1998年版,第6页。
③ 玄珠:《中国神话研究》,台北东方文化书局1971年版,第4—5页。

帝"由上古帝王蜕变为神话人物。与远古历史神话化的同时，一门全新学科——考古学在华夏大地悄然兴起。考古学（Archaeology），是根据实物资料来研究人类历史的学科。① 按此定义，中国考古学至少有两千年的历史：春秋末期，孔子周游列国，调查夏、商文化，认识坟羊与楛矢；西汉时，司马迁探禹穴、窥九嶷，考察各地的古代文化遗迹，为撰写《史记》积累素材……不过，晚清以前的"考古学"通称"金石学"或"古器物学"，而中国现代意义上的田野考古是伴随着西学东渐出现的。

传统上，考古学是文化人类学的一门分支学科。晚清时，随着国门向列强打开，部分学者初步具备了文化人类学的视野。例如，章炳麟在《訄书·序种姓上》中，借用西方的图腾主义来解释原始社会母系制度，剖析了中国古代的感孕神话：

> 野人天性阔诞，其语言又简寡。凡虚墓间穴宅动物，则眩以死者所化。故埃及人信蝙蝠，亚拉伯人信海麻。海麻者，枭一种也。皆因其翔舞墓地，以为祖父神灵所托。其有称号、名谥，各从其性行者。若加伦民族，常举鹭、虎、狼、羚自名。……植物亦然。……其近而邻中夏者，蒙古、满洲，推本其祖，一自以为狼、鹿，一自以为朱果，藉其宠神久矣。中国虽文明，古者母系未废，契之子姓自玄鸟名，禹之姒姓自薏苡名，知其母吞食，而不为祖，亦犹草昧之绪风也。②

章氏未提"神话"一词，但已经自觉地使用原始泛神论分析问题了；将不同祖先起源神话加以比较的方法，更表明他初步具备了文化人类学或民族学的知识。当然，章氏追本溯源是为分清种族间界限以达到排满革命之目的，动机与结论都是非科学的。

与西方思想观念向东方渗透的同时，经济与文化掠夺亦接踵而至。

---

① 阎文儒：《中国考古学史》，广西师范大学出版社2004年版，第1页。
② 章炳麟撰：《訄书》，《续修四库全书》第953册，上海古籍出版社2002年版，第604—605页。

这种掠夺的表现之一，就是大批外国人到中国的寻宝活动。他们往往组成探险队，以各种名义到中国各地"考察"。其中，欧美国家的寻宝者主要在我国新疆、甘肃、内蒙古等西北内陆活动，而日本的文化强盗主要在我国东北、台湾等地掠夺。这一时期，"殷墟甲骨""汉晋简牍""敦煌文书"等资料的被发现与研究，极大地推动了中国学术由传统走向近代。

1928年，为应对殷墟甲骨被大量盗掘并流失，中央研究院历史语言研究所对安阳殷墟进行了正式考古发掘。这是第一次由中国学术机构负责并由中国学者独立主持的田野考古，也是中国现代考古学诞生的标志。

中国是人类文明的最早发生地之一，但西方学者或中国疑古学派却不大相信正史以"三皇五帝"为代表的古史记载。所以，中国田野考古学诞生之初即肩负着追寻中华文明源头的使命。最早在《周易》里即有"天下文明"之说，而现代的"文明"概念却是20世纪初从西方引进的，相当于英文的"Civilization"。1877年，美国学者摩尔根（Lewis Henry Morgan，1818—1881）发表《古代社会》，全面阐述了人类社会进化的学说。1884年，恩格斯就摩尔根成果而作《家庭、私有制和国家的起源》，出版后被译成多种语言。1930年，郭沫若以恩格斯著作续篇自期的《中国古代社会研究》出版，被认为是"中国文明起源研究的先导"[①]。安阳殷墟考古是中国学术史上的重大事件，曾多次主持发掘的李济于1957年在美国出版《中国文明的开始》（*The Beginning of Chinese Civilization*），认为殷墟考古表明，殷商文化具有成熟的铸铜技术、独立的文字系统和复杂有效的社会组织，因而殷墟商文化是中国文明的开始阶段[②]。这种观点或许很容易被西方学者接受，但与文献记载相比，中国文明史缩短了近两千年。李济的认识主要基于当时的考古资料，经过其后若干年特别是新中国成立后的考古大发现，这些观点理应得到修正。

---

① 中国社会科学院考古研究所等：《中国文明起源研究要览》，文物出版社2003年版，第2页。

② 参见李济《中国文明的开始》，江苏教育出版社2005年版，第53—64页。

对中华文明源头的追寻没有停止。1939年，在第六届太平洋学术会议上，梁思永提交论文《龙山文化——中国文明的史前期之一》，认为龙山文化与殷文化在十个方面存在着共同点，后冈二层是豫北殷文化的直接前驱①。

徐旭生综合整理盘庚以前的古史，撰写《中国古史的传说时代》，并于1959年首先提出探索夏文化问题。而1973年河南偃师二里头遗址全面发掘出一座面积约1万平方米的宫殿建筑基址，同时出土一批铜器、玉器和大型石磬等。这批资料发表后，二里头文化成为夏文化探索的主体内容。

1978年唐兰发表《中国有六千多年的文明史》，认为大汶口文化时期已经出现文字，中国的文明史应该从黄帝开始②。唐兰的观点引发热烈讨论，在史学界播下了"开展中国文明起源研究的种子，催发了研究者对中国文明起源时间与地域的深思"③。

1985年，夏鼐《中国文明的起源》出版，可视为对此前中华文明起源研究的阶段性总结。他认为，中国文明是独自发生、发展，而并非外来的，而"小屯殷墟文化是一个高度发达的文明。如果这是中国文明的诞生，这未免有点像传说中老子，生下来便有了白胡子"④。这一论断，不仅否定李济关于殷墟商文化是中国文明开始的观点，也否定了早年颇为流行的中国文明西来说⑤，从而指明了文明起源的探索对象是中国新石器时代末期或铜石并用时代。

1986年，苏秉琦提出辽西新发掘的红山文化晚期的"坛、庙、冢"等遗存是中华文明新曙光的观点，在学界引起热烈讨论，并极大地推动

---

① 梁思永：《龙山文化——中国文明的史前期之一》，《梁思永考古论文集》，科学出版社1959年版，第150—151页。

② 唐兰：《中国有六千多年的文明史——论大汶口文化是少昊文化》，《大公报在港复刊三十周年纪念文集》（上），香港大公报，1978年。

③ 中国社会科学院考古研究所等：《中国文明起源研究要览》，文物出版社2003年版，第4页。

④ 夏鼐：《中国文明的起源》，文物出版社1985年版，第82页。

⑤ 西方汉学家拉克伯里（Terrien de Lacomperie）于1894年出版《支那太古文明西元论》（Western Origin of the Early Chinese Civilization）主张华夏民族由西方迁移而来。详见蒋智由《中国人种考》，华通书局1929年版，第18—38页。

了中国文明起源研究的展开。据统计，1986年以来的相关论文约有2600篇，专著近30部。成果遍地开花，足见这一领域学术思想的活跃程度。

综上所述，近百年来田野考古的迅速发展，已使"中华文明起源研究"成为当下的学术热点。但是，由于同期盛行疑古思想等原因，这些研究往往未与古史传说或神话很好地结合，因此还有进一步探讨的余地。

三　研究目的与意义

中国五帝时代，是传说中夏代之前的一个时期，公元前3000年至前2000年，相当于考古学的新石器时代晚期或铜石并用时代。五帝，是中国上古传说中的五位帝王，但具体所指分歧很大。

流播最广的说法出自《大戴礼记》。《五帝德》载："宰我请问帝颛顼。孔子曰：'五帝用记，三王用度，女欲一日辨闻古昔之说，躁哉予也。'"[1] 这里，"记"指传记，"度"指意度。孔子的意思是，五帝时代久远须用传记了解，三王时代较近可以意度而知。接下来，孔子依次介绍了帝颛顼、帝喾、帝尧、帝舜和禹的事迹。如果加上《五帝德》前文提到黄帝，则孔子提到六位上古帝王。其中，只有五位称呼为"帝"，即：黄帝（轩辕）、帝颛顼（高阳）、帝喾（高辛）、帝（唐）尧、帝（虞）舜。唐张守节《史记正义·五帝本纪》云："太史公依《世本》《大戴礼》，以黄帝、颛顼、帝喾、唐尧、虞舜为五帝。谯周、应劭、宋均皆同。"[2] 这种说法还影响到班固。《白虎通·号》云："五帝者，何谓也？《礼》曰：'黄帝、颛顼、帝喾、帝尧、帝舜，五帝也。'"[3]

《〈尚书〉序》的说法与此稍异，其文云："伏牺、神农、黄帝之书，谓之'三坟'，言大道也。少昊、颛顼、高辛、唐、虞之书，谓之'五典'，言常道也。"孔颖达《正义》曰："'坟'，大也。以所论三皇

---

[1] （清）王聘珍撰，王文锦点校：《大戴礼记解诂》，中华书局1983年版，第119页。
[2] （汉）司马迁：《史记》，中华书局1959年版，第1页。
[3] （清）陈立撰，吴则虞点校：《白虎通疏证》，中华书局1994年版，第52页。

之事，其道至大，故曰'言大道也'。以'典'者，常也，言五帝之道，可以百代常行，故曰'言常道也'。此三皇五帝，或举德号，或举地名，或直指其人，言及称便，不为义例。"① 与此相同，晋皇甫谧《帝王世纪》云："羲皇、神农、黄帝为三皇，少昊已下为五帝。"②

另外，五帝还指五方天帝。在《吕氏春秋》十二纪中，五帝与五方、四时配合起来，具体是：东方，春，太皞；南方，夏，炎帝；中央，季夏，黄帝；西方，秋，少皞；北方，冬，颛顼。这一体系与《礼记·月令》所述基本一致。而《周礼·春官·小宗伯》云："兆五帝于四郊。"郑玄注："五帝，苍曰灵威仰，太昊食焉；赤曰赤熛怒，炎帝食焉；黄曰含枢纽，黄帝食焉；白曰白招拒，少昊食焉；黑曰汁光纪，颛顼食焉。黄帝亦于南郊。"③ 兆，这里指古代设于四郊的祭坛。很明显，五方天帝是有文字记载的历史以来，伴随四郊祭祀活动而人为建构的一个观念体系，这与《大戴礼记·五帝德》所追忆的古史传说（历史）体系不同。

《大戴礼记·五帝德》等文献所追述的五帝传说体系，当然不等同于历史本身，但也不会是古人向壁虚造的；《吕氏春秋》十二纪等文献建构的五帝、五方、四时统一的观念体系，虽是虚拟的，却也在古人四郊祭祀活动中发挥过重要作用。总之，五帝传说对于研究史前文明具有重要价值：它不仅是中国文学乃至文化的重要组成部分，更是其发生、发展的土壤；同时，它也是一个交叉课题，涉及历史学、考古学和文化人类学等学科。

但是，在相当长的历史时期里，人们往往把五帝传说视同史实，甚至有人不断将各种看似荒诞的材料层层累加上去。然而，这种趋势到晚清时发生了根本扭转。光绪十七年（1891），康有为撰《新学伪经考》，打着公羊派旗号对古文经学展开猛烈攻击，其文曰：

> 始作伪，乱圣制者，自刘歆；布行伪经，篡孔统者，成于郑

---

① 李学勤：《尚书正义》，北京大学出版社1999年版，第4页。
② 徐宗元辑：《帝王世纪辑存》，中华书局1964年版，第1页。另外可参见（隋）萧吉撰《五行大义》卷五，《续修四库全书》第1060册，上海古籍出版社2002年版，第265页。
③ 李学勤：《周礼注疏》，北京大学出版社1999年版，第487页。

玄。阅二千年岁月日时之绵暧，聚百千万亿袗缨之问学，统二十朝王者礼乐制度之崇严，咸奉伪经为圣法，诵读尊信，奉持施行。违者以非圣无法论，亦无一人敢违者，亦无一人敢疑者。于是夺孔子之经以与周公，而抑孔子为传。于是扫孔子改制之圣法，而目为断烂朝报。六经颠倒，乱于非种；圣制埋瘗，沦于雾雾；天地反常，日月变色。①

康有为认为，清朝尊信的儒家经籍大部分不是孔子的本经，而是刘歆为帮王莽篡汉而编造的"伪经"；清儒服膺的汉学也根本不是孔子的真传，而是刘歆替王莽统治寻找的合法依据，是变乱了孔子之道的"新学"②。此说近世影响颇大，但康有为引经据典只是为文饰其政治见解，他的学术观点太过武断，且论证时"往往不惜抹杀证据或曲解证据"③。

20世纪20年代，顾颉刚在疑古思潮背景下，提出"层累地构成古史说"，认为战国、秦汉以来的古书中所讲的古史系统，是由先后不同时代的神话传说一层层积累造成的，古代神话传说发生时代的先后顺序和古书中所讲的古史系统排列先后恰恰相反。他在《与钱玄同先生论古史书》中进一步阐明了这种观点：

> 第一，可以说明"时代愈后，传说的古史期愈长"。如这封信里说的，周代人心目中最古的人是禹，到孔子时有尧、舜，到战国时有黄帝、神农，到秦有三皇，到汉以后有盘古等。
>
> 第二，可以说明"时代愈后，传说中的中心人物愈放愈大"。如舜，在孔子时只是一个"无为而治"的圣君，到《尧典》就成了一个"家齐而后国治"的圣人，到孟子时就成了一个孝子的模范了。
>
> 第三，我们在这上，即不能知道某一件事的真确的状况，但可

---

① 康有为著，朱维铮、廖梅编校：《新学伪经考》，中西书局2012年版，第2页。
② 同上书，第8页。
③ 朱维铮校注：《梁启超论清学史二种》，复旦大学出版社1985年版，第64页。

以知道某一件事在传说中最早的状况。我们即不能知道东周时的东周史,也至少能知道战国时的东周史;我们即不能知道夏商时的夏商史,也至少能知道东周时的夏商史。①

古史辨派的观点将疑古推向极致,而从中华民族自身发展的逻辑看,重建上古史也是经学观念崩塌后传统文化不可或缺的自我修复。这种修复不是重走过去的信古老路,而需要在考古资料基础上重新建构。许多国内学者倾向于考释古代文献,提倡走出疑古时代,但多数西方汉学家不认同用考古材料去比附神话传说的做法。其实从摩尔根开始,具有西学倾向的文化人类学学者往往把论断建立在人类文明存在共性的假设上,即文明程度不同的族群会经历相似的发展阶段。但是,普遍性或共性总是与特殊性并行不悖的,而对自身历史特别尊重与呵护向来是中华民族的一贯追求,因此古史传说或神话中所包含的真实历史因素不该被否认。也可以说,五帝时代研究既是科学探索未知,也是重拾民族自信。

四 研究思路与方法

中国古代学术,或重义理或重考据,清儒以传统方法研究传统问题,创造了一个辉煌的学术高峰。当代后学聪慧未必过于古人,功夫又恐怕只在先贤之下,所以寻求研究思路与方法上的突破不失为明智的选择。

(一) 三重证据法

1925年,王国维受清华学生会邀请作公开讲演时说:"古来新学问起,大都由于新发见。有孔子壁中书出,而后有汉以来古文家之学;有赵宋古器出,而后有宋以来古器物、古文字之学。……然则中国纸上之学问者,赖于地下之学问者,固不自今日始矣。自汉以来,中国学问上之最大发现有三:一为孔子壁中书;二为汲冢书;三则今之殷虚甲骨文字,敦煌塞上及西域各处之汉晋木简,敦煌千佛洞之六朝及唐人写本书

---

① 顾颉刚:《与钱玄同先生论古史书》,《古史辨》(一),上海古籍出版社1982年版,第60页。

卷，内阁大库之元明以来书籍档册。此四者之一已足当孔壁、汲冢所出，而各地零星发现之金石书籍，于学术之大有关系者，尚不与焉。故今日之时代可谓之'发见时代'，自来未有能比者也。"① 在《古史新证》第一章"总论"中，王氏不仅批评了当时学术界过分怀疑古书的思潮，还提出以"地下之新材料"（主要指甲骨卜辞和金文）印证"纸上之材料"（指古书记载）的"二重证据法"。他说：

> 吾辈生于今日，幸于纸上之材料外更得地下之新材料。由此种材料，我辈固得据以补正纸上之材料，亦得证明古书之某部分全为实录，即百家不雅驯之言亦不无表示一面之事实。此二重证据法惟在今日始为之。虽古书之未得证明者不能加以否定，而其已得证明者不能不加以肯定，可断言也。②

王国维的主张得到了同时代学者的认可。陈寅恪在《陈垣敦煌劫余录序》中亦指出："一时代之学术，必有其新材料与新问题。取用此材料，以研求问题，则为此时代学术之新潮流。"③

值得注意的是，王氏所谓的"新材料"主要指新出土的甲骨文、金文等，而新石器时代晚期或铜石并用时代尚处于无文字或文字草创历史阶段。因此，探讨中国五帝时代，就不能不面对地下发掘出来的无文字遗物或遗迹。如果把非文字材料透露的信息同样视为"文本"来研究，就不可避免地涉及文化人类学理论，而郭沫若、闻一多等学者正是在这个方向上又前进了一步。对此，叶舒宪指出：

> 用外国的、世界的东西来论证中国的情况，这对于坚守"夷夏之防"、笃信"非我族类，其心必异"的国学传统而言，确实具有革命性的意义。如果说王国维的二重证据法尚可在自宋至清的金石学中溯其渊源的话，那么郭沫若借鉴洋人而推考华夏祖先崇拜实

---

① 姚淦铭、王燕编：《王国维文集》第四卷，中国文史出版社1997年版，第33页。
② 王国维：《古史新证——王国维最后的讲义》，清华大学出版社1994年版，第2—3页。
③ 原载一九三〇年《历史语言研究所集刊》第壹本第贰分。参见《陈寅恪史学论文选集》，上海古籍出版社1992年版，第503页。

质的第三重证据则具开拓性意义，其影响之深也就可想而知了。闻一多先生便受此文启发而研究中国上古宗教文化的核心问题——社与高禖，写下了著名的《高唐神女传说之分析》，使考据学与人类学的结缘引起学界更为广泛的关注。①

尽管如此，人类学的第三重论证方法却不易被考据学传统接受，这并非是研究者存在门户偏见或个人狭隘心理，而是因为人类学方法本身存在着缺陷：从摩尔根开始，文化人类学（Cultural anthropology）学者往往把论断建立在人类文明存在共性的假设上，即文明程度不同的族群会经历相似的发展阶段。只有承认这种假设，将田野考古发掘的坛坛罐罐与具有异国情调的其他文化比较才有价值。人类多元文明既存在共性，也具有个性，夸大其中任何一个方面都是不恰当的。所以，用外国的、世界的文化来论证中国的情况终究是辅助证明，不能把它当作直接证据。拙著只有第三章直接引述了西方神话，将西方"金枝"与中国民间"五龙抢珠"传说加以对比，从而将"金木水火土（五行）"与原始宗教及早期国家诞生联系起来。但是，最终揭示原始五行（禅让）制度时，直接证据全都来自中国传世文献。也就是说，拙著中的西方人类学证据仅起辅助作用。

（二）考古学方法

地层学方法是考古学的基本方法，它是确定相对年代的最直接证据，也是科学获取考古资料的基础。考古地层学原理来自地质学中的层位学，即因人类活动而形成的不同时期的文化层和遗迹单位是按时间先后自下而上依次堆积而成的，故下部层位中的出土物要早于上部层位中的出土物。在考古发掘中，依据层位，收集出土物，便不会造成年代的混乱。作为一种特殊的古代文化遗存，传世文献也是有"层位"的，即不同文献可以按生成时间的先后排序，同一文献内部不同时代的内容也可以按时间排序。与田野考古中不同地层间可能存在着"地层打破"的关系相似，整体生成较早的文献可能掺杂进时代较晚的内容，整体生成较晚的文献也未必不包含时代更早的因素。因此，科学地区分传世文

---

① 叶舒宪：《诗经的文化阐释》，陕西人民出版社2005年版，第4—5页。

献的不同"层位"与"层位打破",是完成本论题所必需的重要方法。如《尚书·尧典》是研究中国上古文化的一篇重要文献,但受其真伪问题困扰,往往让很多学者望而却步。拙著没将其整体定性为"真"或者"伪",而是在详尽分析山西陶寺遗址及殷墟甲骨文等考古资料的基础上,指出其中哪些记载有考古实证支持,而哪些记载显系后世窜入。

类型学方法也是基本的考古学方法,它是受生物分类学的启发而产生,又称标型学或者器物形态学。考古中使用类型学方法,就要对收集到的实物资料进行科学的归纳与分析,通过对考古遗存形态的排比来探求其变化规律、逻辑发展序列和相互关系。五帝时代的文化遗存,包括有文字的和无文字的、传世的和出土的,也可以按某一标准区分为若干系列,而正确区分文化类型无疑至关重要。按照旧时五分法,中国上古时期各原始族群可分为东夷、南蛮、西戎、北狄和位于中央的华夏,但是,将这张"五分地图"与近百年来的"考古地图"重合,我们就会发现,五分法其实无助于古史传说与考古资料的融合。徐旭生在《中国古史的传说时代》中将古代部族分为华夏、东夷、苗蛮三大集团,其说过去影响很大,而现在看也明显存在局限:如中国迄今最早的玉龙、玉凤皆出自长城以北的森林、草原地区(红山文化),而将崇拜龙或凤的原始族群笼统地称为"华夏"是不够准确的,因为"华"即"花",本是植物的生殖器官,与"龙""凤"指向差距甚远。拙著将中国远古人群主要分为"龙族团"与"华族团"两大阵营,各族团内部又分若干支系;不同时期,两者分布范围也不相同,更重要的是彼此互动不断,既与考古资料相印证,又与古史传说相发明。

(三)类族辨物法

神话传说可以同考古文化相关联,并不意味着特定考古文化与特定原始部落可以简单地对应,这是一个基本常识。面对那些五千多年前没有任何文字的先民遗迹或遗物,如何找出它们与传说中不同部落的联系呢?文化人类学学者的答案或许是:图腾。

图腾(Totem),原为美洲印第安鄂吉布瓦人的方言词汇,意思是"他的亲族"。图腾崇拜的核心是认为某种动物、植物或无生物和自己的氏族有血缘关系,是本氏族的始祖、亲人或保护神。最早将"图腾"

介绍给学界的是一位名叫 J. 朗格（John Long）的英国人，原系东印度公司的译员和商人，在北美生活多年。他的《印第安旅行记》（*Voyages and Travels of an Indian Interpreter and Trader*）一书，于1791年在伦敦出版。他说："野蛮人宗教迷信中的一部分包括图腾或所宠爱的神灵，并且相信它们会监护他。……此种命运观念（或者说，假如我可以使用图腾一词的话），无论如何奇特，但它却不限于野蛮人。"① 其后，世界各国不少学者，都对图腾崇拜这一既古老又奇特的文化现象做过考察或研究，普遍认为世界上许多民族都曾经有过图腾崇拜，其残余在近现代一些民族中还可以看到。

西方人类学传入中国之后，"图腾"成了时髦的学术名词，殊不知中国古人早有类似的论述："非我族类，其心必异"②，"方以类聚，物以群分"③，故孔子谓"同声相应，同气相求。水流湿，火就燥，云从龙，风从虎，圣人作而万物睹。本乎天者亲上，本乎地者亲下，则各从其类也"④。简言之，人因族而聚，视异族为异类，彼此情志有所不同；物以群而分，与人之族类相应。据此，检视先民遗物所聚，可知彼时族群所分、人情好恶。正如《周易·同人·象》所云："君子以类族辨物。"正义曰："族，聚也。言君子法此同人，以类而聚也。'辨物'谓分辨事物，各同其党，使自相同，不间杂也。"⑤《周易·萃·象》亦云："观其所聚，而天地万物之情可见矣。"王弼注曰："'方以类聚，物以群分'，情同而后乃聚，气合而后乃群。"正义曰："此广明萃义而叹美之也。凡物所以得聚者，由情同也。情志若乖，无由得聚，故'观其所聚，则天地万物之情可见矣'。"⑥ 与考古类型学重视器物形制不同，"类族辨物法"侧重分析器物形制或图案所蕴含的审美及原始宗教信息，并借此探求原始族群划分及其与上古神话传说的联系。例如，

---

① 王云五：《云五社会科学大辞典》第十册，《人类学》，台北商务印书馆1971年版，第270页。
② 李学勤：《春秋左传正义》，北京大学出版社1999年版，第717页。
③ 李学勤：《周易正义》，北京大学出版社1999年版，第258页。
④ 同上书，第17页。
⑤ 同上书，第73页。
⑥ 同上书，第188—189页。

仰韶文化彩陶上比较常见的花瓣图案体现了这里的先民对"花"的崇拜，而"花"即"华"，所以认为仰韶遗迹主要是由"华族团"留下的；红山文化中的龙形器物与遗迹时间早、类型多、数量大，因此应是"龙族团"留下的；河南濮阳西水坡、安徽含山凌家滩、山西襄汾陶寺等遗址也发现了龙形遗迹或器物，但仔细分析后可知，这些特例不与龙、华之分相左，而且印证了有关传说。

除上述三种方法外，借助文献目录、版本、校勘等传统手段的考据方法也是不可或缺的。如第一章第二节：《史记集解》引皇甫谧说法，指黄帝有熊国在河南新郑；但考诸《帝王世纪辑存》，可知皇甫谧同时提到河北涿鹿与河南新郑了，而裴骃断章取义地仅提河南新郑，却没有给出任何理由，显然不太恰当。

第一章　见龙在田：三界地理考索

　　遂古之初，谁传道之？上下未形，何由考之？

　　　　　　　　　　　　　　　　　　——《楚辞·天问》

　　君子以类族辨物。

　　　　　　　　　　　　　　　　　　——《易·同人·象》

　　自有文字以来，人类对自身历史与文化源头的追溯就从未停止过。这个问题困扰中国学人非只一代，显然不是翻检传世文献可以解决的。郭沫若指出："地下发掘出的材料每每是决定问题的关键。在目前进行着大规模经济建设的伟大时期中，被封锁在地下的图书馆与博物馆不断地开放，古代资料正源源不绝地出土。"[1] 彩陶纹是新石器时代最引人注目的艺术之一。在西安半坡、临潼姜寨以及西北马家窑文化等遗址出土的彩陶上，多绘有写实或写意动物纹样，"大多数考古学家和历史学家都认为新石器时代彩陶上的动物纹样及其象征性纹样是古代氏族部落的图腾标志"[2]。雕塑也是原始人重要的艺术形式。河姆渡文化遗址中出土的双鸟朝阳像雕刻、双头连体鸟纹骨等，都具有图腾意味，表明当地远古居民存在着鸟崇拜。20世纪80年代后期，在辽西牛河梁红山女神庙遗址主室中心和南单室，"出有熊龙的头和爪，北室出有猛禽鹰爪、鸟翅等动物神塑件"[3]。由于龙是中华民族的共同图腾，居于华夏

---

[1] 郭沫若：《郭沫若全集·历史编》第一卷，人民出版社1982年版，第4页。
[2] 何星亮：《中国图腾文化概述》，《云南社会科学》1990年第2期，第34页。
[3] 朝阳市文化局、辽宁省文物考古研究所：《牛河梁遗址》，学苑出版社2004年版，第15页。

先民原始崇拜的核心地位，加之牛河梁熊龙出土的位置特殊——燕山之北的丘陵草原交界处、面积50余平方公里的原始宗教圣地中心区，因此这项重大发现立即吸引了全中国乃至世界的目光。龙腾塞北，对于坚守"夷夏之防"的国人而言，无疑会造成传统古史观的颠覆与重构。在中国上古神话时空里，昆仑神山、轩辕古国、幽都鬼府可谓是横跨神界、人间、幽冥的立体轴心，三者因百年来的考古新资料而不得不重新定位。

第一节　昆仑神山考

昆仑，是中国古代神话中最重要的神境，有关它的地望，历来聚讼纷纭。有人认为它是今日青藏高原上的昆仑山；有人分别推断它是巴颜喀喇山、冈底斯山、祁连山、岷山、贺兰山、秦岭、泰山、王屋山、浮丘山；有人分别考订它的位置在内蒙古鄂尔多斯、青海湟水源头地区；也有人猜测它在西亚的两河流域、印度境内；还有人认为它不是自然的高山，而是一座人工建筑物。昆仑虽是古代神话中的概念，但在历史地理上必有原型。

一　三山为证

在中国早期文献中，昆仑的位置偏西；但它在远西还是近西却有分歧。《史记》载："汉使穷河源，河源出于寘，其山多玉石，采来，天子案古图书，名河所出山曰昆仑云。"[1] 故昆仑在西域诸说往往出自汉武帝以后。实际上，汉武帝只是对当时地理新发现进行了"命名"，这并不是对古图书的"考实"，因此其说不足据。至于昆仑在西亚的两河流域、印度境内等说，更是脱离中国文献远矣。

《禹贡》是中国现存最早的地理书，其中已经出现"昆仑"一词："黑水、西河惟雍州。……织皮昆仑、析支、渠搜、西戎即叙。"[2] 昆仑、析支、渠搜三地并列，都以毛织品和兽皮为衣服，彼此应当相距不

---

[1]（汉）司马迁：《史记》，中华书局1959年版，第3173页。
[2] 李学勤：《尚书正义》，北京大学出版社1999年版，第154—157页。

远。《汉书·地理志》载，朔方郡有渠搜县，其地在今内蒙古包头附近，故昆仑离此地不会太远。郑玄发现《禹贡》与汉代流行的有关昆仑之说不同后指出，"另有昆仑之山，非河所出者也"（孔颖达《尚书正义》引）。李炳海根据郑玄的论断，并参以其他文献记载，认为："昆仑的地望是在今内蒙境内黄河南岸的鄂尔多斯地区。"[①] 愚以为，李炳海据文献得出来的结论非常有价值，参校近年来的考古新资料，昆仑地望应在与鄂尔多斯毗邻的黄河北岸阴山地区[②]。

《山海经》有关昆仑的记载丰富，许多地名可以作为昆仑的参照物。根据已知位置明确的参照物来推断昆仑地望，无疑是简便可行的方法。

首先，最便于确定昆仑地望的是雁门山。今人大多知有雁门关，而不知还有雁门山，实际上关是因山而名。雁门山的名字来之甚早。《山海经·海内西经》载："雁门山，雁出其间。在高柳北。高柳在代北。"[③] 其地当在今五台山之西，桑干河与滹沱河的分水岭上。《海内西经》载："昆仑南渊深三百仞。开明兽身大类虎而九首，皆人面，东向立昆仑上。……开明东有巫彭、巫抵、巫阳、巫履、巫凡、巫相，夹窫窳之尸，皆操不死之药以距之。窫窳者，蛇身人面，贰负臣所杀也。"[④] 而《北山经》载："少咸之山，无草木，多青碧。有兽焉，其状如牛，而赤身、人面、马足，名曰窫窳，其音如婴儿，是食人。敦水出焉，东流注于雁门之水。"[⑤] 这说明，昆仑以东有少咸山（上有窫窳），少咸山以东有雁门山。雁门山在山西北部的代县，此地正西方向是黄河南岸的鄂尔多斯地区。但是，这一地区除西部靠近宁夏的桌子山外，岩层基本水平，地貌以高地、沙地、丘陵为主，与"方八百里，高万仞"（《海内西经》语）的昆仑相去甚远。而与鄂尔多斯隔河相望的阴山山脉，却完全符合昆仑"南渊深三百仞"（《海内西经》语）的地貌特征——阴山山体南北形态不对称，北坡较缓，逐渐过渡到内蒙古高原；南坡陡

---

① 李炳海：《昆仑地望及东夷文化区的西限》，《东岳论丛》1992年第2期，第101页。
② 本节有关地名及位置，参见附图一：阴山周边地形图。
③ 袁珂校注：《山海经校注》，上海古籍出版社1980年版，第290页。
④ 同上书，第298—301页。
⑤ 同上书，第76页。

峭，高差甚大，形成天然屏障，以巨大断层与河套平原绝然分开，留给人的印象深刻。

其次，最接近昆仑的钟山，也可以作为参照。《海内西经》载："流沙出钟山，西行又南行昆仑之虚。"① 这表明，昆仑位于钟山西南，钟山处在昆仑东北。如果能确定钟山的位置，昆仑的地望就清楚了。《海外北经》载："钟山之神，名曰烛阴，视为昼，瞑为夜，吹为冬，呼为夏，不饮，不食，不息，息为风，身长千里。在无启之东。其为物，人面，蛇身，赤色，居钟山下。"② 而《淮南子·地形训》载："烛龙在雁门北，蔽于委羽之山，不见日，其神人面龙身而无足。"③ 据此，钟山即是委羽之山，应在雁门之北。雁门山之北，广义上均属于阴山山脉东段，但东部偏北的大马群山与中部的大青山有明显的断裂。据此，钟山当指大马群山，而昆仑指大青山。

第三，北岳恒山也是重要的参照物。《西山经》描述槐江之山时写道："南望昆仑，其光熊熊，其气魂魂。西望大泽，后稷所潜也；其中多玉，其阴多榣木之有若。北望诸毗，槐鬼离仑居之，鹰鹯之所宅也。东望恒山四成，有穷鬼居之，各在一搏。"④ 据此，昆仑应在恒山之西。恒山同纬度正西方，是鄂尔多斯高原东北的准格尔旗一带。正如上文所述，鄂尔多斯地貌不符合昆仑的特征，与此地隔黄河相望地大青山（阴山东段）才具有昆仑"南渊深三百仞"的特点。另外，今阴山山脉西段为狼山，中段为乌拉山，东段为大青山、大马群山，而在狼山与乌拉山之间的河套地区，地势平缓，又有黄河上游丰富来水，故极易形成湖泊。据《水经注》，这里秦汉之际是有名的"屠申泽"，而考古表明距今5500年前有面积更大的"古大湖"⑤。据此，西有"大泽"（河套地区古大湖），东有恒山，中间的"昆仑"只能在阴山山脉的乌拉山、大青山一带。

---

① 袁珂校注：《山海经校注》，上海古籍出版社1980年版，第292页。
② 同上书，第230页。
③ 刘文典撰，冯逸等点校：《淮南鸿烈集解》，中华书局1989年版，第150页。
④ 袁珂校注：《山海经校注》，上海古籍出版社1980年版，第45页。
⑤ 陈发虎等：《晚第四纪"吉兰泰—河套"古大湖的初步研究》，《科学通报》2008年第10期，第1027页。

二　四水为辅

《西山经》载："昆仑之丘，是实惟帝之下都……河水出焉，而南流东注于无达。赤水出焉，而东南流注于汜天之水。洋水出焉，而西南流注于丑涂之水。黑水出焉，而西流于大杅。"① 据此，上古神话中昆仑的地望，除了雁门山、钟山、恒山可以参照外，还有四条水可以辅助证明，这就是河水、赤水、洋水和黑水。

河水，古指黄河。"河出昆仑"是昆仑地望西域诸说的重要依据，这是否与"昆仑地望阴山说"相矛盾呢？愚以为，两者不仅没有矛盾，而且"河出昆仑"还是此说的铁证。阴山南麓的大小河流，绝大部分都汇入黄河了。在远古先民看来，这些来自阴山的黄河支流与发源于青藏高原的最长的支流（所谓干流）没有多少区别。这是因为，远古先民的地理经验主要来自直觉观察，他们还没有上升到精确勘测、准确定义的理性高度。另外，《西山经》说河水出昆仑以后，"南流东注于无达"，这"南流""东注"与"向东南流"意思不同，而黄河主道的全部走势中，只有从阴山南麓到华山一带是自北向南流的。所以，说"河出昆仑而南流"，这"昆仑"不是阴山又能是哪座山呢？

赤水，当是河北赤城县境内的红河。据"赤水出焉而东南流注于汜天之水"（《西山经》语），此河应在阴山东段的东南。《大荒北经》中也有这样的记载："有钟山者。有女子衣青衣，名曰赤水女子（献）[魃]。……西北海之外，赤水之北，有章尾山。有神，人面蛇身而赤，直目正乘，其瞑乃晦，其视乃明，不食不寝不息，风雨是谒。是烛九阴，是谓烛龙。"② 这里的"海"指渤海，"西北海之外"是指渤海西北，也就是阴山山脉的东南部。前文提到，"烛龙"是钟山之神，故章尾山就是钟山，即今天的大马群山。此山南面现为赤城县，其地历史甚久，因境内山石色赤而得名。另外，《水经注》载："赵建武年，并州刺史王霸为燕所败，退保此城。城在山阜之上，下枕深隍，溪水之名，

---

① 袁珂校注：《山海经校注》，上海古籍出版社1980年版，第47—48页。
② 同上书，第434—438页。

第一章 见龙在田：三界地理考索

藉以变称，故河有赤城之号矣。"① 赤城县境内有条河，今名为红河，"因其流经铁矿，河水呈红色而得名"②。此地距传说中黄帝战蚩尤的涿鹿地区不足70公里，而《读史方舆纪要》载："赤城堡……其地有古赤城，相传蚩尤所居。"③ 又，《庄子·天地》载："黄帝游乎赤水之北，登乎昆仑之丘而南望，还归，遗其玄珠。"④ 所以，综合相关文献与当地水文、地貌特征来看，赤城县境内的红河，即是《山海经》中的古赤水。这条河并不大，却由于距离古战场涿鹿太近，加之独特的红色河水，留给远古人们的印象极深，因此在古史传说中多次出现。

洋水，当是今河北张家口地区的洋河。洋河古称延水或延河，发源于内蒙古自治区兴和县的东洋河，汇合南洋河、西洋河后称洋河，自西南流经宣化，而后折向东南，至怀来双树村附近，与桑干河汇合为永定河。《水经注》曾引《魏土地记》云："下洛城东北三十里有延河东流，北有鸣鸡山。"⑤ 另外，《水经注》又载："《魏土地记》曰：下洛城东南六十里，有涿鹿城，城东一里有阪泉，泉上有黄帝祠。《晋太康地理记》曰：阪泉亦地名也。泉水东北流与蚩尤泉会，水出蚩尤城，城无东面。《魏土地记》称，涿鹿城东南六里有蚩尤城。泉水渊而不流，霖雨并则流注阪泉，乱流东北入涿水。"⑥ 综上，洋河、延河、延水，与《西山经》的"洋水"音近可通，其地域又极接近黄帝战蚩尤的古战场——阪泉和涿鹿，而黄帝正是昆仑神话的主神之一，故《西山经》所载发源于昆仑的洋水即今张家口地区的洋河。

黑水，当是内蒙古呼和浩特地区的大黑河。此河将山区的腐殖层冲刷而下，致使河水浑浊而色黑，故称大黑河。《归绥县志》载："大黑河，在城南二十里，即《水经注》之荒干水（一作芒干）。有二源，一出武川东南速力兔、甲拉兔二村之西山，一出武川上高速太之北山。自东北而西南，至下拐角铺合流，绕县南，复纳众水，至北园子，经托克

---

① （北魏）郦道元著，陈桥驿校证：《水经注校证》，中华书局2007年版，第337页。
② 赤城县志办：《赤城县志》，改革出版社1992年版，第120页。
③ （清）顾祖禹：《读史方舆纪要》，上海书店出版社1998年版，第139页。
④ （清）郭庆藩撰，王孝鱼点校：《庄子集释》，中华书局1961年版，第414页。
⑤ （北魏）郦道元著，陈桥驿校证：《水经注校证》，中华书局2007年版，第322页。
⑥ 同上。

托县入黄河。"① 历史上，此河并未直接流入黄河，《水经注》载："芒干水又西南注沙陵湖，湖水西南入于河。"② 愚以为，《西山经》所谓"黑水出焉而西流于大杅"，即是指此河西流注入大湖之中。所以，从水文特征、河名、流向来看，《山海经》记载发源于昆仑的黑水，当是今天呼和浩特地区的大黑河。

三 岩画透玄机

在人类文明史上，种植业在金属农具出现前发展水平极低。相比之下，通过狩猎和游牧等方式获取生活资料更为方便、快捷。所以，公元前4000—前2000年，东亚文明正处于狩猎经济的鼎盛时期。东西绵延千里的阴山山脉，横亘于蒙古草原的中南部，这里是中国古代北方游牧部落繁衍生息的沃土，也是先民寄托原始宗教信仰的精神家园。几千年过去了，漫漫荒草早已掩盖住先民的历史足迹，但是，凿刻于悬崖峭壁上阴山岩画，依旧无声地诉说着往昔的繁荣。

研究岩画的著名学者宋耀良认为："中国人面形岩画主要出现在三条分布带上，一是北部草原与平原交界处，二是东部沿海地区，三是中部溯内蒙古、宁夏境内的黄河而南下。"③ 其中，北部草原与平原交界带的人面岩画分布最为密集。这条分布带位于北纬40°—42°，东起内蒙古赤峰地区的克什克腾旗，中经阴山山脉，西至内蒙古西部巴丹吉林沙漠的弱水流域。

愚以为，阴山人面岩画透露了三点玄机：

第一，分布范围与《山海经》中的昆仑地域吻合。宋耀良指出："这一有着茁壮生命力的岩画符式（阴山人面岩画），未能渡过一条半干涸的沙漠河流——弱水。在弱水的西岸，存在着众多的动物和狩猎岩画，却没有人面形岩画；再往西到新疆境内的天山一带，岩画多达数万计，可至今未有一幅人面形岩画被发现，那儿只存在中亚的阿尔泰系统的岩画。"④ 而《大荒西经》载："西海之南，流沙之滨，赤水之后，

---

① 郑裕孚：《归绥县志》，台北成文出版社1968年版，第89—90页。
② （北魏）郦道元著，陈桥驿校证：《水经注校证》，中华书局2007年版，第80页。
③ 宋耀良：《中国史前神格人面岩画》，上海三联书店1992年版，第35页。
④ 同上书，第37页。

黑水之前，有大山，名曰昆仑之丘。有神——人面虎身，有文有尾，皆白——处之。其下有弱水之渊环之，其外有炎火之山，投物辄然。"①弱水是昆仑神境内外的边界，这与阴山人面岩画以弱水为限相一致。

第二，阴山上古文化与辽西红山文化关联密切。阴山山脉与赤峰地区人面岩画具有相同的因素，属于同一条岩画分布带。而赤峰地区，正是20世纪考古发现的红山文化腹地。考古学家苏秉琦认为："五帝时代以五千年为界可以分为前后两大阶段，以黄帝为代表的前半段主要活动中心在燕山南北，红山文化的时空框架，可以与之对应。"② 黄帝是昆仑神话的主神之一，而阴山东段大青山与大马群山之间，正是传说中黄帝战炎帝和蚩尤的古战场——阪泉与涿鹿。另外，《海内北经》载："帝尧台、帝喾台、帝丹朱台、帝舜台，各二台，台四方，在昆仑东北。"③ 如果昆仑主峰在阴山山脉东段，其东北正是内蒙古赤峰、辽宁朝阳等红山文化的核心地域。红山文化牛河梁遗址有多座规模巨大的方形积石冢，而"帝尧台、帝喾台、帝丹朱台、帝舜台"无疑也应当是人工建筑，考古发掘的四方形积石冢与《山海经》所载的诸帝四方台在时间、空间、形状方面都是吻合的。据此，阴山人面岩画、辽西红山积石冢与《山海经》等文献所传承的北方文化或属于同一族团，是同一种文化通过不同媒介的呈现。

第三，阴山岩画与中原上古文化关系密切。岩画学者盖山林指出：

> 狩猎的鼎盛时期，公元前4000至前2000年。阴山的大批狩猎岩画应多数属于这一时期。反映猎人原始宗教信仰的人（兽）面像，萨满师的祈祷场面，自娱和娱神的舞蹈场面，都应归于此期。……人面像、兽面像是这一时期的主要题材。阴山各地磨刻的人（兽）面像，风蚀较甚。此类题材，无论在中原或边远省区，均属于新石器时代至青铜时代，比如在陕、甘、青、豫、鲁、浙等省新石器时代遗址出土的彩陶、陶塑、骨雕、陶器或玉饰上，均发现

---

① 袁珂校注：《山海经校注》，上海古籍出版社1980年版，第407页。
② 苏秉琦：《中国文明起源新探》，生活·读书·新知三联书店1999年版，第161页。
③ 袁珂校注：《山海经校注》，上海古籍出版社1980年版，第313页。

有人面像。河南偃师二里头大约属于夏文化遗址，在浅刻花纹陶器上也有人面像。到商代，安阳殷墟、郑州上街、湖南宁乡等地出土有人头范、陶人头和人面方鼎，直到西周末年，河南三门峡出土铜器上，还有人头形，不过春秋之后便戛然而止了。①

总之，阴山人面岩画应该是远古洪荒之际北方森林、草原地区人们所崇拜的神灵，这些人面岩画的分布带，将辽西地区的红山文化、阴山地区的昆仑山文化以及黄河流域的夏、商、周文化联系在一起，为探讨中华早期文明的发展脉络提供了重要线索。在阴山山脉的悬崖峭壁上凿刻数以万计的岩画并非易事，驱动上古先民完成这项壮举的无疑是原始宗教的力量。滕海键指出："岩画和巫术虽然是两种不同的文化现象，但作为原始的艺术与原始的宗教，两者又有其一致性，它们在人类早期的精神生活中有着密切的联系。一方面，在很大程度上我们可以说岩画是巫术的产物和表现形式，另一方面巫文化也通过岩画这一载体保存下来并留给后人去解读和破译。"② 从存在大量的人面岩画来看，阴山是青铜时代以前的原始宗教名山，而早期文献中的昆仑也是这样的名山。

小结

现代田野考古早已证明，在中华文明起源初期，以红山文化为代表的北方文明"先走一步"。随着青铜时代到来，黄河流域农耕部族迅速崛起，中华文明重心由北方草原地区南移到中原农耕区，原始宗教名山昆仑（阴山）就由早期文明中心（红山）的西部，转换到后期文明中心（中原）的北部。但是，在先民口头传承的神话中，昆仑山依旧在"西部"。于是，这座神话名山昆仑的原型便"迷失"了。不过，原型的迷失却打开了"昆仑"被进一步神化的大门。在后世传说尤其是《楚辞》《淮南子》等作品中，昆仑呈现出神秘化、宫廷化、富贵化的趋势。如《淮南子·地形训》载：

---

① 盖山林：《阴山岩画》，文物出版社1986年版，第343—344页。
② 滕海键：《漫论岩画与原始巫术》，《昭乌达蒙族师专学报》1999年第5期，第95页。

禹乃以息土填洪水以为名山，掘昆仑虚以下地，中有增城九重，其高万一千里百一十四步二尺六寸。上有木禾，其修五寻，珠树、玉树、琁树、不死树在其西，沙棠、琅玕在其东，绛树在其南，碧树、瑶树在其北。旁有四百四十门，门间四里，里间九纯，纯丈五尺，旁有九井玉横，维其西北之隅，北门开以内不周之风。倾宫、旋室、县圃、凉风、樊桐在昆仑阊阖之中，是其疏圃。疏圃之池，浸之黄水，黄水三周复其原，是谓丹水，饮之不死。河水出昆仑东北陬，贯渤海，入禹所导积石山。赤水出其东南陬，西南注南海丹泽之东。赤水之东，弱水出自穷石，至于合黎，余波入于流沙，绝流沙南至南海。洋水出其西北陬，入于南海羽民之南。凡四水者，帝之神泉，以和百药，以润万物。①

昆仑山与夏、商、周等几个族群的活动都有联系，在中国神话中的地位类似于希腊神话中的奥林匹斯山。《山海经》提到过几十座山，昆仑山雄踞其首。它作为天帝的都城，自然被天帝所统治。相传，这位天帝便是黄帝。

第二节　轩辕古国考

黄帝是中华民族的人文初祖，也是上古帝王与神话人物，其神话传说既多且杂，诚如司马迁所说的那样，"百家言黄帝，其文不雅驯，荐绅先生难言之"②。总观传世文献，早期儒家经典很少谈黄帝，十三经仅6次提到黄帝，即《周易》1次、《左传》2次、《礼记》3次，至于轩辕竟从未提及。司马迁西至空桐，东渐于海，北过涿鹿，南浮江淮，经过多处实地考察，认为《五帝德》《帝系姓》等言之凿凿。他的《五帝本纪》，可谓集汉代上古文化研究之大成。近百年来，田野考古在中国迅速发展，大量上古遗物与遗迹被陆续发现。这些新材料可谓"地下藏书"，是司马迁不曾涉猎过的。因此，超越《五帝本纪》，在全新

---

① 刘文典撰，冯逸等点校：《淮南鸿烈集解》，中华书局1989年版，第133—135页。
② （汉）司马迁：《史记》，中华书局1959年版，第46页。

材料的基础上重构上古史框架,既是当代学人的责任,也是千载难逢的机遇。

一 "轩辕"诸说平议

黄帝名轩辕的说法由来已久,至于他为什么名轩辕,却存在着分歧。概言之,有四说:

一是车服说。

《说文·车部》云:"轩,曲辀藩车也。"段注:"谓曲辀而有藩蔽之车也。曲辀者,戴先生曰:'小车谓之辀,大车谓之辕。'人所乘欲其安,故小车畅毂梁辀。大车任载而已,故短毂直辕。《艸部》曰:'藩者,屏也。'……许于藩车上必云曲辀者,以辀穹曲而上而后得言轩。"① 简言之,所谓"轩辕"就是大车。称黄帝为轩辕,当然是纪念他最早创制大车。而《汉书·律历志》载:"《易》曰:'神农氏没,黄帝氏作。'火生土,故为土德。与炎帝之后战于阪泉,遂王天下。始垂衣裳,有轩冕之服,故天下号曰轩辕氏。"邓展曰:"凡冠,前卑后高,故曰轩冕也。"师古曰:"此说非也。轩,轩车也。冕,冕服也。《春秋左氏传》曰'服冕乘轩'。"② 据此,黄帝的另一项重要发明是冕服,称之为"轩辕氏",也包含了对他创制冕服的纪念。东汉王逸亦主此说,他指出:"黄帝以往,难引擎也。轩辕,黄帝号也。始作车服,天下号之,为轩辕氏也。"③

二是地名说。

此说可以追溯到晋初《帝王世纪》。皇甫谧云:"黄帝有熊氏,少典之子,姬姓也。生寿丘,长于姬水,龙颜,有圣德。受国于有熊,居轩辕之丘,故因以为号。"④ 考诸文献,作为地名的"轩辕",最早出现于《山海经》中。《西山经》载:"又西四百八十里,曰轩辕之丘,无草木。洵水出焉,南流注于黑水,其中多丹粟,多青雄黄。"⑤ 《北山

---

① (清)段玉裁注:《说文解字注》,上海古籍出版社1981年版,第720页。
② (汉)班固:《汉书》,中华书局1962年版,第1012页。
③ (宋)洪兴祖:《楚辞补注》,中华书局1983年版,第166页。
④ 徐宗元辑:《帝王世纪辑存》,中华书局1964年版,第15页。
⑤ 袁珂校注:《山海经校注》,上海古籍出版社1980年版,第51页。

经》载："又东北二百里，曰轩辕之山，其上多铜，其下多竹。有鸟焉，其状如枭而白首，其名曰黄鸟，其鸣自詨，食之不妒。"①《海外西经》载："轩辕之国在此穷山之际，其不寿者八百岁。在女子国北，人面蛇身，尾交首上。穷山在其北，不敢西射，畏轩辕之丘，在轩辕国北。其丘方，四蛇相绕。"②《大荒西经》载："有轩辕之台，射者不敢西向射，畏轩辕之台。……有轩辕之国。江山之南栖为吉。不寿者乃八百岁。"③

三是天鼋说。

此说由郭沫若提出，出现虽晚，影响却大。《国语·周语下》载："我姬氏出自天鼋，及析木者，有建星及牵牛焉，则我皇妣大姜之姪，伯陵之后，逄公之所凭神也。岁之所在，则我有周之分野也。月之所在，辰马，农祥也，我大祖后稷之所经纬也。"④郭沫若指出："轩辕、单阏，均天鼋之音变也。轩辕不必即是黄帝，盖古有此氏姓，迄周初犹存而后已消灭，故后人遂附益之以为黄帝耳。"⑤

四是可汗说。

此说由唐善纯提出，颇有新意。唐善纯指出："轩，上古读'晓寒'切，音值为 xan；辕，上古读'匣寒'切，音值为 ðan，两个字并在一起，应读 xanðan。试将这一音值与突厥语 qaðan（皇帝）、蒙古语 qagan（可汗）、xagan（皇帝、合汗、匣罕、哈罕）、通古斯语 kān（国王、汗）相对照，可以发现它们完全对应。故'轩辕'者，合汗也，匣罕也，可汗也，汗也，皇帝也。"⑥

上述四说，有以下三点值得注意：

首先，作为人类文明史上一项重要发明，车的出现不会一蹴而就。《绎史》卷五引《古史考》的说法似乎更切合实际："黄帝作车，引重

---

① 袁珂校注：《山海经校注》，上海古籍出版社1980年版，第91页。
② 同上书，第221—222页。
③ 同上书，第399—401页。
④ 徐元诰撰，王树民等点校：《国语集解》，中华书局2002年版，第123—126页。
⑤ 郭沫若：《殷周青铜器铭文研究》，科学出版社1961年版，第17页。
⑥ 唐善纯：《中国的神秘文化》，河海大学出版社1992年版，第37页。

致远，少昊时略加牛，禹时奚仲加马。"① 也就是说，它不是一时或一人之发明。尽管古人反复在文献里说"黄帝作车"，目前却没有考古实证。很有可能，黄帝只是最早用车部落的祖先，而未必是车的发明者。汤惠生指出："北方草原的匈奴人是使用车较早的民族之一，在中亚草原和蒙古草原，匈奴人的车最早发现于岩画之上，其年代大致在公元前2000—前1000年之间。……中国历史文献中对北方草原诸民族进行描述时，总把他们与车联系在一起。如《新唐书·高车传》云：'大月氏国人乘四轮车，或四牛、六牛、八牛挽之'，而'高车'人就是以其人善用高车而命名的；《盐铁论》卷六云'胡车相随而鸣'；扬雄《长杨赋》：'砰輣辒破穹庐'，颜师古引应劭注谓：'輣辒，匈奴车也。'北方草原地势平坦开阔，河流湖泊不多，车辆的使用在日常生活中甚至是一个很重要的部分。"② 此说可与文献记载相印证：《大荒西经》载"黄帝之孙曰始均，始均生北狄"③，说明黄帝确是北方草原族群的祖先；而《史记·五帝本纪》说黄帝"迁徙往来无常处"④，表明黄帝族团本身即过着非定居的生活。

其次，"轩辕之国"的大致方位不难确定。《山海经·海外西经》载：

> 轩辕之国在此穷山之际，其不寿者八百岁。在女子国北。人面蛇身，尾交首上。穷山在其北，不敢西射，畏轩辕之丘。在轩辕国北。其丘方，四蛇相绕。
>
> 此诸夭之野，鸾鸟自歌，凤鸟自舞；凤皇卵，民食之；甘露，民饮之，所欲自从也。百兽相与群居。在四蛇北，其人两手操卵食之，两鸟居前导之。
>
> 龙鱼陵居在其北，状如狸。一曰鰕。即有神圣乘此以行九野。一曰鳖鱼在夭野北，其为鱼也如鲤。
>
> 白民之国在龙鱼北，白身被发。有乘黄，其状如狐，其背上有

---

① （清）马骕撰，王利器整理：《绎史》，中华书局2002年版，第41页。
② 汤惠生等：《青海岩画》，科学出版社2001年版，第92页。
③ 袁珂校注：《山海经校注》，上海古籍出版社1980年版，第395页。
④ （汉）司马迁：《史记》，中华书局1959年版，第6页。

角，乘之寿二千岁。

肃慎之国在白民北，有树名曰雄常，先入伐帝，于此取之。①

据此逆言之，肃慎之国南为白民之国，白民之国南为龙鱼陵居，龙鱼陵居南为诸夭之野，诸夭之野南为穷山，穷山南为轩辕之国。肃慎，世居我国东北。《左传·昭公九年》载："王使詹桓伯辞于晋，曰：'我自夏以后稷，魏、骀、芮、岐、毕，吾西土也。及武王克商，蒲姑、商奄，吾东土也。巴、濮、楚、邓，吾南土也。肃慎、燕、亳，吾北土也。'"疏："《土地名》又云：燕国，蓟县也。亳是小国，阙，不知所在，盖与燕相近，亦是中国也。唯肃慎为远夷。……《书·序》云：'成王既伐东夷，肃慎来贺。'《鲁语》云'武王克商'，'肃慎氏贡楛矢'，韦昭云：'肃慎，东北夷之国，去扶余千里。'晋之玄菟，即在辽东东北。杜言玄菟北三千里，是北夷之近东者。故杜言北夷，韦言东北夷。"② 先秦名"亳"之地，往往与殷商人或其先民、后裔有关。愚认为，这里提到的与燕、肃慎邻近的"亳"亦不例外。"亳"与"白"音近可通，故《海外西经》里提到的"白民之国"，即当是燕亳所在地。另外，"白民"作"尚白之民"解亦可通，而"殷人尚白"③。肃慎与燕，地理位置明确；燕亳或白民之国当在两地之间，而轩辕之国距此不会太远。由此可看出，《海外西经》所讲的地名均在渤海西岸的南北一线上，并非像有人认为的那样在今日中国之西部，更不可能在中亚。

第三，"天鼋说""可汗说"出现的时代较晚，均从音近、通假入手提出新说，富于启发意义。但训诂的一般原则是：假如本字可以得到合理解释，训为通假字便不恰当。上述"车服说""地名说"流行年代久远，又有文献或考古资料支持，故不宜轻易否定古说而作通假解。

综上所述，从黄帝作车传说、北方草原人用车习俗及《山海经·海外西经》的相关记载来看，轩辕古国应在河北北部（燕地）接近草

---

① 袁珂校注：《山海经校注》，上海古籍出版社1980年版，第221—226页。
② 李学勤：《春秋左传正义》，北京大学出版社1999年版，第1267—1268页。
③ 李学勤：《礼记正义》，北京大学出版社1999年版，第179页。

原的地区。另外，联系北方考古发掘的远古龟崇拜①等现象分析，"天鼋说""可汗说"亦不与此初步结论相矛盾。

二 轩辕、有熊与缙云氏

"轩辕"除作大车、地名解外，古人还把它作为星辰的名字。《史记·天官书》载：

> 南宫朱鸟……权，轩辕。轩辕，黄龙体。前大星，女主象；旁小星，御者后宫属。月、五星守犯者，如衡占。
>
> 正义曰：轩辕十七星，在七星北，黄龙之体，主雷雨之神，后宫之象也。阴阳交感，激为雷电，和为雨，怒为风，乱为雾，凝为霜，散为露，聚为云气，立为虹蜺，离为背璚，分为抱珥。二十四变，皆轩辕主之。其大星，女主也；次北一星，夫人也；次北一星，妃也；其次诸星皆次妃之属。女主南一小星，女御也；左一星，少民，后宗也；右一星，大民，太后宗也。占：欲其小黄而明，吉；大明，则为后宫争竞；移徙，则国人流迸；东西角大张而振，后族败；水、火、金守轩辕，女主恶也。②

另外，《淮南子·天文训》亦有"轩辕者，帝妃之舍也"③的记载。郑慧生据此指出："古代星相学家认为天上星象应合着地上人事，轩辕黄帝既在天上代表着女主，她不是一个女人是什么？"④

我们认为黄帝并非"女主"：《史记·天官书》里说的"女主象"指的是轩辕前面的大星，"御者后宫属"指的是轩辕旁边的小星；说"轩辕，黄龙体"，丝毫没有阴柔或女性的形象因素在里面；说"轩辕

---

① 红山文化遗址曾出土玉龟，如牛河梁第五地点一号冢中心大墓，墓主双手各握一玉龟。此外，玉龙、玉凤、玉云（勾云形玉佩）等也是红山文化遗址出土的重要玉器。参见本书附图二，红山龙、凤、云与女神像。
② （汉）司马迁：《史记》，中华书局1959年版，第1299—1301页。
③ 刘文典撰，冯逸等点校：《淮南鸿烈集解》，中华书局1989年版，第93—94页。
④ 郑慧生：《我国母系氏族社会与传说时代：黄帝等人为女人辨》，《河南大学学报》（哲学社会科学版）1986年第4期，第24页。

者，帝妃之舍也"，意思是象征帝妃的诸星均依附于轩辕星，故把轩辕星比喻为"帝妃之舍"，也没有说轩辕为女性。

据文献记载，黄帝又有"有熊氏"之说。《史记·五帝本纪》载："自黄帝至舜、禹，皆同姓而异其国号，以章明德。故黄帝为有熊……弃为周，姓姬氏。"① 而《史记集解》引皇甫谧云："有熊，今河南新郑是也。"② 《通典·州郡七》亦载："新郑，……有溱洧二水，祝融之墟。黄帝都于有熊，亦在此也。"③

但是，刘毓庆指出："黄帝为有熊氏，这就意味他的起源当在一个适宜于熊大量生产与繁殖的地方。熊是冬眠的动物，是比较适宜在气候较寒冷的地方生长的，故而东北多熊，更北的俄罗斯更是以熊闻名。而黄河流域则为少见。"④ 新石器时代晚期，中原地区正处于仰韶文化时代（距今7000—5000年）。典型仰韶文化彩陶的代表性图案，"早期是鱼纹、人面鱼纹、直边几何纹，中期开始是鸟纹、花瓣纹和弧边几何纹。"⑤ 考古学家根据仰韶文化居民留下的遗物遗迹，认为"鱼可能是半坡人（今陕西一带）的图腾，而花卉则是庙底沟人（今河南一带）的图腾"⑥，两者与"熊"的形象相去甚远。

与中原仰韶文化后期同时，北方的红山文化（距今6000—5000年）正处于最辉煌的阶段。该文化的发掘，已有半个多世纪的历史，"经调查和发掘的遗址超过500处，其北界过西拉木伦河，并有继续向蒙古草原深入的趋势；东界越过医巫闾山，到达下辽河西岸；南界东段可达渤海沿岸，西段跨燕山山脉到达华北平原的北部；在河北省张家口地区的桑干河上游以及更北的内蒙古乌兰察布盟尚都县都发现了红山文化与仰韶文化相遇的现象，这一带可视为红山文化

---

① （汉）司马迁：《史记》，中华书局1959年版，第45页。
② 同上书，第2页。
③ （唐）杜佑撰，王文锦等点校：《通典》，中华书局1988年版，第4662页。
④ 刘毓庆：《黄帝族的起源迁徙及炎黄之战的研究》，《山西大学学报》（哲学社会科学版）2008年第5期，第31页。
⑤ 任式楠、吴耀利：《中国考古学·新石器时代卷》，中国社会科学出版社2010年版，第213页。
⑥ 同上书，第252页。另参见本书附图三，仰韶文化代表性彩陶盆。

分布的西界"。① 在红山文化等级最高的牛河梁遗址第一地点"女神庙",考古学家于主室中心和南单室发掘出"泥塑熊龙的头和爪"②,这表明"熊崇拜"处于红山先民精神世界的核心地位。据此,从原始先民崇拜的对象来看,红山文化比仰韶文化更有可能是黄帝部落留下的。

黄帝时,又有"缙云氏"之说。

《左传·昭公十七年》载:

> 郯子曰:"吾祖也,我知之。昔者黄帝氏以云纪,故为云师而云名。炎帝氏以火纪,故为火师而火名。共工氏以水纪,故为水师而水名。大皞氏以龙纪,故为龙师而龙名。我高祖少皞挚之立也,凤鸟适至,故纪于鸟,为鸟师而鸟名。"③

《左传·文公十八年》载:

> 缙云氏有不才子。
> 杜预注:"缙云,黄帝时官名。"④

颜师古注《汉书》引汉应劭曰:

> 黄帝受命有云瑞,故以云纪事也。由是而言,故春官为青云,

---

① 郭大顺、张星德:《东北文化与幽燕文明》,凤凰出版社2004年版,第136页。有学者认为,红山文化分布的西界,仅仅是接近阴山山脉的大青山而已,尚不能认为红山文化与阴山人面岩画属于同一区域文化。按,红山文化研究学者对这种文化分布范围的界定,主要是根据已经发掘的遗址来说的,他们往往没有考虑阴山人面岩画的分布情况——须知,阴山人面岩画向东延伸,是一直到赤峰地区。此外,阴山地区也存在类似于辽西红山文化的"积石冢"。愚以为,所谓"积石冢",就是北方草原较常见的"敖包",由于近百年来辽西地区经济形态转为农耕为主,这里的"敖包"被人为破坏,经考古发掘才揭示出惊天秘密。而阴山地区的敖包保存相对完好,又关乎蒙古族的信仰,不便于考古发掘,因而才没有引起考古界的普遍关注。

② 朝阳市文化局、辽宁文物考古所:《牛河梁遗址》,学苑出版社2004年版,第15页。

③ 李学勤:《春秋左传正义》,北京大学出版社1999年版,第1360—1361页。

④ 同上书,第582页。

第一章 见龙在田：三界地理考索

夏官为缙云，秋官为白云，冬官为黑云，中官为黄云。①

除红山文化玉龙、玉凤外，"勾云形玉佩"算得上红山玉器群里最重要的一种器形。此种玉器都以板状成形，以勾云形体为基本单元，中心勾云有单有双，间以单或双镂孔，四角各一勾云体，基本保持对称。郭大顺指出："这种勾云形佩多见于大墓中，出土时为竖置且反面朝上，位置在右上臂或左肩处，据史前墓葬所见，这是放置斧钺的位置，有据此推测这类勾云形玉佩的功能当与斧钺一类的权杖有关，如是，则应是神权的象征，实为红山文化玉中第一重器。"② 或许，这种云形玉佩正是黄帝族团"云师云名"的考古实证。

此外，郭大顺还指出：

> 牛河梁作为一个宗教祭祀场所，在庙区内外上百平方公里范围，不见任何居住遗址的迹象，这表明当时的牛河梁祭祀遗址群的级别已远远超出了以家庭为单位、在生活区内设祭的家庭祭祀，也远远超出了以氏族为基本单位、以设在聚落内如'大房子'一类为祭祀场所的氏族祭祀，而是远离生活住地专门营建的独立庙宇、庙区和陵墓区，形成了一个规模宏大的祭祀中心。这已绝非氏族、部落所能拥有，而只能是红山文化这一文化共同体共同使用的崇拜先祖的圣地，是凝聚红山文化人们的所在。③

牛河梁祭祀中心，遗址面积达 50 平方公里，不仅在史前中国是规模空前的，即使与世界其他重要史前遗址相比也毫不逊色。我们以为，如果以传世文献与之印证，最接近它的应是《山海经·海外西经》里提到的"轩辕之国"。

"汤以七十里王天下"是古人津津乐道的话题，而从牛河梁祭祀中心到阴山东段（即传说中的昆仑）足足有五六百公里，究竟哪里才是

---

① （汉）班固：《汉书》，中华书局 1962 年版，第 722—723 页。
② 郭大顺、张星德：《东北文化与幽燕文明》，凤凰出版社 2004 年版，第 203 页。
③ 同上书，第 210 页。

黄帝族的统治中心？难道"轩辕之国"有两个原始宗教中心吗？或许，我们已经习惯于用农业民族的思维来看问题，但五千余年前中国北方森林、草原交错地带的原始农业并不发达，而《史记·五帝本纪》谓黄帝"迁徙往来无常处，以师兵为营卫"，也表明其族群并非过着定居的农业生活。因此，流动的生活方式，决定了轩辕古国控御的国土极为辽阔。至少，还有两个证据支持此说：

其一，考古调查表明，牛河梁祭祀中心上百平方公里范围内，没有同时代的任何居住遗址，这意味着前来朝拜的原始先民平时并非久居此地。

其二，轩辕，乃车之属；轩辕古国，意即乘车之国。一个以交通工具为名的古国，其生活方式可想而知，显然不会建立在原始农业的基础之上。

三　涿鹿与新郑的比较

在有关轩辕黄帝的诸多传说中，最可信者恐怕非"阪泉、涿鹿之战"莫属，《左传·僖公二十五年》《逸周书·尝麦解》《战国策·秦策一》《魏策二》《世本》《大戴礼记·五帝德》《史记》《帝王世纪》等均有记载。这些文献时代较早，其于考证轩辕黄帝的价值，显非唐宋以来的地方志可比。考诸《汉书·地理志》，汉代只有一个涿鹿，在上谷郡，即今河北省张家口地区。这说明，司马迁在撰写《五帝本纪》时，对"涿鹿之战"的发生地记载得很清楚，不存在歧义。

《国语·晋语四》载：

> 昔少典娶于有蟜氏，生黄帝、炎帝。黄帝以姬水成，炎帝以姜水成。成而异德，故黄帝为姬，炎帝为姜。二帝用师以相济也，异德之故也。异姓则异德，异德则异类。异类虽近，男女相及，以生民也。同姓则同德，同德则同心，同心则同志。同志虽远，男女不相及。[①]

[①] 徐元诰撰，王树民、沈长云点校：《国语集解》，中华书局2002年版，第336—337页。

第一章 见龙在田：三界地理考索

很多人据此认为，既然炎黄为兄弟，两部族当然发祥于同一地区，而陕西或河南至少在三千年以来一直是中华文明的中心所在，因此炎黄也应当发祥于这一地区。假如这种推测是成立的，为什么发祥于中原的两部族要到遥远的河北北部与内蒙古交界处去冲突呢？这个问题仅凭传世文献资料是难以给出合理解释的。

二十世纪田野考古的发展，特别是北方红山文化的发掘，推动学界由"疑古"走向"释古"，使上述难题的破解出现了转机。苏秉琦综合考察多地新石器时代遗址后指出："中国古文化有两个重要区系：一个是源于渭河流域的仰韶文化；一个是源于大凌河流域的红山文化。它们都有自己的根（祖先）、自己的标志。两者出现或形成的时间约当距今六七千年间，都是从自己的祖先衍生或裂变出来的。仰韶文化的一种标志是玫瑰花（包括枝、叶、蕾、冠或仅花冠）；而红山文化的一种标志是龙或仅龙鳞。……华山脚下的玫瑰与燕山以北的龙的中间对接点在桑干河上游（河北省、山西省北部）一带。"[①] 他认为："五帝时代以五千年为界可以分为前后两大阶段，以黄帝为代表的前半段主要活动中心在燕山南北，红山文化的时空框架，可以与之对应。"[②] 其后，刘毓庆、金宇飞等均主张红山文化是黄帝族团留下的遗迹。

文献资料匮乏一直是制约上古文化研究的瓶颈，但这并不是研究轩辕黄帝时对资料不加拣择的理由。拣择，不是"于我有利者则用，于我不利者则弃"，而是要在诸多看似相互矛盾的文献材料中筛选早期可靠的，摒弃后期荒诞的。并且，选用要有理由，摒弃也需依据。例如，《庄子》寓言中多次提到"轩辕"或"黄帝"，但前人谓庄子讲的故事多"谬悠之说，荒唐之言，无端崖之辞"[③] 也是实情，即他往往故意编造形式荒诞的故事来阐明严肃庄重的道理，意在让读者"得鱼而忘荃"[④]，所以，此书中有关"轩辕"或"黄帝"的记载多是不足据的。再如，晋初皇甫谧是司马迁之后研究上古文化的重要学者，很多人据

---

① 苏秉琦：《华人·龙的传人·中国人》，辽宁大学出版社1994年版，第88页。
② 苏秉琦：《中国文明起源新探》，生活·读书·新知三联书店1999年版，第161页。可参见本书附图四，涿鹿战场与南北考古文化。
③ （清）郭庆藩撰，王孝鱼点校：《庄子集释》，中华书局1961年版，第1098页。
④ 同上书，第944页。

《史记集解》"谯周曰:'有熊国君,少典之子也。'皇甫谧曰'有熊,今河南新郑是也'"①,认为河南新郑是轩辕黄帝的发祥地。其实这不仅曲解了《史记》,也曲解了皇甫谧。司马迁说:"自黄帝至舜、禹,皆同姓而异其国号,以章明德。故黄帝为有熊,帝颛顼为高阳,帝喾为高辛,帝尧为陶唐,帝舜为有虞。"② 很明显,"有熊"是黄帝国号而非国都。而皇甫谧曾经明确说过:"黄帝都涿鹿,于《周官》幽州之域,在汉为上谷,而《世本》云'涿鹿在彭城南',然则上谷本名彭城。今上谷有涿鹿县及蚩尤城,阪泉地又有黄帝祠,皆黄帝战蚩尤之处也。或曰,黄帝都有熊,今河南新郑是也。"③ 据此,晋初黄帝"都涿鹿"与"都有熊"两说并存,皇甫谧倾向于前说是毫无疑问的,只是《史记集解》断章取义,仅取后说罢了。

  古称"有熊"的河南新郑一带,历史悠久而文化昌明。根据田野考古资料,为公元前6200—前5500年,这里即有农业发达的"裴李岗文化"。其中,贾湖遗址出土25支骨笛,真实再现了史前先民对文化生活的追求。从信仰和习俗方面看,当地存在着龟灵崇拜:在贾湖遗址349座墓葬中,"有23座随葬龟甲;有的随葬成组的背腹甲和完整的龟壳;有的随葬单个的完整龟甲;有的随葬龟甲碎片,并且多数伴出石子,表现出了当时崇拜的内容和具体形式"④。进入仰韶时代以后,新郑一带为仰韶文化大河村类型,或谓"大河村文化"(公元前3900—前2900年)。大河村文化彩陶受庙底沟文化影响很大,除了一部分与庙底沟文化相同的彩陶,也有独具特色的作品,以精美的白衣彩陶最为出色。汝州阎村彩陶缸上的"鹳鱼石斧图",是大河村文化出土的最有魅力的作品。这幅"鹳鱼石斧图"绘于陶缸的一侧,画面较大,用白和紫褐等多种色彩绘出。画面左边是一只侧立的白鹳,白鹳衔着一条鱼;画面右边是一柄竖立斧子,斧柄上还绘有黑叉符号。这是一幅寓意深刻的作品,已具有图画记事的作用,它像谜一样吸引了许多研究者。这个

---

① (汉)司马迁:《史记》,中华书局1959年版,第2页。
② 同上书,第45页。
③ 徐宗元辑:《帝王世纪辑存》,中华书局1964年版,第7页。
④ 任式楠、吴耀利:《中国考古学·新石器时代卷》,中国社会科学出版社2010年版,第139页。

彩陶缸是墓中的随葬品，所以画面被认为是墓主人生前事功的写实画，有研究者据此认定墓主人应当是部落首领之类的人物①。

上述新郑地区主要考古资料中，仅有"龟灵崇拜"或可与黄帝传说相联系：《国语·周语下》载："我姬氏出自天鼋，及析木者，有建星及牵牛焉，则我皇妣大姜之姪，伯陵之后，逄公之所凭神也。岁之所在，则我有周之分野也。月之所在，辰马，农祥也，我大祖后稷之所经纬也。"② 郭沫若说："轩辕、单阏，均天鼋之音变也。轩辕不必即是黄帝，盖古有此氏姓，迄周初犹存而后已消灭，故后人遂附益之以为黄帝耳。"③

或有人认为，"鼋"与"龟"相近，实则"鼋"为大鳖，俗称"癞头鼋"，为鱼属而非龟。《楚辞·九歌·河伯》云："乘白鼋兮逐文鱼。"王逸注："大鳖为鼋，鱼属也。"④ 而"鹳鱼石斧图"中的"鱼"也明显与"大鳖"不同。并且，龟灵崇拜在史前文化遗址中较常见，故贾湖遗址资料并非力证。另外，早在裴李岗文化时期，新郑一带的原始农业就已经很发达了，这与黄帝"迁徙往来无常处"的生存状态亦不相符。

小结

阪泉、涿鹿之战后，黄帝部族活动地域空前扩大，加之子孙众多，故有关轩辕黄帝的传说流布华夏。历史太长，而人的个体生命又太短，当历史尘埃掩盖了曾经称雄北方草原近千年的轩辕古国，这段没有文字的历史，终于演化为炎黄子孙集体记忆深处的片羽吉光。《大戴礼记·五帝德》载：

---

① 临汝县文化馆：《临汝阎村新石器时代遗址调查》，《中原文物》1981年第1期；张绍文：《原始艺术的珠宝——记仰韶文化彩陶上的〈鹳鱼石斧图〉》，《中原文物》1981年第1期；任式楠、吴耀利：《中国考古学·新石器时代卷》，中国社会科学出版社2010年版，第246—249页；严文明：《鹳鱼石斧图跋》，《文物》1982年第12期。
② 徐元诰撰，王树民等点校：《国语集解》，中华书局2002年版，第123—126页。
③ 郭沫若：《殷周青铜器铭文研究》，科学出版社1961年版，第17页。
④ （宋）洪兴祖：《楚辞补注》，中华书局1983年版，第77页。

宰我问于孔子曰："昔者予闻诸荣伊，言黄帝三百年。请问黄帝者人邪？亦非人邪？何以至于三百年乎？"孔子曰："予！禹、汤、文、武、成王、周公，可胜观也！夫黄帝尚矣，女何以为？先生难言之。"宰我曰："上世之传，隐微之说，卒业之辨，暗昏忽之，意非君子之道也，则予之问也固矣。"

孔子曰："黄帝，少典之子也，曰轩辕。生而神灵，弱而能言，幼而慧齐，长而敦敏，成而聪明。治五气，设五量，抚万民，度四方；教熊罴貔豹虎，以与赤帝战于版泉之野，三战然后得行其志。黄帝黼黻衣，大带黼裳，乘龙扆云，以顺天地之纪，幽明之故，死生之说，存亡之难。时播百谷草木，故教化淳鸟兽昆虫，历离日月星辰，极畋土石金玉，劳心力耳目，节用水火材物。生而民得其利百年，死而民畏其神百年，亡而民用其教百年，故曰三百年。"①

孔子对"黄帝三百年"的解释，是比较客观的，即：他生而为人，死而为神，其生前的种种灵异，无疑是其去世后人们在口承叙事中增饰的。《史记·五帝本纪》载："黄帝崩，葬桥山。"② 司马迁的这种说法，或是从田野调查中得到的，因为在他以前的文献中找不出类似的记载，而他自己说过，"余尝西至空桐，北过涿鹿，东渐于海，南浮江淮矣，至长老皆各往往称黄帝、尧、舜之处"③。至于桥山的具体位置，则说法不一。裴骃《史记集解》引《皇览》曰"黄帝冢在上郡桥山"④，其地在今陕西省黄陵县。《魏书·太宗纪》载："壬申，（太宗）幸涿鹿，登桥山，观温泉，使使者以太牢祠黄帝庙。至广宁，登历山，祭舜庙。"⑤ 据此，则桥山在今河北省涿鹿县东南。诸说并存，哪里才是黄帝的长眠之地呢？《史记》及其以后历代文献记载的往往都是各地对黄帝崇拜、祭祀的情形，而考古学家锄头所开启的才是真正的神话时

---

① 高明：《大戴礼记今注今译》，台湾商务印书馆 1977 年版，第 235—236 页。
② （汉）司马迁：《史记》，中华书局 1959 年版，第 10 页。
③ 同上书，第 46 页。
④ 同上书，第 11 页。
⑤ （北齐）魏收：《魏书》，中华书局 1974 年版，第 55 页。

第三节　幽都鬼府考

在中国古人看来，魂魄是一种能脱离人体而独立存在的精神，附体则人生，离体而人死。《左传·昭公七年》载："鬼有所归，乃不为厉……人生始化曰魄，既生魄，阳曰魂。用物精多，则魂魄强。是以有精爽，至于神明。匹夫匹妇强死，其魂魄犹能冯依于人，以为淫厉。"①这里，"厉"指恶鬼，"淫厉"指祸害、灾害。意谓，人死之后，鬼魂有归宿才不会成为恶鬼，匹夫匹妇身体壮健而死于非命，其鬼魂会依附于他人而为祸害。那么，在中国神话里，鬼魂的正常归宿是哪里呢？不同时代、不同地域的说法不同，但中国最古老的鬼府无疑是"幽都"。"魂兮归来，君无下此幽都些"，这是《楚辞·招魂》里的诗句。王逸注曰："幽都，地下后土所治也。地下幽冥，故称幽都。"②按照一般无神论的说法，作为地下鬼府的"幽都"不过是虚构出来的，现实中不可能存在。但是，据传世文献来看，"幽都"是历史上的真实地名，指北方的某山或某城。《招魂》里的"幽都"与作为北方地名的"幽都"，是巧合还是有某种必然的联系呢？

一　地名之幽都

《魏书·序纪》载："昔黄帝有子二十五人，或内列诸华，或外分荒服，昌意少子，受封北土，国有大鲜卑山，因以为号。其后，世为君长，统幽都之北，广漠之野，畜牧迁徙，射猎为业，淳朴为俗，简易为化，不为文字，刻木纪契而已，世事远近，人相传授，如史官之纪录焉。"③同书《礼志一》又载："魏先之居幽都也，凿石为祖宗之庙于乌洛侯国西北。自后南迁，其地隔远。真君中，乌洛侯国遣使朝献，云

---

① 李学勤：《春秋左传正义》，北京大学出版社1999年版，第1247—1249页。
② （宋）洪兴祖撰：《楚辞补注》，中华书局1983年版，第201页。
③ （北齐）魏收：《魏书》，中华书局1974年版，第1页。

石庙如故，民常祈请，有神验焉。其岁，遣中书侍郎李敞诣石室，告祭天地，以皇祖先妣配。"① 现代学者曹熙，根据上述记载及相关考古资料，指出"黑龙江大兴安岭发现的嘎仙洞就是《楚辞·招魂》中的幽都"②。此说很有价值，但值得商榷：如果说大兴安岭的嘎仙洞是鲜卑人的"幽都"，其证据是比较充分的；如果说它是《楚辞·招魂》里的"幽都"，则证据尚不充分。历史上的地名常因人口大规模流动而迁徙，不同时代的同一地名，在地理上的位置未必相同。鲜卑是游牧部落，迁徙往来无常处，所以即使鲜卑人认为嘎仙洞就是"幽都"，也不能充分证明这里即是《招魂》里的"幽都"。

事实上，"幽都"作为北方地名，大量出现在与《楚辞·招魂》时代相近的文献中。从这些记载来看，历史地理上的"幽都"确实存在，但是，由于大部分记载过于简略，其具体位置又不详，是否在大兴安岭的嘎仙洞就更难说了。具体情况如下：

《山海经·北山经》载：

> 西望幽都之山，浴水出焉。③

《山海经·海内经》载：

> 北海之内，有山，名曰幽都之山，黑水出焉。其上有玄鸟、玄蛇、玄豹、玄虎、玄狐蓬尾。④

《墨子·节用中》载：

> 古者尧治天下，南抚交阯，北降幽都。⑤

---

① （北齐）魏收：《魏书》，中华书局1974年版，第2738页。
② 曹熙：《〈楚辞〉中的鲜卑与幽都考》，《齐齐哈尔大学学报》1983年第4期，第35页。
③ 袁珂校注：《山海经校注》，上海古籍出版社1980年版，第98页。
④ 同上书，第462页。
⑤ （清）孙诒让撰，孙启治点校：《墨子间诂》，中华书局2001年版，第164页。

第一章 见龙在田：三界地理考索

《庄子·在宥》载：

"尧于是放讙兜于崇山，投三苗于三峗，流共工于幽都，此不胜天下也。"疏云："幽都在北方，即幽州之地。"①

《韩非子·十过》载：

昔者尧有天下，饭于土簋，饮于土铏。其地南至交趾，北至幽都，东西至日月之所出入者，莫不宾服。②

《大戴礼记·少闲》载：

昔虞舜以天德嗣尧，布功散德制礼，朔方幽都来服。③

《尔雅·释地》载：

"北方之美者，有幽都之筋角焉。"郭璞注曰："幽都，山名。谓多野牛筋角。"④

《淮南子·地形训》载：

"北方之美者，有幽都之筋角焉。"汉高诱注曰："古之幽都在雁门以北。其畜宜牛羊马，出好筋角，可以为弓弩。"⑤

《淮南子·泰族训》载：

---

① （清）郭庆藩撰，王孝鱼点校：《庄子集释》，中华书局1961年版，第373—374页。
② （清）王先慎撰，锺哲点校：《韩非子集解》，中华书局1998年版，第70页。
③ 方向东：《大戴礼记汇校集解》，中华书局2008年版，第1158页。
④ 李学勤：《尔雅注疏》，北京大学出版社1999年版，第193页。
⑤ 刘文典撰，冯逸等点校：《淮南鸿烈集解》，中华书局1989年版，第139页。

纣之地，左东海，右流沙，前交趾，后幽都。师起容关，至浦水，士亿有余万，然皆倒矢而射，傍戟而战。①

《史记·五帝本纪》载：

申命和叔，居北方，曰幽都。②

自唐朝开始，幽都成为正式的行政区名。

据《旧唐书·地理志》载："幽都，管郭下西界，与蓟分理。建中二年，取罗城内废燕州廨署，置幽都县，在府北一里。"③《新唐书·地理志》载："幽都，望。本蓟县地。隋于营州之境汝罗故城置辽西郡，以处粟末靺鞨降人。武德元年曰燕州，领县三：辽西、泸河、怀远。土贡：豹尾。"④

有关地名幽都的历史沿革，《辽史·地理志》有较好的归纳：

南京析津府，本古冀州之地。高阳氏谓之幽陵，陶唐曰幽都，有虞析为幽州。商并幽于冀。周分并为幽。《职方》，东北幽州，山镇医巫闾……武王封太保奭于燕。秦以其地为渔阳、上谷、右北平、辽西、辽东五郡。汉为燕国，历封臧荼、卢绾、刘建、刘泽、刘旦，尝置涿郡广阳国。后汉为广平国广阳郡；或合于上谷，复置幽州。后周置燕及范阳郡，隋为幽州总管。唐置大都督府，改范阳节度使。安禄山、史思明、李怀仙、朱滔、刘怦、刘济相继割据。刘总归唐。至张仲武、张允仲，以正得民。刘仁恭父子僭争，遂入五代。自唐而晋，高祖以辽有援立之劳，割幽州等十六州以献。太宗升为南京，又曰燕京。⑤

---

① 刘文典撰，冯逸等点校：《淮南鸿烈集解》，中华书局 1989 年版，第 686—687 页。
② （汉）司马迁：《史记》，中华书局 1959 年版，第 17 页。
③ （后晋）刘昫：《旧唐书》，中华书局 1975 年版，第 1516 页。
④ （宋）欧阳修等：《新唐书》，中华书局 1975 年版，第 1019—1020 页。
⑤ （元）脱脱等：《辽史》，上海古籍出版社 1986 年版，第 48 页。

第一章　见龙在田：三界地理考索

综上所述，作为北方地名，幽都的历史极为久远。由于受部族迁徙或王朝更替的影响，在不同历史时期幽都的位置也不同：北可达到大兴安岭的嘎仙洞，南约在今天的北京。

二　"鬼府"的本义

有关鬼魂的信仰，历史也是非常久远的。古人认为，人死是因为灵魂离开躯体，去了另一个世界，如《说文》即云："鬼，人所归为鬼。"[①] 但是，前人没有将"死人"与"鬼"简单地联系在一起，而是把人的精气分成"魂"与"魄"两部分，以此来解释人与鬼的关系。《大戴礼·曾子天圆》云："阳之精气曰神，阴之精气曰灵。神者，品物之本也。"卢辩注曰："神为魂，灵为魄。魂魄，阴阳之精，有生之本也。及其死也，魂气上升于天为神，体魄下降于地为鬼，各反其所自出也。"[②]

人的精气由魂、魄两方面构成，这就引出一个问题，即鬼为魂还是为魄，抑或是魂、魄共同变幻而成的呢？一种观点认为，人死之后，其魂魄会变成"鬼"。如《左传·昭公七年》载，子产曾云："人生始化曰魄，既生魄，阳曰魂。用物精多，则魂魄强。是以有精爽，至于神明。匹夫匹妇强死，其魂魄犹能冯依于人，以为淫厉。"[③]《国殇》亦云："身既死兮神以灵，子魂魄兮为鬼雄。"[④] 另一种观点认为，人死之后，魄随肉体消灭而散失，只有魂离开肉体变成了"鬼"。如《礼记·郊特牲》云："魂气归于天，形魄归于地。"[⑤] 唐代孔颖达在解释《左传》子产之论时，进一步论述了魂与魄的作用，谓：

> 人之生也，始变化为形，形之灵者名之曰魄也。既生魄矣，魄内自有阳气。气之神者，名之曰魂也。魂魄神灵之名，本从形气而

---

① （清）段玉裁注：《说文解字注》，浙江古籍出版社2006年版，第434页。
② 黄怀信：《大戴礼记汇校集注》，三秦出版社2004年版，第618页。
③ 李学勤：《春秋左传正义》，北京大学出版社1999年版，第1248—1249页。
④ （宋）洪兴祖：《楚辞补注》，中华书局1983年版，第83页。
⑤ 李学勤：《礼记正义》，北京大学出版社1999年版，第817页。

有。形气既殊，魂魄亦异。附形之灵为魄，附气之神为魂也。附形之灵者，谓初生之时，耳目心识，手足运动，啼呼为声，此则魄之灵也。附气之神者，谓精神性识，渐有所知，此则附气之神也。①

孔颖达虽是解释《左传·昭公七年》子产之魂魄化鬼说，却明显受《礼记》之魂魄分离论的影响。这足以表明，古人对灵魂的理解有一个逐渐变化的过程。"魂"或者"魄"都是看不见的，古人却要一分为二，大概是他们觉得鬼魂离开躯体之后会去一个特别的地方，而尸体也需要种种保护。尸体保存的地方与灵魂的归宿不同，而两者都寄托了生者的哀思，因而也就有了"魂"与"魄"的区分。

在中国古人观念里，幽都正是鬼魂的归聚之地。除《楚辞·招魂》外，指鬼魂归聚地的"幽都"常见于历代祭文、悼词中。如《晋书·卷三十一》载武元杨皇后哀策云："陵兆既窆，将迁幽都，宵陈凤驾，元妃其徂。"② 同书第六十九卷又载："冤魂哭于幽都，诉灵恨于黄泉。"③ 古人为什么会把鬼魂的归聚地称为幽都呢？这个问题比较复杂，愚以为，从训诂学角度分析，或有助于问题的解决。

首先看"幽"字。许慎在《说文》中指出："幽，隐也。从山丝，丝亦声。"段玉裁注曰："隐，蔽也。《小雅》，'桑叶有幽'。毛曰，'幽，黑色也'。此谓'幽'为'黝'之假借。"④ 但是，甲骨文所揭示的情况并非如此。姚孝遂指出："甲骨文'幽'字从火从丝，不从山，古文字山、火形近易混。"又说："'幽'通作'黝'，'幽牛'即指黑色之牛。卜辞有'黄牛'、'白牛'，均指毛色言之。尚有'黑牛'，'黑牛'与'幽牛'不知有何区别。"⑤ 愚以为，甲骨文中"幽"字从火从丝，就说明"幽"字本义既不表示隐，也不表示黑，卜辞中"幽牛"与"黑牛"并存，也同样印证了"幽"不表示黑。训"幽"为黝的通假字当然可以，但如果本字可解，训为通假字则是不恰当的。

---

① 李学勤：《春秋左传正义》，北京大学出版社1999年版，第1248页。
② （唐）李世民等：《晋书》，上海古籍出版社1986年版，第110页。
③ 同上书，第214页。
④ （清）段玉裁注：《说文解字注》，浙江古籍出版社2006年版，第158—159页。
⑤ 于省吾：《甲骨文字诂林》，中华书局1996年版，第3196—3197页。

第一章 见龙在田：三界地理考索

"幽"字从火，却比火字多出一个"丝"字形来，所以"丝"是解释"幽"字的关键。火的上面有"丝"，或指火燃烧时上升的烟。古人举行祭祀时，最重要的目的是沟通人神，即要让天上的神灵了解祭祀者的敬神之意，这样才能佑护祭祀者。显然，柴祭时，上升的烟气是最直观的通神工具了。如果在火中放入牺牲，香气伴着烟火直达天庭，天上神灵当然会高兴的。此说不难找出文献依据。《东观汉记·丁鸿传》载："瞻望太山，嘉泽降澍，柴祭之日，白气上升，与燎烟合，黄鹄群翔，所谓神人以和，答响之休符也。"[①] 因此，甲骨卜辞中的"幽牛"应当表示祭祀时用的牛，而"黑牛"仅表示毛色为黑色的牛；以汉代"幽为黝之假借"的说法来解释甲骨卜辞中的"幽牛"，明显是不恰当的。总之，结合甲骨卜辞分析，"幽"字从火从丝，本义与柴祭、献牲、通神有关。

再来看"都"字。《说文》云："都，有先君之旧宗庙曰都。"[②]《左传·庄公二十八年》载："凡邑，有宗庙先君之主曰都，无曰邑。"孔颖达注疏："小邑有宗庙，则虽小曰都，无乃为邑。"[③] 另外，《墨子·明鬼下》载："昔者虞夏商周三代之圣王，其始建国营都日，必择国之正坛，置以为宗庙；必择木之修茂者，立以为丛位。"[④] 可见，《说文》对于"都"字本义的解释较为恰当，指的是有先君旧宗庙之邑。

从文献记载来看，古时宗庙祭祖通常都要柴祭、献牲，而考古发掘的古代祭祖遗址中，祭祀灰坑也比较常见，这就证明祭祖以柴火、牺牲的习俗确实存在。所以，幽、都二字合起来看，应当与宗庙祭祀有关。宗庙是安放逝者灵位或神主的地方，远古时的人把先人的旧宗庙看作鬼魂的归聚地是很自然的事。如此看来，所谓鬼魂归聚地的幽都，最初应当是先祖的旧宗庙。

在古人的观念中，人死时鬼魂离开躯体，离开生的世界，远赴归聚地幽都；而招魂的目的是希望死者能够复生，也就是要把前往幽都路上

---

① （东汉）刘珍等撰，吴树平校注：《东观汉记校注》，中州古籍出版社1987年版，第632页。
② （清）段玉裁注：《说文解字注》，浙江古籍出版社2006年版，第283页。
③ 李学勤：《春秋左传正义》，北京大学出版社1999年版，第291页。
④ （清）孙诒让撰，孙启治点校：《墨子间诂》，中华书局2001年版，第235—236页。

的鬼魂招回来。按照王逸"地下幽冥，故称幽都"的说法，鬼府幽都应在地下，但《礼记》所载与王逸之说不同。《礼记·檀弓下》载："复，尽爱之道也，有祷祠之心焉。望反诸幽，求诸鬼神之道也。北面，求诸幽之义也。"郑玄注曰："复谓招魂，且分祷五祀，庶几其精气之反。鬼神处幽暗，望其从鬼神所来，乡其所从来也。《礼》复者升屋北面。"① 复礼即是招魂，招魂者通常要爬上屋顶，面向北方，招新死者之魂。据此看来，作为鬼魂归聚地的幽都，似乎不在地下而在北方了。

三 幽都原型说

北方的幽都与作为鬼魂归聚地的幽都是否有关系呢？愚以为，前者是后者的历史原型。简单地说，作为鬼魂归聚地的幽都源自民族记忆和原始经验的集体潜意识，即远古洪荒中的北方幽都，曾经是若干古老族群的原始宗教圣地，也就是他们祭祀祖先、神灵的旧宗庙所在地。由于历史太长，而个体生命又太短，所以，这段早期历史仅以神话碎片的形式留存在人们的集体潜意识里。其后，迁居中原的人对北方幽都的不了解，又使幽都的神秘意象得到了强化。

从近的历史来看，作为北方地名的幽都与祭祀祖先神灵是有关的。如《魏书·卷一百八之一》载："魏先之居幽都也，凿石为祖宗之庙于乌洛侯国西北。自后南迁，其地隔远。真君中，乌洛侯国遣使朝献，云石庙如故，民常祈请，有神验焉。其岁，遣中书侍郎李敞诣石室，告祭天地，以皇祖先妣配。"② 可见，这里的幽都，是鲜卑人的祖庙所在地，这与上文所分析的幽都为祭祖宗庙的初步结论是一致的。或有人认为，鲜卑人非华夏族，其历史文化更与楚人无关。但是，鲜卑自称为黄帝后裔，世代相传，这种说法未必没有真实的历史依据；而从《离骚》来看，楚人自称为帝高阳之后，也是黄帝后裔。

从远的历史来看，作为北方地名的幽都与祭祖宗庙有关。据《史记·五帝本纪》所载的谱系，帝尧属于黄帝后裔，而同书又载"黄帝

---

① 李学勤：《礼记正义》，北京大学出版社1999年版，第264页。
② （北齐）魏收：《魏书》，中华书局1974年版，第2738页。

邑于涿鹿之阿"。涿鹿在今河北北部，属于古幽州，也就是幽都所在的地区。《史记·周本纪》载："武王追思先圣王，乃褒封神农之后于焦，黄帝之后于祝，帝尧之后于蓟，帝舜之后于陈，大禹之后于杞。"① 《礼记·乐记》载："武王克殷反商，未及下车而封黄帝之后于蓟，封帝尧之后于祝。"② 古蓟地在今京津地区，离涿鹿很近，也是古代幽都所在的地区。无论是黄帝之后还是帝尧之后封在这里，都应与其先君旧宗庙有关。因为西周初年封建先王之后，目的就是保证对其先祖的祭祀不绝。

考古发掘的红山文化遗址也提供了证据。红山文化距今五千多年，约当五帝时代，主要分布于河北北部、内蒙古东南部和辽宁西部，这正是古代幽都所在的范围。其中，牛河梁祭祀遗址面积达 50 多平方公里，③ 由"女神庙、祭天地的方圆神坛、金字塔式巨型积石冢群等组成"④，是迄今已知北方地区规模最大的原始宗教祭祀中心。

从上述材料来看，自史前以来，北方幽都地区的祖先崇拜现象的确比较突出，这说明，地名幽都与鬼魂归聚地幽都均与原始宗教信仰有关，前者作为后者的历史原型是完全有可能的。

另外，有关北方幽都的传说与《招魂》中的幽都特征相吻合，也为这种推测提供了旁证。《招魂》描绘了鬼府幽都的可怖情景：

> 土伯九约，其角觺觺些。敦脢血拇，逐人駓駓些。参目虎首，其身若牛些。此皆甘人，归来归来，恐自遗灾些。
>
> 王逸注："土伯，后土之侯伯也。……言地有土伯，执卫门户，其身九屈，有角觺觺，主触害人也。"⑤

而《左传·昭公二十九年》载：

---

① （汉）司马迁：《史记》，中华书局 1959 年版，第 127 页。
② 李学勤：《礼记正义》，北京大学出版社 1999 年版，第 1134 页。
③ 郭大顺：《龙出辽河源》，百花文艺出版社 2001 年版，第 76 页。
④ 辽宁文物考古研究所：《辽宁牛河梁红山文化"女神庙"与积石冢群发掘简报》，《文物》1986 年第 8 期，第 16—17 页。
⑤ （宋）洪兴祖撰：《楚辞补注》，中华书局 1983 年版，第 201 页。

共工氏有子曰句龙，为后土。①

《国语·鲁语上》载：

共工氏之伯九有也，其子曰后土，能平九土，故祀以为社。②

可见，后土为社神，即土地之神，与宗庙祭祀有关。而且后土句龙为共工之子，在《庄子·在宥》《孟子·万章上》《左传正义·文公十八年》《韩非子·外储说》《大戴礼记·五帝德》《淮南子·修务训》等文献中都记载，共工被流放到北方幽都或幽州了。而《山海经·海外北经》载："共工之臣曰相柳氏，九首，以食于九山。相柳之所抵，厥为泽溪。禹杀相柳，其血腥，不可以树五谷种。"③据此，共工及其臣属的血腥特征，与《招魂》中幽都的情形极为相似。

总之，《招魂》的作者为渲染幽都的可怖，突出了土伯的血腥形象，而土伯的原型，正是神话传说中被流放到北方幽都的共工。或有人认为，幽都在北方而《楚辞·招魂》属南方楚文献，后者不适合去证明前者如何。但是，据《离骚》《史记·楚世家》等所载的早期传说来看，楚贵族来自北方，而且《楚辞》中也保存了大量北方的地名。原始人群是会流动的，而世代传承的文化又具有保持相对稳定的惰性。因此，北方文化的某些因素完全有可能在南方文献中得以保存。

小结

尽管在不同历史时期，地名幽都的具体所指不尽相同，但可以肯定的是，在中华早期历史上北方幽都确乎存在过。从训诂学角度分析，幽都与宗庙祭祀有关，而在古幽都所在的地域范围内也确实发掘出原始社会祭祀中心。从牛河梁红山文化遗址到大兴安岭的嘎仙洞，仅这两个祭

---

① 李学勤：《春秋左传正义》，北京大学出版社1999年版，第1511页。
② 徐元诰：《国语集解》，中华书局2002年版，第155页。
③ 袁珂校注：《山海经校注》，上海古籍出版社1980年版，第233页。

第一章　见龙在田：三界地理考索

祀中心持续使用时间至少在千年以上。自《楚辞·招魂》以来，幽都成了鬼魂的归聚之地，其性质就是鬼府，这种意象来自民族记忆和原始经验的集体潜意识，它的原型则是北方的幽都。

　　金属农具出现以后，渔猎—畜牧业比重下降，农业比重迅速提高，中国早期文明的力量中心由北方草原、森林交错地带向中原农业区逐渐转移。在这样的宏观背景下，国家祭祀天地的中心也随之南移。自秦汉以降，山东泰山成为历代皇帝封禅祭祀的重要场所。《史记·封禅书》载："十二月甲午朔，上亲禅高里，祠后土。"[①] 此处的"高里"通常写作"蒿里"，是泰山南面的一座小山。因汉武帝在这里祭祀后土，故后世"蒿里"渐成"鬼府"。《汉书·广陵厉王刘胥传》载："蒿里召兮郭门阅，死不得取代庸，身自逝。"颜师古注："蒿里，死人里。"[②] 晋陶潜《祭程氏妹文》曰："死如有知，相见蒿里。"[③] 蒿里为鬼府，不仅体现在祭文里，甚至渗透进音乐中。晋崔豹《古今注·音乐》曰："《薤露》《蒿里》，并丧歌也。出田横门人。横自杀，门人伤之，为之悲歌，言人命如薤上之露，易晞灭也。亦谓人死，魂魄归于蒿里。故有二章，一章曰：'薤上朝露何易晞，露晞明朝还复滋，人死一去何时归！'其二曰：'蒿里谁家地，聚敛魂魄无贤愚。鬼伯一何相催促，人命不得少踟蹰。'至孝武时，李延年乃分为二曲，《薤露》送王公贵人，《蒿里》送士大夫庶人，使挽柩者歌之，世呼为挽歌。"[④] "蒿里"既入汉乐府，后世文人模拟之作就更多，由此足以想见其影响之大了。从上古与后土神话传说有关的"幽都"，到中古祭祀后土的"蒿里"，鬼府变迁见证了中华文明重心的转移与文化的嬗变。

[①] （汉）司马迁：《史记》，中华书局1959年版，第1402页。
[②] （汉）班固：《汉书》，中华书局1962年版，第2762—2763页。
[③] 逯钦立校注：《陶渊明集》，中华书局1979年版，第191—192页。
[④] 王云五主编：《风俗通义及其他一种》，《丛书集成初编》第274册，商务印书馆1937年版，第10页。

· 51 ·

第二章 龙凤呈祥：史前婚姻联盟

女歧无合，夫焉取九子？伯强何处？惠气安在？

——《楚辞·天问》

凤皇鸣矣，于彼高岗。梧桐生矣，于彼朝阳。

——《诗·大雅·卷阿》

  自身生产是与物质生产、精神生产并列的人类三大生产之一。中国古代婚姻的重要功能就是繁衍后代、延续香火，正如先秦儒家对婚姻的理解，"昏礼者，将合二姓之好，上以事宗庙，而下以继后世也"①。神话传说时代的婚姻，不仅是文学作品的重要话题之一，更关涉古人对婚姻的价值取向乃至中华民族形成等较为严肃的问题。恩格斯从摩尔根发现的家庭关系和亲属制度的矛盾入手，考察婚姻形态与家庭形式的产生与发展，揭示了人类历史上依次更迭的三种主要婚姻形式是群婚制、对偶婚制和专偶制。他曾经说："这三种婚姻形式大体上与人类发展的三个主要阶段相适应。群婚制是与蒙昧时代相适应的，对偶婚制是与野蛮时代相适应的，以通奸和卖淫为补充的专偶制是与文明时代相适应的。在野蛮时代高级阶段，在对偶婚制和专偶制之间，插入了男子对女奴隶的统治和多妻制。"② 中国历史上，是否存在过这几种婚制？其具体情况又怎样？由于历史尘埃的掩盖和文献记载的缺失，我们对上古时代婚姻状况知之甚少，这就使得历史真实与我们的认识之间存在着巨大的差距。从这个意义上说，任何有关神话时代婚姻形态的看法，或许只是一

---

① 李学勤：《礼记正义》，北京大学出版社1999年版，第1618页。
② 马克思、恩格斯：《马克思恩格斯选集》（第4卷），人民出版社1995年版，第73页。

种假说。因此，在当前条件下将这个问题的探讨定位为求真或辨伪式的考证是不明智的。我们的主要任务，是在初步厘清中国古人对五帝时代婚姻神话知识建构过程的基础上，结合最新的考古资料，提出一个"更加接近历史真相"的上古婚姻假说或新神话。也可以说，这将是一个艰苦的知识考古过程。

第一节 黄帝与嫘祖

在古史传说研究中，黄帝与嫘祖的关系长期不被相关学者重视。究其原因，大概是可供研究的资料甚少，加之有限的材料彼此又矛盾重重。殊不知，这些材料越是存在歧义，就越说明其接近上古传说的本来面貌。若能结合近年来考古新资料来探讨这些传说，不仅可以解决大部分矛盾，还能梳理出中国上古若干族团间的谱系，从而深化我们对古史传说的认识。

一 黄帝四妃的传说

据古史传说，嫘祖是黄帝四妃之一。黄帝四妃的说法，最早出自《汉书·古今人表》："方雷氏，黄帝妃，生玄嚣，是为青阳。絫祖，黄帝妃，生昌意。彤鱼氏，黄帝妃，生夷鼓。嫫母，黄帝妃，生仓林。"[①] 这里并没有刻意强调四妃的位次。晋皇甫谧《帝王世纪》在此基础上，调整了四妃的顺序，曰："黄帝立四妃，元妃西陵氏女，曰嫘祖，生昌意。次妃方雷氏女，曰女节，生青阳。次妃彤鱼氏女，生夷鼓，一名苍林。次妃嫫母，班在三人之下。"[②] 但是，时代更早的《山海经》《大戴礼记》《史记》中却有明显不同的说法。

《山海经·海内经》载：

> 黄帝妻雷祖，生昌意，昌意降处若水，生韩流。韩流擢首、谨

[①] （汉）班固：《汉书》，中华书局1962年版，第867页。
[②] 徐宗元辑：《帝王世纪辑存》，中华书局1964年版，第25页。

耳、人面、豕喙、麟身、渠股、豚止，取淖子曰阿女，生帝颛顼。①

《大戴礼记·帝系》载：

黄帝居轩辕之丘，娶于西陵氏之子，谓之嫘祖氏，产青阳及昌意。青阳降居泜水，昌意降居若水。昌意娶于蜀山氏，蜀山氏之子谓之昌濮氏，产颛顼。②

《史记·五帝本纪》载：

黄帝居轩辕之丘，而娶于西陵之女，是为嫘祖。嫘祖为黄帝正妃，生二子，其后皆有天下：其一曰玄嚣，是为青阳，青阳降居江水；其二曰昌意，降居若水。昌意娶蜀山氏女，曰昌仆，生高阳，高阳有圣德焉。黄帝崩，葬桥山。其孙昌意之子高阳立，是为帝颛顼也。③

这三种文献记载中，《大戴礼记·帝系》与《史记·五帝本纪》略同，而《山海经·海内经》在昌意与颛顼间增加了"韩流"一个环节，而韩流集多种动物特征于一身，神话色彩鲜明。这种矛盾应是远古神话经由不同流传渠道所致，完全是正常的。三者均称黄帝妻西陵之女嫘（雷）祖，未提到其他三妃，明显与《汉书·古今人表》和《帝王世纪》不同。《山海经》虽歧义很多，但较多地保留了古史传说的本来面貌，故比较可信；司马迁为广泛搜集各地的古史传说，曾经"西至空桐，北过涿鹿，东渐于海，南浮江淮"④，也未提到"黄帝四妃"的传说。据此，《汉书·古今人表》和《帝王世纪》有关黄帝婚姻的传说，应当有后世增饰的因素。愚以为，"方雷氏"和"嫘祖"很可能是同一

---

① 袁珂校注：《山海经校注》，上海古籍出版社 1980 年版，第 442—443 页。
② （清）王聘珍撰，王文锦点校：《大戴礼记解诂》，中华书局 1983 年版，第 127 页。
③ （汉）司马迁：《史记》，中华书局 1959 年版，第 10 页。
④ 同上书，第 46 页。

传说的不同版本：因为"雷"与"嫘"音近，《山海经》即直接写作"雷祖"；且《大戴礼记·帝系》和《史记·五帝本纪》均谓青阳、昌意为嫘（雷）祖所生，而《汉书·古今人表》和《帝王世纪》却将此两子（族）分给了方雷氏和嫘（絫）祖。

在传世文献中，有关肜鱼氏或彤鱼氏的记载甚少，从名字上判断，这似乎是一个崇拜鱼的部落。从考古资料来看，六千多年前①与鱼关系甚密的是位于今西安一带的半坡文化先民：

> 半坡彩陶的象生纹饰有人面、鱼、鹿、蛙、鸟纹等，鱼纹常绘于盆类陶器上，被研究者视为半坡文化的标志。鱼纹与半坡文化先民祭祀活动的内容有关，一般表现为侧视形象，极少见到正面图像，有嘴边衔鱼的人面鱼纹、单体鱼纹、双体鱼纹、变体鱼纹和鸟啄鱼纹等。早期鱼纹写实性较强，到晚期时部分鱼纹逐渐向图案化演变，有的简化成三角和直线等线条组成的图案。有的器物写实的鱼、鸟图形与三角、圆点等几何纹饰融为一体，纹饰繁复，寓意深刻。②

此外，在横跨湘、鄂、渝两省一市的大溪文化③遗址中，也发掘出与鱼有关的遗迹，例如在墓葬中，把鱼放在死者身上，或用两条鱼分别垫在两臂之下，有的甚至含在墓主口中。林向据此认为，"长江流域的大溪文化与黄河流域的仰韶文化有着包括人种、习俗乃至图腾、文化上的亲密关系是不容怀疑的"④。而胡顺利则认为，"大溪遗址的氏族墓葬中用龟、鱼来随葬的做法，实际上以为当时埋葬死者时进行的一种巫术仪式，可能与死者的死亡情况有着一定的关联，自始至终是体现着灵物

---

① 半坡文化（或仰韶文化半坡类型），公元前4900—前3800年。
② 任式楠等：《中国考古学·新石器时代卷》，中国社会科学出版社2010年版，第244—245页。
③ 大溪文化，主要分布于长江中游的两湖平原地区，公元前4500—前3300年。
④ 林向：《大溪文化与巫山大溪遗址》，《中国考古学会第二次年会论文集》，文物出版社1982年版，第126页。

崇拜在葬俗上的施行，表现着原始社会中一种想象出来的超自然势力"①。这种以鱼随葬方式，无论是出于图腾崇拜动机还是灵物崇拜的表现，都反映了当地先民的原始宗教观念。《山海经·大荒西经》载："有鱼偏枯，名曰鱼妇。颛顼死即复苏。风道北来，天乃大水泉，蛇乃化为鱼，是为鱼妇。颛顼死即复苏。"②《淮南子·地形训》载："后稷垅在建木西，其人死复苏，其半鱼，在其间。"③ 如果仅从训诂角度分析，《山海经》和《淮南子》这两条记载很难解释；结合上述考古资料，则大体可以推知五帝时代确实存在着对鱼有某种原始信仰的族群。

王震中曾经指出："人名、族名乃至地名可以合一，这是古史传说中的一大特点，了解了这一点，则可以明白《山海经》等古书中所记三代以前的某某生某某，全属于族团分离衍生之类的关系，不必拘泥为个人间的父子血统关系。此外，关于某人娶某人，按照族名、人名可以合一的情况，也有两层意义，一方面反映了两个族的通婚关系，另一方面也包含着部落酋长个人的婚姻关系。"④ 据此，黄帝有"缙云氏"或"有熊氏"之称，其与"彤鱼氏"或"肜鱼氏"的婚姻，应该表明崇拜云或熊的部落与崇拜鱼的部落结成了婚姻联盟。

二 丑女嫫母考

嫫母是神话传说中著名的丑女，在黄帝四妃中位列最后。事实上，她成为黄帝妻子也是最晚的，因为在东汉以前文献中尚不存在嫫母为黄帝妃的说法。例如，《荀子·赋篇》云："嫫母、力父，是之喜也。"唐杨倞注："嫫母，丑女，黄帝时人。"⑤《九章·惜往日》云："妒佳冶之芬芳兮，嫫母姣而自好。"⑥ 这两处记载，甚至没有提到嫫母与黄帝有关系。战国《吕氏春秋·遇合》云：若人之于色也，无不知说美者，

---

① 胡顺利：《大溪文化图腾说辨析及其相关问题》，《江汉考古》1987年第1期，第38页。
② 袁珂校注：《山海经校注》，上海古籍出版社1980年版，第416页。
③ 刘文典撰，冯逸等点校：《淮南鸿烈集解》，中华书局1989年版，第150页。
④ 王震中：《从仰韶文化与大溪文化的交流看黄帝与嫘祖的传说》，《江汉考古》1995年第1期，第38页。
⑤ （清）王先谦撰，沈啸寰等点校：《荀子集解》，中华书局1988年版，第484页。
⑥ （宋）洪兴祖：《楚辞补注》，中华书局1983年版，第152页。

而美者未必遇也。故嫫母执乎黄帝，黄帝曰："厉女德而弗忘，与女正而弗衰，虽恶奚伤？"①意谓人们都喜欢美色，但真正的美人却未必能与人遇合，嫫母能服侍黄帝，主要得益于黄帝重德轻色。西汉东方朔的《七谏·怨世》云"西施媞媞而不得见兮，嫫母勃屑而日侍"②，与《吕氏春秋·遇合》的意思相近，也是说美女不得相见，丑妇整日陪在身边。这两条记载或可解释为嫫母是黄帝之妃，可原文却并未这样明确表述。

宋代道教文献《云笈七签·轩辕本纪》记载了有关嫫母的一个传说：

> 帝周游行时，元妃嫘祖死于道，帝祭之以为祖神。令次妃嫫母监护于道，以时祭之，因以嫫母为方相氏（向其方也，以护丧，亦曰防丧氏。今人将行，设酒食先祭道，谓之祖饯。祖，送也。颜师古注《汉书》云黄帝子为道神，乖妄也。崔实《四民月令》复曰黄帝之子，亦妄也。皆不得审详祖嫘祖之义也）。③

方相氏是古代驱鬼仪式的主持者，也就是原始宗教活动中的大巫师。《周礼·夏官司马》载："方相氏掌蒙熊皮，黄金四目，玄衣朱裳，执戈扬盾，帅百隶而时难，以索室驱疫。大丧，先柩。及墓，入圹，以戈击四隅，驱方良。"④一般认为，这里的"方良"指的是"罔两（魍魉）"，也就是一种精怪。方相氏蒙熊皮、戴面具，状貌狰狞，加之驱鬼行为的神秘性，自然让大多数人望而生畏。就丑陋而言，嫫母与方相氏的特征是吻合的。从世界各地的文化人类学资料来看，在男性原始部落首领身边有高等级女性巫师的情况比较常见，故《云笈七签》出现的时间虽晚（宋代），却与人类文明的一般进程相符。这些女巫师可以是男性首领姐妹或女儿，未必总是妻子。西晋皇甫谧在《帝王世纪》中云："嫫母，黄帝时极丑女也：钟额蹙頞，形粗色黑，今之魌头是其

---

① 陈奇猷校释：《吕氏春秋校释》，学林出版社1984年版，第816页。
② （宋）洪兴祖：《楚辞补注》，中华书局1983年版，第244页。
③ 蒋力生等校注：《云笈七签》，华夏出版社1996年版，第611页。
④ 李学勤：《周礼注疏》，北京大学出版社1999年版，第826—827页。

遗像，而但有德，黄帝纳之，使训后宫。"① 魌头，是古时打鬼驱疫时扮神者（方相氏）所戴的面具。汉郑玄注《周礼》时曾说："冒熊皮者，以惊驱疫疠之鬼，如今魌头也。"② 宋高承《事物纪原·吉凶典制·魌头》云："宋朝《丧葬令》，有方相、魌头之别，皆是其品所当用，而世以四目为方相，两目为魌头。按汉世逐疫用魌头，亦《周礼》方相之比也。"③ 显然，皇甫谧说法的前半部分是符合原始社会巫师形貌特征的，至于"但有德，黄帝纳之，使训后宫"则渗入了后世观念，因为只有到周代以后古人才反复强调"德"的重要性，殷商以前很少能看到这样的说法。

嫫母的传说仅是只言片语，却无疑包含丰富的文化信息。孙作云曾经指出："这打鬼的领队者——方相氏，为什么必得'蒙熊皮'呢？就是因为这种跳舞源出自黄帝打蚩尤，而黄帝以熊为图腾，所以要蒙熊皮。原始社会的图腾跳舞，要摹仿、装扮他们所崇拜的图腾的样子，这种装扮，谓之图腾服饰。"④ 既然嫫母驱鬼时蒙以熊皮，她是否属于黄帝有熊氏部落呢？朱芳圃曾经指出：

  嫫母即西王母……按嫫母即西王母的演变，盖西王母本名为獏，獏与母同音通用，流俗相传，误以为女性的尊称。然其本来面目，尚未全忘，乃并二名而称嫫母。因其蓬发、戴胜、虎齿、豹尾的本像，犹流传于民间，故演化为一形貌丑陋的女神。又因其与昆仑山神黄帝之宫相近，一男一女，遂成为配偶，嗣后，黄帝渐由山神演化为人王，嫫母则演化为一位有德无貌的后妃。⑤

按："西王母"的"西"表示方位；"王"有神义，《荀子·礼论》

---

① 徐宗元辑：《帝王世纪辑存》，中华书局1964年版，第25页。
② 李学勤：《周礼注疏》，北京大学出版社1999年版，第826页。
③ （宋）高承撰，（明）李果订：《事物纪原》，《丛书集成初编》第1212册，商务印书馆1937年版，第342页。
④ 孙作云：《诗经与周代社会研究》，中华书局1966年版，第11页。
⑤ 朱芳圃：《中国古代神话与史实》，中州书画社1982年版，第154—155页。

"郊者，并百王于上天而祭祀之也"，杨倞注"百王，百神也"① 是其证；"母"为貘之音假。古代从母和从莫得声的字，例相通用。对此，朱芳圃举四证：

一、《诗经·卫风·伯兮》："使我心痗。"又《小雅·十月之交》："亦孔之痗。"《毛传》并云："痗，病也。"字一作瘼，《诗经·小雅·四月》："乱离瘼矣。"又《大雅·桑柔》："瘼此下民。"《毛传》并云："瘼，病也。"

二、《礼记·内则》："淳母"，郑玄注："母读曰模。"金文母、毋二字不分。

三、《左传》僖公二十八年："原田每每"杜预注："喻晋军美盛，若原田之草每每然。"字一作莫，《文选》左思《蜀都赋》："粳稻莫莫。"李善注："莫莫，茂也。"

四、《汉书·古今人表》上中："帩母"，颜师古曰："帩，音暮，字从巾，即嫫母也。"②

貘、嫫、母既可通用，嫫母当属于崇拜貘的氏族。那么，貘是什么动物呢？《尔雅·释兽》云："貘，白豹。"郭璞注："似熊，小头庳脚，黑白驳，能舐食铜铁及竹骨。骨节强直，中实少髓，皮辟湿，或曰豹白色者别名貘。"③《说文》云："貘，似熊而黄黑色，出蜀中。从豸，莫声。"段注："即诸书所谓食铁之兽也，见《尔雅》《上林赋》《蜀都赋》注。《后汉书》《尔雅》谓之白豹，《山海经》谓之猛豹，今四川川东有此兽。薪采携铁饭甑入山，每为所啮，其齿则奸民用为伪佛齿。"④ 关于貘各种解释有些出入很正常，这或是由于描述者的主观印象不同，或是世代传说所导致的形象变异。概略言之，貘是一种似熊或似虎豹的猛兽，以此动物为图腾的氏族，自然给后世留下凶暴、丑陋的印象。

---

① （清）王先谦撰，沈啸寰等点校：《荀子集解》，中华书局1988年版，第375页。
② 朱芳圃：《中国古代神话与史实》，中州书画社1982年版，第145—146页。
③ 李学勤：《尔雅注疏》，北京大学出版社1999年版，第324页。
④ （清）段玉裁注：《说文解字注》，上海古籍出版社1981年版，第457页。

三　嫘祖与西陵考

关于黄帝诸妃的神话传说中，出现最早的是嫘（雷）祖。《山海经·海内经》《大戴礼记·帝系》《史记·五帝本纪》等文献所载大体相同，均谓黄帝妻嫘（雷）祖，颛顼是其后裔中的一支。此说看似可靠，但细节涉及甚少。以《五帝本纪》为例，其文曰：

> 黄帝居轩辕之丘，而娶于西陵之女，是为嫘祖。嫘祖为黄帝正妃，生二子，其后皆有天下：其一曰玄嚣，是为青阳，青阳降居江水；其二曰昌意，降居若水。昌意娶蜀山氏女，曰昌仆，生高阳，高阳有圣德焉。黄帝崩，葬桥山。其孙昌意之子高阳立，是为帝颛顼也。①

迄今为止，有关学者往往从"西陵"入手探索嫘祖的身世。现存文献所见最早的西陵，出自《战国策·秦策四》："顷襄王二十年，秦白起拔楚西陵，或拔鄢、郢、夷陵，烧先王之墓。"② 而《史记·楚世家》载："（楚顷襄王）二十年，秦将白起拔我西陵。"《集解》："徐广曰：属江夏。"《正义》引《括地志》云："西陵故城在黄州黄山西二里。"③ 按，此西陵位于今湖北宜昌一带，但历史上的"西陵"不只这里有，"关于嫘祖故里的历史地望，至少有十三种说法之多。例如：湖北黄冈说、浠水说、宜昌说；四川盐亭说、叠溪说；河南开封说、荥阳说、西平说；陕西白水说；山西夏县说；江苏吴江说；山东费县说和浙江杭州说等等"④。

以影响较大的四川盐亭说为例，此说最重要的证据就是当地发现了《嫘祖圣地碑》。然而，刘海峰指出：

> 这个"圣地碑"是经不起学术考验的：其一，清代及以前的

---

① （汉）司马迁：《史记》，中华书局1959年版，第10页。
② （汉）刘向集录：《战国策》，上海古籍出版社1998年版，第241页。
③ （汉）司马迁：《史记》，中华书局1959年版，第1735页。
④ 卫斯：《嫘祖故里"西陵"历史地望考》，《农业考古》2007年第1期，第160页。

盐亭地方志均无记载"圣地碑"之事；其二，"圣地碑"只是1946年在当地出现的一个民间"手抄本"；其三，"圣地碑"说是"唐开元年间"所撰，但碑文的"语言、语气、文风"都不是唐代的，部分碑文如下："女中圣贤王凤，黄帝元妃嫘祖，生于本邑嫘祖山，殁于□□□，遵嘱葬于青龙之首，碑碣犹存，生前首创种桑养蚕之法，抽丝编绢之术。"从《史记》到《隋书》13部正史，没有"女中圣贤"、"遵嘱"、"生前"等词汇，整个《隋书》无"首创"二字。很明显，碑文语言是典型的清末民初书面语；其四，即使是四川本土一些治学严谨的学者对"圣地碑"亦持存疑态度，诚如四川文史研究馆馆员向熹所指出的那样："可惜原碑已毁，而县志未载，旧籍无闻，学者认为关于嫘祖故乡的史实与传说尚有待进一步深入研究。"①

愚以为，即使这块唐代《嫘祖圣地碑》确实存在且保存至今，也很难据以证实嫘祖生于斯、长于斯，因为唐代已经上距黄帝时代四千余年了，且唐人又未对这个问题深入考证过。

有关嫘祖故里的其他诸说也大体类此，通常只是根据地方志或老百姓的口头传说便匆匆得出结论，这种情形在当下的神话传说研究中是很普遍的现象。正如杨东晨指出的那样："先民口耳相传、不断演绎的神话传说人物，后世整理时，也是神与人或兽（或鸟、蛇）与人糅合；神话传说人物多世代袭用一个称号，迁徙频繁，事迹也都记在一个称号之下；世代官民依照传说，不断在各地营修纪念祖先的建筑。这样一来，便形成以'三皇五帝'为代表的许多传说人物多故里、多邑城、多陵墓、多祠庙的特征和规律。"② 简言之，当前所见到的有关上古神话传说人物的事迹和遗迹，有很多都是历朝历代层累叠加上去的，越是影响大的人物就越是如此。所以，如果不能把不同时代叠加上去的因素剥离开，就很难接近上古神话的"真相"。就嫘祖传说而言，其中后世

---

① 刘海峰：《嫘祖故里河南西平考》，《兰台世界》2012年第34期，第98页。
② 杨东晨：《中华"先蚕"嫘祖考——黄帝正妃嫘祖与本姓后裔的事迹》，《西南科技大学学报》2008年第5期，第63页。

层累叠加的因素也很明显：除作为"西陵之女（子）"外，她还有"道神"和"先蚕"两重身份。

道神，又称行神或路神，即道路之神，对其祭祀一般称为"祖"。历史上，对路神的祭祀出现甚早，却没有明确提到嫘祖的名字。《仪礼·聘礼》载："释币于行。"汉郑玄注曰："告将行也。行者之先，其古人之名未闻。天子诸侯有常祀在冬。……行神之位在庙门外西方。……今时民春秋祭祀有行神，古之遗礼乎？"[1] 又，《左传·昭公七年》载："公将往，梦襄公祖。"杜预注曰："祖，祭道神。"[2]《十三经》从未提到"嫘祖"或"雷祖"之名，郑玄、杜预也没有明确说过类似的话，可见即使"嫘祖为道神"的传说即使古已有之，也一定流传不广。南北朝时，"嫘祖"与"道神"联系起来。《宋书·律历志》载："崔寔《四民月令》曰：祖者，道神。黄帝之子曰累祖，好远游，死道路，故祀以为道神。"[3] 其后，这个传说被人反复引用。《汉书·临江闵王刘荣传》载："荣行，祖于江陵北门。"唐颜师古注："祖者，送行之祭，因飨饮也。昔黄帝之子累祖好远游而死于道，故后人以为行神也。"[4] 宋代道教文献《云笈七签·轩辕本纪》云："帝周游行时，元妃嫘祖死于道，帝祭之以为祖神。"[5] 清人孙希旦对行神又做了更细致的区分。他指出："愚谓行，谓宫内道路之神也。冬祀之者，以其为往来之交也。……行神所主不同。《月令》冬'祀行'，《聘礼》'释币于行'，此宫中之行神也。《聘礼记》云：'出祖，释軷。'軷祭行神，此国外之行神也。行神皆主道路，但所主不同耳。"[6] 这种区分使得关于行神的知识体系更趋合理，却实在找不到依据是什么。总之，有关道神的传说古今变化很大，嫘祖"好远游，死道路，故祀以为道神"[7] 的说法出现虽晚，与早期黄帝"迁徙往来无常处"[8] 的传说尚可吻合。

---

[1] 李学勤：《仪礼注疏》，北京大学出版社1999年版，第362页。
[2] 李学勤：《春秋左传正义》，北京大学出版社1999年版，第1239—1240页。
[3] （梁）沈约：《宋书》，中华书局1974年版，第260页。
[4] （汉）班固：《汉书》，中华书局1962年版，第2412—2413页。
[5] 蒋力生等校注：《云笈七签》，华夏出版社1996年版，第611页。
[6] （清）孙希旦撰，沈啸寰等点校：《礼记集解》，中华书局1989年版，第486页。
[7] （梁）沈约：《宋书》，中华书局1974年版，第260页。
[8] （汉）司马迁：《史记》，中华书局1959年版，第6页。

第二章 龙凤呈祥：史前婚姻联盟

嫘祖为先蚕的传说影响很大，但同样也存在后世层层累加的因素。南北朝以前，人们认为先蚕是菀窳妇人和寓氏公主，如《后汉书·礼仪志》载："是月，皇后帅公卿诸侯夫人蚕。祠先蚕，礼以少牢。"刘昭注引《汉旧仪》曰："春桑生而皇后亲桑于菀中。蚕室养蚕千薄以上。祠以中牢羊豕，祭蚕神曰菀窳妇人、寓氏公主，凡二神。"①《晋书·礼志》亦载："《周礼》，王后帅内外命妇蚕于北郊。汉仪，皇后亲桑东郊苑中，蚕室祭蚕神，曰苑窳妇人、寓氏公主，祠用少牢。魏文帝黄初七年正月，命中宫蚕于北郊，依周典也。"② 苑窳妇人、寓氏公主是什么人呢？古籍中鲜见记载，唯干宝《搜神记》解释道：

> 旧说，太古之时，有大人远征，家无余人，唯有一女。牡马一匹，女亲养之。穷居幽处，思念其父，乃戏马曰："尔能为我迎得父还，吾将嫁汝。"马既承此言，乃绝缰而去，径至父所。父见马惊喜，因取而乘之。马望所自来，悲鸣不已。父曰："此马无事如此，我家得无有故乎？"亟乘以归。为畜生有非常之情，故厚加刍养。马不肯食。每见女出入，辄喜怒奋击。如此非一。父怪之，密以问女，女具以告父，必为是故。父曰："勿言，恐辱家门。且莫出入。"于是伏弩射杀之，暴皮于庭。父行，女与邻女于皮所戏，以足蹙之曰："汝是畜生，而欲取人为妇耶？招此屠剥，如何自苦？"言未及竟，马皮蹶然而起，卷女以行。邻女忙怕，不敢救之。走告其父。父还，求索，已出失之。后经数日，得于大树枝间，女及马皮，尽化为蚕，而绩于树上。其茧纶理厚大，异于常蚕。邻妇取而养之，其收数倍。因名其树曰"桑"。桑者，丧也。由斯百姓竞种之，今世所养是也。言桑蚕者，是古蚕之余类也。案《天官》，辰为马星。《蚕书》曰："月当大火，则浴其种。"是蚕与马同气也。《周礼》校人职掌"禁原蚕者"。注云："物莫能两大。禁原蚕者，为其伤马也。"汉礼，皇后亲采桑，祀蚕神，曰："菀窳妇人，寓氏公主。"公主者，女之尊称也；菀窳妇人，先蚕

---

① （宋）范晔撰，（唐）李贤等注：《后汉书》，中华书局1965年版，第3110页。
② （唐）房玄龄：《晋书》，中华书局1974年版，第590页。

者也。故今世或谓蚕为女儿者，是古之遗言也。①

或许是皇后亲自主持祭祀先蚕而"苑窳妇人""寓氏公主"又太不知名的缘故，南北朝以后，古人渐将黄帝元妃嫘祖与先蚕附会，以期祭祀对象与主祭者（皇后或王后）的身份相称。《隋书·礼仪志》载：

> 后齐……每岁季春，谷雨后吉日，使公卿以一太牢祀先蚕黄帝轩辕氏于坛上，无配，如祀先农。礼讫，皇后因亲桑于桑坛。……
> 后周制，皇后乘翠辂，率三妃、三𡟖、御媛、御婉、三公夫人、三孤内子至蚕所，以一太牢亲祭，进奠先蚕西陵氏神。②

"西陵氏神"即是传说中黄帝的元妃嫘祖，这说明嫘祖所谓"先蚕"的身份是南北朝以后附会累加的。因此，以养蚕或绩织为线索追溯嫘祖故里或身世，"铁证"越多，结论离真相就越远。

小结

从《山海经·海内经》《大戴礼记·帝系》和《史记·五帝本纪》等文献记载来看，嫘祖是黄帝诸妃中最可靠的一位。但是，由于相关记载过于简略，其身世又难考其详。愚以为，所谓嫘祖故里的"西陵"应是泛称而并非专有地名，即"西"是方位而"陵"指地形，所谓"西陵之女"就是指西边山里的女子。众所周知，所谓东、南、西、北都是相对"中央"而言的。那么，黄帝时代天下的"中央"在哪里呢？据《史记·五帝本纪》，黄帝取得阪泉、涿鹿之战的胜利后，"东至于海，登丸山，及岱宗。西至于空桐，登鸡头。南至于江，登熊、湘。北逐荤粥，合符釜山，而邑于涿鹿之阿"③。毫无疑问，"涿鹿"就是黄帝时代天下的中央。而在司马迁广泛考察古史传说并完成《史记》的汉代，天下只有一个"涿鹿"，那就是位于今河北省北部张家口地区的涿

---

① （晋）干宝：《搜神记》，中华书局1979年版，第172—173页。
② （唐）魏徵、令狐德棻：《隋书》，中华书局1973年版，第145页。
③ （汉）司马迁：《史记》，中华书局1959年版，第6页。

鹿。而张家口正西，是绵延不绝的阴山山脉。如果上述分析是合理的，则作为嫘祖故里的"西陵"应当在阴山地区。在《山海经》中，除了作为主神的黄帝外，还有一位重要的西方神灵，那就是"西王母"。《西山经》载："又西三百五十里，曰玉山，是西王母所居也。西王母其状如人，豹尾虎齿而善啸，蓬发戴胜。"①《海内北经》载："西王母梯几而戴胜，杖，其南有三青鸟，为西王母取食。在昆仑虚北。"②《大荒西经》载："西海之南，流沙之滨，赤水之后，黑水之前，有大山，名曰昆仑之丘。……有人戴胜，虎齿，有豹尾，穴处，名曰西王母。"③按照朱芳圃的说法，"嫫母即西王母"④，嫫母既是黄帝次妃，则西王母当然也是黄帝之妃了。而西王母居于涿鹿以西的昆仑山地区，其嫁给黄帝前被称为"西陵之女"当然没有什么不可以的。如此说来，则嫘祖、方雷氏、嫫母、西王母皆代表着同一族群，她们与黄帝的婚姻，只是同一传说的不同版本罢了。

第二节　龙凤同源说

1983 年，红山文化玉龙⑤的出土与确认，曾在全国掀起一场关于中国文明起源的争论；2003 年，辽宁牛河梁遗址第十六地点中心大墓出土了一件大型玉凤，考古学家郭大顺综合研究了我国近年来史前凤题材的考古资料，初步认为："中原与江南地区凤题材出现的时代都要晚于红山文化一个阶段，不排除受到后者影响，不过，中原与江南这两个地区凤题材造型已较红山文化玉凤为复杂，更接近于后世的凤纹。"⑥迄今为止，中国最早的玉龙、玉凤同现牛河梁，就给学术界提出了一系列

---

① 袁珂校注：《山海经校注》，上海古籍出版社 1980 年版，第 50 页。
② 同上书，第 306 页。
③ 同上书，第 407 页。
④ 朱芳圃：《中国古代神话与史实》，中州书画社 1982 年版，第 154—155 页。
⑤ 红山文化玉龙，俗称"玉猪龙"，考古学家郭大顺确认为"玉雕熊龙"。过去存在早年出土的传世品，但文博界人士大多不了解它的来历。牛河梁考古出土这种器物后，人们才知道它属于红山文化。出土情况参见《牛河梁遗址》，学苑出版社 2004 年版，第 34 页。
⑥ 郭大顺：《龙凤呈祥——从红山文化龙凤玉雕看辽河流域在中国文化起源史上的地位》，《文化学刊》2006 年第 1 期，第 22 页。

新问题。

一 玉凤何由栖龙岗

凤凰是中国古代神话传说中的百鸟之王，雄的叫凤，雌的叫凰，通称为凤或凤凰。毛羽五色，声如箫乐，常用来象征瑞应。《山海经·南山经》载："又东五百里，曰丹穴之山，其上多金玉。丹水出焉，而南流注于渤海。有鸟焉，其状如鸡，五采而文，名曰凤皇，首文曰德，翼文曰义，背文曰礼，膺文曰仁，腹文曰信。是鸟也，饮食自然，自歌自舞，见则天下安宁。"① 显然，这里的"凤凰"已经成为完美道德的化身，是名符其实的神鸟，自然界中任何一种鸟都很难达到这样的标准。也许正是因为这个原因，"凤凰"的出现，一直被视为大吉大利之兆，如《尚书古文·益稷》载"箫韶九成，凤皇来仪"②。仪，这里指有容仪，全句意谓箫韶之曲连续演奏，凤凰也随音乐翩翩起舞。

在考古学界，凤题材遗物或遗迹的发掘，往往都会引起学界不小的震动。如果说殷墟妇好墓出土的玉凤可以表明墓主生前极高的社会地位的话，那么牛河梁红山文化遗址出土的玉凤，则包含着更多、更有价值的文化信息。考古学家苏秉琦在谈到辽西古文化古城古国的时候，认为阜新胡头沟、喀左东山嘴以及建平、凌源交界地带的牛河梁等红山文化遗址与赤峰附近的同类文化有明显的差异，从而提出了红山文化有两支：一支以老哈河流域为中心，另一支以大凌河流域为中心。如果再加上暂命名的赵宝沟类型、兴隆洼类型，则这一地区的红山文化至少有四种类型。所以他提出应把辽西地区这四种文化类型统名为"红山诸文化"③。其实，红山文化不仅因地域不同而存在差异，即使是在同一地域内，也表现出内涵的极大丰富性。红山玉器，玉雕龙和勾云形玉佩的级别应是最高的，但在红山文化遗址中，泥、石、玉质鸟形造像及其残件也不容忽视。例如，在牛河梁女神庙的主室（J1B）的北室北角，考古学家发掘出两块禽爪残块，分别长14.5、13.5厘米。形制较近似，

---

① 袁珂校注：《山海经校注》，上海古籍出版社1980年版，第16页。
② 李学勤：《尚书正义》，北京大学出版社1999年版，第127页。
③ 苏秉琦：《辽西古文化古城古国——兼谈当前田野考古工作的重点或大课题》，《文物》1986年第8期，第42页。

第二章 龙凤呈祥：史前婚姻联盟

各存一侧的二趾，弯曲并拢，作奋力抓攫状。每趾三节，关节突出，趾尖锐利①。在辽宁阜新胡头沟红山文化玉器墓中还出土了三件玉鸟②：两件淡绿色的被考古学家称为"玉鸮"。正面展翅形，背面都横穿一孔。其中一件翅、尾均较宽，头部雕出耳、目，翅、尾有表现羽纹的刻线；另一件翅较前一件为窄，而尾甚伸展。还有一件白色的玉鸟，未做细部加工，仅做正面展翅鸟形，背亦横穿小孔。另外，在东山嘴红山文化遗址中，也有鸟形件的出土。这件鸟形小件被考古学家称为"鸮形绿松石饰"，出土于方形基址东外侧黑土层中，片状，分两层，绿松石下面为一种黑色石皮。作展翅鸮形，在绿松石面上用细线纹雕出鸮的首部及翅尾部的羽毛。"石鸮"的形态与阜新胡头沟红山文化墓地所出的玉鸟相近③。

不过，在红山文化众多鸟形造像及残件中，最引人注意的还是2003年在牛河梁第十六地点中心大墓 M4 中出土的玉凤。该地点位于牛河梁红山文化遗址群的西南部，东北距第一地点女神庙直线距离约4000米。该地点的中心大墓 M4 的墓主为一成年男性，年龄在45—50岁，仰身直肢葬。头东脚西，方位角80度。玉凤就位于墓主的头下，相关报道描述如下：

> 淡青色，表面有钙化，板状，卧姿。弯颈，回首，高冠，圆眼，疣鼻，扁喙带钩，背羽上扬，尾羽下垂，背羽下绒羽清晰可见，身体各部位用阴线廓出，颈和背羽之间使用镂雕技法，体态表达有层次，线条优美流畅；背面见4对横穿隧孔。通长19.5厘米。④

---

① 辽宁文物考古研究所：《辽宁省牛河梁红山文化"女神庙"与积石冢群发掘简报》，《文物》1986年第8期，第5页。

② 方殿春、刘葆华：《辽宁阜新县胡头沟红山文化玉器墓的发现》，《文物》1984年第6期，第2页。按，原报告称"玉鸮两件、玉鸟一件"。

③ 郭大顺、张克举：《辽宁喀左东山嘴红山文化建筑群址发掘简报》，《文物》1984年第11期，第9页。

④ 朱达等：《牛河梁遗址第十六地点发掘获重大成果》，《中国文物报》2003年9月5日。

红山文化遗址中大量的鸟形器特别是玉凤的存在，充分说明这一地区五千余年前龙、凤文化同时存在。那么，当时崇拜龙的部落与崇拜凤的部落是怎样和谐共存的呢？红山文化主要分布于长城以北的森林、草原交会地区，这里的原始先民与中原地区的居民又具有怎样的关系呢？

二 太皞与少皞的关系

据相关考古资料，至迟在文字出现以前的原始社会后期，人类就已经存在图腾崇拜现象。王东指出，"图腾文化、图腾制度，是从原始人走向文明人的一个过渡环节，在原始图腾文化中，人有明显的二重化：一方面，人把自己同一般动物、植物、自然界区分开来，看到自己这个氏族的血缘共同体的特殊性；另一方面，人又把自己同作为图腾的那种自然物等同起来，认为自己这个氏族的血缘共同体同作为图腾的动植物有血缘关系、亲属关系"[1]。在中国传世文献中，可初步判定与图腾崇拜有关的记载很多，如《左传·昭公十七年》载：

> 秋，郯子来朝，公与之宴。昭子问焉，曰："少皞氏鸟名官，何故也？"郯子曰："吾祖也，我知之。昔者黄帝氏以云纪，故为云师而云名。炎帝氏以火纪，故为火师而火名。共工氏以水纪，故为水师而水名。大皞氏以龙纪，故为龙师而龙名。我高祖少皞挚之立也，凤鸟适至，故纪于鸟，为鸟师而鸟名。凤鸟氏，历正也。玄鸟氏，司分者也。伯赵氏，司至者也。青鸟氏，司启者也。丹鸟氏，司闭者也。祝鸠氏，司徒也。鴡鸠氏，司马也。鸤鸠氏，司空也。爽鸠氏，司寇也。鹘鸠氏，司事也。五鸠，鸠民者也。五雉，为五工正，利器用，正度量，夷民者也。九扈，为九农正，扈民无淫者也。自颛顼以来，不能纪远，乃纪于近。为民师而命以民事，则不能故也。"仲尼闻之，见于郯子而学之。既而告人曰："吾闻之，天子失官，学在四夷，犹信。"[2]

---

[1] 王东：《中国龙的新发现：中华神龙论》，北京大学出版社2000年版，第210页。
[2] 李学勤：《春秋左传正义》，北京大学出版社1999年版，第1360—1366页。

第二章 龙凤呈祥：史前婚姻联盟

孔颖达《正义》引服虔所云，可视为对上述材料的补充："太皞以龙名官，春官为青龙氏，夏官为赤龙氏，秋官为白龙氏，冬官为黑龙氏，中官为黄龙氏。"①

上述记载，反映了我国上古时期几个重要的原始部族的图腾崇拜。值得注意的是，其中提到了龙、凤两个最重要的图腾。赵沛霖曾指出，"凤凰图腾部族与龙图腾部族是我国古代力量最大，活动范围最广的两大部族。龙凤图腾的信仰具有深厚而广泛的基础，其影响一直延续和保持下来，虽历虞夏商周而经久不衰，《诗经》时代其影响仍在"②。当下通过考古发掘，迄今国内最早的玉龙、玉凤同现于牛河梁，是否意味着太皞、少皞部族曾经在分布着红山文化的地区活动过呢？或有人认为，山东曲阜才是少皞氏的发祥地，因为《左传·定公四年》有关"少皞之虚"的记载，而晋杜预注曰："少皞虚，曲阜也，在鲁城内。"③另据《左传·昭公十七年》，郯子说他的高祖是少皞氏，而郯国在今山东郯城。这些记载都表明，在今山东曲阜等地，有古少皞部落的后裔，这里曾经是其活动中心。但这并不意味着少皞部落没有在其他地区活动过，因为古代的部落是会迁移的。

据《逸周书·尝麦解》载：

> 昔天之初，□作二后，乃设建典，命赤帝分正二卿，命蚩尤于宇少昊，以临四方，司□□上天未成之庆。蚩尤乃逐帝，争于涿鹿之河，九隅无遗。赤帝大慑，乃说于黄帝，执蚩尤，杀之于中冀。以甲兵释怒，用大正顺天思序，纪于大帝，用名之曰绝辔之野。乃命少昊请司马鸟师，以正五帝之官，故名曰质。④

其中，"命蚩尤于宇少昊"似应是"命蚩尤宇于少昊"，是说蚩尤居于（实际上应是占据）原少昊之地。涿鹿位于今河北永定河上游桑干河与洋河之交汇处。曹定云据此指出："此时之少昊应活动于今河北

---

① 李学勤：《春秋左传正义》，北京大学出版社1999年版，第1361页。
② 赵沛霖：《兴的起源》，中国社会科学出版社1987年版，第12—24页。
③ 李学勤：《春秋左传正义》，北京大学出版社1999年版，第1547页。
④ 黄怀信等：《逸周书汇校集注》，上海古籍出版社1995年版，第781—784页。

北部今之军都山、燕山山脉一线，而不是今日之山东。"①

古史传说中的太皞，常被人称为"太皞伏羲氏"，但详考文献，汉代之前没有把"太皞"与"伏羲"混为一谈的。据《左传·昭公十七年》载，"陈，太皞之虚也"②，而陈地在今河南淮阳。另据《左传·僖公二十一年》载："任、宿、须句、颛臾，风姓也，实司太皞与有济之祀，以服事诸夏。"杜预注曰："任，今任城县也。颛臾在泰山南武阳县东北。须句在东平须昌县西北。四国封近于济，故世祀之。"③据此，春秋时期在淮河以北及山东一带的夷人中，有太皞部落的后裔。同少皞部落一样，这并不意味着太皞部落没有在其他地区活动过。

胡厚宣曾指出："帝喾的喾，《管子·侈靡篇》《史记·三代世表》和《封禅书》亦作俈，《集韵》，'俈，通作喾'，喾与俈都从告声。太皞的皞，《楚辞·远游》作皓，《淮南子·览冥训》作浩，皓与浩也都是从告声。喾、皞音近通假，所以太皞即是帝喾。"④愚以为，依据文字学方面的联系来看，帝喾确与太皞有关，但帝喾未必即是太皞：从太皞、少皞两名字来看，少皞应比太皞略小或晚；从《山海经·大荒东经》记载的"少昊孺帝颛顼"来看，颛顼应比少昊略小或晚；而据《史记·五帝本纪》记载，帝喾在颛顼之后。所以从时间顺序上判断，作为颛顼继承者的帝喾，不可能是少皞以前的太皞。鉴于"太皞""少皞"既可以指人名，也可以指氏族名，且人类文明史上存在父子同名或祖孙同名的现象，帝喾很可能来自太皞部落。

《十六国春秋·前燕录》载："昔高辛氏（帝喾）游于海滨，留少子厌次以君北夷，遂世居辽左，邑于紫濛之野，号曰东胡。"⑤《读史方舆纪要》卷三载，紫濛川"在今柳城西境"⑥。柳城故地在今辽宁朝阳

---

① 曹定云：《商族渊源考》，中国社会科学院考古研究所编：《中国商文化国际学术讨论会论文集》，中国大百科全书出版社1998年版，第119页。
② 李学勤：《春秋左传正义》，北京大学出版社1999年版，第1368页。
③ 同上书，第399页。
④ 胡厚宣：《甲骨文商族鸟图腾的遗迹》，中华书局编《历史论丛》（第一辑），中华书局1964年版，第135页。
⑤ （北魏）崔鸿：《十六国春秋》，《中国野史集成》第2册，巴蜀书社1993年版，第207页。
⑥ （清）顾祖禹：《读史方舆纪要》，上海书店出版社1998年版，第33页。

一带，紫蒙乃今之老哈河的古称。因此，燕山之北的老哈河流域应包括在古太皞部落的活动范围之内。曹定云曾指出："'少皞'部落主要活动在今燕山、军都山一线；而'太皞'部落则主要活动于今燕山、军都山以北直至辽宁朝阳、内蒙古赤峰之广大地区。换言之，在上古时代，'太皞'、'少皞'部落均是围绕着燕山、军都山而繁衍、生息的。"①

迄今为止，红山文化考古中出土的龙形遗物与遗迹，年代早、类型多、数量大，堪为中国新石器时代考古发现之最，印证了太皞龙族曾经在这里活动过；而红山文化相关遗址中出土的大量鸟形造像，特别是牛河梁第十六地点玉凤的出土，又印证了少皞凤族曾经在这里繁衍生息过。把红山文化与太皞、少皞等原始部族联系起来，与传统的华夏文明起源于中原的说法似乎矛盾，实际上并非没有依据。《读史方舆纪要》载：

> 古营州②地，夏商时冀州地，周为幽州地，春秋时亦为山戎地，战国时属燕，秦属辽西郡，两汉因之。……（营州）自秦汉以上皆为中原地，晋室不纲，鲜卑强恣，遂窃其土疆，为中原患。③

这就是说，现今在长城以外的红山文化分布区，属于上古时的冀州。

寻找华夏文明的起源地，人们不应当被后世才有的长城阻断视线。当代中国考古学泰斗苏秉琦分析了牛河梁遗址后，曾说："远自距今八千年以来的查海、兴隆洼、赵宝沟类型到距今两千余年的燕下都，上下五千年，在燕山南北地区，由一个凌源—建平—喀左小三角的新发现④，使我们不能不刮目相看。它涉及中国历史上两大课题：中国五千

---

① 曹定云：《商族渊源考》，中国社会科学院考古研究所编：《中国商文化国际学术讨论会论文集》，中国大百科全书出版社1998年版，第119页。
② 古营州，指今辽宁朝阳，即与河北、内蒙古交会地带，是红山文化分布的核心地区。
③ （清）顾祖禹：《读史方舆纪要》，上海书店出版社1998年版，第33页。
④ 这里的"新发现"，指红山文化牛河梁、东山嘴等遗址。

年文明连绵不断的奥秘和轨迹及中国统一民族国家是如何形成的。"①据此,要合理阐释龙凤同现辽河源的现象,势必要摒弃根深蒂固的"夷夏之防"。

三 论龙凤婚姻联盟

太皞与少皞的图腾虽然不同,名字中却均有"皞"字,表明两部族是有关系的;"皞"前冠以一大(太)、一小,似乎表明少皞是源于大皞的。但问题是,如果少皞部族源于太皞部族,何以要改变图腾呢?愚以为,少皞应来自太皞,但少皞又从来不曾改变自己的图腾。这个千古文化之谜的谜底就是:龙部族与凤部族是婚姻联盟。

《左传·僖公二十三年》载:"男女同姓,其生不蕃。"②《国语·晋语四》载:"同姓不婚,恶不殖也。"又曰:"异姓则异德,异德则异类,异类虽近,男女相及,以生民也。同姓则同德,同德则同心,同心则同志,同志虽远,男女不相及。畏黩敬也。黩则生怨,怨乱毓灾,灾毓灭姓。"③中国上古时代原始的姓相当于西方人类学家所讲的图腾。以龙为图腾的原始部族与以凤为图腾的原始部族,彼此是视为异类的,因而可以通婚。相对于族内的血缘婚,这种族外的"伙婚"是一种巨大的进步。所以,少皞的父亲可能属于凤部族,母亲可能是属于太皞的龙部族。少皞从小在太皞龙部族中随母亲长大,所以人们叫他少皞;但他又必须以父亲所在部族的图腾作为自己的图腾,因此等他长大并成为首领后,就会"以鸟纪官"。这种婚姻形态属于"父系外婚制",即初婚男子从妇居,但婚后生子随夫姓。在后世史书中,不少北方的少数民族即保留了这一婚制。《后汉书·东夷列传》载:

其昏姻皆就妇家,生子长大,然后将还。④

---

① 苏秉琦:《中华文明起源新探》,生活·读书·新知三联书店1999年版,第112—113页。
② 李学勤:《春秋左传正义》,北京大学出版社1999年版,第411页。
③ 徐元诰撰,王树民、沈长云点校:《国语集解》,中华书局2002年版,第330—337页。
④ (宋)范晔撰,(唐)李贤等注:《后汉书》,中华书局1965年版,第2813页。

第二章 龙凤呈祥：史前婚姻联盟

《北史·铁勒列传》载：

> 丈夫婚毕，便就妻家，待产乳男女，然后归舍。①

《旧唐书·北狄·室韦传》载：

> 婚嫁之法，男先就女舍，三年役力，因得亲迎其妇。役日已满，女家分其财物，夫妇同车而载，鼓舞共归。②

《新唐书·北狄·室韦传》载：

> 婚嫁则男先佣女家三岁，而后分以产，与妇共载，鼓舞而还。③

这些北方或东北方的少数民族婚俗，虽然在存续时间上与五帝时代相去甚远，但绝不是全无关系。例如，《山海经·大荒西经》载，"有北狄之国。黄帝之孙曰始均，始均生北狄"④。而司马迁也说过，"匈奴，其先祖夏后氏之苗裔也，曰淳维。唐虞以上有山戎、猃狁、荤粥，居于北蛮，随畜牧而转移"⑤。《魏书·序纪》亦载："昔黄帝有子二十五人，或内列诸华，或外分荒服，昌意少子，受封北土，国有大鲜卑山，因以为号。其后，世为君长，统幽都之北，广漠之野，畜牧迁徙，射猎为业，淳朴为俗，简易为化，不为文字，刻木纪契而已，世事远近，人相传授，如史官之纪录焉。"⑥也就是说，古人一直都认为北方游牧族群与中原农耕族群是同根同源的，只是中原农业崛起之后，北方草原与黄河平原的族群才逐渐分化的。据《左传·昭公十七年》载，东方小国之君郯子朝见鲁昭公，大臣昭子问他少皞氏用鸟名作官名是怎

---

① （唐）李延寿：《北史》，中华书局1974年版，第3304页。
② （后晋）刘昫：《旧唐书》，中华书局1975年版，第5357页。
③ （宋）欧阳修、宋祁：《新唐书》，中华书局1975年版，第6176页。
④ 袁珂校注：《山海经校注》，上海古籍出版社1980年版，第395页。
⑤ （汉）司马迁：《史记》，中华书局1959年版，第2879页。
⑥ （北齐）魏收：《魏书》，中华书局1974年版，第1页。

么回事,郯子给以详细回答。孔子听说后,专门向郯子求教古代的官制,并说:"吾闻之,天子失官,学在四夷,犹信。"① 同理,北方草原文化是中华上古文化的活化石,透过草原之窗窥探五帝时代,与孔子向四夷学习的方法是相同的。

从牛河梁考古发掘来看,当时的情况应是这样的:首先,各地点有级别的墓葬的墓主(除那些被扰动无法判定性别的外)多为男性,如第二地点一号冢 21 号墓、第五地点中心大墓、第十六地点中心大墓等,这表明男性在当时的社会上居主导地位,所以孩子会随父姓,或者说以父族的图腾为自己的图腾;其次,"女神庙"中供奉的是女神,表明当时社会妇女的地位很高,有母系氏族时代的遗风。当时的女性未必会像后世那样嫁到男性所在的部族中去,她们可能会一直留在自己所在的部族,两性的结合需要在祭祀高禖的时候进行,也可能是通过男性临时去女性所在的部族来完成。如果女性不外嫁,孩子当然要在女性所在的部族中来抚养。总之,五千多年前,这里应处于有母系氏族遗风的父系氏族时代。

据文献记载,颛顼的成长经历就体现了这样的社会风俗。《史记·五帝本纪》载:"帝颛顼高阳者,黄帝之孙而昌意之子也。"② 显然,颛顼应属于龙部族③,然而《山海经·大荒东经》载:"东海之外大壑,少昊之国。少昊孺帝颛顼于此,弃其琴瑟。"④《帝王世纪》则云:"颛顼生十年而佐少昊,二十而登帝位。"⑤ 据此可知,颛顼的童年是在以凤为图腾的少昊部族中度过的。而且,《山海经·大荒东经》说得很明确,"少昊孺帝颛顼",孺,即乳子之意。可见,作为龙族之子的颛顼,母亲应是少昊凤图腾部族的女性。

另外,以玄鸟为图腾的商部族的先祖契的身世,也同样提供了线索。契的母亲叫"简狄",就名字来看,应是一位狄部族女性。而《山

---

① 李学勤:《春秋左传正义》,北京大学出版社 1999 年版,第 1360—1366 页。
② (汉)司马迁:《史记》,中华书局 1959 年版,第 11 页。
③ 黄帝部族有多个图腾,如龙、熊、云等,《五帝德》有颛顼"乘龙而至四海"的记载,参见《大戴礼记解诂》,中华书局 1983 年版,第 120 页。
④ 袁珂校注:《山海经校注》,上海古籍出版社 1980 年版,第 338 页。
⑤ 徐宗元辑:《帝王世纪辑存》,中华书局 1964 年版,第 27 页。

海经·大荒西经》载,"有北狄之国。黄帝之孙曰始均,始均生北狄"①。可见,作为凤族之子的契,母亲应是龙部族的女性。

龙部族与凤部族间的联姻,是解开中国上古时代许多部族关系的钥匙。《左传·僖公二十一年》载:"任、宿、须句、颛臾,风姓也,实司太皞与有济之祀,以服事诸夏。"② 任、宿、须句、颛臾是春秋时代几个夷人小国,地在今山东省东南。曹定云曾说:"甲骨文中'风'均借'凤'为之。'风'、'凤'二字,实代表同一种动物——'凤凰'。"③ 这就是说这几个东方风姓的夷人小国原是以凤为图腾的部族后裔,他们之所以会祭太皞,与他们所服事的诸夏有关。太皞是以龙为图腾的诸夏的祖先,由于龙凤两族是婚姻联盟,因而也是凤夷的祖先。这正是古代有人误以为以龙为图腾的太皞是风(凤)姓的原因。

小结

龙与凤的起源是多元的,这也正如中华文明的起源一样,不只有一个中心。但是,多元并不意味着均衡与对等,各地的早期文化发展有先有后,有主有次。红山文化出土的龙形遗物与遗迹,年代早、类型多、数量大,而红山文化玉凤是迄今为止国内凤题材考古资料中最早的实例。结合红山文化庙、冢、坛等其他重大发现,可以说红山文化在中华早期文明形成中的作用是无须赘言的。这里每一条重要资料,都有可能启发今人解开某一个上古文化之谜。闻一多曾经指出:

> 就最早的意义说,龙与凤代表着我们古代民族中最基本的两个单元——夏民族与殷民族,因为在"鲧死……化为黄龙,是用出禹"和"天命玄鸟(即凤),降而生商"两个神话中,我们依稀看出,龙是原始夏人的图腾,凤是原始殷人的图腾,(我说原始夏人和原始殷人,因为历史上夏殷两个朝代,已经离开图腾文化时期很远,而所谓图腾者,乃是远在夏代和殷代以前的夏人和殷人的一种

---

① 袁珂校注:《山海经校注》,上海古籍出版社1980年版,第395页。
② 李学勤:《春秋左传正义》,北京大学出版社1999年版,第399页。
③ 曹定云:《商族渊源考》,中国社会科学院考古研究所编《中国商文化国际学术讨论会论文集》,中国大百科全书出版社1998年版,第119页。

制度兼信仰。）因之把龙凤当作我们民族发祥和文化肇端的象征，可说是再恰当没有了。①

据此，对早期龙凤文化的探讨，也是对夏商两族渊源的考察，其价值自不待言。迄今为止，玉龙与玉凤共出的现象，以红山文化为最早②。对于探求五帝时代各原始部族间的关系而言，这当然有至关重要的意义。根据这一考古资料，结合文献记载可知，崇拜龙的原始部族与崇拜凤的原始部族曾生活于共同的地域空间，二者曾经结成过婚姻联盟。龙凤文化经过几千年的演变，沉淀于今人的意识中则表现为龙指男性，凤指女性，龙凤结合成为典型的异性恋象征。这一现象并非空穴来风，实质上是人们在潜意识里对于上古龙部族与凤部族联姻的纪念。

第三节　帝喾的婚姻

与黄帝相似，帝喾也是传说中拥有"四妃"的远古帝王。《大戴礼记·帝系》载："帝喾卜其四妃之子，而皆有天下。上妃，有邰氏之女也，曰姜原氏，产后稷；次妃，有娀氏之女也，曰简狄氏，产契；次妃曰陈隆氏，产帝尧；次妃曰陬訾氏，产帝挚。"③《帝王世纪》的记载与此类似，又增加了若干细节："（帝喾）亦纳四妃，卜其子皆有天下。元妃有台氏女，曰姜嫄，生后稷；次有娀氏女，曰简翟，生卨；次陈丰氏女，曰庆都，生放勋；娵訾氏女，曰常仪，生帝挚。"④ 黄帝与帝喾"四妃"的传说何以如此相似？这是真实的历史，还是超现实的想象？抑或是后人妄加的附会？在现有条件下，这样的问题或许很难一劳永逸地得以解决，但是，由于帝喾对中国早期文化形成的重要性与敏感性，又无法回避。

---

① 闻一多：《神话与诗》，上海人民出版社 2006 年版，第 58 页。
② 黄河流域的（河南）西水坡遗址、长江流域的（安徽）凌家滩遗址等，也发现了龙的形象。本书在第五章第三节对此有专门论证。
③ （清）王聘珍撰，王文锦点校：《大戴礼记解诂》，中华书局 1983 年版，第 130 页。
④ 徐宗元辑：《帝王世纪辑存》，中华书局 1964 年版，第 29 页。

第二章 龙凤呈祥：史前婚姻联盟

一 "四妃"母题的含义

据《帝王世纪》的记载来看，帝喾四妃有元妃、次妃之别，秩序森严，这显然有后人据封建等级制加以推测的因素，因为中国五帝时代尚未建立起具有独占同居性质的父系专偶婚姻，更不用说存在嫡庶之别了。当时的婚姻状态，可以据古人反复讲述的神话传说加以判断。例如，简狄与姜嫄虽是帝喾之妃，却分别以"吞卵""履迹"等方式无夫生子。这种感生神话，既出于殷、周人对自己祖先的神化，也可能是基于对女性怀孕生子等生理过程的无知。

陈建宪指出，"母题就是民间叙事作品（包括神话、传说、民间故事、叙事诗歌等）中最小的情节元素。这种情节元素具有鲜明的特征，能够从一个叙事作品中游离出来，又组合到另外一个作品中去。它在民间叙事中反复出现，在历史传承中具有独立存在能力和顽强的继承性。它们本身的数量是有限的，但通过不同的组合，可以变换出无数的故事"[1]。从黄帝四妃到帝喾四妃，反复出现的母题显然是"四"。如果把文献检索范围稍稍扩大，可看到更多带有"四"的神话传说。

首先，古时有"黄帝四面"的传说，孔子对此有很明确的解释。《尸子》载：

> 子贡问孔子曰："古者黄帝四面，信乎？"孔子曰："黄帝取合己者四人，使治四方，不谋而亲，不约而成，大有成功，此之谓四面也。"[2]

另外，《吕氏春秋·本味》载："黄帝立四面。"高诱注曰："黄帝使人四面出求贤人，得之立以为佐，故曰立四面也。"[3] 把"黄帝四面"解释为"黄帝有四张脸"当然更具有"神话"的意味，但客观地讲，孔子和高诱的说法才是合理的。

---

[1] 陈建宪：《神祇与英雄：中国古代神话的母题》，生活·读书·新知三联书店1994年版，第11页。
[2] （清）汪继培辑：《尸子》，上海古籍出版社1986年版，第374页。
[3] （清）毕沅校：《吕氏春秋》，上海古籍出版社1986年版，第670页。

| 中国五帝时代 |

其次，帝喾之前，少皞氏有"四叔"。《左传·昭公二十九年》载：

> 少皞氏有四叔，曰重、曰该、曰修、曰熙，实能金、木及水。使重为句芒，该为蓐收，修及熙为玄冥，世不失职，遂济穷桑，此其三祀也。①

这里的"四叔"，是少皞族群内部负责不同事务的四位"臣子"。而《左传·昭公十七年》载：

> 我高祖少皞挚之立也，凤鸟适至，故纪于鸟，为鸟师而鸟名。凤鸟氏，历正也。玄鸟氏，司分者也。伯赵氏，司至者也。青鸟氏，司启者也。丹鸟氏，司闭者也。祝鸠氏，司徒也。雎鸠氏，司马也。鸤鸠氏，司空也。爽鸠氏，司寇也。鹘鸠氏，司事也。五鸠，鸠民者也。五雉，为五工正，利器用，正度量，夷民者也。九扈，为九农正，扈民无淫者也。自颛顼以来，不能纪远，乃纪于近。②

相比于《昭公二十九年》的记载，《昭公十七年》要详细得多，少皞时不同官职既以各种鸟来命名，说明各职官的前身可能是崇拜不同鸟的部落酋长或长老。同理，少皞四叔应当是不同支族的酋长或长老。这就说明，少皞氏在某个时期是由至少四个氏族组成的部落联盟。

第三，《山海经》有"四鸟"③的记载，与"帝喾"关系密切：

> 有䦆国，黍食，使四鸟：虎、豹、熊、罴。大荒之中，有山名曰合虚，日月所出。有中容之国。帝俊生中容，中容人食兽、木实，使四鸟：豹、虎、熊、罴。……有司幽之国。帝俊生晏龙，晏龙生司幽，司幽生思士，不妻；思女，不夫。食黍，食兽，是使四

---

① 李学勤：《春秋左传正义》，北京大学出版社1999年版，第1510—1511页。
② 同上书，第1360—1366页。
③ 下面引文皆出自袁珂校注《山海经校注》，上海古籍出版社1980年版，页码略。

鸟。……有白民之国。帝俊生帝鸿，帝鸿生白民，白民销姓，黍食，使四鸟：虎、豹、熊、罴。……有黑齿之国。帝俊生黑齿，姜姓，黍食，使四鸟。……有招摇山，融水出焉。有国曰玄股，黍食，使四鸟。(《大荒东经》)

大荒之中，有不庭之山，荣水穷焉。有人三身。帝俊妻娥皇，生此三身之国。姚姓，黍食，使四鸟。(《大荒南经》)

西北海之外，赤水之西，有先民之国，食谷，使四鸟。(《大荒西经》)

有叔歜国，颛顼之子，黍食，使四鸟：虎、豹、熊、罴。(《大荒北经》)

"虎、豹、熊、罴"皆为猛兽，这里却称之为"四鸟"，让人很难理解。清人郝懿行指出："经言皆兽，而云使四鸟者，鸟兽通名耳。使者，谓能驯扰役使之也。"[①] 但事实上，除《大荒经》将"虎、豹、熊、罴"称为"四鸟"外，《山海经》的其余部分都是"鸟""兽"并提的，没有混用过。愚以为，或许是鸟能高飞，比人或兽更容易接近"天神"，故先民将"鸟"视为"神的使者"。而虎、豹、熊、罴被称为"四鸟"，即是他们将此四兽当作"神的使者"了。也就是说，虎、豹、熊、罴代表着崇拜它们的四个原始部落。同理，黄帝"教熊罴貔貅貙虎，以与炎帝战于阪泉之野"[②] 中的各种猛兽，也代表着崇拜它们的不同氏族。

"帝喾"与"帝俊"均曾在《山海经》中出现过，而"帝俊"只在《大荒经》和《海内经》里才有。其中，"帝俊"有时指帝喾，有时指帝舜。例如，《大荒西经》载："有西周之国，姬姓，食谷。有人方耕，名曰叔均。帝俊生后稷，稷降以百谷。稷之弟曰台玺，生叔均。叔均是代其父及稷播百谷，始作耕。"[③] 众所周知，后稷为姜嫄所生，而姜嫄为帝喾之妃，这里又说帝俊生后稷，可知"帝俊"与"帝喾"

---

① 袁珂校注：《山海经校注》，上海古籍出版社1980年版，第343页。
② (汉) 司马迁：《史记》，中华书局1959年版，第3页。
③ 袁珂校注：《山海经校注》，上海古籍出版社1980年版，第392—393页。

所指相同，至少两者同属一个氏族。另外，《帝王世纪》所载"帝喾高辛氏，姬姓也。其母不见，生而神异，自言其名曰夋"①，"夋"与"俊"，形似且音近，能通假，亦可为证。

第四，帝喾之后，尧时有"四岳"。《尚书·尧典》载：

> 帝曰："咨！四岳，汤汤洪水方割，荡荡怀山襄陵，浩浩滔天。下民其咨，有能俾乂？"佥曰："於！鲧哉。"帝曰："吁，咈哉！方命圮族。"岳曰："异哉！试可乃已。"
> 帝曰，"往，钦哉！"九载，绩用弗成。
> 帝曰："咨！四岳。朕在位七十载，汝能庸命，巽朕位？"岳曰："否德忝帝位。"②

肯定有人会把"四岳"当成一个人，但当作四人来解，无疑更符合原文语意。《孔传》即谓："四岳，即上羲和之四子，分掌四岳之诸侯，故称焉。"③ 这里，"四岳"不仅分掌四方诸侯并参与重大决策，还有权力顺承中央帝位（即"巽朕位"），说明"四岳"地位远高于后世的臣子。

综上所述，从黄帝到帝尧的时间跨度很大，涉及的神话与传说也很多，但透过纷杂的形式，我们可以隐隐看到一个很稳定的社会体系，即居于华夏文明核心的部落联盟，至少是由四个氏族或部落组成的；各氏族或部落的酋长具有很高的权力，他们平时在部落内部既有一定的分工，又可以在特定场合相对平等地参与决策。毫无疑问，四个氏族或部落间的联姻，可以增进他们彼此的团结。或许，"帝喾四妃"的传说正是这种婚姻联盟在先民集体记忆中的折射。

二 简狄与"玄鸟生商"神话

"玄鸟生商"是流传颇广的上古神话。据《史记·殷本纪》载：

---

① 徐宗元辑：《帝王世纪辑存》，中华书局1964年版，第29页。
② 李学勤：《尚书正义》，北京大学出版社1999年版，第40—45页。
③ 同上书，第40页。

第二章 龙凤呈祥：史前婚姻联盟

殷契，母曰简狄，有娀氏之女，为帝喾次妃。三人行浴，见玄鸟堕其卵，简狄取吞之，因孕生契。契长而佐禹治水有功。帝舜乃命契曰："百姓不亲，五品不训，汝为司徒而敬敷五教，五教在宽。"封于商，赐姓子氏。契兴于唐、虞、大禹之际，功业著于百姓，百姓以平。①

殷契，究竟是简狄无夫而生，还是她与帝喾结合而生呢？司马迁含糊其词。后来，西汉末期的褚少孙以问答形式对这一神话传说加以评价：

张夫子问褚先生曰："《诗》言契、后稷皆无父而生。今案诸传记咸言有父，父皆黄帝子也，得无与《诗》谬乎？"

褚先生曰："不然。《诗》言契生于卵，后稷人迹者，欲见其有天命精诚之意耳。鬼神不能自成，须人而生，奈何无父而生乎！一言有父，一言无父，信以传信，疑以传疑，故两言之。尧知契、稷皆贤人，天之所生，故封之契七十里，后十余世至汤，王天下。尧知后稷子孙之后王也，故益封之百里，其后世且千岁，至文王而有天下。《诗传》曰：汤之先为契，无父而生。契母与姊妹浴于玄丘水，有燕衔卵堕之，契母得，故含之，误吞之，即生契。契生而贤，尧立为司徒，姓之曰子氏。子者兹；兹，益大也。诗人美而颂之曰'殷社芒芒，天命玄鸟，降而生商'。商者质，殷号也。……孔子曰：'昔者尧命契为子氏，为有汤也。命后稷为姬氏，为有文王也。大王命季历，明天瑞也。太伯之吴，遂生源也。'天命难言，非圣人莫能见。舜、禹、契、后稷皆黄帝子孙也。黄帝策天命而治天下，德泽深后世，故其子孙皆复立为天子，是天之报有德也。人不知，以为氾从布衣匹夫起耳。夫布衣匹夫安能无故而起王天下乎？其有天命然。"②

---

① （汉）司马迁：《史记》，中华书局1959年版，第91页。
② 同上书，第504—506页。

中国五帝时代

褚少孙夸大了帝尧作为圣人对未来具有超出常人的预见能力，无疑是其唯心史观的具体表现，是不足取的。真实的历史与人为建构的历史，或许恰好相反：据人为建构的历史，说伟大的祖先早就预知后世某个子孙会拥有天下，后来的历史证明果然是这样；事实上，很可能是某人得到天下后，为证明其统治的合法性，必定要无限抬高其先祖，因为虎父无犬子，更何况其先祖是圣人呢？既然先祖早就预知其子孙会得到天下，当下其崇高地位的获得完全是水到渠成的，是由冥冥之中的"天命"决定的。然而，从"鬼神不能自成，须人而生，奈何无父而生乎"的说法来看，褚少孙的评价也有唯物的成分。

以当代知识水准来理解"简狄无夫生子"神话，应该主要有两种可能：一是简狄生活在"知母不知父"的群婚（Group marriage）① 时代；二是它属于殷商人为巩固自身统治而作的"神道设教"② 式宣传。当然，也可能二者兼而有之。但无论是哪种情况，以现有材料而言，都无法否定简狄所在的有娀氏与帝喾氏之间存在着婚姻关系。那么，帝喾与简狄的联姻，可能隐藏着怎样的秘密呢？

首先，帝喾来自黄帝族团。《史记·五帝本纪》记载："帝喾高辛者，黄帝之曾孙也。高辛父曰蟜极，蟜极父曰玄嚣，玄嚣父曰黄帝。自玄嚣与蟜极皆不得在位，至高辛即帝位。高辛于颛顼为族子。"③ 胡厚宣认为："帝喾的喾，《管子·侈靡篇》、《史记·三代世表》和《封禅书》亦作俈，《集韵》，'俈，通作喾'，喾与俈都从告声。太皞的皞，《楚辞·远游》作皓，《淮南子·览冥训》作浩，皓与浩也都是从告声。喾、皞音近通假，所以太皞即是帝喾。"④ 那么，帝喾是否即是太皞呢？这只能据相关传说中诸帝间的关系来判断。《五帝本纪》载："帝喾娶

---

① 群婚（Group marriage），原始时代的一种婚姻形式，指一个集团的一群男子与另一集团的一群女子集体互相通婚，而集团内部的男女则禁止婚配。
② 神道设教，指专制时代统治者利用鬼神之道对民众对行教化。《易·观》云："圣人以神道设教，而天下服矣。"孔颖达疏："圣人法则天之神道，本身自行善，垂化于人，不假言语教戒，不须威刑恐逼，在下自然观化服从。"参见《周易正义》，北京大学出版社1999年版，第97—98页。
③ （汉）司马迁：《史记》，中华书局1959年版，第13页。
④ 胡厚宣：《甲骨文商族鸟图腾的遗迹》，中华书局编《历史论丛》（第一辑），中华书局1964年版，第135页。

陈锋氏女，生放勋。娶娵訾氏女，生挚。帝喾崩，而挚代立。帝挚立，不善，而弟放勋立，是为帝尧。"① 这说明帝挚出自帝喾。在《左传·昭公十七年》中，郯子说"我高祖少皞挚之立也，凤鸟适至，故纪于鸟，为鸟师而鸟名"②，则说明帝挚即少皞。

上述材料，彼此不存在矛盾，可简明概括如下：

  帝喾＝太皞（通假，据胡厚宣）
  帝喾→帝挚（据《五帝本纪》）
  帝挚＝少皞（据《左传》郯子）
  太皞→少皞（逻辑合理）

但是，如果再把"颛顼"加入上述关系，则存在矛盾。《山海经·大荒东经》载："东海之外大壑，少昊之国。少昊孺帝颛顼于此，弃其琴瑟。"③ 孺通"乳"，用乳奶喂养，这里是抚育、养育的意思。《帝王世纪》则云："颛顼生十年而佐少昊，二十而登帝位。"④ 这两则材料说明，颛顼在少昊（皞）部落里长大，并继之为帝。而《史记·五帝本纪》谓"颛顼崩，而玄嚣之孙高辛立，是为帝喾"⑤，则说明帝喾是颛顼的继承者。这些材料可简明概括如下：

  少皞＝帝挚＝帝喾之子（据《左传》郯子、《五帝本纪》）
  少皞→颛顼（据《山海经》《帝王世纪》）
  颛顼→帝喾（据《五帝本纪》）
  少皞→（颛顼）→帝喾（子，经颛顼传位于父，不符合逻辑）

愚以为，两个原因可能导致这种矛盾：其一，神话传说中的古帝可以指部落名，也可以指人名，且不排除存在父子或祖孙同名的情

---

① （汉）司马迁：《史记》，中华书局1959年版，第14页。
② 李学勤：《春秋左传正义》，北京大学出版社1999年版，第1360—1366页。
③ 袁珂校注：《山海经校注》，上海古籍出版社1980年版，第338页。
④ 徐宗元辑：《帝王世纪辑存》，中华书局1964年版，第27页。
⑤ （汉）司马迁：《史记》，中华书局1959年版，第13页。

况；其二，司马迁似乎认为特定时期"中央"只能有一个，所以诸帝只能以线性方式前后承递，但事实上五帝时代群雄逐鹿、诸国（部落）并存的可能更大。如果对上述两点不能正确认识，我们在理顺五帝关系的时候难免要陷入逻辑混乱的沼泽。所以，从宏观上把握各古族间的关系而不纠缠于个别神话或传说的细节，不失为明智的选择。据此，认为"帝喾""帝挚"是人名而"太皞""少皞"是部落名，且"帝喾"来自太皞部落而"帝挚"属于少皞部落，则大体可以调和上述矛盾。

其次，简狄亦来自北方黄帝族团。《吕氏春秋·音初》载："有娀氏有二佚女，为之九成之台，饮食必以鼓。帝令燕往视之，鸣若谥隘。二女爱而争搏之，覆以玉筐，少选，发而视之，燕遗二卵，北飞，遂不反，二女作歌一终，曰：'燕燕往飞'，实始作为北音。"① 愚以为，"娀"与"戎"音近形似，可通假，故"有娀氏"即戎人，或为山戎的前身或一支；而简狄之"狄"也是北狄之"狄"，而《山海经·大荒西经》载："有北狄之国。黄帝之孙曰始均，始均生北狄。"②另据《史记索隐》，简狄之"狄"，"旧本作'易'，易狄音同。又作'逷'，吐历反"③。所以，简狄与后来的"有易氏"应当属同一个氏族。

后世有著名的"王亥丧羊易"传说。《山海经·大荒东经》载："有困民国，勾姓而食。有人曰王亥，两手操鸟，方食其头。王亥托于有易、河伯仆牛。有易杀王亥，取仆牛。"郭璞注云："《竹书》曰：'殷王子亥宾于有易而淫焉，有易之君绵臣杀而放之。'是故殷主甲微假师于河伯以伐有易，灭之，遂杀其君绵臣也。"④ 关于王亥被杀的传说，以《楚辞·天问》叙述最详，只是原文古奥，加之传写讹脱，难以尽释。王亥"淫于有易"，多少带有后世道德评价的意味，其实这正是两族团之间群婚的原生态形式。有易之君杀死王亥，可能起于贪财，

---

① 陈奇猷校释：《吕氏春秋校释》，学林出版社 1984 年版，第 335 页。
② 袁珂校注：《山海经校注》，上海古籍出版社 1980 年版，第 395 页。
③ （汉）司马迁：《史记》，中华书局 1959 年版，第 91 页。
④ 袁珂校注：《山海经校注》，上海古籍出版社 1980 年版，第 351—352 页。

第二章 龙凤呈祥：史前婚姻联盟

但更可能是情杀，因为当时外婚制（exogamy）与内婚制（endogamy）①是并存的。从优生优育的角度讲，外婚制当然是先进的，但外婚制出现之后，内婚制在相当长的时期内并没有退出历史舞台②。

三 姜嫄与周人的文化渊源

姜嫄履迹生子，也是流传甚广的上古神话。《诗经·大雅·生民》载："厥初生民，时维姜嫄。生民如何？克禋克祀，以弗无子。履帝武敏歆，攸介攸止。载震载夙，载生载育，时维后稷。"③ 这里虽提到"帝"，却没有明言其为"帝喾"。西汉时，司马迁又结合其他文献或民间传说，详细记载了这则神话：

> 周后稷，名弃。其母有邰氏女，曰姜原。姜原为帝喾元妃。姜原出野，见巨人迹，心忻然说，欲践之，践之而身动如孕者。居期而生子，以为不祥，弃之隘巷，马牛过者皆辟不践；徙置之林中，适会山林多人，迁之；而弃渠中冰上，飞鸟以其翼覆荐之。姜原以为神，遂收养长之。初欲弃之，因名曰弃。④

自《毛传》以来，历代学者对这则神话作过多方面解读，而近人闻一多的说法较接近原诗之旨。他说：

---

① 内婚制（endogamy）与外婚制（exogamy）都是对于结婚的人选加以某种限定。这两个名词创自人类学界的先辈麦克伦南（McLennan）氏，后来社会科学家沿袭相用，现在已成为专门的概念。简单地解释起来，可以说，结婚的人选限于其所在族群以内的，叫作内婚制；结婚的人选限于其所在族群以外的，叫作外婚制。这些团体多数由宗族所组成，所以有人称前者为"族内婚制"，后者为"族外婚制"。参见董家遵《中国古代婚姻史研究》，广东人民出版社1995年版，第117页。

② 赵诚指出："综合起来说，（甲骨文）诸帚中有商王之姐妹和女儿辈，有自己的配偶，也有他人之配偶，这其间的关系如何解释呢？简单回答如下：诸帚在未婚前是商王的姐妹或女儿辈；婚后才称为帚，所以有怀孕、分娩、生育之事。商王可以和自己的姐妹辈结婚，说明当时实行族内婚，既然商代实行族内婚，而诸帚中又有商王女儿辈的人，其间也必然有子妇。"参见赵诚《诸帚探索》，中国古文字研究会等《古文字研究》（第十二辑），中华书局1985年版，第103—104页。

③ 李学勤：《毛诗正义》，北京大学出版社1999年版，第1055—1056页。

④ （汉）司马迁：《史记》，中华书局1959年版，第111页。

> 上云禋祀，下云履迹，是履迹乃祭祀仪式之一部分，疑即一种象征的舞蹈。所谓"帝"实即代表上帝之神尸。神尸舞于前，姜嫄尾随其后，践神尸之迹而舞，其事可乐，故曰"履帝武敏歆"，犹言与尸伴舞而心甚悦喜也。"攸介攸止"，介，林义光读为愒，息也，至确。盖舞毕而相携止息于幽闲之处，因而有孕也。①

与注重文字训诂的传统学者不同，闻一多将"帝"解释为"代表上帝之神尸"，也就是古代祭祀时替代死者受祭的人，同时，也不回避祭神仪式之外的两性结合。这样一来，"姜嫄履迹生子"神话原有的神秘色彩就被过滤掉了，尽管在某些细节上未必能取得学界共识，至少他在方向上将中国神话研究引向了理性的轨道。

后稷生即被弃是学界讨论的热点之一。涂元济指出："据统计，姜嫄弃子的原因共二十多说，诸如遗腹说、速感说、早生说、难产说、易生说、贱弃说、私通说、怪胎说、避乱说、轻男说、犯禁说，真是众说纷纭。但或缺少根据，或曲解诗意，多属主观臆测。近人努力从原始社会史的角度来研究解释后稷被弃的原因，也大多未能从原诗提供的具体内容作深入细致的分析。"②事实上，只要将《大雅·生民》和《史记·周本纪》稍作比较即可发现，两者关于"后稷被弃"的细节描述并不相同：《生民》云（姜嫄）"寘"后稷于隘巷、平林、寒冰，而《毛传》释"寘"为"置"③，"抛弃"的意味并不明显；在《周本纪》中，司马迁两次用"弃"，一次用"置"，"抛弃"的意思得到强化。至于后稷名"弃"，也不足以说明其母抛弃过他，因为中国民间有"孩子取贱名好养活"的传统信仰，后稷取名出于这样的目的也有可能。更何况，《生民》没有提到后稷名"弃"，多次提到"后稷"的《山海经》也没有说过后稷名"弃"。就诗旨而言，《生民》主要是赞颂后稷的，正如《诗序》所言，"《生民》，尊祖也。后稷生于姜嫄，文、武之功起

---

① 闻一多：《姜嫄履大人迹考》，《神话与诗》，上海人民出版社2006年版，第62页。
② 涂元济：《从母系制过渡到父系制的一场夺子之争——对〈诗经·生民〉神话的一种解释》，《福建师范大学学报》（哲学社会科学版）1981年第1期，第94页。
③ 李学勤：《毛诗正义》，北京大学出版社1999年版，第1065页。

第二章　龙凤呈祥：史前婚姻联盟

于后稷，故推以配天焉"①。"尊祖"与"纪祖"当然有所不同，前者偏重美化与神化，后者偏重记录史实。考虑到诗人这样的写作意图，"寘"后稷于隘巷、平林、寒冰，很可能只是将后稷置于三种虚拟的恶劣环境中，通过其奇迹般存活下来突显其顽强的生命力，从而达到赞美、神化祖先的目的。古人读诗讲究"以意逆志"，不能"以文害辞"或"以辞害志"，忽视诗人的写作意图而过分拘泥于文字训诂，反而不易正确理解《生民》的原意。

丁山对后稷被弃神话的解读颇有特色。他说：

> 弃之为弃，是象征寒冬之初，将麦类种籽播散在田地里，仿佛人们捐弃废物似的。诗人言过其实说置之隘巷，置之平林，置之寒冰而已。仿佛捐弃了的种籽，待到来年春风解冻，土气震发，麦苗秀颖，结成穗子，人们都有口食了。追怀去年捐弃在田中的种籽，居然能够熬过冰雪的磨折，一定有个大神在地下庇护它。庇护这个种籽者，应该是"大祖母大地"；于是乎人们要崇功报德祭祀谷神，必先祭祀地母。一篇大雅生民诗，说的是姜嫄生后稷故事，我只看做描写土地产生五谷的寓言。②

据丁山此说，《生民》意在赞美谷物顽强的生命力，后稷只是一个象征。其实，以原始思维或文学思维来看，后稷与谷物完全可以互相渗透、互为表里。

与"简狄无夫生子"相似，姜嫄生后稷也介于"有夫"与"无夫"之间，这种模糊表述，以《史记·周本纪》最具代表性。尽管有"姜嫄为帝喾元妃"的说法，很多人却没有把"后稷为帝喾子"视为当然之事。例如，《史记索隐》引谯周语云："弃，帝喾之胄，其父亦不著。"③ 意谓弃为帝喾后裔，其父却不甚有名。这种解释既顾及帝喾与后稷之间的联系，又没有强将二者定性为父子，体现出一种折中的态

---

① 李学勤：《毛诗正义》，北京大学出版社1999年版，第1055页。
② 丁山：《中国古代宗教与神话考》，上海书店出版社2011年版，第28—29页。
③ （汉）司马迁：《史记》，中华书局1959年版，第111页。

度，无疑比"后稷为帝喾子"的说法更可取。

神话传说毕竟有其不确定的一面，在缺乏足够证据的条件下将某些细节坐实，不仅困难重重而且是不明智的；相反，从宏观上考察"姜嫄履迹生子"等族源神话所反映的原始部族间关系则是可能的，而且更有学术价值——因为厘清各原始部族间的关系，是正确把握先秦文学文本的基础。

西汉末年盛行的纬书多保存民间传说，说姜嫄所履的迹是"大人迹"，而非"帝"迹。如《诗经·大雅·生民》孔颖达疏引《河图》曰："姜嫄履大人迹生后稷。"① 《太平御览》卷九五五引《春秋元命苞》曰："姜嫄游閟宫，其地扶桑，履大人迹，生稷。"② 可见这是汉代较流行的说法。孙作云指出："这'大人之迹'就是熊迹，姜嫄履大人之迹而生子，就是履熊迹而生子，周人以熊为图腾。"③ 众所周知，黄帝又称"有熊氏"，熊是黄帝族崇拜的图腾之一；周人姬姓，为黄帝后裔的一支④。孙作云对"大人迹"的解释，使《大雅·生民》《国语·晋语四》《史记·周本纪》等相关记载彼此吻合，无疑具有合理性。

在甲骨文中，"周"写作"囲"，是农田的形象，这表明周人从事农业生产甚早。周人既与黄帝后裔同姓，是否表明周人的农耕文明继承自黄帝族呢？愚以为，如果按父系排序，周人的确为黄帝血统，但就农耕文化传承而言，他们却属于炎帝神农氏⑤的嫡传。原因很简单——后稷时代，母系社会遗风尚存，女子并不嫁到男子所在的部落去，孩子从父姓却从母居，其直接继承的文化传统自然是母族的。总之，在母系社会向父系社会过渡之际，婚姻形态的特殊性会导致文化传承与血缘传承

---

① 李学勤：《毛诗正义》，北京大学出版社1999年版，第1060页。
② （北宋）李昉等：《太平御览》，中华书局1960年版，第4239页。
③ 孙作云：《诗经与周代社会研究》，中华书局1966年版，第8页。
④ 《国语·晋语四》载："凡黄帝之子二十五宗，其得姓者十四人，为十二姓，姬、酉、祁、己、滕、箴、任、荀、僖、姞、儇、依是也。"参见徐元诰撰，王树民、沈长云点校《国语集解》，中华书局2002年版，第334—335页。
⑤ 《国语·晋语四》载："黄帝以姬水成，炎帝以姜水成。成而异德，故黄帝为姬，炎帝为姜，二帝用师以相济也，异德之故也。"参见徐元诰撰，王树民、沈长云点校《国语集解》，中华书局2002年版，第337页。另外，《帝王世纪》载："炎帝神农氏，姜姓，……长于姜水，始教天下耕，种五谷而食之，以省杀生，尝味草木，宣药疗疾，救夭伤之命，百姓日用而不知。"参见徐宗元辑《帝王世纪辑存》，中华书局1964年版，第13页。

的错位。

小结

《礼记·祭法》云："有虞氏禘黄帝而郊喾，祖颛顼而宗尧。夏后氏亦禘黄帝而郊鲧，祖颛顼而宗禹。殷人禘喾而郊冥，祖契而宗汤。周人禘喾而郊稷，祖文王而宗武王。"① 按郑玄注，祭昊天于圜丘谓禘，祭上帝于南郊曰郊。帝喾是有虞氏、殷人、周人祭祀上帝、昊天时配食的对象，说明帝喾或他所在的部落与有虞氏、殷人、周人均有交集。据此，要厘清殷、周关系就无法回避对帝喾的考察。闻一多曾经指出：

> 或疑喾为殷人之上帝，周殷异族不当同帝。案殷周二族最初是否同源，尚为悬案，以见存文献论之，喾本似汉族称天帝之公名，书传喾舜俊三名互出通称，为今世学者公认之事实，故案实论之，同之中恐仍当有异。在殷称喾，在陈称舜，在周称俊，殷周陈盖异出同源之三族也。惟其同源，故喾舜俊有时而混称。就中陈周关系似尤密。陈出于舜，舜为黄帝后，黄帝姬姓也，此其一。陈本称田，古周字亦从田，是陈周古同字，此其二。舜俊音近，舜从舛，夋从夂，又皆为足形，舜俊恐亦本系一字。陈与周同，舜与俊同，在陈称舜，则在周当称俊矣。周之田神曰田畯，俊即畯矣。字变作舜，故传说舜耕于历山，又云象为舜耕。②

此说从主要从文字入手，分析了帝喾、帝俊、帝舜的联系，颇具启发意义。倘以传世文献所见论之，除"帝喾四妃"传说外恐难再举出其他记载。这似乎表明，帝喾时代不同部族间的"族外婚"（exogamy）极为盛行。帝喾，正是由于其所在的部落与若干不同部落通婚才成为有虞氏、殷人、周人共同祖先的。但是，由于母系社会遗风的流布，在特定时间或空间范围内应当存在女子不嫁到男子所在部落的情形，"族外婚"所生的孩子从父姓却从母居，就会造成血缘同根而文化不同源的

---

① 李学勤：《礼记正义》，北京大学出版社1999年版，第1292页。
② 闻一多：《姜嫄履大人迹考》，《神话与诗》，上海人民出版社2006年版，第68页。

现象。近年来的考古资料表明，五千余年前中华大地的文明之火如"满天星斗"，但是据传世文献所记载的古史传说，几个主要族群却有共同的祖先。在中华文化从多元走向一体的过程中，族外婚无疑是除战争之外的重要推动因素。

第三章　五龙抢珠：原始五行制度

中央共牧，后何怒？蜂蛾微命，力何固？

——《楚辞·天问》

大道之行也，天下为公，选贤与能，讲信修睦。

——《礼记·礼运》

文明与国家的起源，在世界范围内很早即是热门研究课题。随着恩格斯的《家庭、私有制与国家的起源》传入中国，自20世纪20年代以来，中国学术界开始在现代语境下反复讨论这一问题。近四十年来田野考古资料积累，又进一步推动了学者们对中国早期国家形成的研究热情。受西学东渐思潮影响，中国学者在探讨国家形成时，往往要征引西方关于"国家"的定义，但迄今为止，尚不存在被整个学术界所公认的定义。正如谢维扬所指出的那样："国家定义问题确实是早期国家研究遇到的第一个难题。因为，很简单，如果没有一个明确的关于国家的定义，如何来分别国家与前国家社会呢？又如何阐述国家的形成等等问题呢？一切都谈不到了。"[①] 中国学者在征引西方各种国家形成理论时，显然忽略了古人一个重要的传统观点：据《谷梁传·桓公二年》载，孔子说过"名从主人"[②]，意谓事物应当以主人所称之名为名。从这个角度讲，远古时代的特定人群自称其社会组织为"国"，即当称之为"国"，尽管这样的"国家"可能并不符合当下的各种"国家"定义，但至少说明其主人已经具有了建立国家的自觉意识。那么，中国古人是

---

① 谢维扬：《中国早期国家》，浙江人民出版社1995年版，第37页。
② 李学勤：《春秋谷梁传注疏》，北京大学出版社1999年版，第36页。

什么时候开始具有"国家"意识的呢？从散见于古代文献中的上古神话与传说来看，"国家"意识或其滥觞，早在五帝时代就应当有了。当然，神话传说不同于史实，故研究神话传说中的"国家"制度与形态，不可能替代历史学者以可靠史料对国家形成的探讨。但是，上古神话作为中国古代国家建立的文化土壤，其与后世国家制度的深刻联系是无法割裂的。

第一节　论黄帝原始五行

从《山海经》的记载来看，远古传说时代的国家有很多，如结匈国、羽民国、三苗国、三首国、轩辕国、白民国等等。由于后世司马迁的《史记》以五帝传说开篇，而黄帝又被尊为华夏人文共祖，故黄帝所居的"轩辕之国"最为重要。那么，轩辕古国是否可谓中国早期国家的代表呢？这个传说中的神秘国度实行着怎样的制度，它与后世中国的国家制度又有怎样的联系呢？

一　金枝与五龙抢珠的传说

在英国著名人类学家詹姆斯·乔治·弗雷泽（James George Frazer，1854—1941）的名著《金枝》中，作者开篇即讲述了一则古老的传说：

> 谁不知道特纳①的那幅题为《金枝》的画呢？画中是内米②林中小湖那梦幻似的奇景。……在古代，这片风景秀丽的林区却是一个反复重演过奇特悲剧的场所。在湖北岸那个险峻的峭壁（现代的内米村就坐落在此山上）的正下方，曾是一片圣林和狄安娜·纳莫仁西斯（即"林神狄安娜"）的圣殿。……圣殿里有一棵特殊的树，它的树枝是不许砍折的。只有逃亡的奴隶才被允许折断它的树枝，如果他能做到的话，就获得与祭司单独决斗的资格，若能杀死祭司，

---

① J. M. W. 特纳（1775—1851），英国著名画家。
② 原注：内米湖位于罗马东南十六英里阿尔巴群山中的山谷内，周围是阿里奇亚丛林。原是一个火山湖，长约 1.6 公里，湖的东北岸，古时有狄安娜的圣所。这里风景优美，尤以古代崇奉狄安娜及阿里奇亚神林闻名于世。

第三章 五龙抢珠：原始五行制度

则可接替祭司的职位并获得"森林之王"（Rex Nemorensis）的称号。根据古代公众的意见，这决定命运的树枝就是"金枝"①。

华夏文明与西方文明间差异很多，但人类早期社会经验却是相通的。在中国北方红山女神的故乡，也有一则古老的传说：

> 相传很久以前，白家洼②这个地方是一片汪洋。里面住着一条黄色的神龙，它奉玉帝的旨意，在这里守护一颗神奇的"明珠"。因为如果这颗"明珠"被世上的龙得去，再跨越一百条河，就可以超凡入圣，得成大道。所以五湖四海的龙都想得到它。但是，这颗"明珠"非世上的四条龙不能抬走。所以，有一天夜里，南、北、西三海龙王之子在东海龙王之子的率领下，从四海赶来盗宝。当这四条龙潜入水底，企图抬走"明珠"的时候，这颗神奇的"明珠"突然放出万道光芒，把四条世龙照得睁不开眼。"明珠"放光惊动了黄龙，它立刻跃出水面，见四条龙正在抬"明珠"，就大吼一声："何方狂龙，敢犯天条，快快离去，万事皆休，如再猖狂，必遭天诛！"四龙一听，哈哈大笑，东海龙王之子说："我等乃四海之神龙，已得天机，来此取宝，好成大道，你如不把明珠奉上，让你死无葬身之地。"黄龙一听，气得眼放金光，龙须怒炸，随即龙头一点，现出一道石门，把东海龙王之子锁在石门内。三龙一见，狂吼一声，直扑黄龙。它们大战一天一夜，黄龙渐渐难支，石门内东海龙王之子奋力挣扎，眼看石门将破。如果石门一破，四龙合力，宝珠必失。如果四龙得到宝珠，跨过老哈河（传说老哈河由九十九条河汇合而成），再跨过一条河，就凑成百河之数，四龙皆成大道，再想夺回明珠就不可能了。黄龙想到此间，把心一横，一口吸尽满洼之水，洼内顿时火起。黄龙又将腹内之水向"明珠"喷去。忽然一声霹雳，"明珠"化为金、木、水、火、土五颗宝珠，向龙头击去。五龙皆被击中要害，再不能动。五颗宝珠

---

① ［英］弗雷泽：《金枝》，徐育新等译，大众文艺出版社1998年版，第1—3页。
② 白家洼，位于辽宁牛河梁红山文化女神庙遗址北约23公里处。

瞬间入地，火熄水消，大洼成了平地。这五龙所卧之地，形成了五条蜿蜒起伏的山岗，分别被后人称为"白龙""青龙""黑龙""赤龙"和"黄龙"。由于五龙齐卧，使原来的地势增高，故后人称这里为"五龙台"。①

弗雷泽研究过世界各地的习俗，但他没有找到同那棵圣树下演出活剧相似的仪式——他当然没有来中国红山女神故乡做过田野调查，没有听过"五龙抢珠"的传说，更没有耐心读过记载着无数次为争夺"玉玺"而战的中国历史，这的确很遗憾。因为，内米丛林间的小湖与白家洼的"汪洋"相距何止万里，但两则传说却有诸多相似之处：在内米的传说中，祭司要日夜守护"金枝"，因为逃亡的奴隶得到它，就有资格同他决斗，就可能会成为"森林之王"；在五龙抢珠神话里，黄龙也要日夜守护"明珠"，因为四龙得到它，再跨过百川（实际上是老哈河再加一条河），就会成"大道"。不同之处在于，五龙神话里包含着若干重要的中华文化因素，如"五龙"（白龙、青龙、黑龙、赤龙和黄龙），"五行"（金、木、水、火、土），"五色"（白、青、黑、赤、黄）等等。可以说，"五龙抢珠"是中国版的"金枝"神话——它以最简洁的情节形式，存储了中国五帝时代国家形成的重要信息。当我们走进牛河梁红山文化遗址陈列馆，举目仰望，试图在红山女神的目光中寻觅早期国家形成的秘密时，需要思考的却应该是：

为什么"世上之龙"要想成"大道"，必须得到"明珠"呢？

为什么"明珠"化为金、木、水、火、土五珠，就可以镇住"五龙"呢？

二　"玄珠"与玉雕龙

在具有西方文化背景的人看来，"金枝"就是槲寄生②的说法，已经不是什么新鲜意见了。弗雷泽经过一番颇费周折的考察后指出：

---

① 据曾继身、曾兆印口述，赵玉庭、巩仕平、赵文宗三人执笔：《建平文史资料》（内部资料）第一辑，现藏于辽宁省建平县图书馆。

② 槲寄生（Viscum coloratum），别称北寄生、桑寄生、寄生子等，是一种寄生于橡树、苹果树、白杨树、松树等各种树木上的植物。

第三章　五龙抢珠：原始五行制度

阿里奇亚丛林中的祭司——森林之王——就是金枝所生长的那棵树的化身。因此，如果那棵树就是橡树的话，林中之王就一定是橡树精灵的化身。于是，不难理解，为什么必须折下金枝，才能把它杀死。作为橡树的精灵，他的生或死都寄托在生长于橡树上的槲寄生之内，只要槲寄生完好无恙，他就像巴尔德尔①一样，也不会死亡。因此，要想杀死他，就必须折断槲寄生，并且很可能要像杀死巴尔德尔那样，用折下的槲寄生为器械才能把他杀死。②

把"金枝"具体化为槲寄生的解释，依然没有解开"金枝"的秘密。弗雷泽进一步指出：

远古时期欧洲人崇敬橡树，确信橡树和天神二者一体的关系，这多半是由于古代欧洲森林中最常因雷电而起火的树木实为橡树。这样来解释，似乎是可信的。近年来许多不带神学观点的科学研究工作者进行过一系列观察，证实了橡树的这种特点。我们可以说，无论是由于橡树木质比其他树木更易传电或其他原因，橡树最常因雷电而起火的事实本身就很足以引起我们原始祖先的注意的。他们居住在当时覆盖着欧亚大部分地区的无边林海里，按照他们简单的宗教方式，对于这种现象会很自然地理解为是他们崇敬的经常从雷鸣时听到其威严声音的伟大天神最崇爱万木中的橡树，经常乘着闪电之光从密布的浓云中降临橡树之上，在劈开并烧黑的树干和焦枯的枝叶上留下了自己亲临过的标志或信息。从此这样的树便围上了神的光圈，被当作高大天神在人间的神座。……他们是否以为槲寄生就是在电光一闪时由上天降生在橡树上的呢？这一推测可由以下事例予以证实：瑞士的阿尔高州把槲寄生叫做雷电笤帚，这名字清楚地表明该寄生植物同雷电的密切关系；在德国，凡树上长的枝叶

---

① 巴尔德尔（Baldur），古斯堪的纳维亚神话中，主神奥丁（Odin）和他的妻子弗丽嘉（Frigg）所生的正直英俊的儿子。除了槲寄生外，没有东西能伤害得了他。
② ［英］弗雷泽：《金枝》，徐育新等译，大众文艺出版社1998年版，第625页。

茂密的一丛树瘤也都叫做"雷电笤帚";因为那些无知识的人确实相信这些寄生植物真乃雷电的产物。①

从这些分析来看,金枝最重要的特征不在于外形而在于功能——它被原始人看作天神来临的标志或信物了。所以,拥有金枝即意味着可以得到天神的护佑,具备超自然的神力;失去金枝,即意味着失去神圣的地位,恢复世俗的身份。而在"五龙抢珠"神话里,"明珠"与"金枝"一样,也是来自至上神的信物,是拥有神权的象征。

在没有选票的原始社会里,作为特定的生命个体,一个人要想获得统治其众多同伴乃至其他部落的权力,通常不得不借助"神"的力量。这种现象,被古人称为"神道设教",即利用神鬼之道进行教化。《易·观》云:"圣人以神道设教,而天下服矣。"孔颖达疏:"圣人法则天之神道,本身自行善,垂化于人,不假言语教戒,不须威刑恐逼,在下自然观化服从。"② 神的旨意是虚的,而"金枝"可以化虚为实,让具有代神发言权力的人变得清晰可辨。当然,"金枝"这种神奇的功能,是以众人信仰为前提的。如果没有人相信,则祭司手里的金枝与普通人在山林里拾到的枯枝没有区别。

与上述民间传说中的"明珠"相似,文献上说黄帝时代也有一颗很重要的珠,这就是"玄珠"。《庄子·天地》载:"黄帝游乎赤水之北,登乎昆仑之丘而南望,还归,遗其玄珠。使知索之而不得,使离朱索之而不得,使喫诟索之而不得也。乃使象罔,象罔得之。黄帝曰:'异哉!象罔乃可以得之乎!'"③ 道家学者通常认为"玄珠"是道的实体,但比喻义的存在并不能抹杀其本义:玄珠,可释为"黑色的明珠",也可释为"天珠"或"元珠"。《庄子》里未透露"玄珠"的具体功能,但黄帝遗失后派多人去寻找,表明其很重要。另外,《蜀典·人物类》载:"蜀梼杌曰:古史云,震蒙氏之女,窃黄帝玄珠,沉江而

---

① [英]弗雷泽:《金枝》,徐育新等译,大众文艺出版社1998年版,第629—630页。
② 李学勤:《周易正义》,北京大学出版社1999年版,第97—98页。
③ (清)郭庆藩撰,王孝鱼点校:《庄子集释》,中华书局1961年版,第414页。

第三章 五龙抢珠：原始五行制度

死，化为奇相。"① 看来，黄帝的"玄珠"是随身携带的，稍有不慎，就可能遗失或被人窃去。

五千多年前，部族首领诸如黄帝者，是否真有这样一种神奇的"黑色明珠"或"天珠"呢？从红山文化的考古发掘来看，"玉雕龙"②的性质应该是最接近"玄珠"的。这种"玉雕龙"目前已知存世的有二十二件，数量虽多，然而除个别线条增减外，从总的形象特征到细部处理却惊人地一致。按大小可分为三种类型：大型高约 15 厘米，中型高约 10 厘米，小型高约 5 厘米。这足以表明，"玉雕龙"的制作已趋于规范化，它的背后隐藏着当时社会的某种等级或权力观念。从牛河梁第二地点一号冢 4 号墓发掘来看，这种"玉雕龙"是悬挂于墓主胸前的。其存世数量虽多，但由于红山文化持续了 1600 多年之久，估计也只有部落首领级的人物才有资格拥有它。

"玉雕龙"的文化内涵，当从两方面来分析：

首先是它的"熊龙"③ 形象。原始人的图腾，不仅是他们的族团标志，也往往是其祖先神的形象。在经常面对各种威胁（如洪水、战争等）的原始社会里，一个部族的祖先神就是他们的保护神，是他们精神力量的无穷源泉。所以，拥有"玉雕龙"的部族成员，就拥有了祖先的神力。

其次是它的玉质。《礼记·曲礼下》云："君无故玉不去身。"正义

---

① （清）张澍撰：《蜀典》，《续修四库全书》第 735 册，上海古籍出版社 2002 年版，第 146 页。

② 玉雕龙，俗称"玉猪龙"，出土情况参见《辽宁省牛河梁红山文化"女神庙"与积石冢群发掘简报》，《文物》1986 年第 8 期，第 5 页；《牛河梁遗址》，学苑出版社 2004 年版，第 34 页。

③ 关于红山文化"玉猪龙"宜称"玉雕龙"或"玉雕熊龙"，郭大顺做出如下考证：牛河梁积石冢中曾多次出土熊骨，不少是完整的熊下颚骨，如第二地点四号冢的下层积石冢之上，上层积石冢之前（南）就放置一完整的下颚骨。这当反映红山人有以熊为祭的习俗。女神庙泥塑动物中，有两个个体的兽类。其实，这两个兽类塑件都有较长的颚部和较长而弯的犬齿，特征都近于熊，尤其是主室出土的泥塑龙双足，为四爪外露状，这在兽类中，唯熊如此。第十六地点 3 号墓所出土的兽首三孔器：这件三孔器的兽首为写实手法雕成，其首部特征交代得极为明确：兽首有圆立耳，耳甚短不过头顶，菱形宽鼻，额头甚圆鼓而吻部趋向尖圆，上唇厚而稍上翘，下唇薄，嘴微张，是一件典型的熊首。参见郭大顺《龙出辽河源》，百花文艺出版社 2001 年版，第 124—125 页。

曰:"君,诸侯也。玉谓佩也。君子于玉比德,故恒佩玉,明身恒有德也。"① 而牛河梁遗址中大量随葬玉器,不葬或基本不葬陶、石器,体现了远古时代先民对玉的崇拜。从牛河梁第二地点一号冢4号墓的玉雕龙摆放情况来看,它原来应是悬挂于墓主胸前的。这说明,《礼记》所载的国君佩玉传统,至少能追溯到红山文化时期。

"玉雕龙"合龙形与玉质为一,也就是兼具"神力"与"美德",这正是在原始社会条件下要求部落首领应该具备的。所以,"玉雕龙"当是原始部落首领表明身份的信物或权力象征,其文化功能与后世的"玉玺"相似。

权力,是维护秩序的工具,也是导致动乱的根源。《荀子·礼论》云:

> 人生而有欲,欲而不得,则不能无求;求而无度量分界,则不能不争。争则乱,乱则穷。先王恶其乱也,故制礼义以分之,以养人之欲,给人之求,使欲必不穷乎物,物必不屈于欲,两者相持而长,是礼之所起也。②

《性恶篇》亦云:

> 古者圣王以人之性恶,以为偏险而不正,悖乱而不治,是以为之起礼义,制法度,以矫饰人之情性而正之,以扰化人之情性而导之也。始皆出于治,合于道者也。③

荀子是把礼的起源归之于人性本恶与互争,为了避免争乱,维持社会秩序,客观上就需要有人(圣人)出来制礼,并以此来约束民众。拥有红山玉雕龙的墓主,显然身份不同寻常,而玉雕龙的大小不等,又表明了即使是部落首领也具有不同的等级。由此可见,玉雕龙确有

---

① 李学勤:《礼记正义》,北京大学出版社1999年版,第120页。
② (清)王先谦撰,沈啸寰等点校:《荀子集解》,中华书局1988年版,第346页。
③ 同上书,第435页。

"礼"的含义。但是,这种为避免争乱而设的礼器恰是群雄争夺的对象,正与民间传说中五龙所抢的"明珠"相类。

三 黄帝四面与建立五行

在"五龙抢珠"的民间传说里,"明珠"化为"金、木、水、火、土"五颗宝珠,就可以镇住五条抢珠的龙。"金、木、水、火、土",也就是通常所谓的"五行"。"五行"何以有如此大的威力呢?黄帝时代有"五行"吗?

《史记·历书》载:

> 神农以前尚矣。盖黄帝考定星历,建立五行,起消息,正闰余,于是有天地神祇物类之官,是谓五官。各司其序,不相乱也。民是以能有信,神是以能有明德。民神异业,敬而不渎,故神降之嘉生。民以物享,灾祸不生,所求不匮。①

太史公认为,黄帝"建立五行",于是人们就"各司其序,不相乱也",而且"灾祸不生,所求不匮"。可见,"五行"对维护当时的社会秩序,的确发挥了重要作用。但是,与"五龙抢珠"的传说一样,"黄帝建立五行"的文献记载,依然未能说清楚"五行"是怎样维持社会秩序的。

《史记·历书》中"黄帝五行"的说法,所指虽早(五帝时代),出现却晚(西汉时),故历来不受重视。学术史上,人们探讨"五行"的本义与源头,往往专注于寻找其最早的文献出处,而对于"五行"所指的历史起点,则很少探讨。值得注意的是,在《史记·历书》的有关记载中,看不出黄帝所建的"五行"与"金、木、水、火、土"有任何关系,所以,我们探讨黄帝"五行"时,务必破除将"五行"与"金、木、水、火、土"自然关联的思维定式。

从文献记载的角度来看,"五行"一词,最早出自《尚书》的《甘誓》《洪范》两篇。但是,很多人不理解这一概念的真正所指,往往按

---

① (汉)司马迁:《史记》,中华书局1959年版,第1256页。

照后世说法进行解释。解释不通时便说古书是伪造的，《古史辨》即是其中的代表。《墨子》曾引述《甘誓》全文，故多数学者认为《甘誓》是可信的。刘起釪认为："'五行'的原义为五星的运行，在此处（《甘誓》）为代表天象之意。"① 此说亦谬，金景芳曾批驳之②，兹不赘述。1973年长沙马王堆出土的帛书中，有一篇被庞朴定为思孟学派"五行"说，1993年湖北荆门郭店再次出土了与帛书内容近似的竹简《五行》。帛书与竹简《五行》的出土，使荀子批评的思孟"五行"在一度失传后，以较完整的文字形式展现在人们面前。但子思、孟子远在《甘誓》时代之后，故无助于对原始五行的解释。

　　从字形来看，"五行"最初写作"✕ᚎ"，其代表的含义不难探讨。关于"五"，朱芳圃指出："✕象交错形，二谓在物之间。当以交错为本义。自用为数名后，经传皆借午为之。"③ 关于"行"，罗振玉指出："行象四达之衢，人之所行也。"④ 所以，原始五行的本义是"交汇四方"。

　　"交汇四方"是否即是黄帝所建立的"五行"呢？愚以为，"黄帝四面"传说，可作为此事旁证。《太平御览》卷七十九引《尸子》云："子贡曰：'古者黄帝四面，信乎？'孔子曰：'黄帝取合己者四人，使治四方，不计而耦，不约而成，此之谓四面。'"⑤ 又《吕氏春秋·孝行览·本味》云："黄帝立四面。"东汉高诱注曰："黄帝使人四面出求贤人，得之立以为佐，故曰立四面也。"⑥ 可见，"黄帝立四面"与"建立五行"所指是相同的，意谓四面各取一人作为部落首领，而后四方部落首领聚于中央，合议部落联盟的大事。四方部落首领加中央联盟的首领，总计五人，即司马迁所说的"天地神祇物类之官，是谓五官"。黄帝建立"五行"，而后有"五官"，正说明这里的"五行"是五方（四方加中央）官长合议制度。在《春秋繁露·五行相生》中，董仲舒

---

① 刘起釪：《尚书学史》，中华书局1989年版，第470页。
② 金景芳、吕绍纲：《〈甘誓〉浅说》，《社会科学战线》1993年第2期，第178—179页。
③ 朱芳圃：《殷周文字释丛》，中华书局1962年版，第127页。
④ 罗振玉：《殷虚书契释三种》，中华书局2006年版，第140页。
⑤ （北宋）李昉等：《太平御览》，中华书局1960年版，第369页。
⑥ 陈奇猷校释：《吕氏春秋校释》，学林出版社1984年版，第740—746页。

第三章　五龙抢珠：原始五行制度

甚至直言："五行者，五官也。"①《商君书》则有对"五官"更详尽的阐释：

> 古者未有君臣上下之时，民乱而不治。是以圣人列贵贱，制爵位，立名号，以别君臣上下之义。地广民众万物多，故分五官而守之。民众而奸邪生，故立法制为度量以禁之。是故有君臣之义，五官之分，法制之禁，不可不慎也。处君位而令不行则危，五官分而无常则乱，法制设而私善行则民不畏刑。②

总之，将黄帝所建立的"五行"释为五官合议制度，不仅符合原始社会晚期的社会发展水平，而且可以得到传世文献的支持。

作为一种上层建筑，五官合议制度当与特定的经济基础相适应。这种"官制"与表达空间诉求的"四方"观念紧密结合在一起，显然更适合流动性较强的"渔猎—畜牧"经济。从事这种经济活动的人们，通过渔猎直接从自然的生态系统中获取动物类生活资料，再以畜牧方式调剂盈缺，即如果捕获多了，就把没受伤或伤而未死的动物畜养起来，供无猎获时食用。"渔猎—畜牧"生产，既对自然生态破坏极大，又对其高度依赖，这就决定了他们必须不断地改变生存空间，一方面要寻找生态条件更好的地方，另一方面又可使被他们破坏的局部生态得到恢复。与此相应，崇尚"四方"就成了他们的传统。与此不同，农业生产对自然生态的破坏相对较小，受气候变化的影响却很大，即生产者必须顺应季节性的气候变化，春季种植、夏季管理、秋季收获、冬季储藏。另外，农业生产的首个周期从垦荒开始，它包括清除杂草树木、平整土地、疏松土壤等，这要求生产者必须投入大量的劳动。垦荒之后，每个生产周期需要的劳动量相对减少，不像垦荒时那样费力了。也就是说，农业族群只要一次性选择生存空间，接下来对他们影响最大的，就是季节变化中的气候异常了。因此，春夏秋冬四时更替对农人具有首要

---

① 苏舆撰，钟哲点校：《春秋繁露义证》，中华书局1992年版，第362页。
② 蒋礼鸿：《商君书锥指》，中华书局1986年版，第129—130页。

的意义。据《史记·五帝本纪》载，黄帝族过着"迁徙往来无常处"①的生活，这显然不是一个定居的农业族群，五官合议制度完全与其经济形态相适应。

从观念层面看，五官合议制是以"四方"观念出现为前提的。原始先民要确定"四方"，首先要意识到自己作为主体而存在，将人与环境区别开，才可以进一步分辨出四方。红山文化墓葬或方或圆，特别是东山嘴遗址的方坛和圆坛，呈南圆北方格局，与北京的天坛、地坛布局相似，表明当时已经有了"天圆地方"的观念，红山先民存在"四方"观念应该是没有问题的。

从辽西地区的红山文化考古来看，五千多年前确有"交汇四方"之事。红山文化分布，"东起辽河或辽河西的医巫闾山，西至内蒙古自治区的锡林浩特到河北张家口一线，北抵西辽河流域，即西拉木伦河两侧，南到大小凌河流域或燕山山脉"②。考古学家苏秉琦认为，这一地区的"红山西支、红山东支、赵宝沟、兴隆洼四种类型之间有差别"③。据此，从考古上分析，五千年前这一地区活跃着四个以上的原始部落。而在目前已知的红山文化遗址中，牛河梁遗址和东山嘴遗址是文化层次最高的，显而易见是"当时人们从事包括祭祀在内的社会活动的一个中心场所"④，但在这两处祭祀遗址附近"尚未发现有关聚落遗址"⑤。可见，这个祭祀中心不只属于一个部落，而是一个部落联盟内所有部落共同拥有的。所以，牛河梁祭祀中心，就是上古重要的"交汇四方"之地，其宗教与政治地位，远非同时代其他居住遗址中的"大房子"可比。

总之，古者所谓"黄帝四面"，与太史公所说的"建立五行"所指相同，这种黄帝时代的原始五行应是中国最早的政治体制。根据其特

---

① （汉）司马迁：《史记》，中华书局1959年版，第6页。
② 苏秉琦：《辽西古文化古城古国——兼谈当前田野考古工作的重点或大课题》，《文物》1986年第8期，第41页。
③ 同上书，第42页。
④ 郭大顺、张克举：《辽宁喀左东山嘴红山文化建筑群址发掘简报》，《文物》1984年第11期，第10页。
⑤ 辽宁文物考古研究所：《辽宁省牛河梁红山文化"女神庙"与积石冢群发掘简报》，《文物》1986年第8期，第1页。

征，可称之为"原始五行制"或"五官合议制"。

小结

国家的兴起与发展是历时长久的过程，早期国家的面貌必然与后世人们所习惯的理解有很大出入。一般认为，人类最早的国家出现在西亚和北非：西亚在美索不达米亚（两河流域）南部产生苏美尔国家，北非在尼罗河下游产生埃及国家。根据考古学年代测定，两者最早形成的时间都可以上溯到公元前3500年[1]。这两个地区最初形成的国家都是一些小国，通常称为"城市国家"[2]。而距今5500年左右，东亚蒙古草原东南的西辽河流域，红山文化出现了以庙、冢、坛组合为特征的大规模原始宗教祭祀中心。东亚是否与西亚、北非一样，可以划入人类首批国家诞生地区的行列呢？这无疑是一个极易招致非议的提法，因为国内外比较流行的观点，是把文字、铜器、城市等作为文明的标志或要素的；而在红山文化考古中没有出土文字和城市（遗迹），虽然发现了铜，却存在着争议。不过，王震中指出：

> 这种文明观明显地存在两个方面的缺陷，其一是这类"标志物"具有很大的局限性，很难适应世界各地文明起源的多样性和区域性；其二是它将文明看成是单项因素的凑合，形成所谓"博物馆清单"式的文明观，这既难以对文明社会的出现作出结构特征性的说明，更难以对文明社会的形成过程作出应有的解释。[3]

西方学者在谈到现代早期国家研究所面临的"障碍"时也指出："根本不存在为整个学术界所公认的国家定义。"[4] 既然现代有关"文明"或"国家"的诸标准都不足为据，我们不妨看看中国古人自己是怎么说。《易·乾·文言》云："见龙在田，天下文明。"[5] 这句话可以

---

[1] 编写组：《世界上古史纲》上册，人民出版社1979年版，第128、249页。
[2] 谢维扬：《中国早期国家》，浙江人民出版社1995年版，第3页。
[3] 王震中：《中国文明起源的比较研究》，陕西人民出版社1994年版，第1页。
[4] H. J. M. Claessen & P. Skalnik, ed., *"The Early State"*, p. 3.
[5] 李学勤：《周易正义》，北京大学出版社1999年版，第20页。

有多种理解，也可以解释成：有龙（如玉雕龙）出现的时代，天下就进入文明社会了。另外，《史记》以黄帝传说开篇，《山海经》也多处记载了"轩辕之国"的神话。这至少说明，古人认为华夏自黄帝时即进入一个全新的历史阶段。彼时就算没有国家出现，也已经有"古国"①了。

第二节　禅让传说及其阐释

关于黄帝时代官制的传说，以《史记·历书》最为重要："盖黄帝考定星历，建立五行，起消息，正闰余，于是有天地神祇物类之官，是谓五官。"②而"黄帝四面"的传说，可视为对这一"官制"的解释："黄帝取合己者四人，使治四方，不计而耦，不约而成，此之谓四面。"③简言之，黄帝"建五行"与"立四面"所指相同，意谓当时建立了四方酋长加中央联盟首领的五官合议制度。五帝时代，四方酋长与中央联盟首领如何在这种制度框架内议事呢？当时的部落（或联盟）首领们，又如何实现不同辈分间权力的转移或交接呢？诸如此类的问题，在五帝初期的传说中反映较少，而在后期的传说中有较多的涉及。只不过古人往往称这种制度为"禅让制"，而不是像拙文这样称之为"五官合议制度"。

一　传世文献中的禅让传说

一般认为，《尚书》中《尧典》的著作时代不会早于春秋战国，但"其中所记的一些术语和制度，似乎有些根据，有不少是和甲骨卜辞吻合的"④。因此，其中所载的古史传说，必含有较高的史料价值。《尧典》载：

---

① 古国，指高于氏族部落的、稳定的、独立的政治实体。参见苏秉琦《辽西古文化古城古国》，《文物》1986年第8期，第42页。
② （汉）司马迁：《史记》，中华书局1959年版，第1256页。
③ （北宋）李昉等：《太平御览》，中华书局1960年版，第369页。
④ 王玉哲：《尧、舜、禹"禅让"与"篡夺"两种传说并存的新理解》，《历史教学》1986年第1期，第21页。

第三章　五龙抢珠：原始五行制度

（帝尧）乃命羲和，钦若昊天，历象日月星辰，敬授民时。分命羲仲，宅嵎夷，曰旸谷。寅宾出日，平秩东作。日中，星鸟，以殷仲春。厥民析，鸟兽孳尾。申命羲叔，宅南交。平秩南为，敬致。日永，星火，以正仲夏。厥民因，鸟兽希革。分命和仲，宅西，曰昧谷。寅饯纳日，平秩西成。宵中，星虚，以殷仲秋。厥民夷，鸟兽毛毨。申命和叔，宅朔方，曰幽都。平在朔易。日短，星昴，以正仲冬。厥民隩，鸟兽氄毛。帝曰："咨！汝羲暨和。期三百有六旬有六日，以闰月定四时，成岁。允厘百工，庶绩咸熙。"①

帝尧命羲仲、羲叔、和仲、和叔四人分别治理东、南、西、北四方，与早前的"黄帝四面"传说不谋而合："黄帝取合己者四人，使治四方，不计而耦，不约而成，此之谓四面。"② 这说明，帝尧时的"国家"制度即是传说中黄帝所建立的原始五行官制。值得注意的是，上述传说反复涉及日、星、鸟兽等变化，说明五帝时人特别重视对天文、物候等现象的观察；而四人分工与四方、四时紧密结合，又体现了中国传统文化中"时间与空间统一"③的原则。

但是，五帝时代已有"四时"的说法是不可靠的。1945年，董作宾发表了《殷历谱》，认为殷代历法已经有了四分法，殷人已经能准确地测知日至。但是，在甲骨卜辞中只有"春""秋"，并无"冬""夏"。据此，陈梦家指出："卜辞只有春秋两季而无冬夏。卜辞卜今春王种黍与否，则知春当在禾季。卜辞'今岁秋'而系以二月，则知二月有时亦属于麦季，今北方所谓麦秋。"④ 长期研究甲骨文的常玉芝，查阅了迄今所能见到的全部殷墟甲骨卜辞，搜集到"完整或比较完整带有'至'字的卜辞275版，逐一研究后没有发现一条是记录日至

---

① 李学勤：《尚书正义》，北京大学出版社1999年版，第28—31页。
② （北宋）李昉等：《太平御览》，中华书局1960年版，369页。
③ "时间与空间统一"原则，即四方与四时固定搭配——东与春、南与夏、西与秋、北与冬，参见《管子·四时》《吕氏春秋·十二纪》《礼记·月令》等。
④ 陈梦家：《殷虚卜辞综述》，中华书局1988年版，第227页。

的"①。这说明董氏的结论不准确,目前没有证据可以证明殷商历法有四时,至于五帝时代有"四时"就更没有依据了。

相比之下,"四方"观念的产生则要早得多。远在距今五千余年的红山文化时期(相当于五帝前期),东山嘴遗址的祭坛就呈方、圆组合形式,与北京天坛、地坛的"南圆北方"格局一致,这说明"天圆地方"观念在红山时期已经出现端倪。而在殷墟甲骨文中,"四方""四土"说法极为常见。例如:

(1) ……酉贞,四方又羌。(《屯南》932)
(2) ……商,丙戌贞父丁其戋,丁丑贞……㠯才……,东方,北方,西方,南方(《屯南》1126)
(3) 癸亥卜,帝东。癸亥卜,帝西。癸亥卜,帝南。癸亥卜,帝北。(《合集》34154)
(4) 己巳王卜,贞[今]岁商受[年]。王固曰:吉。东土受年。南土受年。吉。西土受年。吉。北土受年。吉。(《合集》36975)

这类反映殷人空间观念的刻辞很多,其中较引人关注的两版是《甲骨文合集》的14294和14295。14294版是一块武丁时的牛胛骨,刻辞四行:

东方曰析,风曰劦;
南方曰因,风曰微;
西方曰夷,风曰彝;
北方曰夗,风曰役。(《合集》14294)

14295版是武丁时的一块大龟腹甲,刻有六条贞雨求年卜辞。学界对此版的释读顺序有异,而胡厚宣的释读如下:

---

① 常玉芝:《殷商历法研究》,吉林文史出版社1998年版,第66页。

第三章　五龙抢珠：原始五行制度

辛亥，内，贞今一月帝令（命）雨。四日甲寅夕，允雨。
辛亥卜，内，贞今一月帝不其令（命）雨。
辛亥卜，内，贞帝（禘）于北方曰勹，风曰殳，**耒**年。
辛亥卜，内，贞帝（禘）于南方曰岂，凤（风）と，**耒**年。一月。
贞帝（禘）于东方曰析，风曰劦，**耒**年。
贞帝（禘）于西方曰彝，风曰韦，**耒**年。①

很多学者结合传世文献研究，认为四方风名与四时有关，如有学者指出："四方风刻辞的存在，正是商代有四时的最好证据。析、因、彝、伏（役）四名本身，便蕴涵着四时的观念。"② 此说值得商榷，至少，殷人还没有明确的四时观念。理由有三：首先，《尚书·洪范》作为箕子对殷商治国大法的总结，认为殷商历法有五纪，"一曰岁，二曰月，三曰日，四曰星辰，五曰历数"③，其中没有四时概念；其次，殷墟甲骨文迄今未见四时的明确提法，殷人以近于空间范畴的"四方风"来描述季节性变化，本身就说明他们对四时认知滞后于对四方的认知；第三，如果殷人已经自觉地把四方与四时对应起来，那么甲骨文中的四方应按东、南、西、北排列，才符合春、夏、秋、冬的四时顺序，但14295版甲骨文北南并提、东西对举，明显与后世配时的四方顺序不同。

综上可知，"四时"远后于"四方"观念出现，两者彼此配合更是春秋战国以后才有的。所以，《尧典》中帝尧命四人分治四方的传说，与五帝时代出现的"四方"观念吻合，但依次配以"四时"的说法则明显是后世附会。

当然，古史传说中的主要情节，不能因为有后世附会因素而被否认。例如，关于选择治水人才，《尧典》中记载了如下对话：

---

① 胡厚宣：《释殷代求年于四方和四方风的祭祀》，《复旦学报》1956年第1期，第49页。
② 李学勤：《商代的四风与四时》，《中州学刊》1985年第5期，第100页。
③ 李学勤：《尚书正义》，北京大学出版社1999年版，第306页。

> 帝曰："咨！四岳，汤汤洪水方割，荡荡怀山襄陵，浩浩滔天。下民其咨，有能俾乂？"佥曰："於，鲧哉！"帝曰："吁，咈哉！方命圮族。"岳曰："异哉！试可乃已。"
>
> 帝曰："往，钦哉！"九载，绩用弗成。①

按孔传，这里的"四岳"即上文所提到的羲仲、羲叔、和仲、和叔四人。他们推举鲧去治水，帝尧虽不赞同却顺从他们的意见，说明中央帝与四岳的关系，跟后世的君臣关系不同。这一点，是后世人在等级森严的社会制度下很难想象的，因而比较可信。

尧舜传说中，最关键的部分无疑是"禅让"。《尧典》载：

> 帝曰："咨！四岳，朕在位七十载，汝能庸命，巽朕位？"岳曰："否德忝帝位。"曰："明明扬侧陋。"师锡帝曰："有鳏在下，曰虞舜。"帝曰："俞，予闻，如何？"岳曰："瞽子，父顽，母嚚，象傲，克谐以孝，烝烝乂，不格奸。"帝曰："我其试哉！女于时，观厥刑于二女。"厘降二女于妫汭，嫔于虞。帝曰："钦哉！"②

从上述记载来看，尧舜禅让的过程是：帝尧晚年欲传位，首先问四岳谁能顺行帝位之事；四岳自谓德行浅薄难当大任，推荐虞舜；帝尧通过嫁二女于舜考察他（并传帝位）。这种说法大致被《史记·五帝本纪》所沿袭，因而流传极广。

然而，至迟从战国起，与尧舜禅让传说同时流行的，还有与此完全相反的帝位篡夺说。《括地志》载："故尧城在濮州鄄城县东北十五里。《竹书》云昔尧德衰，为舜所囚也。又有偃朱故城，在县西北十五里。《竹书》云舜囚尧，复偃塞丹朱，使不与父相见也。"③ 对于禅让与篡夺二说并存的现象，《史通》评道：

---

① 李学勤：《尚书正义》，北京大学出版社1999年版，第40—41页。
② 同上书，第45—46页。
③ （唐）李泰等著，贺次君辑校：《括地志辑校》，中华书局1980年版，第146页。

《尧典·序》又云："将逊于位，让于虞舜。"孔氏《注》曰："尧知子丹朱不肖，故有禅位之志。"案《汲冢琐语》云："舜放尧于平阳。"而书云其地有城，以"囚尧"为号。识凭斯异说，颇为禅授为疑。然则观此二书，已足为证者矣，而犹有所未睹也。何者？据《山海经》谓放勋之子为帝丹朱，而列君于帝者，得非舜虽废尧，仍立尧子，俄又夺其帝者乎？观近古有奸雄奋发，自号勤王，或废父而立其子，或黜兄而奉其弟，始则示相推戴，终亦成其篡夺。求诸历代，往往而有。必以古方今，千载一揆。斯则尧之授舜，其事难明，谓之让国，徒虚语耳。①

愚以为，中央帝与四岳（或四叔、四后、四正）相结合的五官合议制度是黄帝时代建立的，至帝尧时已经是它的晚期了。正如王玉哲指出的那样，"一种低级的社会制度过渡到另一种较高的社会制度，不像刀切斧砍那样两断截然分明，而是有一个相当长的、前后两种社会因素犬牙相错着的过渡阶段"②。所以，尧舜之际禅让与篡夺两说并存，正是部落酋长由五官合议制过渡到世袭专制的真实反映。

二　陶寺遗址与尧都平阳传说

苏秉琦指出："五帝时代以五千年为界可以分为前后两大阶段，以黄帝为代表的前半段主要活动中心在燕山南北，红山文化的时空框架，可以与之对应。"③ 至于五帝后期，苏秉琦指出："大致在4500年（前）左右，最先进的历史舞台转移到晋南，在中原、北方、河套地区及东方、东南古文化交汇撞击下，晋南兴起了陶寺文化。文化面貌已具备了从燕山以北到和长江以南广大地域的综合体性质。"④ 所以，要探讨五帝后期传说，就不能忽视对陶寺文化的研究。

---

① （唐）刘知几撰，赵吕甫校注：《史通新校注》，重庆出版社1990年版，第785页。
② 王玉哲：《尧、舜、禹"禅让"与"篡夺"两种传说并存的新理解》，《历史教学》1986年第1期，第23页。
③ 苏秉琦：《中国文明起源新探》，生活·读书·新知三联书店1999年版，第161页。
④ 邵望平、汪遵国：《迎接中国考古学的新世纪——苏秉琦先生访谈录》，《东南文化》1993年第1期。

陶寺遗址位于山西襄汾县城东北7公里左右的塔儿山西麓，据放射性^{14}C断代并校正，其年代为公元前2300—前1900年。经过多年的发掘与研究，现已证实陶寺遗址是黄河中游地区龙山时代的大型都邑性城址，[1]并且该遗址即"尧都平阳"的观点也逐渐成为学术界讨论的焦点。近年来，陶寺遗址又先后发现早期、中期城址、中期王级大墓及宫殿区、祭祀区以及观象台、仓储区等，这些重要资料对探寻早期国家的形成具有十分重要的意义。

关于陶寺文化的族属，除居于主流地位的"尧城说"外，尚有有虞氏遗存说、尧舜古都说、夏城说、黄帝城及帝喾城说[2]等。解答陶寺遗址归属上的难题，通常应从三个方面着手，即时间范围、空间位置和文化内涵。[3]

从时间上看，陶寺文化早期碳素测定为距今4340年±90年（ZK-682），晚期为距今3990年±80年（ZK-681）。[4]按"夏商周断代工程"报告，夏代始于公元前2070年[5]前后，这说明陶寺文化基本处于古史传说中的帝尧时代。

从空间上看，陶寺遗址位于晋南临汾盆地，西南距襄汾县城约7公里，北距临汾市区约20公里。据《读史方舆纪要·山西·平阳府》，该地区历史地理沿革如下：

> 《禹贡》冀州地，即尧舜之都，所谓平阳也。春秋属晋。战国属魏。秦为河东郡地。两汉因之。三国魏始置平阳郡。晋因之。永嘉三年，刘渊僭号，建都于此。其后石赵慕容燕及苻、姚之徒，相

---

[1] 何驽、严志斌：《黄河流域史前最大城址进一步探明》，《中国文物报》2002年2月8日第1版。

[2] 刘毓庆、刘鳞龙：《陶寺遗址对接历史的可能性及其难题》，《晋阳学刊》2009年第4期，第10—11页。

[3] 文化内涵，指文化载体所反映出的人类精神和思想方面内容。考古发掘出的遗物与遗迹是文化载体，文献记载的古史传说也是文化载体，两者所反映的文化内涵是否匹配，是衡量陶寺遗址是否为帝尧史迹的重要参照标准。

[4] 中国社会科学院考古研究所实验室：《放射性碳素测定年代报告》（七），《考古》1980年第4期，第374页。

[5] 夏商周断代工程专家组：《夏商周断代工程1996—2000年阶段成果报告》（简本），世界图书出版公司北京公司2000年版，第86页。

第三章 五龙抢珠：原始五行制度

继有其地。后魏亦为平阳郡，兼置东雍州。太和中罢。孝昌中，改置唐州，又改晋州。东魏、北齐皆为重镇。后周亦曰晋州。隋初改平阳郡为平河郡，旋废郡而州如故。炀帝改州为临汾郡。义宁初，复曰平阳郡。唐复曰晋州。天宝初，亦曰平阳郡。乾元初复故。五代梁置定昌军节度。后唐曰建雄军。宋仍为晋州。政和六年，升为平阳府。金因之。元曰平阳路。大德九年，改为晋宁路。明初复曰平阳府，领州六、县二十八。[①]

可见，陶寺遗址在空间位置上与传说中的"尧都平阳"也是吻合的。

文化内涵上，首先需要分析的是陶寺彩绘龙盘[②]（如 M3072：6）。该遗址有 5 座大墓出土了龙盘，上面绘有清晰的蟠龙图案。陶寺蟠龙与红山文化 C 形龙或玉雕龙有一重要神似之处，即首尾相交、身体呈环状。《山海经·海外西经》载："轩辕之国在此穷山之际，其不寿者八百岁。在女子国北。人面蛇身，尾交首上。穷山在其北，不敢西射，畏轩辕之丘。在轩辕国北。其丘方，四蛇相绕。"[③] 龙与蛇的称谓虽然不同，但两者形象既相似又相关：人面蛇身，是超自然的神形，称其为"蛇神"，不如称"龙神"更符合中国传统。首尾相交的神龙（蛇）形象在《山海经》中仅此一处，据此可以说这是轩辕古国的标志性形象。由于黄帝轩辕古国与陶寺遗址在时间、空间上均不相符，故陶寺陪葬彩绘龙盘大墓的墓主，不会是轩辕古国之人，却有可能是其后裔。《大戴礼记·帝系》载："黄帝产玄嚣，玄嚣产蟜极，蟜极产高辛，是为帝喾。帝喾产放勋，是为帝尧。"[④] 可见，在古史传说中，帝尧正是黄帝的后裔，相关传说与考古资料是吻合的。

[①]（清）顾祖禹：《读史方舆纪要》，上海书店出版社 1998 年版，第 283 页。
[②] 彩绘龙盘，泥质褐陶，或者黑陶衣，盘壁斜收成平底，外壁饰隐浅绳纹，内壁磨光，以红彩或红、白彩绘出蟠龙图案。参见中国社会科学院考古研究所山西工作队、临汾地区文化局《1978—1980 年山西襄汾陶寺墓地发掘简报》，《考古》1983 年第 1 期，第 37 页。
[③] 袁珂校注：《山海经校注》，上海古籍出版社 1980 年版，第 221—222 页。
[④]（清）王聘珍撰，王文锦点校：《大戴礼记解诂》，中华书局 1983 年版，第 126 页。

其次，陶寺观象台（ⅡFJT1）①遗址是从考古学角度探讨尧文化的重要切入点。该遗址总体呈多层半圆台状，一段深达2—3米的圆弧状夯土墙的顶端挖出10道残深4—17厘米的缝隙，加上北侧两个夯土墩形成的缝隙，共形成E1—E12共12道观测缝。考古学家在后续的发掘中，又发现了圆弧几何中心附近的中心直径25厘米的多层夯土小圆台，它显然是观测点之所在。《尚书·尧典》既有"（帝尧）乃命羲和，钦若昊天，历象日月星辰，敬授民时"②的记载，那么，陶寺观象台是否具有与《尧典》相互印证的"观象授时"功能呢？天文学家武家璧等人对该遗址各特征点位置进行了精确测量，对其中E2、E12缝的中心线方位角和对应远山仰角测量数据展开天文学分析。结果显示："现代夏至和冬至太阳升起时，接近E2，E12缝，但不能恰好进入。由于黄赤交角的长期变化，在考古学确定的年代（公元前2100年前后），太阳升起一半时，夏至太阳位于E12缝右部，冬至太阳位于E2缝正中。这令人信服地证明，ⅡFJT1是古代观象台的遗址。"③武家璧等同时指出："如果将观测年代和日出状态（即日面的大多部分露出远山算作'日出'的标准）同时设为未知，根据E2和E12缝联立求解，则可以得出公元前3500年时，日面刚刚露出远山（2′）为准，冬至和夏至日出恰好符合这两个标志点。当然，这只是理想状态的数学解，不会对考古揭示的年代构成威胁。"④

在《尧典》有关羲和"观象授时"的记载中，有"日中""日永""宵中""日短"四个概念，据孔传，四者分别指"春分""夏至""秋分""冬至"⑤。这是否意味着尧时已经发现了两分（春分、秋分）两

---

① 陶寺观象台，原考古报告称之为"大型建筑ⅡFJT1基址"，位于陶寺城址的中期小城内，背依中期大城内道南墙Q6，面向东南，由环形路基和台基组成，总面积约1740平方米。详见中国社会科学院考古研究所山西队、山西省考研究所、临汾市文物局《山西襄汾县陶寺中期城址大型建筑ⅡFJT1基址2004—2005年发掘简报》，《考古》2007年第4期，第3—25页。参见本书附图五，陶寺遗址古观象台示意图。

② 李学勤：《尚书正义》，北京大学出版社1999年版，第28—31页。

③ 武家璧、陈美东等：《陶寺观象台遗址的天文功能与年代》，《中国科学》（G辑）2008年第9期，第1265页。

④ 刘次沅：《陶寺观象台遗址的天文学分析》，《天文学报》2009年第1期，第108页。

⑤ 李学勤：《尚书正义》，北京大学出版社1999年版，第29—30页。

第三章 五龙抢珠：原始五行制度

至（夏至、冬至）呢？根据刘次沅的研究，E2、E12 两缝确为观测冬至、夏至而设，但令人遗憾的是春分、秋分节气无法在这个观象台中体现出来——太阳在 E7 缝中升起时，或为春分前 3 天，或为秋分后 3 天[①]。这说明，《尧典》所载羲和"观象授时"的传说，既有真实的历史元素，也有后世增饰的成分——尧时历法有夏至、冬至，却没有春分和秋分。

陶寺观象台还有一个重要现象不容忽视，即：E1[②] 至 E10 这 10 道观测狭缝在同一段圆弧状夯土墙上，而构成 E12 狭缝（可观测夏至）的两个夯土墩另成一体，E11 较宽，由不在同弧上的两段土墙构成。对于这种特殊现象，武家璧等指出：

> E2—E12 并未排列在同一个圆弧上（最北边两个夯土墩另成一体），这的确令人费解。何驽认为 E11 形成"迎日门"，是祭祀的需要。Pankenier 认为两部分不是同时修造的。E2—E12 之间形成 9 个狭缝，显然是均分的结果。中间形成 10 个夯土墩，将两至之间的时间分成 10 份，也是一种合乎逻辑的想象，尽管它不符合战国时期形成的 24 节气。至于是否形成长短不均的"二十月历"或二十个节气的"十月历"，由于缺少证据，目前还难以定论。[③]

愚以为，陶寺观象台这种特殊设计并不是为了突出 E11，因为根据刘次沅的测算，E11 观测日出，为小满前 4 天或大暑后 4 天[④]，这在传统文化或民俗上都不具有特殊意义。陶寺人的用意，应该是强调 E12 所观测到的"夏至"与其他测缝所观测到的节令不同。太阳是人类用肉眼可以观察到的最明亮天体，是绝大多数原始人群所崇拜的对象。夏至这天，太阳直射地面的位置达到一年中的最北端，北半球的日照时间

[①] 刘次沅：《陶寺观象台遗址的天文学分析》，《天文学报》2009 年第 1 期，第 111 页。
[②] 刘次沅指出："测缝 E1 在冬至缝（E2）以南 6 度，太阳显然不可能从这里升起。"参见上文，第 113 页。
[③] 武家璧、陈美东等：《陶寺观象台遗址的天文功能与年代》，《中国科学》（G 辑）2008 年第 9 期，第 1272 页。
[④] 刘次沅：《陶寺观象台遗址的天文学分析》，《天文学报》2009 年第 1 期，第 111 页。

也达到最长。从陶寺观象台 E12 的设计来看，当时人一定注意到这种现象了。对于笃信"万物有灵"的原始人而言，夏至是他们获得太阳神恩泽最丰厚的日子，因而是一年中最重要的节日。《汉书·匈奴传》载："岁正月，诸长小会单于庭，祠。五月，大会龙城，祭其先、天地、鬼神。秋，马肥，大会蹛林，课校人畜计。"① 据此，与规模较小的正月聚会和只侧重于课校人畜的秋会相比，五月龙城大会无疑是匈奴最重要的祭祀大典。众所周知，夏至恰在阴历五月，故龙城大会必在夏至前后，从节令角度可称之为"夏至的聚会"。《史记·匈奴列传》有"匈奴，其先祖夏后氏之苗裔也"② 的记载，说明匈奴人③与出土了彩绘龙盘的陶寺人一样，同为黄帝有熊氏的后裔，同为"龙的传人"。在五千余年的历史长河中，中原文化变革较快，而北方草原上的族群则长期挣扎于接近原始状态的部落社会里。所以在某种程度上可以说，北方草原文化是中国上古文化的"活化石"，孔子说"天子失官，学在四夷"④ 即是此意。总之，匈奴五月大会龙城的风俗，可以印证陶寺观象台 E12 特殊设计的功用。

三 从实证到诸子阐释

尧舜时代是否真正存在过禅让制度？过去，学者探讨这个问题，只能通过解读传世文献；而在当代，考古资料提供了新的实物证据。越来越多的发掘与探索表明，龙山时代的陶寺遗址是最接近帝尧传说的上古文化遗存。2002 年，按照"中华文明探源工程预研究"之"聚落反映社会结构"课题探索陶寺中期城址内布局的要求，中国社会科学院考古研究所山西队与山西省考古研究所和临汾市文物局合作，在陶寺中期

---

① （汉）班固：《汉书》，中华书局 1962 年版，第 3752 页。
② （汉）司马迁：《史记》，中华书局 1959 年版，第 2879 页。
③ "匈奴"的"奴"，是汉朝人妄加的贬称，"匈"才是这个族群自言之名，是以汉字表示其言语之音。"匈"与"熊"同音，其义当指黄帝有熊氏之"熊"。这就是说，"匈奴"之名也透露了其为"夏后氏之苗裔"的信息。
④ 据《左传·昭公十七年》，春秋时东方小国之君郯子朝鲁，昭子问他"少皞氏鸟名官"是怎么回事，郯子作了详细解答。孔子听说后，特意向郯子求教，并与人说："吾闻之，天子失官，学在四夷，犹信。"详见《春秋左传正义》，北京大学出版社 1999 年版，第 1360—1366 页。

第三章 五龙抢珠：原始五行制度

大城南垣 Q5 与 Q6 之间的中期小城西北部钻探出一片墓地，面积 1 万平方米左右，试掘 67 平方米，清理陶寺文化中晚期墓葬 22 座。相关报告指出：

> 陶寺中期小城内墓地和 ⅡM22 的发现，对了解陶寺城址聚落变迁起到了关键性作用，证实陶寺中期大贵族墓葬被围在中期小城内，与 20 世纪发掘的陶寺文化早期大墓及其墓地不同茔域，暗示陶寺文化中期城址对早期城址的取代并非孤立现象。ⅡM22 随葬品反映出中期大贵族的丧葬理念大为改观，早期大墓习见的世俗陶器群和木、陶、石礼器群不见于 ⅡM22。ⅡM22 改而崇尚玉器、漆器和彩绘陶器，它们都有可能扮演着新礼器群的角色。ⅡM22 被 ⅡH16 所捣毁不是个别现象，中期小城内的贵族墓葬在陶寺文化晚期遭到了全面的捣毁和扬尸。这种毁墓行为，与晚期在陶寺遗址上所发生的毁宫殿、扒城墙等破坏行为遥相呼应，表明陶寺文化的社会矛盾严重激化，正经历着一个社会转型的阵痛阶段。[①]

上述资料表明，陶寺早期与中期、中期与晚期之间经历过剧烈的社会变迁，特别是中期与晚期间存在着大规模社会暴力。王晓毅等归纳了六条证据来论证尧舜之间的禅让是不存在的，具体如下：

1. 发掘情况表明，城址的各道城墙均被陶寺文化晚期遗存所叠压或打破。——平城墙。
2. IT5026、IT5126 所解剖的壕沟里堆积的大量建筑垃圾中，出土了三大块篦点戳印纹白灰墙皮和一大块带蓝彩的白灰墙皮。建筑垃圾内的夯土块质量很好。……建筑垃圾的堆积时代为陶寺文化晚期，但是建筑本身很可能为陶寺文化中期。——废宫殿。
3. IT5026 揭露的垃圾灰沟 HG8 里不仅出土大量石坯剥片，而且还出土了 5 层人头骨，总计 30 余个，散乱人骨个体近 40—50

[①] 中国社会科学院考古研究所山西队、山西省考古研究所、临汾市文物局：《陶寺城址发现陶寺文化中期墓葬》，《考古》2003 年第 9 期，第 6 页。

人。人骨明显被肢解,许多颅骨有钝器劈啄痕,其中人工劈下的面具式面颊有6个之多。经我所专业人员现场鉴定,这些人骨以青壮年男性为多。——杀壮丁。

4. IT5126HG8③层还出土一具35岁左右的女性完整骨架,她被折颈残害致死,并在阴道部位插入一只牛角。——淫妇女。

5. 大型建筑基址ⅡFJT1位于中期城址南边中期小城的祭祀区,……ⅡFJT1被压在③④下,两层均为陶寺晚期文化。——毁宗庙。

6. M8棺内墓主人骨只有脚趾保存较好,其余均已移位,人骨不全缺失严重。……填土内还发现有一组散乱的人骨,分属不同的个体。M22原有棺盖板和红布棺罩均被扰坑毁坏。扰坑底残留着随意抛弃的人颅骨5个,而墓主的头骨则残留在棺的衬板尸床上。扰坑底西部斜坡上残留着被拉上来的棺盖板,伴随着扰乱的棺内随葬品玉钺1件、玉钺残块1片、玉饰品和绿松嵌片等20余件。——扰祖陵。[①]

上述考古资料当然值得重视,但据此完全否认禅让制存在并不恰当。因为,陶寺文化持续时间长达400年之久,部落或其联盟首领的权力交接要在10次[②]以上,即使间或有暴力夺权行为发生,大多数交接还应该是在和平条件下完成的。如果没有持续很长时间的社会稳定,也不会创造出陶寺文化的辉煌成就。

总之,尽管暴力夺权偶尔也会发生,经史里的尧舜禅让传说还是存在一些真实历史因素的。当然,先秦诸子阐释对五帝传说定型具有重要作用。诸子中影响最大者,首推孔子。《礼记·礼运》载:

昔者仲尼与于蜡宾,事毕,出游于观之上,喟然而叹。仲尼之

[①] 王晓毅、丁金龙:《从陶寺遗址的考古新发现看尧舜禅让》,《山西师大学报》(社会科学版)2004年第3期,第88—89页。

[②] 许多考古资料表明,在原始社会末期,人的寿命通常为三四十岁。所以,去掉没有社会经验与理事能力的童年,一代首领的掌权时间往往不会超过40年。在古史传说中,远古帝王动辄在位七八十年甚至上百年,大多是不可信的。

叹,盖叹鲁也。言偃在侧,曰:"君子何叹?"孔子曰:"大道之行也,与三代之英,丘未之逮也,而有志焉。"

大道之行也,天下为公,选贤与能,讲信修睦。故人不独亲其亲,不独子其子。使老有所终,壮有所用,幼有所长,矜寡孤独废疾者,皆有所养。男有分,女有归。货恶其弃于地也,不必藏于己,力恶其不出于身也,不必为己。是故谋闭而不兴,盗窃乱贼而不作。故外户而不闭,是谓大同。

今大道既隐,天下为家。各亲其亲,各子其子,货力为己。大人世及以为礼,城郭沟池以为固。礼义以为纪,以正君臣,以笃父子,以睦兄弟,以和夫妇,以设制度,以立田里,以贤勇知,以功为己。故谋用是作,而兵由此起。禹、汤、文、武、成王、周公,由此其选也。此六君子者,未有不谨于礼者也。以著其义,以考其信,著有过,刑仁、讲让,示民有常。如有不由此者,在势者去,众以为殃。是谓小康。①

孔子虽未明言"大同"社会理想即是尧舜时的禅让制,但"不独亲其亲,不独子其子"的选贤标准,显然不是世袭专制下可以完全实现的。在《论语》里,孔子还多次阐述了他的"选贤"思想:

尧曰:"咨!尔舜!天之历数在尔躬,允执其中。四海困穷,天禄永终。"舜亦以命禹。(《尧曰》)

舜有天下,选于众,举皋陶,不仁者远矣;汤有天下,选于众,举伊尹,不仁者远矣。(《颜渊》)

仲弓为季氏宰,问政。子曰:"先有司,赦小过,举贤才。"曰:"焉知贤才而举之?"曰:"举尔所知;尔所不知,人其舍诸?"(《子路》)②

值得注意的是,孔子所谓"选贤",是由当权者来选,这和现代由

---

① 李学勤:《礼记正义》,北京大学出版社1999年版,第656—661页。
② 李学勤:《论语注疏》,北京大学出版社1999年版,第265、168、170页。

民众来选的民主,有本质的区别。

其后,孟子对尧舜禅让有过更详细的阐述。《孟子·万章上》载:

> 万章曰:"尧以天下与舜,有诸?"孟子曰:"否。天子不能以天下与人。""然则舜有天下也,孰与之?"曰:"天与之。""天与之者,谆谆然命之乎?"曰:"否。天不言,以行与事示之而已矣。"曰:"以行与事示之者,如之何?"曰:"天子能荐人于天,不能使天与之天下。诸侯能荐人于天子,不能使天子与之诸侯。大夫能荐人于诸侯,不能使诸侯与之大夫。昔者尧荐舜于天而天受之,暴之于民而民受之。故曰:天不言,以行与事示之而已矣。"曰:"敢问荐之于天而天受之,暴之于民而民受之,如何?"曰:"使之主祭,而百神享之,是天受之;使之主事而事治,百姓安之,是民受之也。天与之,人与之,故曰天子不能以天下与人。舜相尧二十有八载,非人之所能为也,天也。尧崩,三年之丧毕,舜避尧之子于南河之南。天下诸侯朝觐者,不之尧之子而之舜;讼狱者,不之尧之子而之舜;讴歌者,不讴歌尧之子而讴歌舜。故曰天也。夫然后之中国,践天子位焉。而居尧之宫,逼尧之子,是篡也,非天与也。《泰誓》曰:'天视自我民视,天听自我民听。'此之谓也。"[1]

孟子强调,舜有天下非"尧与之",而是"天与之",这与《论语》"天之历数在尔躬"的说法一脉相承;然而天意难明,故孟子又引"天视自我民视,天听自我民听"的说法,将民意是否接受作为践天子位的一个条件,这显然比孔子的"选贤"更具合理性。另外,孟子还通过尧舜禅位、禹启继位对比,进一步阐明自己的思想。《孟子·万章上》载:

> 万章问曰:"人有言'至于禹而德衰,不传于贤而传于子',有诸?"孟子曰:"否,不然也。天与贤,则与贤;天与子,则与

---

[1] 李学勤:《孟子注疏》,北京大学出版社1999年版,第256—257页。

第三章 五龙抢珠：原始五行制度

子。昔者舜荐禹于天，十有七年，舜崩。三年之丧毕，禹避舜之子于阳城，天下之民从之，若尧崩之后不从尧之子而从舜也。禹荐益于天，七年，禹崩。三年之丧毕，益避禹之子于箕山之阴，朝觐讼狱者，不之益而之启，曰：'吾君之子也。'讴歌者不讴歌益而讴歌启，曰：'吾君之子也。'……孔子曰：'唐、虞禅，夏后、殷、周继，其义一也。'"①

在孟子看来，传贤或传子皆由天意决定，而天意即民意。这样，禅让制与世袭制也就没有区别了，正所谓"唐、虞禅，夏后、殷、周继，其义一也"。在民意可以畅通无阻地表达的理想状态下，孟子上述主张当然是有道理的。然而，他显然忽略了国家机器的暴力属性和民众的忍耐力——当统治者与民众的矛盾尚未尖锐到导致冲突爆发时，违背民意的继位可能被民众不情愿地接受。

荀子是战国后期儒家最重要的学者，然而他对禅让的态度近乎矛盾。他在《成相》中写道："请成相，道圣王，尧、舜尚贤身辞让。许由、善卷，重义轻利行显明。尧让贤，以为民，泛利兼爱德施均。辨治上下，贵贱有等明君臣。尧授能，舜遇时，尚贤推德天下治。"② 这段话跟通行的尧舜禅让传说并无二致，但《正论》却谓："夫曰'尧舜擅让③'，是虚言也，是浅者之传，陋者之说也，不知逆顺之理，小大、至不至之变者也，未可与及天下之大理者也。"④ 这里荀子明确否定禅让，与《成相》篇不同。存在这种矛盾，可能由于"成相"仅是一种民间流行的说唱艺术，与《正论》的严肃说理不同，所以才保留了古史传说在民间的原貌。

墨家是先秦与儒家齐名的学派，其"尚贤"主张跟尧舜禅让传说极为契合，因此顾颉刚认为："墨子顺应战国的时势而创立的禅让说必须上托之于古代冥漠中的尧舜，正是战国诸子假造古史以哄动时人的恒例。他们为了实现这个学说，就在自己徒党中立了'巨子'制，

---

① 李学勤：《孟子注疏》，北京大学出版社1999年版，第258—259页。
② （清）王先谦撰，沈啸寰等点校：《荀子集解》，中华书局1988年版，第462页。
③ 据杨倞注，擅与禅同，"擅让"即"禅让"。
④ （清）王先谦撰，沈啸寰等点校：《荀子集解》，中华书局1988年版，第336页。

巨子是党中最贤的人，也是掌握党权最高的人，巨子的位是由前任选择贤者而传让的。"① 顾氏此说难以令人信服，因为墨子可能以尧舜传说来证实自己的"尚贤"主张，却无法伪造古史——将散布各国学者手里的古书全部改过，又不招来反对派的非议——这是不可能做到的事。

道家重个人而轻天下，尧舜禅让传说恰好可以表现其"弃天下犹弃敝屣"的精神境界。《庄子·让王》载：

> 尧以天下让许由，许由不受。又让于子州支父，子州支父曰："以我为天子，犹之可也。虽然，我适有幽忧之病，方且治之，未暇治天下也。"夫天下至重也，而不以害其生，又况他物乎？唯无以天下为者，可以托天下也。
>
> 舜让天下于子州支伯。子州支伯曰："予适有幽忧之病，方且治之，未暇治天下也。"故天下大器也，而不以易生，此有道者之所以异乎俗者也。
>
> 舜以天下让善卷，善卷曰："余立于宇宙之中，冬日衣皮毛，夏日衣葛绨；春耕种，形足以劳动；秋收敛，身足以休息；日出而作，日入而息，逍遥于天地之间而心意自得。吾何以天下为哉？悲夫！子之不知余也！"遂不受。于是去而入深山，莫知其处。
>
> 舜以天下让其友石户之农，石户之农曰："卷卷乎后之为人，葆力之士也。"以舜之德为未至也，于是夫负妻戴，携子以入于海，终身不反也。
>
> ……
>
> 舜以天下让其友北人无择，北人无择曰："异哉！后之为人也，居于畎亩之中而游尧之门。不若是而已，又欲以其辱行漫我。吾羞见之。"因自投清泠之渊。②

---

① 顾颉刚：《禅让传说起于墨家考》，《古史辨》（七下），上海古籍出版社1982年版，第103—104页。

② （清）王先谦：《庄子集解》，中华书局1987年版，第251—258页。

第三章 五龙抢珠：原始五行制度

这里尧舜五让天下而人皆避之的传说，不见于其他文献，其真实性是值得怀疑的。但是，如果没有类似传说为基础，恐怕作者也很难凭空想象出来。

法家认为人的本性是自私的，应当"尚法"而不"尚贤"，故对禅让传说基本持否认态度。在《韩非子》中，作者往往曲解禅让传说，如《五蠹》谓：

> 尧之王天下也，茅茨不翦，采椽不斫；粝粢之食，藜藿之羹；冬日麑裘，夏日葛衣：虽监门之服养，不亏于此矣。……以是言之，夫古之让天子者，是去监门之养而离臣虏之劳也，古传天下而不足多也。①

韩非意谓尧时天子的生活太清苦，帝尧只是为个人过更舒服的生活才让位的，这种行为不值得赞美。不仅如此，《韩非子》还多次直接否定尧舜禅让，例如：

> 舜逼尧，禹逼舜，汤放桀，武王伐纣，此四王者，人臣弑其君者也，而天下誉之。察四王之情，贪得人之意也；度其行，暴乱之兵也。（《说疑》）

> （天下）皆以尧、舜之道为是而法之，是以有弑君，有曲父。尧、舜、汤、武或反君臣之义，乱后世之教者也。尧为人君而君其臣，舜为人臣而臣其君，汤、武为人臣而弑其主、刑其尸，而天下誉之，此天下所以至今不治者也。（《忠孝》）②

可见，在韩非看来，尧舜不仅不是圣王，而且是历史的罪人了。

综上所述，儒、墨、道、法是先秦诸子中影响最大的学派，四家代表人物对尧舜禅让传说的阐释大相径庭，与考古发掘的相关遗迹更是相去甚远。

---

① （清）王先慎撰，锺哲点校：《韩非子集解》，中华书局1998年版，第443—444页。
② 同上书，第406—407、465—466页。

小结

由于年代久远，上古神话传说本来就具有模糊性，而先秦诸子取舍不同的阐释，更进一步使尧舜禅让成为聚讼数千年的话题。正如韩非子所云："孔子、墨子俱道尧、舜，而取舍不同，皆自谓真尧、舜；尧、舜不复生，将谁使定儒、墨之诚乎？殷、周七百余岁，虞、夏二千余岁，而不能定儒、墨之真，今乃欲审尧、舜之道于三千岁之前，意者其不可必乎！无参验而必之者，愚也；弗能必而据之者，诬也。"[①] 也就是说，假如没有其他可参验的证据，仅从文献记载的古史传说入手，当代学者对尧舜禅让的讨论就不会获得任何超越古人的结论。幸运的是，近百年来田野考古不仅发掘了黄河中游像陶寺这样与帝尧传说关系密切的遗址，还在北方的西辽河流域、南方的长江流域发现了若干重要的考古文化。这些新材料不仅可以参验尧舜传说，还有助于将相关的不同传说联系到一起，从而使若干上古文化之谜最终解开成为可能。

《上博简二·容成氏》曰："□卢氏、赫胥氏、乔结氏、仓颉氏、轩辕氏、神农氏、樟□氏、炉遟氏之有天下也，皆不授其子而授贤。"[②] 这说明在战国流行的传说里，实行禅让的古帝不仅仅有尧和舜。但是，据《史记·五帝本纪》，"自黄帝至舜、禹，皆同姓而异其国号"[③]，即传子或传孙绝对是占主流的。也正是因为这个原因，王国维不承认尧舜禅让是把天下传给帝王子孙以外的人。他说：

> 黄帝之崩，其二子昌意、玄嚣之后，代有天下。颛顼者，昌意之子。帝喾者，玄嚣之子也。厥后虞、夏皆颛顼后，殷、周皆帝喾后。有天下者，但为黄帝之子孙，不必为黄帝之嫡。世劫言尧、舜禅让，汤、武征诛，若其传天下与受天下有大不同者。然以帝系言之，尧、舜之禅天下，以舜、禹之功，然舜、禹皆颛顼后，本可以有天下者也。汤、武之代夏、商，固以其功与德，然汤、武皆帝喾

---

① （清）王先慎撰，钟哲点校：《韩非子集解》，中华书局1998年版，第457页。
② 马承源：《上海博物馆藏战国楚竹书》（二），上海古籍出版社2002年版，第250页。
③ （汉）司马迁：《史记》，中华书局1959年版，第45页。

第三章 五龙抢珠：原始五行制度

后，亦本可以有天下者也。①

而从陶寺遗址的考古发掘来看，我们不得不承认陶寺古城四千余年前曾经发生过暴力夺权的行为，但也无法完全否认这里有过和平的权力交接。或许，先秦诸子对尧舜传说的阐释从一开始就把后世人们导向误区——原来五帝时代与后世专制时代权力继承的根本区别不是传贤与传子的不同，而是继承人由五官②共同决定还是帝王自己决定的差异。

第三节 原始五行的活化石

数千年以来，世代活跃于中国北方森林、草原间的渔猎、游牧部落，与黄河流域的农耕民族有着千丝万缕的联系。《山海经·大荒西经》载："有北狄之国。黄帝之孙曰始均，始均生北狄。"③《史记·匈奴列传》载："匈奴，其先祖夏后氏之苗裔也，曰淳维。"④《魏书·序纪》亦载："昔黄帝有子二十五人，或内列诸华，或外分荒服，昌意少子，受封北土，国有大鲜卑山，因以为号。其后，世为君长，统幽都之北，广漠之野，畜牧迁徙，射猎为业，淳朴为俗，简易为化，不为文字，刻木纪契而已，世事远近，人相传授，如史官之纪录焉。"⑤ 这说明，古人一直都认为北方游牧族群与中原农耕族群同根同源。20 世纪 80 年代以来，西辽河流域牛河梁红山文化遗址的发掘，又以实物证明长城以北同样是中华文明的发祥地。五千余年来，与黄河流域中央帝国迅速崛起不同，塞北以渔猎、游牧经济为基础的部落社会至少延续到公元 17 世纪⑥。那么，在塞北部落社会中，是否存在原始五行制度的活化石呢？

---

① 王国维：《观堂集林》（外二种），河北教育出版社 2003 年版，第 232 页。
② 五官，即中央帝与四岳（或四后、四正、四叔），称谓不同，是由于传说经不同渠道流传并被分别记录所造成的。
③ 袁珂校注：《山海经校注》，上海古籍出版社 1980 年版，第 395 页。
④ （汉）司马迁：《史记》，中华书局 1959 年版，第 2879 页。
⑤ （北齐）魏收：《魏书》，中华书局 1974 年版，第 1 页。
⑥ 明朝末年，在黑龙江、松花江一带的山林地带，还有一些属于女真族（即后来建立清朝的满族）系的原始氏族、部落，散居各处，从事渔猎生产。参见范文澜等主编《中国通史》（九），人民出版社 1994 年版，第 5 页。

一　五色、五方与五京制

在中国传统文化中，青、赤、白、黑、黄为五色，东、南、西、北、中为五方，五色与五方是依次对应的。这种做法在《墨子·迎敌祠》中已经出现端倪：

> 敌以东方来，迎之东坛，坛高八尺，堂密八，年八十者八人，主祭青旗，青神长八尺者八，弩八，八发而止，将服必青，其牲以鸡。敌以南方来，迎之南坛，坛高七尺，堂密七，年七十者七人，主祭赤旗，赤神长七尺者七，弩七，七发而止，将服必赤，其牲以狗。敌以西方来，迎之西坛，坛高九尺，堂密九，年九十者九人，主祭白旗，素神长九尺者九，弩九，九发而止，将服必白，其牲以羊。敌以北方来，迎之北坛，坛高六尺，堂密六，年六十者六人，主祭黑旗，黑神长六尺者六，弩六，六发而止，将服必黑，其牲以彘。①

上述祭祀仪式，巫术压胜意味很浓。作为一种文化，它大约不会是墨家一派的发明。其后，《吕氏春秋》十二纪首章，也有类似的色彩与方位搭配：

> （孟、仲、季）春之月……天子居青阳（左个、太庙、右个），乘鸾辂，驾苍龙，载青旗，衣青衣，服青玉，食麦与羊。其器疏以达。
>
> （孟、仲、季）夏之月……天子居明堂（左个、太庙、右个），乘朱辂，驾赤骝，载赤旗，衣赤衣，服赤玉，食菽与鸡。其器高以粗。
>
> 中央土：其日戊己。其帝黄帝。其神后土。……天子居太庙太室，乘大辂，驾黄骝，载黄旂，衣黄衣，服黄玉，食稷与牛。其器圜以掩。

---

① （清）孙诒让撰，孙启治点校：《墨子间诂》，中华书局2001年版，第573—574页。

第三章 五龙抢珠：原始五行制度

（孟、仲、季）秋之月……天子居总章（左个、太庙、右个），乘戎路，驾白骆，载白旗，衣白衣，服白玉，食麻与犬。其器廉以深。

（孟、仲、季）冬之月……天子居玄堂（左个、太庙、右个），乘玄辂，驾铁骊，载玄旗，衣黑衣，服玄玉，食黍与彘。其器宏以弇。①

《吕氏春秋》上述记载，几乎完全被《礼记·月令》继承下来，对中国传统文化产生了深远影响。当然，天子居处、服色等随季节周期性变化，更像是对某种宗教性祭祀仪式的规定，不太可能是帝王日常生活的写照。或许，这只是战国秦汉间某些知识分子建构的一种理想政治模型。《吕氏春秋》十二纪首章与《墨子·迎敌祠》色彩、方位搭配，既相似又相关。

此外，纬书《文耀钩》中有"五色帝"的说法，即"东方青帝灵威仰，南方赤帝赤奋若，中央黄帝含枢纽，西方白帝白招拒，北方黑帝汁光纪"②而《周礼·春官·大宗伯》曰："以玉作六器，以礼天地四方。以苍璧礼天，以黄琮礼地，以青圭礼东方，以赤璋礼南方，以白琥礼西方，以玄璜礼北方。"郑玄注："礼东方以立春，谓苍精之帝，而太昊、句芒食焉。礼南方以立夏，谓赤精之帝，而炎帝、祝融食焉。礼西方以立秋，谓白精之帝，而少昊、蓐收食焉。礼北方以立冬，谓黑精之帝，而颛顼、玄冥食焉。"③纬书及《周礼》成书时代不详，其与《墨子》《吕氏春秋》可能存在单向或双向影响，更有可能是这几部书都继承了上古原始文化的某些因素。

徐中舒曾经指出："严格来说，黄帝、唐尧、虞舜都不过是古代传说中部落联盟的酋长，不是什么统一国家的皇帝，事实上当时也没有统一的国家。"④既然古人传说北方草原上的渔猎、游牧部落是黄帝后裔，

---

① 陈奇猷校释：《吕氏春秋校释》，学林出版社1984年版，第1、185、312、375、515页。
② 李学勤：《周礼注疏》，北京大学出版社1999年版，第151页。
③ 同上书，第477—478页。
④ 徐中舒：《论尧舜禹禅让与父系家族私有制的发生和发展》，《四川大学学报》1958年第1期，第2页。

几千年来其生产、生活方式又基本保持了原始社会形态，那么，这里是否存在色彩与方位搭配的文化因素呢？西汉初年，刘邦北征匈奴被困平城时，"匈奴骑，其西方尽白马，东方尽青駹马，北方尽乌骊马，南方尽骍马"①。匈奴骑兵的东方青、南方赤、西方白、北方黑，恰与上述《吕氏春秋》十二纪首章、《墨子·迎敌祠》的色彩、方位相吻合。匈奴人不可能熟读过《墨子》或《吕氏春秋》，受中原文化影响找不到根据，"巧合"更难以解释这种现象。唯一的可能是：匈奴作为夏后氏苗裔，像"活化石"一样保存了东、南、西、北四方部落以青、赤、白、黑四色为标识的社会组织形式。如果中央联盟的权力得以加强，四色配四方可以顺理成章地发展为五色配五方，这既是黄帝原始五行的外在表现形式，也是中央帝被称为"黄帝"的主要原因。当中原的原始五行制度脱胎换骨地发展成集权国家制度以后，五色配五方的形式因素完全可能会在某些祭祀仪式上保留下来，这样就可以解释《墨子》《吕氏春秋》《周礼》等超越不同学派的五色配五方了。北方森林、草原既与中原地区在文化上同根同源，历代关于北方渔猎、游牧文化的记载自然可以弥补中国上古神话传说时代文献不足的缺憾了。

匈奴骑兵按马色、依方位包围刘邦，体现了组成联盟的各部之间非常团结；而"五单于争立"事件，则表明这个联盟并非铁板一块。《汉书·宣帝纪》载："（匈奴）虚闾权渠单于请求和亲，病死。右贤王屠耆堂代立。骨肉大臣立虚闾权渠单于子为呼韩邪单于，击杀屠耆堂。诸王并自立，分为五单于，更相攻击，死者以万数，畜产大耗什八九，人民饥饿，相燔烧以求食，因大乖乱。"② 这里之所以会分裂为五单于，最大可能就是匈奴由东、南、西、北、中五部分组成的。

除匈奴外，历史上北方政权的五京制也透露了东、南、西、北、中五方联盟是中国北方族群的基本社会制度。

有关五京渊源的说法不一，最早的明确记载指其出自唐代，即中京长安、东京洛阳、南京成都、西京凤翔、北京太原。《旧唐书·地理志》记载："（至德二年）十二月，置凤翔府，号为西京，与成都、京

---

① （汉）司马迁：《史记》，中华书局1959年版，第2894页。
② （汉）班固：《汉书》，中华书局1962年版，第266页。

兆、河南、太原为五京。"①

其次，唐时东北的渤海政权亦有五京，即上京龙泉府、中京显德府、东京龙原府、南京南海府、西京鸭渌府。《新唐书·北狄列传》载：

> 初，（渤海）其王数遣诸生诣京师太学，习识古今制度，至是遂为海东盛国，地有五京、十五府、六十二州。以肃慎故地为上京，曰龙泉府，领龙、湖、渤三州。其南为中京，曰显德府，领庐、显、铁、汤、荣、兴六州。獩貊故地为东京，曰龙原府，亦曰栅城府，领庆、盐、穆、贺四州。沃沮故地为南京，曰南海府，领沃、晴、椒三州。高丽故地为西京，曰鸭渌府，领神、桓、丰、正四州；曰长岭府，领瑕、河二州。②

第三，辽代五京则指上京临潢府、东京辽阳府、中京大定府、南京析津府、西京大同府。《辽史·地理志》载："太宗以皇都为上京，升幽州为南京，改南京为东京，圣宗城中京，兴宗升云州为西京，于是五京备焉。"③

第四，紧随大辽的金国同样建有五京，即上京会宁府、东京辽阳府、北京大定府、西京大同府、南京开封府。《金史·地理志上》："（金）袭辽制，建五京，置十四总管府。"④

除唐朝外，有五京建制的政权皆属"北狄"。事实上，公元7世纪初兴起的李唐王朝，同样带有明确的草原文化血统。陈寅恪曾经指出："若以女系母统言之，唐代创业及初期君主，如高祖之母为独孤氏，太宗之母为窦氏，即纥豆陵氏，高宗之母为长孙氏，皆是胡种，而非汉族。"⑤

总之，五色、五方、五京乃至匈奴的五单于之间存在着某种天然联

---

① （后晋）刘昫：《旧唐书》，中华书局1975年版，第1402页。
② （宋）欧阳修、宋祁：《新唐书》，中华书局1975年版，第6182页。
③ （元）脱脱：《辽史》，中华书局1974年版，第438页。
④ （元）脱脱：《金史》，中华书局1975年版，第549页。
⑤ 陈寅恪撰，唐振常导读：《唐代政治史述论稿》，上海古籍出版社1997年版，第1页。

系，仅仅将其归结为"巧合"显然是不够严谨的。因此，相关族群背后的自然条件与经济基础、文化传统与社会制度等，都值得深入分析。

二　八旗与五行的关联

在几千年的历史长河中，曾活跃于中国塞北的渔猎、游牧部落为数众多。这些部落或民族，迁徙、冲突、融合不断，加之他们中的大多数没有本族文字，更没有留下多少可靠的文献资料，故族群源流极难考证。曾经建立大清王朝的满洲，是这些族群中崛起时间距今最近的，也是保留文献最多的，因而可以作为剖析原始五行"活化石"的切入点。

满洲即满族，明朝时曾被广泛地称为女真，而《金史·世纪本纪》记载：

> 金之先，出靺鞨氏。靺鞨本号勿吉。勿吉，古肃慎地也。元魏时，勿吉有七部：曰粟末部，曰伯咄部，曰安车骨部，曰拂涅部，曰号室部，曰黑水部，曰白山部。隋称靺鞨，而七部并同。唐初，有黑水靺鞨，粟末靺鞨，其五部无闻。
>
> 粟末靺鞨始附高丽，姓大氏。李绩破高丽，粟末靺鞨保东牟山。后为渤海，称王，传十余世。有文字、礼乐、官府、制度。有五京、十五府、六十二州。
>
> 黑水靺鞨居肃慎地，东濒海，南接高丽，亦附于高丽。尝以兵十五万众助高丽拒唐太宗，败于安市。开元中，来朝，置黑水府，以部长为都督、刺史，置长史监之。赐都督姓李氏，名献诚，领黑水经略使。其后渤海盛强，黑水役属之，朝贡遂绝。五代时，契丹尽取渤海地，而黑水靺鞨附属于契丹。其在南者籍契丹，号熟女直[1]；其在北者不在契丹籍，号生女直。生女直地有混同江、长白山，混同江亦号黑龙江，所谓"白山、黑水"是也。[2]

---

[1] 女直，即女真。元代陈准《北风扬沙录》载："金国本名朱里真，番语舌音讹为女真，或曰虑真。避契丹兴宗真名，又曰女直。"见《中国野史集成》第10册，巴蜀书社1993年影印本，第365页。

[2] （元）脱脱：《金史》，中华书局1975年版，第1—2页。

第三章 五龙抢珠：原始五行制度

很多人据此认为，满人远祖即先秦文献中的肃慎人。其实这是不准确的，因为上文说金人先祖靺鞨本号勿吉，而勿吉是古肃慎之地，未必是肃慎族。另外，范文澜《中国通史》指出：

> 在历史上建立了清朝的满族，在明代曾被泛称为女真。但他们并不是历史上建立过金朝的女真族。金朝建国并南迁后，作为统治民族的女真人多已杂居汉地，并渐与汉人融合。远在黑龙江、松花江一带的山林地带，还有一些属于女真族系的原始氏族、部落，散居各处，从事渔猎生产。他们原来是金朝统治下的居民。①

据此，很难确认满族具体出自上古哪个族群——他们可能是作为黄帝后裔的北狄支族，也可能不是。但是，明末满洲与先秦北狄处于几乎相同的自然地理与气候条件之下，从事着极为相似的原始渔猎生产，因而两者在文化上也应当具有相似性。换言之，在满族早期文化中，可能会存在黄帝原始五行制的"活化石"。

满洲贵族在追溯本族群历史时，往往会提到一段神话传说：

> 相传有天女三，曰恩古伦，次正古伦，次佛库伦，浴于池。浴毕，有神鹊衔朱果置季女衣，季女爱之，不忍置诸地，含口中，甫被衣，忽已入腹。遂有身，告二姊曰：吾身重，不能飞升奈何。二姊曰：吾等列仙籍，无他虞也。此天授尔娠，俟免身来未晚。言已别去。佛库伦寻产一男，生而能言，体貌奇异。及长，母告以吞朱果有身之故，因命之曰：汝以爱新觉罗为姓，名布库里雍顺。天生汝以定乱国，其往治之，汝顺流而往，即其地也。与小舠乘之。母遂凌空去。子乘舠顺流下，至河步登岸，折柳枝及蒿为坐具，端坐其上。是时，其地有三姓争为雄长，日构兵相仇杀，乱靡由定。有取水河步者，见而异之，归语众曰：妆等勿争，吾取水河步，见一男子，察其貌，非常人也，天必不虚生此人。众往观之，皆以为异，因诘所由来。答曰：我天女佛库伦所生，姓爱新觉罗氏，名布

---

① 范文澜等：《中国通史》(9)，人民出版社1994年版，第5页。

库里雍顺，天生我以定汝等之乱者。众惊曰：此天生圣人也，不可使之徒行。遂交手为舁，迎至家。三姓者议曰：我等盍息，推此人为国主，以女百里妻之，遂定议。妻以百里，奉为贝勒，其乱乃定。于是，布库里雍顺居长白山东俄漠惠之野俄朵里城，国号曰满洲。是为满洲开基之始也。①

佛库伦吞神鹊所衔朱果生爱新觉罗氏与简狄吞玄鸟卵生殷契极为相似，且简狄原为北方神话人物②，这说明满洲与殷商可能有较近的族源关系。在满洲传说中，布库里雍顺见"三姓争为雄长"，好像自己是局外人似的，却因是"天女所生"而最终胜出。不论具体过程如何，此事在本质上是包括爱新觉罗氏在内的四姓争雄，这与黄帝时代四方部落酋长争当联盟首领没有多少区别。

不过，最具原始五行"活化石"意味的，还是满洲八旗制。

八旗军在行军、驻营时所居的位置常常是固定的，而且将帅服色也与所属旗颜色一致。雍正朝官修《八旗通志初集》明确指出八旗方位依据了"五行生克"原理：

> 自昔帝王之兴，五德递运，或取相生，或取相胜，继天立极，由来尚矣。本朝龙兴，建旗辨色。制始统军，尤以相胜为用。八旗分为两翼：左翼则镶黄、正白、镶白、正蓝也；右翼则正黄、正红、镶红、镶蓝也。其次序皆自北而南，向离出治。两黄旗位正北，取土胜水。两白旗位正东，取金胜木。两红旗位正西，取火胜金。两蓝旗位正南，取水胜火。水色本黑，而旗以指麾六师，或夜行则黑色难辨，故以蓝代之。五行虚木，盖国家创业东方，木德先

---

① 李澍田主编，张璇如、蒋秀松点校摘编：《清实录东北史料全辑》（一），吉林文史出版社1988年版，第1—2页。

② 《吕氏春秋·音初》载："有娀氏有二佚女，为之九成之台，饮食必以鼓。帝令燕往视之，鸣若谥隘。二女爱而争搏，覆以玉筐。少选，发而视之，燕遗二卵，北飞，遂不反，二女作歌一终，曰'燕燕往飞'，实始作为北音。"另外，"简狄"之"狄"也是北方古族的通称。据此，简狄当为北方神话人物。参见陈奇猷《吕氏春秋校释》，学林出版社1984年版，第335页。

第三章 五龙抢珠：原始五行制度

旺。比统一四海，满汉一家，乃令汉兵全用绿旗，以备木色。于是五德兼全，五行并用。①

从五行所属的颜色和五行相克的角度讲，八旗所处的方位恰恰与五行相克的方位是一致的：两黄旗属土，土能克水，而北方主水，故两黄旗位于北方；两白旗属金，金能克木，而东方主木，故两白旗位于东方；两红旗属火，火能克金，而西方主金，故两红旗位于西方；两蓝旗属水，水能克火，而南方主火，故两蓝旗位于南方。驻防北京的八旗军就是按这种方式布防的：

> 自顺治元年，世祖章皇帝定鼎燕京，分列八旗，拱卫皇居。镶黄居安定门内，正黄居德胜门内，并在北方。正白居东直门内，镶白居朝阳门内，并在东方。正红居西直门内，镶红居阜成门内，并在西方。正蓝居崇文门内，镶蓝居宣武门内，并在南方。盖八旗方位相胜之义，以之行师，则整齐纪律；以之建国，则巩固屏藩。诚振古以来所未有者也。②

据此，是否可以说努尔哈赤在关外创立八旗制度是受到中原五行思想的启示呢？恐怕未必。满族先人长期以射猎为业，明中叶迁居赫图阿拉（今辽宁新宾境内）以后，虽然农业得到发展，但狩猎依旧占有十分重要的地位。捕猎时，他们往往以十余人不等结伴入山，由有名望的人当首领，合作猎取野兽。这种集体狩猎的组织形式，当时称为牛录制。旧制规定：

> 凡遇行师出猎，不论人之多寡，照依族寨而行。满洲人出猎开围之际，各出箭一枝，十人中立一总领，属九人而行，各照方向，不许错乱，此总领呼为牛录（汉语大箭）额真（汉语主也）。③

---

① （清）鄂尔泰等修：《八旗通志》，东北师范大学出版社1985年版，第17页。
② 同上。
③ 见《满洲实录·卷三》。

努尔哈赤在牛录制的基础上,创建了八旗制度:

> 乙卯年……太祖削平各处,于是每三百人立一牛录额真,五牛录立一甲喇额真,五甲喇立一固山额真,固山额真左右立梅勒额真。原旗有黄、白、蓝、红四色,将此四色镶之为八色,成八固山。①

这表明八旗直接来源于集体狩猎的牛录制。北方游牧渔猎部落往往采用"箕掌式"行围进行狩猎,其标准队形是:"中设黄纛为中军,左右两翼以红、白二纛分标识之。两翼末,国语谓之乌图里,各立蓝纛以标识之,皆听中军节制。"② 这种集体狩猎排序与八旗方位相似,却不见所谓"五行生克"的影子。

另据《满文老档》记载,天命三年四月,努尔哈赤颁谕统兵诸贝勒、大臣时曾经指出:

> 太平之道,贵乎公正;用兵之道,以智巧谋略,不劳己、不顿兵为贵。若敌寡我众,兵宜潜伏低洼之地,勿令敌见,少遣兵诱之。诱之而来者,是中我计也!诱而不来,即详察其城堡之远近,远则追击直抵城下,近则追抵城下,俟敌拥集于门下而斩杀之。倘敌兵众,遇我一旗或二旗兵,勿令接近,先行后退,请我大军来会。大军即往敌所在地相会,俟二、三处兵会合,再行计议。此乃与敌野战之说也。至于城郭堡寨,能取则取,不能取则勿攻之。倘攻之不克而后退,反损名矣!不劳我兵而克敌制胜者乃为智谋之良将也。苦劳我兵,虽有获胜,亦何益焉?用兵之道,以我各军不受损而克敌制胜为上。……攻城郭时,不在争先竞进,一二先进,必致损伤也!即先进而受伤者,亦不赏俘获,虽战死,亦不为功。先登城者则方为先进之功,其先破城者,来告固山额真矣。俟各处之

---

① 见《满洲实录·卷四》。
② (清)昭梿:《啸亭杂录·卷七》。

人俱破毕，固山额真鸣螺，各处人众，同时并进。①

据此，努尔哈赤讲用兵之道时，片言只字未提过"五行生克"，这表明他创设八旗制度时并没有受中原五行生克思想的影响。然而，八旗是由四旗扩充而来，四旗颜色、布阵方位又确乎与中原五行配色、方位相似，这种现象其实与匈奴骑兵的四色方阵相类，同属原始五行制的"活化石"。另外，《事物纪原·戎容兵械部·五方旗》同样提供了线索，其文云："《通典》曰：黄帝振兵设五旗。《黄帝内传》曰：帝制五彩旗，指顾向背。《黄帝出军诀》曰：攻伐作五彩牙旗，青引东、赤南、白西、黑北、中黄是也，亦自黄帝制之。"② 可见，黄帝的原始五行在传世文献和北方草原上，都留下了大量的印记。

三 五行制的转型与错位

据文献记载来看，中国上古神话传说时代有过"五官"制度。《太平御览》卷七十九引《尸子》："子贡曰：'古者黄帝四面，信乎？'孔子曰：'黄帝取合己者四人，使治四方，不计而耦，不约而成，此之谓四面。'"③ 中央黄帝，加上负责治理四方的四人，共计五人，可称之为"五官"，实则是四位部落酋长加上中央联盟的首领。而司马迁的《史记·历书》则曰："盖黄帝考定星历，建立五行，起消息，正闰余，于是有天地神祇物类之官，是谓五官。"④ 这里的"五行"，与后世的金、木、水、火、土无关，从字形推断其本义为"交汇四方"，应指交汇四方的制度，即上面提到的中央加四方的五官制度，也可以称之为原始五行官制或五行制。

这种五行官制，在其他很多文献中能够看到其影子。《左传·昭公十七年》载：

---

① 中国第一历史档案馆等译：《满文老档》，中华书局1990年版，第53—55页。
② （宋）高承撰，（明）李果订：《事物纪原》，《丛书集成初编》第1212册，商务印书馆1937年版，第359页。
③ （北宋）李昉等：《太平御览》，中华书局1960年版，第369页。
④ （汉）司马迁：《史记》，中华书局1959年版，第1256页。

（郯子曰）我高祖少皞挚之立也，凤鸟适至，故纪于鸟，为鸟师而鸟名。凤鸟氏，历正也。玄鸟氏，司分者也。伯赵氏，司至者也。青鸟氏，司启者也。丹鸟氏，司闭者也。祝鸠氏，司徒也。雎鸠氏，司马也。鸤鸠氏，司空也。爽鸠氏，司寇也。鹘鸠氏，司事也。五鸠，鸠民者也。五雉，为五工正，利器用，正度量，夷民者也。九扈，为九农正，扈民无淫者也。①

郯子所讲述的少皞时官制，可概括为：五鸟氏，即凤鸟氏、玄鸟氏、伯赵氏、青鸟氏、丹鸟氏；五鸠氏，即祝鸠氏、雎鸠氏、鸤鸠氏、爽鸠氏、鹘鸠氏；五雉氏；九扈氏（后两者郯子未详说）。这套官制除以鸟名官颇具特色外，还可分为四个系列，即五鸟氏、五鸠氏、五雉氏，唯一例外是九扈氏。愚以为，由于"九"与"五"形近易混，很可能"九扈氏"本为"五扈氏"，是传说或传抄过程中的讹误才导致这个例外出现。另外，伯赵即伯劳鸟，色灰，常有白色斑纹，且"伯"通"白"，故它与玄鸟（黑）、青鸟（青）、丹鸟（赤）恰与前述跟四方相配的四色吻合。据此，郯子所说的少皞官制也是原始五行制的一种具体形态。

当然，关于少皞氏还有其他传说。《左传·昭公二十九年》载：

　　少皞氏有四叔，曰重、曰该、曰修、曰熙，实能金、木及水。使重为句芒，该为蓐收，修及熙为玄冥，世不失职，遂济穷桑，此其三祀也。②

四叔与中央帝少皞，同样是五人联合执政，只是分工稍有不同：四叔（曰重、曰该、曰修、曰熙）分别负责金、木及水。这两句读起来很令人费解——四人怎么负责三项事务呢？或许，"及"为"火"之讹，也就是四叔分别负责金、木、火、水四项事务。少皞四叔传说与郯子所说的少皞氏"以鸟名官"在五官结构上是相似的，两者讲述重点

---

① 李学勤：《春秋左传正义》，北京大学出版社1999年版，第1361—1366页。
② 同上书，第1510—1511页。

第三章　五龙抢珠：原始五行制度

不同，可能是同一史实经由不同渠道流传所致，也可能是同一官制在不同时代分工有所不同。因为少皞时代可能会延续很久，未必仅是一代人的时间。

而在《尚书·尧典》中，四岳地位非后世大臣可比，他们与帝尧一起同样构建起类似于"黄帝四面"传说的原始五行官制，兹不赘述。

此外，《山海经》中"四鸟"①的传说，似乎更古老一些：

> 有蒍国，黍食，使四鸟：虎、豹、熊、罴。大荒之中，有山名曰合虚，日月所出。有中容之国。帝俊生中容，中容人食兽、木实，使四鸟：豹、虎、熊、罴。……有司幽之国。帝俊生晏龙，晏龙生司幽，司幽生思士，不妻；思女，不夫。食黍，食兽，是使四鸟。……有白民之国。帝俊生帝鸿，帝鸿生白民，白民销姓，黍食，使四鸟：虎、豹、熊、罴。……有黑齿之国。帝俊生黑齿，姜姓，黍食，使四鸟。……有招摇山，融水出焉。有国曰玄股，黍食，使四鸟。(《大荒东经》)

> 大荒之中，有不庭之山，荣水穷焉。有人三身。帝俊妻娥皇，生此三身之国。姚姓，黍食，使四鸟。(《大荒南经》)

> 西北海之外，赤水之西，有先民之国，食谷，使四鸟。(《大荒西经》)

> 有叔歜国，颛顼之子，黍食，使四鸟：虎、豹、熊、罴。(《大荒北经》)

如果把"四鸟"视为原始部落的图腾或崇拜的神兽，则这些传说与上述原始五行官制同样存在着"异质同构"关系。

上述原始五行官制，或与空间方位相关，或与鸟兽相关，其实是渔猎、游牧社会的产物。进入农业社会以后，人们过上定居生活，每年的生产活动主要是春种、夏长、秋收、冬藏，时间的重要性上升，而空间的重要性下降了。与此相应，《周礼》所载的官制由天官、地官、春官、夏官、秋官、冬官六部分组成，原始五官制成为一个久远的传说。

---

① 下面引文皆出自袁珂校注《山海经校注》，上海古籍出版社1980年版，页码略。

与中原地区适合发展农业相比，长城以北更适合渔猎、游牧经济。因此，原始五官制像一块活化石在中国北方地区保存下来，这或许就是匈奴骑兵乃至努尔哈赤四固山（旗）与中原五行配色形似的真正原因。

距今五千多年以前，原始农业虽然存在，但生产工具落后严重制约其发展水平。地广人稀、植被丰茂、野兽成群，这些因素决定了人类当时处于渔猎、游牧经济的黄金时代。北方地区发展农业的自然条件不及中原，却更适合渔猎、游牧经济的发展。考古已经证明，位于长城以北的红山文化更早跨入古国阶段。然而，随着农业的长足进步，中原文化迅速崛起，而生活在北方草原上、丛林间的族群，依旧在接近原始状态的部落社会里挣扎。考古学家苏秉琦指出："中国国家起源问题可以概括为发展阶段的三部曲和发展模式的三类型。发展阶段的三部曲是：古国—方国—帝国；发展模式的三类型是：原生型：北方地区的红山文化，夏家店下层文化，秦（六千年前、四千年前、两千年前）；次生型：中原，以夏商周三代为中心，包括之前的尧、舜，其后的秦，共五代，均以尧舜时代洪水为其祖先源头，从四千年前到两千年前，重叠、立体交叉为其特征；续生型：北方草原民族，于秦汉后入主中原的鲜卑、契丹、清朝三代为代表，同样在此两千年间，重复、立体交叉形式，各自经历过三阶段模式的国家。"[①] 据此，公元17世纪初（明万历年间），当大明帝国的国家制度已经成熟甚至出现资本主义萌芽的时候，努尔哈赤刚刚在东北建立了四旗，也就是类似于黄帝时代原始五行的四方部落联盟制度。虽然他后来又把四旗升级为八旗，但八旗与四旗相比，只有数量的增加，性质上并无多大改变。八旗制度与明朝的国家制度相比，显得既原始又粗糙，努尔哈赤和他的继承者却凭借它战胜了制度完备的大明帝国。从后金（清）的发展历程上看，它在极短的时间内就完成了"古国—方国—帝国"的转化。

随着明清易代尘埃落定，北方游牧渔猎文化与中原传统文化的交流与融合渐入佳境。文化是一个内涵与外延都很宽泛的概念，所以清朝定鼎燕京以后，文化交融会在很多领域里发生，而八旗方位与五行生克的结合最具象征意义。满族贵族觉得，八旗制度是他们取得胜利的基石或

---

① 苏秉琦：《中国文明起源新探》，生活·读书·新知三联书店1999年版，第130页。

法宝，所以大清帝国建立以后，他们没有抛弃这种相对原始的制度，而是将其精密化了。很重要的步骤就是将八旗方位与中原五行生克附会起来，即如《八旗通志》所载的那样。五行在中原文化中经历了漫长的发展过程，已从黄帝时代的原始部落联盟制度，演化为一种符号化且具有神秘象征意义的玄学思想体系。当满族人的原始五行（八旗制度）撞上了中原人符号化的"后现代"五行（五行生克）时，两者的结合几乎是水到渠成的。这种结合既为清帝国作为中华文化合法继承者的身份增加了筹码，也减弱了中原汉人对北方文化的抵触情绪。

不过，八旗制度与五行生克的融合终究是象征意义大于实际意义。因为任何一种制度都是特定社会发展阶段的产物，而八旗制度毕竟产生于简单的自然经济阶段，其战斗力必须依赖满族人游猎尚武习俗而保持。后金至清初，满族刚从游猎与部落混战的生存状态中崛起，弓弩是他们的生产工具，征战是他们的谋生方式，日常生活造就了他们强悍的民族性格。在这种情况下，八旗制度即使十分简陋，也足以通过有效组织而产生强大的战斗力。在主要依赖肉搏的冷兵器时代，明帝国的制度优势没有转化为军事优势，所以才会在八旗兵的冲击下迅速瓦解。清军入关以后，八旗军面对的是纯粹的农业社会以及繁华的市井生活，游猎驯牧渐去渐远。八旗制度无法适应高层次的社会经济环境，久而久之，八旗子弟的军事素质便急剧下降了。

总之，满族贵族将北方游猎社会的八旗制度移植到中原帝国时代来，实际造成了一种制度上的错位：当世界潮流已经浩浩荡荡走向资本主义的时候，带有明显部落联盟色彩的八旗制度显然是无法避免大清帝国崩溃的。

小结

黄帝建立五行，这是《史记·历书》中的记载。顾颉刚对此提出怀疑说："假使五行之说早从黄帝时传下来，则到商周时已有久远的历史，早该起了巨大的影响，为什么我们在商代的甲骨文字里找不到它的痕迹呢？为什么我们在东西周的文籍（《尚书》《周易》《诗经》等）里，除了《甘誓》和《洪范》之外，也找不到它的痕迹呢？为什么我们在诸子书（如《论语》《孟子》《老子》《庄子》等）里也找不到它的痕迹呢?"① 接着,他用大量篇幅证明"五行说起于战国的后期""邹衍是始创五行说的人"这两个重要观点。这些论断无疑对20世纪以来的古史研究产生了深远影响,以至于大部分关于中国文明或国家起源的著作都避谈五行。

事实上,在有限的先秦文献中,五行及与之相关的概念频繁出现,绕过五行或先入为主地认为"五行为金木水火土"并不明智——至少《史记·历书》中黄帝建立的五行不是五种物质,而是"天地神祇物类之官"②,即五官。另外,研究中国五帝时代无法回避"文明(civilization)"这个概念,史学界通常以"文明"指"一个社会已由氏族制度解体而进入有了国家组织的阶级社会的阶段"③。而"黄帝取合己者四人,使治四方"④的做法,显然已经超出氏族的边界了。据此,黄帝所建立的五行制,可谓中国文明史上重要的里程碑。苏秉琦指出:"五帝时代以五千年为界可以分为前后两大阶段,以黄帝为代表的前半段主要活动中心在燕山南北,红山文化的时空框架,可以与之对应。"⑤而红山文化主要分布于长城以北,只有破除夷夏藩篱,将塞北文化和中原文化统合起来考量,才有可能解开五帝时代的文化之谜。

八旗是努尔哈赤建立的军事、政治、经济三位一体的社会制度,初期分别以正黄、正白、正红、正蓝四旗为标识,后来又增加镶黄、镶白、镶红、镶蓝四旗,把后金管辖下的所有人都编在旗内。这种制度既是塞北渔猎、游牧经济的产物,又与中原五行形式相似,可谓原始五行制的"活化石"。考察八旗制,对正确认识原始五行制无疑具有深刻的启示意义。

---

① 顾颉刚:《五德终始说下的政治和历史》,《古史辨》(五),上海古籍出版社1982年版,第405页。
② (汉)司马迁:《史记》,中华书局1959年版,第1256页。
③ 夏鼐:《中国文明的起源》,文物出版社1985年版,第81页。
④ (北宋)李昉等:《太平御览》,中华书局1960年版,第369页。
⑤ 苏秉琦:《中国文明起源新探》,生活·读书·新知三联书店1999年版,第161页。

第四章　飞龙在天：远古战争神话

东西南北，其修孰多？南北顺椭，其衍几何？
　　　　　　　　　　　　　　——《楚辞·天问》
水流湿，火就燥；云从龙，风从虎。圣人作而万物睹。
　　　　　　　　　　　　　　——《易·乾》

在大自然的生存竞争中，人类必须与凶猛的大型食肉动物搏斗。抵抗与争食行为充满着血腥，而作为文明之树最初种子的智慧，就在残酷的猎杀中萌芽了。生存竞争同样存在于不同人群之间：如果不能通过协议解决矛盾，就可能爆发人类群体暴力行为，如规模大小不等的战争。一般认为，战争的缘起要追溯到远古蒙昧时期。《事物纪原·战争》云："《吕氏春秋》曰：蚩尤作兵也，利其械。未有蚩尤时，民固削林木以战，黄帝与炎帝战于版泉是矣，为战争起于炎黄之际也。"[①] 对于个体生命而言，战争使一部分人失去生命，也使另一部分人获得了比祖先更为智慧的大脑和健美的身体；对于人类群体而言，战争可以强化社会组织或改变社会制度，在破坏文明成果的同时往往也能推动社会进步。苏秉琦将中国史前考古学文化分为六大区系，它们分别是：以燕山南北长城地带为重心的北方，以山东为中心的东方，以关中（陕西）、晋南、豫西为中心的中原，以环太湖为中心的东南部，以环洞庭湖与四川盆地为中心的西南部，以鄱阳湖—珠江三角洲一线为中轴的南方。"六大区并不是简单的地理划分，主要着眼于其间各有自己的文化渊

[①] （宋）高承撰，（明）李果订：《事物纪原》，《丛书集成初编》第1212册，商务印书馆1937年版，第362页。

源、特征和发展道路。"① 概言之，中华大地的文明火花仿佛是"满天星斗"。大量考古与文献证据表明，具有不同渊源和特征的中华早期文化最终走向了一体。除族际婚姻与商品交换外，战争无疑是推动多元文化融为一体的重要因素。因此，在考察不同考古文化相互关联或影响方面，远古战争神话与传说，具有考古地层学和类型学所不可替代的价值。

第一节　涿鹿的考古学价值

一般认为，中国同古巴比伦、埃及和印度一样，具有5000年的文明史。但实际上，只有商周以来近4000年有确切的考古证明，而《史记·五帝本纪》等文献所载商以前历史始终被认为是神话或传说。历史实际往往是复杂的，其中包含一些非本质的枝节。人类在概括自身历史的时候，总是略去一些次要因素，突出其主要因素，从而将历史进程理想化。据此，我们所知道的"历史"，其实是人为建构的"历史模型"，并不是完全真实的过去。有关五帝的神话或传说，就属于这样的模型。当大量的史前文化遗物和遗迹被考古学家挖掘出来以后，人们发现，神话传说与考古资料既相关联又彼此割裂。所以，解构已有的"三皇五帝"古史模型，在考古资料的基础上重新建构一个更接近过去真实的上古时空框架就成为当务之急。那么，五帝传说与考古资料的最佳契合点在哪里呢？

一　从姬水到涿鹿

在传说中的五帝时代，黄帝族团无疑居于核心地位。那么，究竟哪支考古文化才是黄帝族留下的呢？考察黄帝族发祥地，学者们往往会引述《国语·晋语四》的记载：

> 公子欲辞，司空季子曰："同姓为兄弟。黄帝之子二十五人，其同姓者二人而已，唯青阳与夷彭皆为纪姓。青阳，方雷氏之甥

---

① 苏秉琦：《中国文明起源新探》，生活·读书·新知三联书店1999年版，第38页。

第四章 飞龙在天：远古战争神话

也。夷彭，肜鱼氏之甥也。其同生而异姓者，四母之子，别为十二姓。凡黄帝之子二十五宗，其得姓者十四人，为十二姓，姬、酉、祁、纪、滕、箴、任、苟、僖、姞、儇、衣是也。唯青阳与苍林氏同于黄帝，故皆为姬姓。同德之难也如是。昔少典娶于有蟜氏，生黄帝、炎帝。黄帝以姬水成，炎帝以姜水成。成而异德，故黄帝为姬，炎帝为姜。二帝用师以相济也，异德之故也。异姓则异德，异德则异类，异类虽近，男女相及，以生民也。同姓则同德，同德则同心，同心则同志，同志虽远，男女不相及。畏黩故也。黩则生怨，怨乱毓灾，灾毓灭性，是故娶妻避其同姓，畏乱灾也。故异德合姓，同德合义，义以道利，利以阜姓，姓利相更，成而不迁，乃能摄固，保其土房。今子于子圉，道路之人也，取其所弃，以济大事，不亦可乎？"①

前人在征引上述记载时，通常只着眼于"昔少典娶于有蟜氏，生黄帝、炎帝"或"黄帝以姬水成，炎帝以姜水成"，进而通过探讨"少典""有蟜"或"姬水""姜水"地望来考察黄帝族和炎帝族的发祥地。考诸其他文献，则炎帝所兴起的"姜水"可考，如《水经注·渭水》载："岐水又东迳姜氏城南为姜水，按《世本》：炎帝，姜姓。《帝王世纪》曰：炎帝，神农氏，姜姓。母女登游华阳，感神而生炎帝。长于姜水，是其地也。"② 另外，《读史方舆纪要·陕西·宝鸡县》载："姜水城，在县南七里。城南有姜水，相传神农氏妃有乔氏所居。"③ 而黄帝所兴起的"姬水"则鲜有提及者，以致出现了各种猜测，如底格里斯河说、大夏河说、渭水说、岐水说、大渡河说、熊水说（在河南新郑）、漆水说、甘肃轩辕谷说等。诚如刘毓庆所说的那样："考证姬水的所在，是一件非常艰难的事情。文献失载，古今地名巨变，在缺少坚实证据的前提下，仅凭读音或难以凭信的古史传说来推断，所得出的任何结论都只能是

---

① 徐元诰撰，王树民、沈长云点校：《国语集解》，中华书局2002年版，第333—338页。
② （北魏）郦道元著，陈桥驿校证：《水经注校证》，中华书局2007年版，第442页。
③ （清）顾祖禹：《读史方舆纪要》，上海书店出版社1998年版，第389页。

一种假说。"①

　　愚以为，忽视传说被当事人提起的具体情境而孤立地把它当作"史实"，有"断章取义"之嫌。这段炎黄传说本是晋臣司空季子的说辞。当时，晋公子重耳流亡至秦，秦穆公希望重耳能娶他的女儿怀嬴为妻，而怀嬴先前曾嫁给重耳的侄子子圉②。重耳对娶侄媳怀嬴心存顾虑，想拒绝又怕得罪秦穆公。在这样的情况下，司空季子才讲了上面的炎黄传说。司空季子的意图不难理解：他希望扩大晋怀公与重耳的矛盾，这样才能坚定后者回晋国争夺君位的决心；更希望秦穆公支持重耳，这样可以增加后者夺取晋国大权的胜算。而重耳娶怀嬴可谓一石二鸟，既得罪了晋怀公，又可以取得秦穆公的支持。他所讲述的炎黄传说，必须服务于这样的目的——黄帝、炎帝同出于少典，却"用师以相济"③，说明即使重耳与子圉同出于晋献公④，也可以彼此用兵；娶妻选异姓、避同姓，而重耳为姬姓，怀嬴为嬴姓，可娶之以济大事。后来，重耳采纳他的建议，娶怀嬴为妻，在秦穆公的支持下，果然杀死晋怀公并登上晋国君主之位。

　　司空季子所讲的炎黄传说可能会有一些依据，但整体可靠性并不高。司马迁在写《五帝本纪》时，仅部分说法与司空季子相合，如黄帝为少典之子、与炎帝战于阪泉之野⑤、黄帝二十五子得姓者十四人等等；与前者不同的地方主要有两处，一是黄帝姓公孙而非姓姬，更没有提到"黄帝以姬水成"，二是司马迁没有说炎帝亦为少典之子。从时代上看，司空季子生活于春秋而司马迁是西汉人，但时代偏早的人未必更可信。因为，司空季子出于游说目的讲述炎黄传说时，很可能会在细节上故意"做手脚"，毕竟上古传说只是口耳相传，讲故事的人有些"适当加工"，听故事者也没有什么可靠的证据进行反驳。而作为史学家的

---

①　刘毓庆：《黄帝族的起源迁徙及炎黄之战的研究》，《山西大学学报》（哲学社会科学版）2008年第5期，第34页。
②　子圉：即后来的晋怀公，晋惠公之子，晋文公（即重耳）之侄。
③　济，韦昭注：当为"挤"。挤，灭也。《传》曰"黄帝战于阪泉"是也。
④　晋献公：春秋时晋国君主，重耳之父，子圉之祖父。
⑤　司马迁《五帝本纪》谓"（黄帝）与炎帝战于阪泉"，可与《国语·晋语四》"二帝用师以相济也"相印证。

第四章 飞龙在天：远古战争神话

司马迁则不同。他说：

> 学者多称五帝，尚矣。然《尚书》独载尧以来；而百家言黄帝，其文不雅驯，荐绅先生难言之。孔子所传宰予问《五帝德》及《帝系姓》，儒者或不传。余尝西至空桐，北过涿鹿，东渐于海，南浮江淮矣，至长老皆各往往称黄帝、尧、舜之处，风教固殊焉，总之不离古文者近是。予观《春秋》《国语》，其发明《五帝德》《帝系姓》章矣，顾弟弗深考，其所表见皆不虚。《书》缺有间矣，其轶乃时时见于他说。非好学深思，心知其意，固难为浅见寡闻道也。余并论次，择其言尤雅者，故著为本纪书首。①

司马迁博览群书，又经过实地考察，其对古史传说的态度无疑比司空季子严谨得多。《国语》中所谓黄帝"以姬水成"的材料他一定能见得到的，但是，他却只字未提，可见他觉得司空季子的话不太可靠。有鉴于此，考察黄帝族发祥地从《国语·晋语四》入手并非明智之举。

相较于其他文献中古史传说的驳杂，《史记·五帝本纪》的可靠性无疑更高一些。此篇提到的五帝事迹，首推阪泉、涿鹿之战：

> 轩辕之时，神农氏世衰。诸侯相侵伐，暴虐百姓，而神农氏弗能征。于是轩辕乃习用干戈，以征不享，诸侯咸来宾从。而蚩尤最为暴，莫能伐。炎帝欲侵陵诸侯，诸侯咸归轩辕。轩辕乃修德振兵，治五气，艺五种，抚万民，度四方，教熊罴貔貅䝙虎，以与炎帝战于阪泉之野。三战，然后得其志。蚩尤作乱，不用帝命。于是黄帝乃征师诸侯，与蚩尤战于涿鹿之野，遂禽杀蚩尤。而诸侯咸尊轩辕为天子，代神农氏，是为黄帝。天下有不顺者，黄帝从而征之，平者去之，披山通道，未尝宁居。②

这次冲突在很多文献中都提到了，但明显存在着不同意见：

---

① （汉）司马迁：《史记》，中华书局1959年版，第46页。
② 同上书，第3页。

首先，冲突主体存在矛盾。按《五帝本纪》，当为黄帝、炎帝、蚩尤三方冲突，但徐元诰指出："《路史·禅通纪》注云：'神农后第八帝曰榆罔。时蚩尤强，与榆罔争王，逐榆罔。罔与黄帝合谋，击杀蚩尤。'又云：'蚩尤，炎帝之后，恃亲强恣，篡号炎帝，故史言炎帝欲侵陵诸侯。《大戴礼》言，黄帝与赤帝战于阪泉之野。《后周书》云，炎帝为黄帝所灭。《文子》亦谓赤帝为火灾，故黄帝禽之，皆谓蚩尤。'据此，二帝用师，一谓黄帝，一谓炎帝子孙蚩尤也。蚩尤僭称炎帝，故曰二帝。"① 也就是说，这次冲突的矛盾双方只是黄帝和炎帝（即蚩尤）。

其次，冲突地点存在分歧。按《五帝本纪》记载，黄帝与炎帝冲突在阪泉，与蚩尤冲突在涿鹿，但还存在炎、黄冲突在涿鹿的说法。《汉书·刑法志》载："自黄帝有涿鹿之战以定火灾"，颜师古注云："郑氏曰：'涿鹿在彭城南。与炎帝战，炎帝火行，故云火灾。'李奇曰：'黄帝与炎帝战于阪泉，今言涿鹿，地有二名也。'文颖曰：'《国语》云，黄帝，炎帝弟也。炎帝号神农，火行也，后子孙暴虐，黄帝伐之，故言以定火灾。《律历志》云，与炎帝后战于阪泉。涿鹿在上谷，今见有阪泉地黄帝祠。'"② 事实上，两说虽有矛盾，却并非不可调和，因为阪泉离涿鹿非常近。《括地志·妫州》云："阪泉今名黄帝泉，在妫州怀戎县东五十六里，出五里至涿鹿，东北与涿水合。涿鹿故城在妫州东南五十里，本黄帝所都也。《晋太康地理志》云：'涿鹿城东一里有阪泉，上有黄帝祠。'涿鹿山在妫州东南五十里，山侧有涿鹿城，即黄帝、尧、舜之都也。"③ 考虑到上古传说可能经由不同渠道流传下来，故"涿鹿之战"与"阪泉之战"区别不大，很可能指的是同一战争。

一般认为，炎帝、黄帝、蚩尤皆相争于黄河流域，而涿鹿远在今河北省张家口地区的长城脚下，他们怎么能远赴北鄙边塞决战呢？如钱穆说："注家说涿鹿在今察哈尔省之涿鹿县，黄帝岂遽远迹至此？"④ 王献

---

① 徐元诰撰，王树民、沈长云点校：《国语集解》，中华书局2002年版，第337页。
② （汉）班固：《汉书》，中华书局1962年版，第1081—1082页。
③ （唐）李泰等著，贺次君辑校：《括地志辑校》，中华书局1980年版，第108—109页。
④ 钱穆：《史记地名考》，商务印书馆2001年版，第45页。

唐说:"《路史》谓在幽州怀戎,地有涿鹿山涿鹿城。案怀戎为今怀来县,浊鹿为今涿鹿县,皆隶察哈尔。《集解》之上谷,《土地记》之下洛,亦即其地。各书俱同。当时炎族散处黄河流域,怀来远在极北塞外,决不至此。"① 吕思勉说:"阪泉,《集解》引皇甫谧云:在上谷。又引张晏云:涿鹿在上谷。此自因汉世县名附会(汉涿鹿县属上谷,即今察哈尔涿鹿县)。服虔谓阪泉地名,在涿郡(今河北涿县),自较谓在上谷者为近情。然以古代征战之迹言之,仍嫌太远。"② 杨国勇也说:"无论'黄帝''炎帝'或'蚩尤',现在大家一般都认为他们活跃在黄河中下游,那么,他们也毫无理由都带上大军跋涉千里到荒远的'涿鹿'去决战。"③

这些质疑的确有道理,却无法抵消古籍中"涿鹿在上谷"说法的绝对优势。在多数人看来,"涿鹿之战"在河北北部的长城一带都不合"常理",但不合"常理"的事,往往才不是人为附会的,因为历史附会通常按"常理"去附会。作为地名的涿鹿,在《汉书·地理志》里有明确的记载,司马迁也曾"北过涿鹿",亲自考察过此地,所以在汉代学者那里,涿鹿不存在争议的。这个原本没有争议却被很多人认为不合"常理"的"涿鹿",正是由传说切入考古的一个重要时空之门。

二 涿鹿与南北冲突

徐旭生对"涿鹿之战"的解释影响很大,他说:

> 我们的祖先有一部分,此后叫作华夏族,内中有一个氏族叫作少典。它与有蟜氏族为互通婚姻的氏族。它的生活区域大约在今甘肃、陕西两省交界的黄土原上或它的附近。从这个氏族分出来两个重要的氏族:一个住在姬水旁边,此后得了姬姓,就叫作黄帝氏族;另外一个住在姜水旁边,此后得了姜姓,就叫作炎帝氏族。这两个氏族发展以后,渐渐有一部分顺着河流,向东迁移。炎帝氏族

---

① 王献唐:《炎黄氏族文化考》,齐鲁书社1985年版,第66页。
② 吕思勉:《先秦史》,上海古籍出版社1982年版,第59页。
③ 杨国勇:《黄炎华夏考》,《山西大学学报》1982年第4期,第55页。

所住偏南，顺着渭水、黄河的两岸，一直发展到今河南及河南、河北、山东三省搭界的地域。黄帝氏族所住偏北，顺着北洛水、渭水及黄河的北岸，随着中条山及太行山山根，一直到北京附近，或有顺着永定河岸到达今河北北部宣化附近的。炎帝族到达上面所说的地方以后，就遇见本地的土著，以后叫作东夷的人民。两族相遇，遂相争斗。这个时候居住在东方，领导东夷斗争的英雄叫作蚩尤。他本领颇大，炎帝支吃了大亏，往北方奔逃，求救于北方同族的黄帝支。黄帝支因为居住的地域多偏北方，为自然环境所限制，还滞留于游牧阶段，所以武力较强。他们出兵后，开始也不免同败乱的炎帝支冲突。把他们收抚以后，然后南下同蚩尤所领导的东夷族大战，结果把他们打败了，他们的首领，蚩尤也死了。这就是后世所传说的阪泉、涿鹿战事的因果。战争平息以后，黄帝就从东夷族里面找出一位能同他合作的首领，少暤出来，绥怀东夷的旧部。以后华夏族同东夷族大约相处得还好，就渐渐地互相同化了。①

上述解释，大体符合传世文献的记载，但所谓黄帝支族的"迁徙路线"——"黄帝氏族所住偏北，顺着北洛水、渭水及黄河的北岸，随着中条山及太行山山根，一直到北京附近，或有顺着永定河岸到达今河北北部宣化附近的"——无论如何也找不到文献或考古证据。毫无疑问，徐旭生太相信《国语·晋语四》里晋臣司空季子的说辞了：既然黄帝与炎帝是兄弟，而炎帝的发祥地姜水在陕西宝鸡一带，那么黄帝的发祥地（即所谓"姬水"）自然也不会太远。然而，炎黄冲突的古战场涿鹿在河北北部宣化附近（即张家口地区）在各种文献记载中同样言之凿凿无法否认。所以，徐旭生只好臆测一条黄帝族的"迁徙路线"来调和两种传说间的矛盾了。

历史总是胜利者建构的，对古史传说的理解往往要受到主流社会意识形态的影响。自殷周以来的大部分时间里，涿鹿所在的长城一线都是华夏文明的北疆，也难怪大多数中国人不相信炎、黄二帝会带兵跑到涿鹿去决战。这种判断无疑是建立在黄帝族发祥于黄河流域的假设之上

---

① 徐旭生：《中国古史的传说时代》，文物出版社1985年版，第5—6页。

第四章　飞龙在天：远古战争神话

的。20世纪以来的北方田野考古对这种假设提出了挑战，特别是辽西地区红山文化的一系列重要发现。考古学家苏秉琦认为："五帝时代以五千年为界可以分为前后两大阶段，以黄帝为代表的前半段主要活动中心在燕山南北，红山文化的时空框架，可以与之对应。"① 也就是说，苏秉琦倾向于认为红山文化是黄帝族留下的。如果这种假设成立，那就意味着"涿鹿之战"是中国历史上第一次南北战争。

在中国，"南"与"北"不仅具有方位意义，而且具有政治意义。古代以坐北朝南为尊位，故君主接见群臣，尊者皆面南背北而坐。《周易·说卦》云："圣人南面而听天下，向明而治。"② 后来，"南面"又引申泛指帝王或大臣的统治。如《论语·雍也》云："雍也，可使南面。"③ 意谓冉雍有德行，堪任为诸侯治理一国。而"北"除了表示方位，还可指军队败走，甚至泛指失败。如《孙子·军争》云："佯北勿从。"④《商君书·战法》亦云："故兵法大战胜逐北无过十里，小战胜逐北无过五里。"⑤ 南面为尊，可以"我国地处北半球，南阳而北阴"来解释，北走为败，却如何理解呢？愚以为，这或许与华夏文明以炎黄之间的南北冲突为开端有关——这场持续很长时间的史前战争，以北方部族联盟胜利、北方人的意识形态成为华夏文明主流而告终，由于北方人是自北向南进军，如果战败就要往北走返回故乡，所以"北走"就具有"失败"的意思了。

表示方位的"南""北"总是相对的，如黄河中游地区相对于蒙古草原属于南方，而相对于长江流域则属于北方。宏观上，中国历史上的南北冲突，大多数时候是在北纬40°附近的长城一线展开的。

涿鹿恰好位于北纬40°附近。这一带南北气候差异很大，经济文化也明显不同：其南为暖温带半湿润落叶阔叶林地带，经济上属于黄河流域的农耕区；其北属中温带半湿润区向半干旱森林草原区的过渡地带，经济上为蒙古草原游牧区。从地理形势来看，涿鹿地区东部为燕山山

---

① 苏秉琦：《中国文明起源新探》，生活·读书·新知三联书店1999年版，第161页。
② 李学勤：《周易正义》，北京大学出版社1999年版，第327页。
③ 李学勤：《论语注疏》，北京大学出版社1999年版，第70页。
④ 杨丙安校理：《十一家注孙子校理》，中华书局1999年版，第153页。
⑤ 蒋礼鸿：《商君书锥指》，中华书局1986年版，第68页。

脉，西部为阴山山脉，均为横贯东西的天然屏障，故涿鹿地区的山间谷地自古就是北方游牧民族进入中原的重要通道。如果将长城以北发现的原始文化也纳入华夏早期文明的研究视野，则炎黄"涿鹿之战"发生在河北张家口地区是再自然不过的事，并非不合"常理"。

近年来，北方环境考古（environmental archaeology）有几处重大发现：一是呼伦湖（我国纬度最高的大湖）"距今5000年前之后，研究剖面中的湖沼沉积为风沙沉积所取代，开始了一个长期的湖泊退缩过程"①；二是河北省张北县的安固里淖（位于涿鹿古战场西北约120公里的内陆湖泊）"距今5300年以来，湖面总体以波动性下降为特点"②；三是内蒙古高原东南边缘的黄旗海（位于涿鹿古战场西北约180公里的内陆湖）"距今5500年前后，湖水又退至1300米附近（按，最高曾达到1350米）。之后，湖面持续降低"③。据此可以确知，五千多年前，北方草原发生了严重干旱。而传世文献记载表明，阪泉、涿鹿之战恰与水旱有关。《山海经》之《大荒东经》载："大荒东北隅中，有山名曰凶犁土丘。应龙处南极，杀蚩尤与夸父，不得复上。故下数旱，旱而为应龙之状，乃得大雨。"④《大荒北经》载："有系昆之山者，有共工之台，射者不敢北乡。有人衣青衣，名曰黄帝女魃。蚩尤作兵伐黄帝，黄帝乃令应龙攻之冀州之野。应龙畜水，蚩尤请风伯雨师，纵大风雨。黄帝乃下天女曰魃，雨止，遂杀蚩尤。魃不得复上，所居不雨。"⑤《大荒北经》载："大荒之中，有山名曰成都载天。有人珥两黄蛇，把两黄蛇，名曰夸父。后土生信，信生夸父。夸父不量力，欲追日景，逮之于禺谷。将饮河而不足也，将走大泽，未至，死于此。应龙已杀蚩尤，又杀夸父，乃去南方处之，故南方多雨。"⑥据此，《山海经》中看似荒诞的上古传说，隐约有真实的历史影子。

---

① 任式楠、吴耀利：《中国考古学·新石器时代卷》，中国社会科学出版社2010年版，第53页。
② 同上。
③ 同上书，第54页。
④ 袁珂校注：《山海经校注》，上海古籍出版社1980年版，第359页。
⑤ 同上书，第430页。
⑥ 同上书，第427页。

第四章 飞龙在天：远古战争神话

据《越绝书》载，楚国相剑家风胡子与楚王曾有一段对话：

> 楚王于是大悦，曰："此剑威耶？寡人力耶？"风胡子对曰："剑之威也，因大王之神。"楚王曰："夫剑，铁耳，固能有精神若此乎？"风胡子对曰："时各有使然。轩辕、神农、赫胥之时，以石为兵，断树木为宫室，死而龙臧。夫神圣主使然。至黄帝之时，以玉为兵，以伐树木为宫室，凿地。夫玉，亦神物也，又遇圣主使然，死而龙臧。禹穴之时，以铜为兵，以凿伊阙，通龙门，决江导河，东注于东海。天下通平，治为宫室，岂非圣主之力哉？当此之时，作铁兵，威服三军。天下闻之，莫敢不服。此亦铁兵之神，大王有圣德。"①

一般认为，作为春秋战国之际的武器专家风胡子，对石兵、玉兵、铜兵、铁兵的时代划分大致符合历史发展的实际。从考古学角度来看，黄帝所处的"玉兵时代"，相当于新石器时代晚期或铜石并用时代。

在大多数中原人看来，涿鹿属于苦寒之地，那里也发掘出仰韶、龙山文化遗物，但分布疏落稀少，比豫西、关中、晋南的古文化遗址数量差得多，其文明程度更不及分布着红山文化遗址的西辽河流域。但是，苏秉琦却指出："在蔚县三关遗址②不仅发现末期小口尖底瓶与尖腹底罩共存，还发现有仰韶文化庙底沟类型玫瑰花图案彩陶与红山文化龙鳞纹彩陶共存，说明张家口地区是中原与北方古文化接触的'三岔口'，又是北方与中原文化交流的双向通道。"③ 据此，在新石器时代晚期，涿鹿地区虽算不得某种文化的核心地区，却是南北文化交流的最前沿，而战争恰是不同族群文化交流、碰撞的剧烈形式。也就是说，涿鹿作为五帝前期的战场，可以得到考古方面的支持。

涿鹿在中国文化版图上的特殊位置，决定了炎黄"涿鹿之战"的性质。刘毓庆指出："炎帝、黄帝之战，实是一场农耕民族抗击游牧民

---

① 李步嘉校释：《越绝书校释》，中华书局2013年版，第303页。
② 三关遗址，位于河北蔚县三关村，距涿鹿县城约60公里。
③ 苏秉琦：《中国文明起源新探》，生活·读书·新知三联书店1999年版，第47—48页。

族的反击战。战争之所以在北塞长城脚下发生，就是因为长城一线，正是数千年来游牧民族与农耕民族的分界线。燕山山脉是一道天然的屏障，农耕民族借此阻止游牧者入侵。因此历史无数的民族战争，都在这里发生。而且此地的战争，其胜负往往带有决定性。一旦这道防线被突破，农耕者的天下便必失无疑。宋元以来的历史，无不可以为证。据此，涿鹿之战进行得非常激烈，史所谓黄帝'三战然后得其志'，正反映了这场战争的决定性意义。"① 此说实为不刊之论。

三　上古神农崇拜与仰韶文化

古史传说里，黄帝尚玉②、尚云③、尚熊④、尚龙⑤，在红山文化中均得到实物印证，故苏秉琦提出的红山文化为黄帝轩辕氏遗迹主张，得到越来越多的学者支持。如果红山文化是轩辕古国遗迹，那么炎黄冲突的古战场远在北鄙涿鹿就很容易理解了。由此言之，神农氏在何处，蚩尤又在何方呢？对于那些久远的传说，要寻找其背后的真相是不容易的；对于史前没有文字的历史，要确定某种考古文化主人的身份，同样是困难重重。

首先是神农氏。《世本》（王谟辑本）谓炎帝即神农氏，宋仲子曰："炎帝即神农氏，炎帝身号，神农代号也。"⑥ 愚以为，"炎帝"当为部落或部落联盟首领，而"神农"则是这个部落或部落联盟所信奉的先农神或祖先神。

关于神农氏的时代，《周易·系辞》有载：

　　古者包牺氏之王天下也，仰则观象于天，俯则观法于地，观鸟兽之文，与地之宜，近取诸身，远取诸物，于是始作八卦，以通神

---

① 刘毓庆：《黄帝族的起源迁徙及炎黄之战的研究》，《山西大学学报》（哲学社会科学版）2008年第5期，第38页。
② 尚"玉"：《越绝书》载，"黄帝之时，以玉为兵"。
③ 尚"云"：《左传·昭公十七年》载，"昔者黄帝氏以云纪，故为云师而云名"。
④ 尚"熊"：《史记·五帝本纪》载，"黄帝为有熊"。
⑤ 尚"龙"：《史记·封禅书》载，"黄帝得土德，黄龙地螾见"。
⑥ （汉）宋衷注，（清）秦嘉谟等辑：《世本八种》，上海商务印书馆1957年版，第3页。

第四章 飞龙在天：远古战争神话

明之德，以类万物之情。作结绳而为网罟，以佃以渔，盖取诸离。包牺氏没，神农氏作，斫木为耜，揉木为耒，耒耨之利，以教天下，盖取诸益。①

据此，神农氏当处于渔猎社会（包牺氏）之后。除上面提到的"神农氏作，斫木为耜，揉木为耒，耒耨之利，以教天下"外，《世本·作篇》（陈其荣辑本）亦载："古者垂作耒耜，神农之臣也。"② 可见，发明并使用耒耜应是神农氏时代的重要标志。

关于神农氏的疆域，《淮南子·主术训》有载：

> 昔者神农之治天下也，神不驰于胸中，智不出于四域，怀其仁诚之心，甘雨时降，五谷蕃植，春生夏长，秋收冬藏。月省时考，岁终献功，以时尝谷，祀于明堂。明堂之制，有盖而无四方，风雨不能袭，寒暑不能伤。迁延而入之，养民以公。其民朴重端悫，不忿争而财足，不劳形而功成。因天地之资，而与之和同，是故威厉而不杀，刑错而不用，法省而不烦，故其化如神。其地南至交阯，北至幽都，东至旸谷，西至三危，莫不听从。当此之时，法宽刑缓，囹圄空虚，而天下一俗，莫怀奸心。③

不难发现，神农氏为农业族群，所控制的地域面积极大，其疆域北界达于幽都，与涿鹿古战场纬度相近。这表明，神农传说与炎黄涿鹿之战的传说相吻合。

从考古资料来看，黄河流域的原始农业发展甚早：

> 山东后李文化，约公元前6300至前5400年，考古发掘出的生产工具以石斧居多，表明当地这个时期仍处于"比较原始的刀耕

---

① 李学勤：《周易正义》，北京大学出版社1999年版，第298页。
② （汉）宋衷注，（清）秦嘉谟等辑：《世本八种》，上海商务印书馆1957年版，第3页。
③ 刘文典撰，冯逸等点校：《淮南鸿烈集解》，中华书局1989年版，第271页。

火种阶段"①。

河南裴李岗文化，约公元前 6200—前 5500 年，已经有比较发达的农业。根据发掘出土的大量石质生产工具，考古学家推断，裴李岗农业"有火耕的特征，但已向粗耕农业阶段发展"②。

河北磁山文化，约公元前 6100—前 5750 年，共有 80 多个灰坑（窖穴）发现有粮食（粟）堆积，是中国目前已知的新石器时代文化中粮食遗迹最为丰富的遗址。而该遗址中出土最多的生产工具是石斧，考古学家据此指出："从生产工具的比例来看，当时应处在刀耕火种的生产方式中。"③

关中大地湾文化，约公元前 5900—前 5000 年，也有了原始农业活动，但还不发达。考古出土了与农业相关的各种石器，如石铲、石斧、石凿、石锛、石刀等，但磨制技术不高。结合考古发掘出的野生动物遗骸可知，大地湾文化仍处于"以农耕、饲养生产经济为主与渔猎采集相结合的综合经济"④ 社会中。

公元前 5000—前 3000 年前后，黄河中游地区进入仰韶文化时代。这种新石器时代晚期文化，前后延续两千余年，已发掘的相关遗址数以千计，主要分布在陕西、河南、山西三省，此外在甘肃、湖北、河北和内蒙古等邻近中原的边缘地区也有少量分布。以半坡文化⑤、庙底沟文化⑥和西王村文化⑦为主干的仰韶文化，被有些研究者称为"典型仰韶

---

① 任式楠、吴耀利：《中国考古学·新石器时代卷》，中国社会科学出版社 2010 年版，第 154 页。
② 同上书，第 137 页。
③ 同上书，第 148 页。
④ 同上书，第 123 页。
⑤ 半坡文化，公元前 4900—前 3800 年，因陕西西安半坡遗址而得名，是仰韶文化发展早期的典型代表。
⑥ 庙底沟文化，公元前 3900—前 3600 年，因河南陕县庙底沟遗址而得名，是仰韶文化发展中期的典型代表。
⑦ 西王村文化，公元前 3600—前 2900 年，因山西芮城西王村遗址而得名，是仰韶文化发展晚期的典型代表。

第四章 飞龙在天：远古战争神话

文化"①。经过早前数千年的发展，仰韶时期的黄河中游地区，原始农耕技术已经比较成熟了。考古学家发现，半坡文化用于砍伐的石斧，在数量上远多于翻土用的石铲、石锄，而庙底沟文化的石铲数量却远多于石斧。有的研究者认为，"仰韶文化早中期这两类工具数量比例的改变，是耕种方式变化的反映，表明庙底沟文化时期已全面进入锄耕农业的耕种方式"②。

值得注意的是，传说神农氏"斫木为耜，揉木为耒"，即制作过木质农具"耒耜"，而在仰韶文化有关考古报告中却没有提到发现过，这大概是早期耒耜为木质，不易保存所致。在金文中，耒字作"♪"形（耒彝），或"♫"形（耒作父已彝），象手秉耒之形。徐中舒据此指出："文字上耒，偏旁耒，及从耒形孳乳诸字，其耒形上端钩曲，下端分歧，均属一致。以此推测古代耒的形制，当无大谬。"③郑玄注《周礼·考工记·匠人》时云："古者耜一金，两人并发之。……今之耜，岐头两金，象古之耦也。"④据此可知，耒耜形制古今有别。而陈文华指出：

> 耒的下端是尖锥式，耜的下端为平叶式。耒是从采集经济时期挖掘植物的尖木棍发展而来的。早期的耒就是一根尖木棍，以后在下端安一横木便于脚踏，入土容易，甲骨文中的乂就是它的象形。再后单尖演变为双尖，称为双尖耒，甲骨文中的方就是它的象形。单尖木耒的刃部发展成为扁平的板状刃，就成为木耜。它的挖土功效比耒大，但制作也比耒复杂，需要用石斧将整段木材劈削成圆棍形的柄和板状的刃，即所谓神农"破木为耜""斫木为耜"。……陕西省临潼县姜寨和河南省陕县庙底沟等新石器时代遗址都发现过使用双齿耒挖土后留下的痕迹，浙江省余姚市河姆渡和罗家角等新

---

① 任式楠、吴耀利：《中国考古学·新石器时代卷》，中国社会科学出版社2010年版，第212页。
② 同上书，第239页。
③ 徐中舒：《耒耜考》，《历史语言研究所集刊》（第二册），中华书局1987年版，第18页。
④ 李学勤：《周礼注疏》，北京大学出版社1999年版，第1157页。

石器时代遗址出土过木耜。①

由此可见，黄河中游地区在仰韶时代已经出现耒耜或类似的工具了。既然传说耒耜是神农或神农之臣发明的，原始农业生产趋于成熟的仰韶居民崇拜神农就是很自然的事了。

今本《吕氏春秋·慎势》载："神农十七世有天下，与天下同之也。"② 但是，南宋罗泌的《路史·后纪·炎帝纪》却云："夫古之有天下最长世者，无神农若也。故尸子曰'神农七十世有天下，岂每世贤哉？牧民易也'。《吕览》亦曰'神农七十世有天下'。岂不足信如后世之书耶？尸子之言记为孔子，然世犹以为非。宜乎？士之不考古也。"③《太平御览·皇王部》引《尸子》亦云："神农氏七十世有天下，岂每世贤哉？牧民易也。"④ 这说明，宋代之前有"神农七十世有天下"的说法，而不是今本《吕氏春秋》中所谓的"神农十七世有天下"。《论语·子路》载："子曰：'如有王者，必世而后仁。'"何晏注引孔安国曰："三十年曰世。如有受命王者，必三十年仁政乃成。"⑤ 据此，神农氏有天下的时间延续应两千余年，这与仰韶文化前后持续约两千年（公元前5000—前3000年）完全吻合。

另外，古本《竹书纪年》载："黄帝至禹，为世三十。"⑥ 按每世三十年的标准计算，则黄帝至禹约900年。而夏商周断代工程暂以公元前2070年⑦为夏代始年，上推900年，即公元前3000年前后为黄帝在位时间。据此，涿鹿之战大致就应该发生于公元前3000年前后。

相关考古资料与上述推断是基本吻合的。金宇飞指出：

考古资料显示，公元前3000年是龙山文化取代仰韶文化的分

---

① 陈文华：《农业考古》，文物出版社2002年版，第82—83页。
② 陈奇猷校释：《吕氏春秋校释》，学林出版社1984年版，第1108页。
③ （南宋）罗泌：《路史》，中华书局1989年版，第75页。
④ （北宋）李昉等：《太平御览》，中华书局1960年版，第365页。
⑤ 李学勤：《论语注疏》，北京大学出版社1999年版，第175页。
⑥ 方诗铭、王修龄：《古本竹书纪年辑证》，上海古籍出版社1981年版，第172页。
⑦ 专家组：《夏商周断代工程1996—2000年阶段成果报告》，世界图书出版公司北京公司2000年版，第82页。

期界线。龙山文化取代仰韶文化，所表现出的文化突变，比任何同一地域上的古文化遗存之间的变化都要大。由仰韶文化向前一直追溯至大地湾文化（或老官台文化），而由龙山文化向后一直延伸至二里头文化，这两大系列内的各个古文化遗存之间，都没有发生过像龙山文化取代仰韶文化时那样的巨大变化。①

导致从仰韶文化到龙山文化突变的原因，不可能是生产工具的改进。除传说中的炎黄涿鹿大战，恐怕很难找出更好的答案来解释这种现象了。

总之，仰韶文化的时空框架最接近炎帝的统治区域，神农氏应是这个原始农业族群两千余年里所信奉和崇拜的神灵。

四 论"少皞之虚"的归属

从文献记载的古史传说来看，中国五帝时代的若干重要族群依稀可辨。徐旭生曾经指出：

> 我国古代的部族的分野，大致可分为华夏、东夷、苗蛮三集团——仔细分析也未尝不可以分为六部分：因为西北方的华夏集团本来就分为黄帝、炎帝两大支：黄帝支居北，炎帝支居南，近东方的又有混合华夏、东夷两集团文化，自成单位的高阳氏（帝颛顼）、有虞氏（帝舜）、商人。接近南方的又有出自北方的华夏集团，一部分深入南方，与苗蛮集团发生极深关系的祝融等氏族。②

据古史文献，作为涿鹿之战的重要参与者，蚩尤与炎帝关系密切。《路史·后纪四·蚩尤传》称："蚩尤姜姓，炎帝之裔也。"③ 徐元诰考证，蚩尤乃炎帝子孙而"僭称炎帝"④ 者也。或许，有人据此认为蚩尤

---

① 金宇飞：《涿鹿之战的考古学研究》，《重庆文理学院学报》（社会科学版）2011年第4期，第8页。
② 徐旭生：《中国古史的传说时代》，文物出版社1985年版，第3页。
③ （南宋）罗泌：《路史》，中华书局1989年版，第79页。
④ 徐元诰撰，王树民、沈长云点校：《国语集解》，中华书局2002年版，第337页。

即炎帝。但从其他更多的文献记载来看，尽管蚩尤与炎帝可能有同族或同盟关系，其相对独立性还是很明显的。《龙鱼河图》载：

> 黄帝摄政前，有蚩尤，兄弟八十一人，并兽身人语，铜头铁额，食沙石子，造立兵杖刀戟大弩，威振天下。诛杀无道，不仁不慈。万民欲令黄帝行天子事。黄帝仁义，不能禁止蚩尤，遂不敌，乃仰天而叹。天遣玄女下授黄帝兵信神符，制伏蚩尤，以制八方。蚩尤没后，天下复扰乱不宁，黄帝遂画蚩尤形象以威天下，天下咸谓蚩尤不死，八方万邦皆为殄伏。①

在上述传说中，蚩尤"不仁不慈"显然是黄帝后裔作为胜利者的一面之辞，不足为据；而"兄弟八十一人""威振天下""八方万邦皆为殄伏"等描述，表明蚩尤族人数众多，势力强大；"铜头铁额""造立兵杖刀戟大弩"等，又表明蚩尤族已经掌握了金属冶炼技术②。这样一个强大且掌握先进技术的族群，即使失败了，也无疑曾经推动过中华文明的进步。

那么，蚩尤族的发祥地在哪里呢？这个问题，困扰国人非止一代。徐旭生认为："（东夷）集团较早的氏族，我们所知道的有太皞（或作太昊，实即大皞），有少皞（或作少昊，实即小皞），有蚩尤。"③ 此说的重要文献依据是《逸周书·尝麦解》：

> 昔天之初，□作二后，乃设建典，命赤帝分正二卿，命蚩尤于宇少昊，以临四方，司□□上天未成之庆。蚩尤乃逐帝，争于涿鹿之河，九隅无遗。赤帝大慑，乃说于黄帝，执蚩尤，杀之于中冀。以甲兵释怒，用大正顺天思序，纪于大帝，用名之曰绝辔之野。乃

---

① （北宋）李昉等：《太平御览》，中华书局1960年版，第368页。
② 另外，《管子·地数》载："葛卢之山发而出水，金从之，蚩尤受而制之，以为剑铠矛戟。是岁相兼者诸侯九。雍狐之山发而出水，金从之，蚩尤受而制之，以为雍狐之戟芮戈，是岁相兼者诸侯十二。"参见黎翔凤撰，梁运华整理《管子校注》，中华书局2004年版，第1355页。
③ 徐旭生：《中国古史的传说时代》，文物出版社1985年版，第48页。

第四章　飞龙在天：远古战争神话

命少昊清司马鸟师，以正五帝之官，故名曰质。①

这则传说时代较早，是探讨蚩尤族发祥地的重要线索。"命蚩尤于宇少昊"似应是"命蚩尤宇于少昊"，意指蚩尤占据少昊所居之地，而据《左传》杜预注，"少昊之虚"②在山东曲阜，为东夷故地。所以，蚩尤与少昊同属东夷集团似乎是铁证如山了。但问题显然没有这样简单，因为在"涿鹿之战"中，蚩尤是黄帝的死敌，而少昊则是黄帝盟友。为调和这种矛盾，学界提出了"叛徒说"：

"黄帝与蚩尤九战不胜"，后来为何反败为胜？是由于夷人方面出了叛徒。传说"有一妇人，人首鸟形"，教给了黄帝"万战万胜"的"战法"，黄帝遂得战胜蚩尤（事见《黄帝玄女战法》，《太平御览》卷十五引）。这个"人首鸟形"的玄女，显然隶属于东夷鸟图腾族团。由此，黄帝诛灭蚩尤后，不得不对东夷族团采取安抚性的联盟政策。"乃命（东夷）少昊清司马鸟师"（引见前）。这和后来的周武王笼络殷遗族微子启、武庚禄父，有点近似。③

有战争就会有妥协甚至背叛，因此上述解释当然有其合理的一面。但是，自20世纪80年代以来，辽西地区若干重要考古资料陆续见诸报道，人们对中国古史传说的看法将不得不发生改变：泥质④、石质⑤、

---

① 黄怀信等：《逸周书汇校集注》，上海古籍出版社1995年版，第781—784页。
② 李学勤：《春秋左传正义》，北京大学出版社1999年版，第1547页。
③ 龚维英：《从上古族间的斗争与融合看蚩尤——兼论评价历史人物应实事求是》，《安徽史学》1985年第1期，第66页。
④ 泥质鸟形造像：在牛河梁女神庙的主室（J1B）的北室北角，考古学家发掘出两块禽爪残块，分别长14.5、13.5厘米。形制较近似，各存一侧的二趾，弯曲并拢，作奋力抓攫状。每趾三节，关节突出，趾尖锐利。参见辽宁文物考古研究所《辽宁省牛河梁红山文化"女神庙"与积石冢群发掘简报》，《文物》1986年第8期，第5页。
⑤ 石质鸟形造像：如东山嘴红山文化遗址中的"鸮形绿松石饰"，出土于方形基址东外侧黑土层中，片状，分两层，绿松石下面为一种黑色石皮。作展翅鸮形，在绿松石面上用细线纹雕出鸮的首部及翅尾部的羽毛。参见郭大顺、张克举《辽宁喀左东山嘴红山文化建筑群址发掘简报》，《文物》1984年第11期，第9页。

玉质①鸟形造像一直是红山文化的重要题材,然而这些资料一直未能引起学界的足够重视;2003年,牛河梁第十六地点中心大墓M4中出土通长达19.5厘米的大型玉凤②,而且这座大墓,是"牛河梁已知规模最大的墓葬之一,也是营造最费工时的一座墓葬"③。工程庞大的随葬玉凤墓(M4)是看得见的,看不见却可知的是——五千余年前辽西曾经存在一个崇拜玉凤的强大部落或部落联盟。

如果以古史传说来解释红山文化玉凤,当然首推《左传·昭公十七年》里郯子的话,"我高祖少皞挚之立也,凤鸟适至,故纪于鸟,为鸟师而鸟名"④。认为红山文化是黄帝集团(崇拜熊、云、龙)与少昊集团(崇拜凤、鹗等鸟)联盟留下的,既可以得到考古印证,又可以得到古史传说的支持:红山文化考古多次出土玉雕熊龙、C形龙、勾云形玉佩、玉凤、玉鹗等,如牛河梁第16地点除出土大型玉凤外,还出土勾云形玉佩1件,双熊首玉三孔饰1件⑤;在古史传说里,少昊(皞)与黄帝关系极为密切,《史记索隐》引皇甫谧及宋衷观点,认为"少昊即黄帝子"⑥,另外《山海经·大荒东经》谓"少昊孺帝颛顼"⑦,而颛顼为黄帝孙。

愚以为,黄帝与少昊所崇拜的灵物(或即图腾)不同,认为两者同族难圆其说,而考古资料及古史传说所反映的两族间密切关系,很可能是一种婚姻联盟的关系;涿鹿大战前,两族发祥地皆在西辽河域,战

---

① 玉质鸟形造像:如辽宁阜新胡头沟红山文化玉器墓中还出土了三件玉鸟,原报告称"玉鹗两件、玉鸟一件"。参见方殿春、刘葆华《辽宁阜新县胡头沟红山文化玉器墓的发现》,《文物》1984年第6期,第2页。

② 朱达等:《牛河梁遗址第十六地点发掘获重大成果》,《中国文物报》2003年9月5日。

③ 此墓凿山为石穴,长3.9米,宽3.1米,深近5米。在没有金属工具的石器时代,开凿30多立方米的岩石为墓穴,工程量之大难以想象,其背后必然有一个强大的部落或部落联盟支持。参见朝阳市文化局、辽宁省文物考古研究所《牛河梁遗址》,学苑出版社2004年版,第66页;辽宁省文物考古研究所《牛河梁第十六地点红山文化积石冢中心大墓发掘简报》,《文物》2008年第10期。

④ 李学勤:《春秋左传正义》,北京大学出版社1999年版,第1360—1361页。

⑤ 朝阳市文化局、辽宁省文物考古研究所:《牛河梁遗址》,学苑出版社2004年版,第66页。

⑥ 《史记索隐》云"皇甫谧及宋衷皆云玄嚣青阳即少昊也",而玄嚣青阳即黄帝之子。参见(汉)司马迁《史记》,中华书局1959年版,第10页。

⑦ 袁珂校注:《山海经校注》,上海古籍出版社1980年版,第338页。

第四章　飞龙在天：远古战争神话

后才进入黄河中下游。这种假说与少昊之虚在曲阜的传说看似矛盾，但并非没有破解之道——只要能正确理解《逸周书·尝麦解》，就不会有问题。

战争是不同部族间的剧烈冲突，可能会引起相关族群生活空间的根本改变。"蚩尤宇于少昊"意味着蚩尤与少昊曾生活于共同的地域空间，但地域相同并不意味着存在时间相同，因为战争胜利者通常会进入失败者的生存空间。那么，蚩尤与少昊时间上孰先孰后，或者说是谁侵占了谁的生存空间呢？愚以为，讨论这个问题，有三点需要注意：

首先，从"昔天之初"一句来看，《尝麦解》在讲到涿鹿之战时明显是追述口气，而对于追述者来说，知道少昊战后的活动地域却不清楚其战前在哪里是大概率事件。

其次，至迟到春秋时期山东地区依然有少昊后裔[①]活动，所以古人往往觉得将山东曲阜称为"少昊之虚"是天经地义的。把这种既定事实作为一种"亘古不变"的常识，并在此基础上追述古史传说，就可能使历史的本来面貌发生扭曲。

最后，历史是由胜利者来写的，传说讲述也是如此。胜利者往往把自己通过战争抢来的地盘说成"本来就是我的"，这块土地先前的主人（战败者）反倒成了侵占者。而作为黄帝的盟友，少昊也是涿鹿之战的胜利者。

仅从字面来解释，"蚩尤宇于少昊"应指蚩尤侵占少昊的土地。但考虑到上述三种因素，这句话背后隐藏的历史真相却可能是：蚩尤氏族本来是山东一带的土著居民，少昊经过涿鹿之战后却成了这里的新主人。由于入侵者成为胜利者，所以先前的主人蚩尤就被说成是"非法"占据少昊土地的人。当然，今天讨论涿鹿之战的双方谁是正义的已经没有意义了，我们只是试图接近历史真相而已。

根据上述分析，蚩尤氏的发祥地在山东一带，大汶口文化[②]中应该

[①] 少昊（皞）后裔，如《左传·昭公十七年》提到的郯子，自称少皞为其高祖。

[②] 大汶口文化：年代为公元前 4200—前 2600 年，前后延续 1600 年之久；主要分布区为山东省以泰（山）—沂（山）山系为中心的广大地区，东达黄海之滨，西至鲁西平原东部和河南东部的部分地区，北邻渤海，南及苏、皖北部。参见任式楠、吴耀利《中国考古学·新石器时代卷》，中国社会科学出版社 2010 年版，第 278—312 页。

有其遗存。

小结

"一切历史都是当代史"是意大利理论家克罗齐（Benedetto Croce，1866—1952）的名言。他说："只有现在生活中的兴趣方能使人去研究过去的事实。因此，这种过去的事实只要和现在生活的一种兴趣打成一片，它就不是针对一种过去的兴趣而是针对一种现在的兴趣的。"[①] 换言之，我们今天对以往历史的研究，都很难脱离现实处境。过去，有关五帝的古史传说早就是陈词滥调了，然而自20世纪初期以来，随着若干重要的史前文化遗址被陆续发掘出土，这些旧话题获得了新生命。与《史记》以来形成的一元史观比较起来，中华文明起源的"满天星斗说"不可谓不新。但早期的多元文化是如何互动，又是怎样走向一体的呢？无论会遇到多少困难，打通考古与传世文献两套话语系统都是学者们迟早要面对的重要问题。从考古角度来看，涿鹿处于北方红山文化与中原仰韶文化的交会地带，大汶口文化北缘离此地也不算远；从传说角度来看，"涿鹿之战"涉及黄帝、炎帝、少昊、蚩尤等族群，而这些族群无疑是构成早期华夏族的最重要支系。所以，涿鹿是考古资料与古史传说相互印证的极佳切入点。然而，考古资料可靠却是凝固的，古史传说丰富却是庞杂的，对于人为划分到不同学科的材料，怎样取舍才是合理的呢？司马迁曾说："非好学深思，心知其意，固难为浅见寡闻道也。"[②] 克罗齐也曾经指出：

> **语文**学家天真地相信，他们把历史锁在他们的图书馆、博物馆和档案室里（有点象《天方夜谭》中的神怪缩成轻烟形式锁在一只小瓶中一样），这种信心不是不起作用的，它引起了一种用事物、传说、文献（空洞的传说和僵死的文献）去编写历史的想法，这就产生了那种可以称之为**语文文献学历史**。……语文性历史是从一本或多本书中倾泻出来的一本新书。这种作法在通用语中有一个

---

① [意]克罗齐：《历史学的理论和实际》，傅任敢译，商务印书馆1982年版，第2页。
② （汉）司马迁《史记》，中华书局1959年版，第46页。

第四章 飞龙在天：远古战争神话

恰当的名称，叫作"汇编"。这类汇编通常是很方便的，因为它们可以节省同时参考几本书的麻烦；但是它们却不包含任何历史思想。①

据此，材料固然重要却不是第一位的：没有一以贯之的历史思想，仅凭堆砌材料则无法建构起中国五帝时代的历史框架。

第二节 帝颛顼与绝地天通

在五帝传说时代，继黄帝之后最重要的古帝是颛顼。《大戴礼记·五帝德》载："颛顼，黄帝之孙，昌意之子也，曰高阳。洪渊以有谋，疏通而知事，养材以任地，履时以象天，依鬼神以制义，治气以教民，絜诚以祭祀。乘龙而至四海，北至于幽陵，南至于交趾，西济于流沙，东至于蟠木。动静之物，大小之神，日月所照，莫不砥砺。"② 然而，文献中关于帝颛顼传说的记载却矛盾重重，故徐旭生说，"在古代各帝里面，最难明了而关系又颇为重要的莫过于帝颛顼"③。与徐旭生所生活的20世纪五六十年代相比，当代学人可以接触到更多新出土的古史材料。那么，对帝颛顼的来历、与共工之争乃至其"绝地天通"传说，是否可以有更新的解读呢？

一 若水地望与颛顼之虚

关于颛顼的出生地，《吕氏春秋·古乐篇》载："帝颛顼生自若水，实处空桑，乃登为帝。"④《山海经·海内经》则云："黄帝妻雷祖，生昌意，昌意降处若水，生韩流。韩流擢首、谨耳、人面、豕喙、麟身、渠股、豚止，取淖子曰阿女，生帝颛顼。"⑤ 这两则记载，都提到了颛顼的出生地为"若水"，但具体的地理位置却没有讲。而《史记·五帝

---

① [意]克罗齐：《历史学的理论和实际》，傅任敢译，商务印书馆1982年版，第15页。
② （清）王聘珍撰，王文锦点校：《大戴礼记解诂》，中华书局1983年版，第120页。
③ 徐旭生：《中国古史的传说时代》，文物出版社1985年版，第74页。
④ 陈奇猷校释：《吕氏春秋校释》，学林出版社1984年版，第285页。
⑤ 袁珂校注：《山海经校注》，上海古籍出版社1980年版，第442—443页。

本纪》与《大戴礼记·帝系》所载基本相同,其文云:

> 黄帝居轩辕之丘,而娶于西陵之女,是为嫘祖。嫘祖为黄帝正妃,生二子,其后皆有天下:其一曰玄嚣,是为青阳,青阳降居江水;其二曰昌意,降居若水。昌意娶蜀山氏女,曰昌仆,生高阳,高阳有圣德焉。黄帝崩,葬桥山。其孙昌意之子高阳立,是为帝颛顼也。①

唐司马贞在《史记索隐》中指出:"江水、若水皆在蜀,即所封国也。《水经》曰'水出旄牛徼外,东南至故关为若水,南过邛都,又东北至朱提县为卢江水',是蜀有此二水也。"唐张守节《史记正义》亦引《华阳国志》及《十三州志》云:"蜀之先肇于人皇之际。黄帝为子昌意娶蜀山氏,后子孙因封焉。帝颛顼高阳氏,黄帝之孙,昌意之子,母曰昌仆,亦谓之女枢。"②

上述记载是颛顼生地"四川说"的主要文献依据。彭邦本认为,若水即四川雅砻江,"近年来雅砻江尤其是其支流安宁河流域的考古出土资料中,存在着应是来自西北高原地区的文化因素,不仅反映其地在史前与黄河上中游地区的文化联系,而且提示上述传说涵有一定的史实素地"③。

从《史记》等相关记载来看,颛顼生地"四川说"似乎言之凿凿,但更多的传说表明,颛顼的主要活动地域在中原地区。例如,《山海经·大荒东经》载:"东海之外大壑,少昊之国。少昊孺帝颛顼于此,弃其琴瑟。"④《说文·子部》云:"孺,乳子也。"⑤ 由此可知,是少昊将颛顼养育成人的。另外《帝王世纪》亦云,"颛顼生十年而佐少昊,

---

① (汉)司马迁《史记》,中华书局1959年版,第10页。
② 同上书,第11页。
③ 彭邦本:《"昌意降居若水"与川西地区的颛顼传说》,《地方文化研究辑刊》2014年第7辑,第8页。
④ 袁珂校注:《山海经校注》,上海古籍出版社1980年版,第338页。
⑤ (清)段玉裁注:《说文解字注》,上海古籍出版社1981年版,第743页。

第四章 飞龙在天：远古战争神话

二十而登帝位"①，与《山海经·大荒东经》的传说大致吻合。据《左传》之《定公四年》及《昭公十七年》，"少皞之虚"在山东曲阜，"颛顼之虚"在河南濮阳，两者均离蜀地远矣②。

为调和颛顼"生于四川"却登帝位于河南或山东的矛盾，何浩指出："如同上古传说中的黄、炎由西徙东至于黄河中游，远非一代人所能完成的那样，生于西部若水、居于东部帝丘的'颛顼'，不大可能是同一个人。特别是考虑到颛顼氏沿途散布有大量子孙，就更难将'颛顼'看作是某一个具体的'人'。"③

摩尔根研究美洲印第安人易洛魁联盟时曾说：

> 在联盟开始创立之时，即设立了五十名常任首领，并授以名号，规定永久分属于各指定的氏族。除了两名首领职位仅只保持一任以外，其余所有的首领职位，都一任连一任，先后相继，从那时一直承袭到现在。每一个首领职位的名号也就成了充任该职者在任期内的个人名字，凡继任者即用其前任者之名。这些首领在开会期间组成联盟会议，该会设有立法、行政及司法之权，不过这些职权尚未如此划分清楚而已。当这种首领职位出缺之时，世袭该职的氏族即授权在本氏族内选举一成员继任，以保证有秩序地袭职，这一点已经谈过了。每一个首领在被选出并得到认可以后，还要由一次联盟会议正式授职，这是进一步对他们本身所采取的保障措施。经上述仪式就职以后，他原来的名字就"取消"了，换上该首领所用的名号。从此他就以这个名号见知于人。④

---

① 徐宗元辑：《帝王世纪辑存》，中华书局1964年版，第27页。
② 据《吕氏春秋·十二纪》《周礼·春官·小宗伯》《礼记·月令》等，少昊（皞）为西方白帝，颛顼为北方黑帝。但是，这些文献里提到的"五帝"（太皞、炎帝、黄帝、少皞、颛顼）与"五神"（句芒、祝融、后土、蓐收、玄冥）、"五方"（东、南、中、西、北）、"五行"（木、火、土、金、水）、"五色"（青、赤、黄、白、黑）、"五音"（角、徵、宫、商、羽）、"四时"（春、夏、季夏、秋、冬）等元素完美配合的情形，无疑是战国秦汉之际某些士人结合当时的四郊四时祭祀活动而人为建构的文化模型，这与古史传说的真实历史素地不同。
③ 何浩：《颛顼传说中的神话与史实》，《历史研究》1992年第3期，第70页。
④ ［美］摩尔根：《古代社会》，杨东莼等译，商务印书馆1981年版，第126—127页。

中国五帝时代

如果人类早期社会在不同地域的发展历程存在共性的话，"帝颛顼"就有可能像美洲印第安人那样，是一个氏族首领的共名。据此，从人类社会发展规律上分析，何浩的"颛顼为共名"说是有可能的。这种假说的好处是，为颛顼族从四川迁到河南或山东"赢得了时间"。

冯广宏的研究，则在空间上为颛顼族由川迁鲁（或豫）"规划了路径"。他说：

> 石器时代的祖先们，自从掌握了扎筏刳舟的技术以后，就有了远程游历的自由。陆路步行，尤其是在负载器物的情况下，十分费力而费时，不但山路崎岖，忽登坡忽下岭，而且还有许多溪谷阻隔，不便通行。乘筏驾舟走水路就省力得多。大多数溪河既适于航行，而且还能以鱼虾肉食提供旅行用餐；水路不通或急滩难渡之处毕竟是少数，遇此不妨舍舟而徒，另觅水道。
>
> 四川与山东之间的交通，陆行相当不便，水道则基本可以相连。黄河自西向东，虽然中间有许多弯折，号称"九曲"，却一直通向山东。四川岷江上源松潘之北的若尔盖，草原上就有一条墨曲（黑河），是黄河支流；西边的红原，草原上还有一条嘎曲（白河），也是黄河支流。松潘那里本是蚕丛氏老根据地，如果古蜀先民通过黑白二河进入黄河，顺水漂流，到达山东也并不难。若言河道过于迂曲，四川先民也可能利用嘉陵江二级支流白水江，自松潘东北九寨沟进入此河，漂流入白龙江，再进入嘉陵江，逆水而上，即能从广元进入陕甘境内。在上源秦岭附近，嘉陵江的源头距离渭河支流的上源是很近的，由那些支流漂往宝鸡进入渭河，也并不难。通过渭河自西向东，顺流而下，在潼关进入黄河。以下黄河河道便没有多少大弯，直航山东不成问题。这条水路虽有嘉陵江一段逆行，但大部分可以漂流。这在史前时代完全能够办到。①

何浩与冯广宏两位的分析颇有见地，但还不够完美：历史上中原人曾经多次大规模涌入四川，而蜀人大规模定向外迁的情形却较少，其背

---

① 冯广宏：《颛顼是四川人还是山东人》，《文史杂志》2001年第4期，第10页。

后的规律很容易分析——四川盆地沃野千里，蓄积饶多，地势四塞，易守难攻，所以往往成为中原人躲避战乱的天堂；出于同样原因，蜀人通常不会放弃优越的生存条件大规模迁到中原去。三国时，蜀军凭借诸葛亮的智慧试图"恢复中原"，但多次出蜀均告失败。诸葛亮想过很多办法，沿水路漂流去山东却从未尝试过。因此，所谓蜀人迁鲁的水路便利，不过是纸上谈兵，不仅没有史迹证据，甚至连可操作性都不具备。简言之，除"若水""蜀山氏"等一二地名、人名外，颛顼生地"四川说"并无其他有力证据可寻。

事实上，《山海经》《吕氏春秋》《竹书纪年》等先秦文献只说颛顼生于"若水"，《史记·五帝本纪》说黄帝之子昌意降居若水并娶蜀山氏，后来的《华阳国志》和《十三州志》便以为这是蜀的先人。这表明，颛顼生地"四川说"是西汉以后才渐渐流行的观点。考诸古籍，春秋时鲁国就有名"蜀"之地。《左传·宣公十八年》载："楚庄王卒，楚师不出。既而用晋师，楚于是乎有蜀之役。"杜预注："在成二年冬。蜀，鲁地，泰山博县西北有蜀亭。"[①] 而《读史方舆纪要·山东·汶上县》载："蜀山，县西南四十里。《尔雅》：蜀者，独也。四望无山，挺立波心，因名。其下曰蜀山湖。"[②] 上古时的"蜀山"既在山东，很多学者认为当时的"若水"也不是四川的雅砻江，而是河南的"汝水"。田昌五说："若水即河南的汝水。汝、若，音同义通。从颛顼部落后来活动的地区看，断为汝水，是很合理的。这样，从汝水经豫中到濮阳一带地方，在初都属于颛顼部落。"[③] 孙华从古音韵学角度加以考释，他认为："昌意和颛顼所居的若水，即为古之汝水。汝、若同属曰母，汝属鱼部韵，若属铎部韵，铎为鱼部之入声，鱼铎二部本可对转。《庄子·渔父》'吾语汝'，《人间世》又作'吾语若'，若汝在上古音俱通，汝水即若水。"[④]

众所周知，中国上古神话或传说呈碎片状，很多碎片彼此存在着矛盾，这种情形应是它们在历史长河里经由不同渠道流传或误读造成的。

---

① 李学勤：《春秋左传正义》，北京大学出版社1999年版，第681页。
② （清）顾祖禹：《读史方舆纪要》，上海书店出版社1998年版，第241页。
③ 田昌五：《古代社会形态研究》，四川人民出版社1980年版，第152页。
④ 孙华：《蜀族起源考辨》，《民族论丛》1982年第2期，第128页。

某个特定的传说在不同时代或地域可能有不同说法,但其背后的历史真相只有一个,所以对其阐释能自圆其说还不够好,可以印证或至少不妨害其他相关传说的阐释才是合理的。有鉴于此,颛顼生地"四川说"与"河南说"虽均能找到文献支持,但后者无疑更具合理性。

二　江水与共工之城

共工是五帝时代一位重要的"恶神",关于他的传说既多且杂,尤以"怒触不周山"广为人知:

> 昔者共工与颛顼争为帝,怒而触不周之山,天柱折,地维绝。天倾西北,故日月星辰移焉;地不满东南,故水潦尘埃归焉。①

这则神话见载于《淮南子》,文献形成于西汉初年,大约是古人利用古史传说元素对中国地理西北高东南低且日月星辰每天都向西北移动等现象的神话解释。所谓"天柱折,地维绝"的恐怖场面当然是不可信的,但"共工与颛顼争为帝"的说法,应该有某些历史根据。

首先,从活动时间上看,共工或共工氏存在极久,最早可追溯到神农时代②,最晚则延续至夏代初年③。其次,从活动地域上看,学界对共工或共工氏故地存在很大争议。徐旭生认为,共工氏的旧地在汉代共县,即今河南辉县境内④。邹衡在徐说基础上,进一步认为:"共工氏的主要活动地区是太行山东麓一线,即南起河南辉县,北至河北北部长城以内和山西境内;其次是鲁西地区;更远则到了豫西乃至陇东;最南已抵长江。"⑤王震中认为:"包括辉县在内的许多'共'地,全可能

---

① 刘文典撰,冯逸等点校:《淮南鸿烈集解》,中华书局1989年版,第80页。
② (唐)佚名辑《珊玉集·壮力篇》载:"共工,神农时诸侯也,而与神农争定天下。共工大怒,以头触不周山,山崩。天柱折,地维绝,故天倾西北隅,地缺东南角。"参见《续修四库全书》第1212册,上海古籍出版社2002年版,第21页。
③ 《山海经·大荒西经》载:"有禹攻共工国山。"参见袁珂《山海经校注》,上海古籍出版社1980年版,第387页。另外,《荀子·议兵篇》载:"禹伐共工。"参见(清)王先谦《荀子集解》,中华书局1988年版,第280页。
④ 徐旭生:《中国古史的传说时代》,文物出版社1985年版,第131—136页。
⑤ 邹衡:《夏商周考古学论文集》,文物出版社1980年版,第283—284页。

第四章　飞龙在天：远古战争神话

是当年共工部落活动之处，但其活动的中心区域，既不在辉县，也不是'太行山东麓一线'，而应在上古'九州'雏型的'九土'、'九山'境内，开始在渭河上游一带，后来发展到豫西、嵩山周围。"①

与古史传说时代其他神或英雄相似，"共工"既可能是某位氏族首领的名字，也可能为某个部落的名字，而"与颛顼争为帝"的共工无疑为个体，其原型不可能存在很久。除成书于唐代的《琱玉集》外，"共工为神农时诸侯"的传说不载于其他常见古籍，故其说可信性不高。从大多数古史传说来看，共工所处时代应为五帝中期偏后，如《山海经·海内经》载："炎帝之妻，赤水之子听訞生炎居，炎居生节并，节并生戏器，戏器生祝融，祝融降处于江水，生共工。"② 这与颛顼时代接近，因而可信性较高。从考古学视角来看，共工传说的历史原型当处于龙山时代③。

空间方面，地名中凡带有"共"字的地方皆有可能是共工旧居。但事实上，地名雷同是古今普遍现象，中国四省六地都有"共水""共山"或"共"地④，仅《山海经》就三次提到"共水"：其一，《北山经》载，"又东三百七十里，曰泰头之山。共水出焉，南注于虖池"；其二，《中山经》载，"中山经薄山之首，曰甘枣之山。共水出焉，而西流注于河"；其三，此篇又载，"又西百里，曰长石之山，无草木，多金玉。其西有谷焉，名曰共谷，多竹。共水出焉，西南流注于洛，其中多鸣石"⑤。据此，仅从地名上判断，符合条件的地方会有很多。古史传说中，共工既与颛顼发生过冲突，其活动的核心区域也不应与颛顼故地太远。《山海经·海内经》已经明确提到共工的出生地为"江水"，而《史记·五帝本纪》载，黄帝之子青阳"降居江水"，昌意（即颛顼之父）"降居若水"。田昌五等先生既已考订古若水即河南汝水（汝

---

① 王震中：《共工氏主要活动地区考辨》，《人文杂志》1985年第2期，第103页。
② 袁珂校注：《山海经校注》，上海古籍出版社1980年版，第471页。
③ 龙山时代，可泛指黄河中下游地区的新石器时代晚期文化，因最早发现于山东龙山而得名。1931年，梁思永在安阳后冈遗址的发掘，首次发现了小屯、龙山和仰韶三种文化的三叠层堆积，从而证明龙山文化是晚于仰韶文化而早于小屯商文化的一种新石器时代文化。参见梁思永《小屯、龙山与仰韶》，《梁思永考古论文集》，科学出版社1959年版。
④ 王震中：《共工氏主要活动地区考辨》，《人文杂志》1985年第2期，第103页。
⑤ 袁珂校注：《山海经校注》，上海古籍出版社1980年版，第91、117、138页。

· 167 ·

河），那么"江水"在哪里呢？《史记正义》引《括地志》云："安阳故城在豫州新息县西南八十里。应劭云古江国也。《地理志》亦云安阳古江国也。"①《读史方舆纪要·河南·汝宁府·真阳县》亦载："安阳城，在县东，与光州息县接界。信阳北出之道也。杜预曰：安阳，本春秋时江国。汉置安阳县，属汝南郡。……江城，在县东南。春秋时江国也。《左传》文四年，楚灭江。应劭曰：安阳有江亭。"② 据此，安阳为春秋时古江国的故地。但值得注意的是，此安阳位于今河南信阳东北的淮河北岸，离息县很近，并不是黄河之北发现殷墟的安阳。除淮河外，这一地区最大的河流是洪河。洪河是淮河支流，源出伏牛山，流经河南东南部、安徽北部边境，在洪河口入淮。而洪河最大支流为汝河（汝水），也就是传说中帝颛顼的出生地。从地势上看，洪河流域上宽下窄，出流不畅，易成水灾；从字形或字音角度来推断，"洪河"之"洪"与"共工"之"共"关系极为密切。简言之，认为共工出生于洪河流域的安阳一带，至少可以找到四个理由：一是这里是古江国故地，可与《山海经·海内经》共工出生地"江水"相印证；二是这里离颛顼的出生地"若水"很近；三是地名"洪河"与"共"相关；四是此地易发洪水。

无独有偶，黄河之北的安阳，离"颛顼之虚"濮阳很近，也离"共伯国"③ 辉县很近。徐旭生力主共工旧居在辉县，他说：

> 黄河自青海高原流出，曲折穿过甘肃、内蒙古自治区、陕西、山西间及河南西部的高地，由高山或黄土原紧束，不能成大患。在此段内，仅只走到河套的时候，地颇平衍，可是因为水流不急，并且因为受纳的支流还少，水量也还不丰富，不惟不能为患，善为引导，反成大利。及至到河南省东部，忽然落到平原，来处既高，水势湍急。并且它从此走到广莫的平原上面，毫无拘束：转而北行，迁徙无常，才成了大患。历代水患总是在这一段内。共地（辉县）

---

① （汉）司马迁《史记》，中华书局1959年版，第11页。
② （清）顾祖禹：《读史方舆纪要》，上海书店出版社1998年版，第349—350页。
③ 河南辉县"本共伯国，春秋时属卫，战国时属魏。汉置共县，属河内郡"。参见（清）顾祖禹《读史方舆纪要》，上海书店出版社1998年版，第343页。

第四章 飞龙在天：远古战争神话

正当黄河转折地方的北岸，为河患开始的地方。①

与辉县相比，濮阳在下游，更易受到黄河水患的威胁。远古洪荒时期，如果人们不完全清楚水患形成的自然原因，就很容易将之归罪于生活在上游的居民，认为是他们"振滔洪水"，制造了灾难。由此，居住在黄河上、下游的不同族群间爆发冲突就不可避免了。这或许确为颛顼与共工冲突的真实原因。

徐旭生力图寻找隐藏在传说背后的历史必然，没有像一般学者那样拘泥于文字训诂，确为后学树立了榜样。20世纪90年代，考古工作者在河南辉县孟庄镇东侧台地上发现一座目前河南境内面积最大的龙山文化城址。考古报告特别提到，此城的毁坏原因有两点值得特别注意：

1. 孟庄城垣系内外取土堆筑而成，内侧有宽6—8米的濠沟，深达2米左右。探沟的资料表明，内侧濠沟中淤土厚达1米以上。此外，南、北面城河的发掘表明外城河龙山晚期的淤土有2—3米。这些淤土的形成应是持续一定时间的洪水或大量雨水造成的。

2. 城墙西墙的中北部有一大的缺口，已探出部分15米宽……从已发掘的T128看，原有的龙山城墙夯土已全部被洪水冲掉。且洪水在该探方内下切入生土达1.5米左右，由西向东伸去。冲沟内的淤土中包含有龙山文化各个时期的陶片，表明该冲沟是在龙山末期或二里头时期之前形成的。在西城墙的这段缺口处，二里头时期的人们清除了这里的大部分淤土，然后用夹板筑夯成二里头时期的西城墙。②

龙山时期大规模古城的存在，说明五帝中后期辉县曾经有一个强大的族群，古"共"地名及其与"帝丘"濮阳的相对位置又暗示此地极可能是共工氏旧居，而考古发掘的洪水遗迹则说明共工洪水传说确实有

---

① 徐旭生：《中国古史的传说时代》，文物出版社1985年版，第136—137页。
② 河南省文物考古研究所：《河南辉县市孟庄龙山文化遗址发掘简报》，《考古》2000年第3期，第19页。

历史的影子。总之，考古新资料为徐旭生有关共工故地的假说提供了新证据。

龙山时代，河南中部以王湾三期①文化为主体，其范围东起郑州左近，西至渑池，北达济源，南抵驻马店一带，位于中原的核心地区；而在河南北部直到冀中平原的子牙河和滹沱河流域，则主要分布着后冈二期文化②。作为"颛顼之虚"的帝丘濮阳，正处于后冈二期文化的核心区域，而"共地"辉县则处于后冈二期文化与王湾三期文化的交界地带。文化遗存的不同类型，往往代表着不同族群的势力范围。所以，颛顼与共工在河南北部的辉县一带发生冲突，是完全有可能的。

综上所述，一部分资料将共工的活动地域指向淮河北岸的安阳地区，而另一部分资料则将其活动地域指向黄河北岸的安阳③地区。至少有两种情况可能造成这种矛盾：一是共工生于淮北安阳地区，后迁至河北④安阳地区；二是共工本生于河北安阳地区，后来某历史时期河北居民大规模渡河南迁，他们不仅将"安阳"地名带至淮北，也将河北安阳地区流传的共工传说带到了淮北。由于没有更多的证据，孰是孰非已经无从知晓了。

---

① 王湾三期文化，因洛阳王湾三期遗存而得名，绝对年代在公元前2600—前1900年。1959—1960年，北京大学考古实习队对王湾遗址进行了首次发掘，在这里发现三期新石器时代文化遗存，其中第三期遗存被认为是"河南龙山文化"。参见北京大学考古实习队《洛阳王湾遗址发掘简报》，《考古》1961年第4期；北京大学考古文博学院《洛阳王湾》，北京大学出版社2002年版。

② 后冈二期文化，因安阳后冈第二期遗存而得名，绝对年代在公元前2600—前2000年之间。这类存最早于1930年在安阳小屯村北地发现，由于它与此前不久在山东龙山镇发掘的陶器特征有些相似，因此被笼统地称为河南龙山文化。20世纪70年代后期，有人主张用"后冈二期文化"名称来替换"河南龙山文化"一名，80年代初，开始有学者主张把它与王湾三期文化相区别。90年代，后冈二期文化被认为与先商文化有密切的关系，可能有另有自己的来源。这样，后冈二期文化与王湾三期文化都有了独立命名的趋势。参见李济《小屯与仰韶》，《安阳发掘报告》第二期，1930年；中国社会科学院考古研究所《新中国的考古发现和研究》，文物出版社1984年版；吴汝祚《关于夏文化及其来源的初步探索》，《文物》1978年第9期；严文明《龙山时代和龙山文化》，《文物》1981年第6期。

③ 辉县孟庄、安阳小屯与濮阳市区之间的连线呈三角形。其中，辉县孟庄龙山时代古城至安阳小屯约70公里，至濮阳市区约100公里，而安阳小屯至濮阳市区约50公里。

④ 这里的"河北"指黄河北岸，而不是指今河北省。

三 "黄炎斗争余绪"说

共工与颛顼争帝的传说流传很广，《淮南子》之《天文训》《兵略训》及其他一些文献都曾经提到过，然而与共工相战的并非仅有颛顼一帝：《淮南子·原道训》提到共工"与高辛争为帝"[1]，《韩非子·外储说》云"（尧）举兵而流共工于幽州之都"[2]，《孟子·万章上》云"舜流共工于幽州"[3]，《荀子·成相篇》则云"禹有功，抑下鸿，辟除民害逐共工"[4]，可见共工氏与帝颛顼、帝高辛、帝尧、帝舜、大禹皆有矛盾。《山海经·海内经》里已经明确提到共工乃炎帝之后，而据《大戴礼记·帝系篇》可知，共工氏的对立面皆为黄帝后裔[5]。或许正是由于这个原因，袁珂指出："共工与颛顼之争，亦黄炎斗争之余绪也。"[6]

值得注意的是，春秋时郯子曾说过"共工氏以水纪，故为水师而水名"[7]，加之大多数共工传说都与洪水有关，那么问题就来了——共工与黄帝后裔之间的斗争，究竟是因洪水而起，还是因争夺领导权而起呢？

解决这个问题，首先涉及对史前罕见洪水的正确认知。从《诗经》《尚书》到战国秦汉文献，有不少古籍追述了这场洪水。

洪水芒芒，禹敷下土方。（《长发》）[8]

---

[1] 刘文典撰，冯逸等点校：《淮南鸿烈集解》，中华书局1989年版，第22页。
[2] （清）王先慎撰，锺哲点校：《韩非子集解》，中华书局1998年版，第324页。
[3] 李学勤：《孟子注疏》，北京大学出版社1999年版，第251页。
[4] （清）王先谦撰，沈啸寰等点校：《荀子集解》，中华书局1988年版，第463页。
[5] （唐）佚名辑《琱玉集·壮力篇》是例外。其文曰："共工，神农时诸侯也，而与神农争定天下。共工大怒，以头触不周山，山崩。天柱折，地维绝，故天倾西北隅，地缺东南角。又女娲练五石以补天缺也。出《淮南子》。"参见《续修四库全书》第1212册，上海古籍出版社2002年版，第21页。按，此书自云"出《淮南子》"，但《淮南子·天文训》中上述传说的另一主角却是颛顼。《淮南子》固然也有在唐朝之后出现传抄讹误的可能，但考虑到《琱玉集》为孤证，故可信性不高。
[6] 袁珂校注：《山海经校注》，上海古籍出版社1980年版，第234页。
[7] 李学勤：《春秋左传正义》，北京大学出版社1999年版，第1360—1361页。
[8] 李学勤：《毛诗正义》，北京大学出版社1999年版，第1452页。

汤汤洪水方割，荡荡怀山襄陵，浩浩滔天。(《尧典》)①

当尧之时，天下犹未平，洪水横流，泛滥于天下，草木畅茂，禽兽繁殖，五谷不登，禽兽逼人，兽蹄鸟迹之道交于中国。……禹疏九河，瀹济、漯而注诸海，决汝、汉，排淮、泗而注之江，然后中国可得而食也。(《滕文公上》)

当尧之时，水逆行，泛滥于中国，蛇龙居之，民无所定，下者为巢，上者为营窟。《书》曰："洚水警余。"洚水者，洪水也。使禹治之，禹掘地而注之海，驱蛇龙而放之菹，水由地中行，江、淮、河、汉是也。险阻既远，鸟兽之害人者消，然后人得平土而居之。(《滕文公下》)②

墨子称道曰：昔禹之湮洪水，决江河而通四夷九州也，名山三百，支川三千，小者无数。(《天下》)③

洪水滔天。鲧窃帝之息壤以堙洪水，不待帝命。帝令祝融杀鲧于羽郊。鲧复生禹。帝乃命禹卒布土以定九州。(《海内经》)④

洪泉极深，何以填之？地方九则，何以坟之？(《天问》)⑤

昔上古龙门未开，吕梁未发，河出孟门，大溢逆流，无有丘陵沃衍、平原高阜，尽皆灭之，名曰鸿水。(《爱类》)⑥

舜之时，共工振滔洪水，以薄空桑，龙门未开，吕梁未发，江、淮通流，四海溟涬，民皆上丘陵，赴树木。舜乃使禹疏三江五湖，开伊阙，导廛、涧，平通沟陆，流注东海。鸿水漏，九州干，万民皆宁其性。(《本经训》)

往古之时，四极废，九州裂，天不兼覆，地不周载，火爁炎而不灭，水浩洋而不息。(《览冥训》)⑦

---

① 李学勤：《尚书正义》，北京大学出版社1999年版，第40页。
② 李学勤：《孟子注疏》，北京大学出版社1999年版，第145—146、176—177页。
③ (清)郭庆藩撰，王孝鱼点校：《庄子集释》，中华书局1961年版，第1077页。
④ 袁珂校注：《山海经校注》，上海古籍出版社1980年版，第472页。
⑤ (宋)洪兴祖：《楚辞补注》，中华书局1983年版，第90页。
⑥ 陈奇猷校释：《吕氏春秋校释》，学林出版社1984年版，第1463页。
⑦ 刘文典撰，冯逸等点校：《淮南鸿烈集解》，中华书局1989年版，第255—256、206页。

第四章 飞龙在天：远古战争神话

从上述传说来看，这似乎是一场千年不遇的特大洪水。然而，徐旭生经过深入考察后指出：

（一）我国洪水传说发生于我们初进农业阶段的时候。

（二）洪水的洪原本是一个专名，指发源于今河南辉县境内的小水，因为辉县旧名共，水也就叫作共水，洪字的水旁是后加的。因为它流入黄河后，黄河开始为患，当时人就用它的名字指示黄河下游的水患，至于洪解为大是后起附加的意义。

（三）洪水的发生区域主要的在兖州，次要的在豫州、徐州境内。余州无洪水。禹平水土遍及九州的说法是后人把实在的历史逐渐扩大而成的。

（四）鲧所筑的堤防不过围绕村落，像现在护庄堤一类的东西，以后就进步为城，不是像后世沿河修筑的"千里金堤"。

（五）在我国上古部族的三集团中，主持治洪水的人为华夏集团的禹及四岳。同他们密切合作的为东夷集团的皋陶及伯益。南方的苗蛮集团大约没有参加。[1]

徐旭生的观点启示颇多，但也不无可商榷之处。

首先，洪水传说主要发生于五帝中后期，而早在传说中的三皇时代中原地区即已出现了较发达的原始农业。神农，旧说三皇之一，是古史传说中最早从事农业生产的氏族首领。《白虎通义·号》载："谓之神农何？古之人民，皆食禽兽肉。至于神农，人民众多，禽兽不足。于是神农因天之时，分地之利，制耒耜，教民农作。神而化之，使民宜之，故谓之神农也。"[2] 从考古来看，最早发现于河南新郑的裴李岗文化距今7000余年，比仰韶文化还要早，就已经存在比较发达的农业了，而同样古老的河北磁山文化遗址发掘出80多个灰坑（窖穴），内存在粮食（粟）堆积，有的甚至厚达2米[3]。

---

[1] 徐旭生：《中国古史的传说时代》，文物出版社1985年版，第161页。
[2] （清）陈立撰，吴则虞点校：《白虎通疏证》，中华书局1994年版，第51页。
[3] 任式楠、吴耀利：《中国考古学·新石器时代卷》，中国社会科学出版社2010年版，第126—136、147页。

其次，对不同族群与洪水传说关系揭示得不够准确。按徐旭生的划分，华夏集团包括黄帝与炎帝两大亚族，而黄帝后裔颛顼、高辛（喾）、尧、舜、禹与炎帝后裔共工氏之间的矛盾几乎贯穿洪水传说的始终。除此而外，祝融与鲧之间的杀戮，也是黄、炎两族团矛盾的重要组成部分。《山海经·海内经》载："炎帝之妻，赤水之子听訞生炎居，炎居生节并，节并生戏器，戏器生祝融，祝融降处于江水，生共工。"①这表明，祝融、共工皆为炎帝后裔。《大戴礼记·帝系》载："颛顼产鲧，鲧产文命，是为禹。"② 这表明，颛顼、鲧、禹皆黄帝后裔。而《山海经·海内经》载：

> 洪水滔天。鲧窃帝之息壤以埋洪水，不待帝命。帝令祝融杀鲧于羽郊。鲧复生禹。帝乃命禹卒布土以定九州。③

再结合"共工与颛顼争为帝"④ "禹逐共工"⑤ 等传说来看，这场旷日持久的治水斗争怎么看都像是炎帝后裔与黄帝后裔间的杀戮与复仇。那么，上述传说中的"帝"是当时人所信仰的天神，还是人间的实际统治者呢？如果"帝"是实际存在的特定统治者，则其先命祝融杀鲧、再命鲧之子（即禹）逐祝融之子（即共工）的行为就无法解释；如果"帝"是当时人们所崇拜的天神，则其忽左忽右的立场就是完全可能的——因为"天神的命令"往往是胜利者反复宣扬的战争理由，即冲突双方都会宣称自己是"奉天帝之命"攻击对方，而通常只有胜利者的声音可以在此后的历史中流传下去。徐旭生的"主持治洪水的人为华夏集团的禹及四岳"说法，无疑回避了炎、黄后裔之间跟治水斗争纠缠在一起的矛盾与冲突。

从黄帝与炎帝、蚩尤的阪泉涿鹿大战，到以共工、颛顼为代表的炎、黄后裔间激烈冲突，古史传说里的中国舞台焦点自北向南缓缓移动。黄

---

① 袁珂校注：《山海经校注》，上海古籍出版社1980年版，第471页。
② （清）王聘珍撰，王文锦点校：《大戴礼记解诂》，中华书局1983年版，第126页。
③ 袁珂校注：《山海经校注》，上海古籍出版社1980年版，第472页。
④ 刘文典撰，冯逸等点校：《淮南鸿烈集解》，中华书局1989年版，第80页。
⑤ 参见（清）王先谦撰《荀子集解》，中华书局1988年版，第463页。

帝及其后裔既是这一系列冲突的胜利者，则其发祥于北方草原的事实无可争辩——他们在取得阪泉涿鹿大战的胜利后，开始逐渐进入黄河流域。自河南辉县而下，黄河流淌于华北大平原之上，由凌汛[①]或夏汛[②]导致的河水泛滥、改道极为常见，这对于习惯了北方草原半干旱气候的黄帝族团来说，无疑是一个巨大的挑战。另一个挑战则是来自炎帝、蚩尤后裔[③]的复仇。炎帝与蚩尤族世居中原，比黄帝族更适应黄河多洪水的自然环境。由于黄帝族裔对黄河洪水成因缺乏正确的认知，他们很容易把洪水理解为共工氏的报复手段。这样，五帝后期的洪水传说跟以共工、颛顼为代表的炎、黄后裔间激烈冲突很自然地纠缠在一起了。

总之，共工与颛顼之争是"黄炎斗争之余绪"的说法很有道理——在五帝后期的洪水传说里，既有人类抗争与自然灾害的矛盾，也有黄河土著居民与北方"入侵者"的矛盾。只有厘清不同传说人物的族群关系并全面考察中原地区龙山时代的考古成果，才有可能透过古史传说，一步步接近历史真相。

四 论"绝地天通"

在与共工氏冲突的诸帝中，颛顼是颇具代表性的一位，然而他在中国文化史上的地位却是由"绝地天通"奠定的。绝地天通，见载于《尚书·吕刑》《国语·楚语下》和《山海经·大荒西经》。

《尚书·吕刑》载：

> 王曰："若古有训，蚩尤惟始作乱，延及于平民，罔不寇贼鸱义，奸宄夺攘矫虔。苗民弗用灵，制以刑，惟作五虐之刑曰法。杀戮无辜，爰始淫为劓、刵、椓、黥。越兹丽刑并制，罔差有辞。民

[①] 凌汛：由于下游河道结冰或冰凌积成的冰坝阻塞河道，使水流不畅而引起河水上涨的现象。在高寒地区，如果河流从低纬度流向高纬度，则河流封冻时下游早于上游，解冻时上游早于下游。黄河山东段符合上述条件，经常发生凌汛。

[②] 夏汛：以雨水补给的河流，水位变化由降水特点决定，如果夏天降水较多，则容易产生夏汛。黄河中下游属于温带季风性气候，降水集中于七八月份，汛期虽短却极易成灾。

[③] 炎帝后裔，即前文所提到的祝融、共工，参见《山海经·海内经》；蚩尤后裔，即颛顼时的九黎族。《国语·楚语下》载："及少皞之衰也，九黎乱德。"韦昭注："九黎，黎氏九人，蚩尤之徒也。"参见徐元诰《国语集解》，中华书局2002年版，第514页。

兴胥渐，泯泯棼棼，罔中于信，以覆诅盟。虐威庶戮，方告无辜于上。上帝监民，罔有馨香，德刑发闻惟腥。皇帝哀矜庶戮之不辜，报虐以威，遏绝苗民，无世在下。乃命重黎，绝地天通，罔有降格。群后之逮在下，明明棐常，鳏寡无盖。"①

《国语·楚语下》载：

昭王问于观射父曰："《周书》所谓重、黎实使天地不通者何也？若无然，民将能登天乎？"对曰："非此之谓也。古者民神不杂。民之精爽不携贰者，而又能齐肃衷正，其智能上下比义，其圣能光远宣朗，其明能光照之，其聪能听彻之，如是则明神降之，在男曰觋，在女曰巫。是使制神之处位次主，而为之牲器时服，而后使先圣之后之有光烈，而能知山川之号、高祖之主、宗庙之事、昭穆之世、齐敬之勤、礼节之宜、威仪之则、容貌之崇、忠信之质、禋洁之服，而敬恭明神者，以为之祝。使名姓之后，能知四时之生、牺牲之物、玉帛之类、采服之宜、彝器之量、次主之度、屏摄之位、坛场之所、上下之神祇、氏姓之所出，而心率旧典者为之宗。于是乎有天地神民类物之官，是谓五官，各司其序，不相乱也。民是以能有忠信，神是以能有明德，民神异业，敬而不渎，故神降之嘉生，民以物享，祸灾不至，求用不匮。及少昊之衰也，九黎乱德，民神杂糅，不可方物。夫人作享，家为巫史，无有要质。民匮于祀，而不知其福。烝享无度，民神同位。民渎齐盟，无有严威。神狎民则，不蠲其为。嘉生不降，无物以享。祸灾荐臻，莫尽其气。颛顼受之，乃命南正重司天以属神，命火正黎司地以属民，使复旧常，无相侵渎，是谓绝地天通。其后三苗复九黎之德，尧复育重、黎之后不忘旧者，使复典之。以至于夏、商，故重、黎氏世叙天地，而别其分主者也。其在周，程伯休父其后也，当宣王时，失其官守而为司马氏。宠神其祖，以取威于民，曰：'重实上天，黎实下地。'遭世之乱，而莫之能御也。不然，夫天地成而不变，

---

① 李学勤：《尚书正义》，北京大学出版社1999年版，第535—539页。

何比之有?"①

《楚语》开篇即点明楚昭王的问题是针对《周书》中"绝地天通"而提出的,可见两者讲的是同一则传说。《楚语》虽文献形成时代较晚,却对此传说阐释得更详细。通过比较不难发现,《吕刑》和《楚语》都提到"绝地天通"前天下大乱,不同的是前者为"蚩尤惟始作乱……苗民弗用灵",后者为"及少昊之衰也,九黎乱德,民神杂糅,不可方物"。按韦昭注,"九黎"为"黎氏九人,蚩尤之徒也"②;至于"苗民"族属则比较复杂,要言之,其说有四:

一是颛顼氏后裔说。《山海经·大荒北经》载:"西北海外,黑水之北,有人有翼,名曰苗民。颛顼生驩头,驩头生苗民,苗民厘姓,食肉。"《海内经》载:"有人曰苗民。有神焉,人首蛇身,长如辕,左右有首,衣紫衣,冠旃冠,名曰延维,人主得而飨食之,伯天下。"③ 据此,则苗民为颛顼后裔,且崇拜鸟或两头蛇(即延维)。

二是缙云氏后裔说。《左传·文公十八年》载:

> 昔帝鸿氏有不才子,掩义隐贼,好行凶德,丑类恶物,顽嚚不友,是与比周,天下之民谓之浑敦。少皞氏有不才子,毁信废忠,崇饰恶言;靖谮庸回,服谗搜慝,以诬盛德,天下之民谓之穷奇。颛顼氏有不才子,不可教训,不知话言,告之则顽,舍之则嚚,傲很明德,以乱天常,天下之民谓之梼杌。此三族也,世济其凶,增其恶名,以至于尧,尧不能去。缙云氏有不才子,贪于饮食,冒于货贿,侵欲崇侈,不可盈厌,聚敛积实,不知纪极,不分孤寡,不恤穷匮,天下之民以比三凶,谓之饕餮。舜臣尧,宾于四门,流四凶族,浑敦、穷奇、梼杌、饕餮,投诸四裔,以御螭魅。④

《尚书古文·舜典》则云:

---

① 徐元诰撰,王树民等点校:《国语集解》,中华书局2002年版,第512—516页。
② 同上书,第514页。
③ 袁珂校注:《山海经校注》,上海古籍出版社1980年版,第436—437、456页。
④ 李学勤:《春秋左传正义》,北京大学出版社1999年版,第580—583页。

（舜）流共工于幽州，放驩兜于崇山，窜三苗于三危，殛鲧于羽山，四罪而天下咸服。①

《左传》与《尚书》所载的"四凶"之名不同，杜预以为浑敦即驩兜、穷奇即共工、梼杌即鲧，饕餮"非帝王子孙，故别以比三凶"②；孔安国则径直云，"三苗，国名。缙云氏之后，为诸侯，号饕餮"③。据《左传》杜预注，缙云为"黄帝时官名"，而《左传·昭公十七年》亦载"昔者黄帝氏以云纪，故为云师而云名"④，这说明三苗与黄帝族团关系密切。

三是九黎后裔说。《国语·楚语下》载："其后三苗复九黎之德。"韦昭注曰："三苗，九黎之后。高辛氏衰，三苗为乱，行其凶德，如九黎之为也。尧兴而诛之。"⑤ 据此，三苗远祖则为蚩尤。

四是姜姓之别说。《后汉书·西羌传》云："西羌之本，出自三苗，姜姓之别也。其国近南岳。及舜流四凶，徙之三危，河关之西南羌地是也。"⑥ 按《世本·氏姓篇》，"炎帝，姜姓"⑦，则三苗与炎帝的族源关系较近。

概言之，前两说表明苗民与黄帝族团关系密切，但若依后两说则其与蚩尤或炎帝族团更近。从《尚书》之《尧典》《皋陶谟》《禹贡》《吕刑》《墨子》《孟子·万章上》《战国策》《大戴礼记·五帝德》《韩诗外传·卷三》等相关文献来看，苗民与黄帝后裔诸帝呈对立状态是无疑的，故上述诸说中后两说更接近实际。当然，前两说也并非全无根据——古时不乏战败部落与战胜部落在特定地域或时期内结成族外婚姻，而黄帝族团与炎帝族团正属于这样的情况，因为直到周代姬姓

---

① 李学勤：《尚书正义》，北京大学出版社1999年版，第65—66页。
② 李学勤：《春秋左传正义》，北京大学出版社1999年版，第580—583页。
③ 李学勤：《尚书正义》，北京大学出版社1999年版，第66页。
④ 李学勤：《春秋左传正义》，北京大学出版社1999年版，第582、1360页。
⑤ 徐元诰撰，王树民等点校：《国语集解》，中华书局2002年版，第515页。
⑥ （宋）范晔撰，（唐）李贤等注：《后汉书》，中华书局1965年版，第2869页。
⑦ （汉）宋衷注，（清）秦嘉谟等辑：《世本八种》，上海商务印书馆1957年版，第22页。

第四章　飞龙在天：远古战争神话

（黄帝后裔）与姜姓（炎帝后裔）还保持着婚姻联盟关系。在人类婚姻史上，外婚制禁止某一特定群体的成员与该群体以内的任何人通婚。当然，这只是一般规定，具体来说，不同时代、不同地域或不同族群的习俗又有很多差异。"普那路亚"（Punaluan family）是原始群婚的典型形态，即一族团内的女子与另一族团内的男子，或一族团内的兄弟与另一族团内的一群女子互相通婚。在这种婚姻形态下，孩子通常于母亲所在的部落里长大。如果甲、乙两族结成婚姻联盟，由父系视之，则乙族女子所生的孩子自是甲族（男子）之后裔，由母系视之，则乙族女子所生的孩子仅为乙族（女子）之后裔。人类由母系社会进入父系社会并非一蹴而就，中间要经历一个"舅权时代"。芬兰学者 E. A. 韦斯特马克（E. A. Westermarck，1862—1939）指出：在婚姻生活仅以走婚形式出现的条件下，"丈夫通常要到妻子家里干活，至少是在开始的时候。他白天来，帮助她在稻田里耕作，并和她一起吃午饭。如果他是一个钟情的丈夫，他通常会在晚上秘密地来到妻子的房里，和她住在一起，直到第二天清晨。一般来说，他不能充分地供养他的妻子和孩子。在这里，就责任和权利而言，孩子的舅父才是他们的父亲和一家之主"①。据此，有关苗民族属的两类传说，虽彼此矛盾，却同时具有合理性：如果五帝时代黄帝后裔与炎帝或蚩尤后裔之间确实曾经存在过婚姻联盟，则说"颛顼生骡头，骡头生苗民"（《大荒北经》）就是完全可以的；倘若当时父权制尚未完全确立，苗民在母亲所在氏族里长大，则文化及情感上为炎帝或蚩尤后裔也是完全可能的。

　　观射父的话值得深入分析。他说："民之精爽不携贰者，而又能齐肃衷正，其智能上下比义，其圣能光远宣朗，其明能光照之，其聪能听彻之，如是则明神降之，在男曰觋，在女曰巫。是使制神之处位次主……于是乎有天地神民类物之官，是谓五官，各司其序，不相乱也。"② 很明显，这里的"五官"是指五位巫师，与《史记·历书》所载情形相同：

---

① ［芬］韦斯特马克：《人类婚姻史》，李彬等译，商务印书馆2002年版，第43页。
② 徐元诰撰，王树民等点校：《国语集解》，中华书局2002年版，第512—516页。

盖黄帝考定星历，建立五行，起消息，正闰余，于是有天地神祇物类之官，是谓五官。各司其序，不相乱也。民是以能有信，神是以能有明德。民神异业，敬而不渎，故神降之嘉生。民以物享，灾祸不生，所求不匮。①

将《国语·楚语下》与《史记·历书》结合起来看，可知黄帝建立的"五官"制度，一直延续到颛顼时代。这种制度较原始，在五帝前期有效团结了北方草原各氏族，为征服黄河中下游的农耕居民发挥了重要作用。然而至颛顼时代，当时社会已经发生了深刻变化——中国历史舞台重心由北鄙涿鹿南移到黄河中下游的帝丘濮阳，黄帝后裔与蚩尤、炎帝后裔交错杂居。如果黄帝后裔诸帝长期将蚩尤、炎帝后裔（即苗民或九黎）排斥在"五官"体制之外，势必会造社会动荡不安，流血冲突不止。如果将苗民或九黎部落首领纳入"五官"之内，则同样不能完全避免氏族间的冲突——因为"五官"在一个平面之内，相对平等，黄帝后裔诸帝无法驾驭异族首领："共工与颛顼争为帝"（《天文训》）、"苗民弗用灵"（《吕刑》）、"九黎乱德"（《楚语下》）等传说，讲的都是这个问题。

按观射父的解释，所谓"天地相通"是指巫觋通过降神而知晓天意。颛顼改革前，"五官"是五位巫师，他们既拥有通神权，又拥有治民权，而且通神权几乎使其治民权不受任何限制——他们可以把对民众发布的任何政令都说成是"神的旨意"。这种体制，极易造成联盟内诸氏族或部落各自为政，从而为不同氏族间冲突或复仇埋下祸根。面对剧烈的社会冲突，颛顼对原始"五官"制进行了深刻的变革，这就是"绝地天通"："命南正重司天以属神，命火正黎司地以属民"②，即是将原属于南方部落首领（五官之一）的宗教神权与世俗政权相分离，分派给重、黎两个人。《左传·昭公二十九年》载："少皞氏有四叔，曰重、曰该、曰修、曰熙，实能金、木及水。使重为句芒，该为蓐收，修及熙为玄冥，世不失职，遂济穷桑，此其三祀也。颛顼氏有子曰犁，

---

① （汉）司马迁：《史记》，中华书局1959年版，第1256页。
② 徐元诰撰，王树民等点校：《国语集解》，中华书局2002年版，第515页。

为祝融；共工氏有子曰句龙，为后土，此其二祀也。"① 据此，则重为少皞氏四叔之一，四叔与帝少皞，即是原始"五官"。《楚语》谓重为南正，司天以属神，而《左传》谓重为句芒，即木正，两者有些差异；《楚语》谓黎为火正，司地以属民，而《左传》谓犁为颛顼氏之子，为祝融。其实，"犁"即"黎"，"祝融"即火正之官名。《国语·郑语》载："夫黎为高辛氏火正，以淳耀敦大，天明地德，光照四海，故命之曰'祝融'，其功大矣。"②

作为火正的"黎"与少皞衰时乱德的"九黎"有没有关系呢？按韦昭《国语》注，"九黎"为蚩尤后裔，而《左传》释火正犁（黎）为颛顼氏之子。愚以为，这或许只是古人的臆测——乱德的当然是贼子，为官的必须是帝胄。其实，真相更有可能是：黎，本为九黎族首领，蚩尤或炎帝后裔，颛顼命之为火正祝融，赋予治民权而剥夺通神权，这样既可怀柔异族，又能维护中央权威。重黎"绝地天通"的主要目的，也正在于此。

小结

九黎与三苗不同，古人却常常并称之，《国语·周语下》载"无亦鉴于黎、苗之王"，韦昭注曰："黎，九黎。苗，三苗。少皞氏衰，九黎乱德，颛顼灭之。高辛氏衰，三苗又乱，尧诛之。"③ 概而论之，九黎、三苗皆中原从事农耕的土著居民罢了。他们或是炎帝后裔，或是蚩尤族人，或是崇拜神农的农耕部落④，总之是彼此关系比较松散的部落群体——偶尔会因对抗共同的敌人而联合起来，但多数时候都是各自为政，所以古人会在族名"黎"与"苗"前加上数词"九"和"三"。从"苗民"称谓来看，他们应是当时的农耕族群，《淮南子·原道训》

---

① 李学勤：《春秋左传正义》，北京大学出版社1999年版，第1510—1511页。
② 徐元诰撰，王树民等点校：《国语集解》，中华书局2002年版，第465页。
③ 同上书，第100页。
④ 神农、炎帝、蚩尤：三者各有不同传说，却又彼此关联，概皆农耕部落之首领，或农人崇拜之神灵。《世本》载："炎帝神农氏。"宋仲子注曰："炎帝即神农氏，炎帝身号，神农代号也。"又载："蚩尤作兵。"宋衷注曰："蚩尤，神农臣也。"参见（清）秦嘉谟等辑《世本八种》，上海商务印书馆1957年版，第3、37页。

谓"神农之播谷也，因苗以为教"①，盖农耕族群必以擅长布谷育苗而著称。《战国策·魏策》载："昔者，三苗之居，左彭蠡之波，右有洞庭之水，文山在其南，而衡山在其北。恃此险也，为政不善，而禹放逐之。"② 其实，这只是战国人的说辞，五帝中后期，九黎、三苗的活动地域还应再偏北一些，接近黄河中下游才较合理。《左传·昭公十七年》载："郑，祝融之虚也，皆火房也。……卫，颛顼之虚也，故为帝丘。"③ 这表明黎人（祝融）势力在颛顼虚（濮阳）南方不远，可与绝地天通传说相印证。

社会矛盾是推动制度改变的重要动力。革新原始五官制度最先由南方"绝地天通"破题，首先得益于九黎、三苗与黄帝后裔诸帝的矛盾。这次改革仅涉及南方，但举一隅可反之以三：有南正，必有东正、西正、北正；有火正，必有金正、木正、水正、土正。这场变革的实质，就是原始五行④官制的权力再分配：中央帝保留通神权与治民权，四方官（或谓四岳、四正、四叔）的通神权与治民权分割。概言之，四后由主政一方变为管理一类事务。据《左传·文公七年》所引《夏书》可知，大禹时代或稍前的"六府（水、火、金、木、土、谷）"被视为养民之本。在四后职务转变的过程中，"六府"被分配给四后，于是产生了新的"五行之官"。《左传·昭公二十九年》载："有五行之官，是谓五官，实列受氏姓，封为上公，祀为贵神。社稷五祀，是尊是奉。木正曰句芒，火正曰祝融，金正曰蓐收，水正曰玄冥，土正曰后土。"⑤ 不难看出，在真实的历史进程中，上述制度变革并不是一次完成的，是后世之人在祭祀先祖时出于操作方便而使其整齐划一的。

---

① 刘文典撰，冯逸等点校：《淮南鸿烈集解》，中华书局1989年版，第16页。
② （汉）刘向集录：《战国策》，上海古籍出版社1998年版，第782页。
③ 李学勤：《春秋左传正义》，北京大学出版社1999年版，第1368页。
④ 五行：五行有新旧之分，旧五行指黄帝建立的原始五行，即四方加中央的五方官制；新五行指"绝地天通"后的木正、火正、金正、水正、土正。这里指黄帝建立的原始五行。《史记·历书》载："盖黄帝考定星历，建立五行，起消息，正闰余，于是有天地神祇物类之官，是谓五官。"参见《史记》，中华书局1959年版，第1256页。
⑤ 李学勤：《春秋左传正义》，北京大学出版社1999年版，第1506—1507页。

第三节 夏启与伯益的权争

尽管《史记·夏本纪》以大禹传说开篇，从中国古代国家演进和社会制度变革的历程来看，他的儿子夏启即位才真正宣告五帝时代终结。所以，探讨五帝传说与中国早期国家的诞生，不可避免地要涉及与夏启有关的传说。

一 夏启与"归子"传说
《史记·夏本纪》载：

> 十年，帝禹东巡狩，至于会稽而崩。以天下授益。三年之丧毕，益让帝禹之子启，而辟居箕山之阳。禹子启贤，天下属意焉。及禹崩，虽授益，益之佐禹日浅，天下未洽。故诸侯皆去益而朝启，曰"吾君帝禹之子也。"于是启遂即天子之位，是为夏后帝启。[1]

按五帝时代"禅让"惯例，益为禹的合法继承人，然而启却破例即天子之位。所谓"启贤，天下属意焉"恐怕只是粉饰之辞，因为《尚书》等很多文献都记载了夏启即位后有扈氏不服且与帝启兵戎相见的传说。禹、启之际的确是中国社会急剧变革的时代，只是变革没有"世袭制代替禅让制"这样简单。

与大多数开国之君"感天而生"不同，夏启出生即遭遇坎坷。洪兴祖补注《楚辞·天问》引《淮南子》（今本无）云：

> 禹治鸿水，通辕辕山，化为熊，谓涂山氏曰：欲饷，闻鼓声乃来。禹跳石，误中鼓，涂山氏往，见禹方作熊，惭而去。至嵩高山下，化为石，方生启。禹曰：归我子。石破北方而启生。[2]

---

[1] （汉）司马迁：《史记》，中华书局1959年版，第83页。
[2] （宋）洪兴祖：《楚辞补注》，中华书局1983年版，第97页。

与此相关，还有"启母石"的传说，《穆天子传·卷五》载：

> 丙辰，天子南游于黄□室之丘，以观夏后启之所居。[郭璞注：疑此言太室之丘嵩高山，启母在此山化为石，而夫（子）启亦登仙，故其上有启石也。皆见《归藏》及《淮南子》。]①

另外，《汉书·武帝纪》载：

> 春正月，行幸缑氏。诏曰："朕用事华山，至于中岳，获驳麃，见夏后启母石。翌日亲登嵩高，御史乘属，在庙旁吏卒咸闻呼万岁者三。登礼罔不答。其令祠官加增太室祠，禁无伐其草木。以山下户三百为之奉邑，名曰崇高，独给祠，复亡所与。"（应劭曰："启生而母化为石。"文颖曰："在嵩高山下。"师古曰："启，夏禹子也。其母涂山氏女也。禹治鸿水，通镮辕山，化为熊，谓涂山氏曰：'欲饷，闻鼓声乃来。'禹跳石，误中鼓。涂山氏往，见禹方作熊，惭而去，至嵩高山下化为石，方生启。禹曰：'归我子。'石破北方而启生。事见《淮南子》。景帝讳启，今此诏云启母，盖史追书之，非当时文。）"②

由此可知，至少自西汉前期以来，"启生而母化为石"的传说就已经广泛流传了。近年来，不断出土的甲骨文、金文以及战国秦汉简帛资料极大地丰富了古代人文社会科学研究的内容，更有学者直接利用这些材料去探讨神话传说的原型。1975 年出土的睡虎地秦简《日书》甲种载：

> 癸丑、戊午、己未，禹以娶梌山之女日也，不弃，必以

---

① （晋）郭璞注：《穆天子传》，《汉魏六朝笔记小说大观》，上海古籍出版社 1999 年版，第 22 页。
② （汉）班固：《汉书》，中华书局 1962 年版，第 190 页。

第四章　飞龙在天：远古战争神话

子死。①

对此，王晖等指出：

癸丑、戊午、己未三日是大禹娶涂山氏之女的日期，尽管涂山氏之女没有被禹抛弃，但必定因为生子而死去。这条简文的记述，使启母化为石的神话真相大白：这就是说大禹之妻、夏启之母、涂山氏之女是在生夏启时因难产而死去——这应该是夏启生而其母化为石神话的原型。②

认为涂山氏之女生子时难产，不失为对夏启出生传说一种很有新意的解读，但认为这即是"启母化石"的真相，恐怕证据不够充分：首先，睡虎地秦简属战国末至始皇时期的文献，上距夏启时代约两千年，所以它对大禹及梌山（涂山）之女的任何记载都是追述而不是实录。换言之，秦简上述记载也只是一个传说，它未必比传世的《尚书》等相关记载更可靠。其次，秦简《日书》是一种为趋吉避凶而择日的工具书，故上述记载也可以解释为：若不放弃癸丑、戊午、己未这三天（禹娶涂山之女的日子），择日者会遇到大麻烦（因孩子而死，或因择此三日而死了孩子）。至于为什么会这样，原文没有讲清楚。

还有学者从婚姻形态角度对此传说进行解读。如江林昌指出：

禹属于龙图腾，姒姓；涂山氏属于狐图腾，涂姓。按照母权世系制，禹的儿子启应该归于涂山氏，属于狐族。但禹要求改革，让世系按父亲计算。所以他选择姒桑之地与涂山氏遇合，希望让启也从他姓姒。但，事实上并没有这么简单，"传统是一种巨大的阻力，是历史的惰性力"。母权制不会轻易交出世系权。于是，禹与

---

① 睡虎地秦墓竹简整理小组：《睡虎地秦墓竹简》，文物出版社1990年版，第208页。
② 王晖、王建科：《出土文字资料与古代神话原型新探》，《北京师范大学学报》（社会科学版）2005年第1期，第106页。

涂山氏之间进行了一场争夺儿子的斗争。《淮南子》载："涂山氏至嵩高山下化为石，禹曰：'归我子！'石破北方而生启。"《绎史》引《隋巢子》亦有同样记载："禹治水，自化为熊，以通辕辕之道，涂山氏见而惭，遂化为石。禹曰：'归我子！'于是石破北方而生启。"这"归我子"实际是就启的世系依禹计算而言。这是对《天问》"闵妃匹合，厥身是继"的最好注脚。①

由于早期文献缺失，很多现代人对古史传说的解读都是推测。江林昌的上述阐释虽亦属此类，但大量的相关传说可以与之印证，足以表明此说更具合理性。具体论证如下：

按《帝系》，"颛顼产鲧，鲧产文命，是为禹"②，则帝颛顼至夏启为同一血统，皆属龙族③。然而《山海经·大荒东经》载："东海之外大壑，少昊之国。少昊孺帝颛顼于此，弃其琴瑟。"④《帝王世纪》则云："颛顼生十年而佐少昊，二十而登帝位。"⑤据此可知，颛顼的童年是在以凤为图腾的少昊族中度过的。《山海经·大荒东经》说得很明确，"少昊孺帝颛顼"，孺，即乳子之意。可见，作为龙族之子的颛顼，母亲应是少昊凤图腾部族的女性。

据此，龙族之子既在凤族中长大，那么龙族血统如何得以确认呢？回答这个问题，可以让人很自然地联想到"伯鲧腹禹"的传说。《楚辞·天问》载：

> 永遏在羽山，夫何三年不施？伯禹愎（腹）鲧，夫何以变化？⑥

---

① 江林昌：《楚辞所见母权制向父权制转变诸现象考》，《东岳论丛》1996 年第 4 期，第 88 页。
② （清）王聘珍撰，王文锦点校：《大戴礼记解诂》，中华书局 1983 年版，第 126 页。
③ 《五帝德》有颛顼"乘龙而至四海"的记载，参见《大戴礼记解诂》，中华书局 1983 年版，第 120 页；《大荒西经》载，"有人珥两青蛇，乘两龙，名曰夏后开（启）"，参见袁珂校注《山海经校注》，上海古籍出版社 1980 年版，第 414 页。
④ 袁珂校注：《山海经校注》，上海古籍出版社 1980 年版，第 338 页。
⑤ 徐宗元辑：《帝王世纪辑存》，中华书局 1964 年版，第 27 页。
⑥ （宋）洪兴祖：《楚辞补注》，中华书局 1983 年版，第 90 页。

第四章 飞龙在天：远古战争神话

《山海经·海内经》载：

> 洪水滔天。鲧窃帝之息壤以堙洪水，不待帝命。帝令祝融杀鲧于羽郊。鲧复生禹。帝乃命禹卒布土以定九州。①

学界对上述记载颇有异见，影响较大者概有两派：一是袁珂、萧兵、孙作云、江林昌等主张"鲧为产翁"②说，二是龚维英、赵国华等主张"鲧为女性"说。其实，就《天问》与《海内经》的记载本身而言，通释不一定非要引向上述两个极端：《海内经》"鲧复生禹"之"复"可释为"又"，而《天问》"伯禹愎鲧"之"愎（腹）"可释为"怀抱"。《诗经》中有旁证。《小雅·蓼莪》云："父兮生我，母兮鞠我。拊我畜我，长我育我。顾我复我，出入腹我。"③原始群婚时代，由于孩子出生后通常无法确定生父是谁，致使父亲的价值被长期忽视；随着父系专偶婚姻出现，父亲在生儿育女活动中的地位得以确认。《诗经》既有"父兮生我"之语，说明周代人对生父的认知与现代人没有多少区别。古史传说多是殷周以来文献对远古时代的追记，这其中怎能没有周代以来人们的观念呢？《帝系》等文献中提到的"黄帝产昌意""昌意产高阳""颛顼产鲧""鲧产文命"之类多矣，总不能说这些远古帝王都是女性吧。

鲧既不是女性，"剖腹产禹"当然是人为编造的传说，其意图无非是强调大禹为鲧之后裔，这与"产翁"习俗的确有相似之处。鲧殛死于羽山剖腹而产禹的故事大约形成于魏晋以后④，其背后的历史依据恐怕不是鲧禹时代医学已经达到能做剖腹产手术的水平，而是原始社会后

---

① 袁珂校注：《山海经校注》，上海古籍出版社1980年版，第472页。
② 产翁习俗，就是母亲生孩子，父亲坐月子。妇女在分娩以后，自己不坐月子，往往活动如常，而由丈夫坐床卧褥，好像孩子是他刚生下的一样。这一有趣的民俗，曾在我国和世界上不少民族中流行过。参见程德祺《略谈产翁习俗——兼释"伯禹愎鲧"》，《固原师专学报》1982年第3期，第32页。
③ 李学勤：《毛诗正义》，北京大学出版社1999年版，第778页。
④ 常金仓：《由鲧禹故事演变引出的启示》，《齐鲁学刊》1999年第6期，第27页。

期父权制逐渐替代了母权制①。

综上所述，将夏启出生传说置于父权替代母权的时代背景下分析，可知涂山之女离禹而去是母系社会旧习俗，而大禹"归我子"的呼唤表达的是按父系计世系的新要求。

二　伯益与凤族失权

大禹临终前将天下授予伯益，其子夏启却取而代之。对于这一重大事件，直接相关的古史传说很少，司马迁在《夏本纪》中的表述，明显受孟子的影响。《孟子·万章上》载：

> 万章问曰："人有言'至于禹而德衰，不传于贤而传于子'，有诸？"孟子曰："否，不然也。天与贤，则与贤；天与子，则与子。昔者舜荐禹于天，十有七年，舜崩。三年之丧毕，禹避舜之子于阳城，天下之民从之，若尧崩之后不从尧之子而从舜也。禹荐益于天，七年，禹崩。三年之丧毕，益避禹之子于箕山之阴，朝觐讼狱者不之益而之启，曰：'吾君之子也。'讴歌者不讴歌益而讴歌启，曰：'吾君之子也。'丹朱之不肖，舜之子亦不肖。舜之相尧，禹之相舜也，历年多，施泽于民久。启贤，能敬承继禹之道。益之相禹也，历年少，施泽于民未久。舜、禹、益相去久远，其子之贤不肖皆天也，非人之所能为也。莫之为而为者，天也。莫之致而至者，命也。"②

孟子对于传说人物"贤"与"不肖"的定性，其实没有多少可靠的根据，说"益之相禹也，历年少，施泽于民未久"更是明显没有道理：据《尚书古文·舜典》，帝舜时即已举益为虞，也就是古代掌管山林川泽之官，其施泽于民难道还不够久远吗？将成败原因归之于"天"或"命"，则不可避免地陷入唯心主义的泥潭。

---

① 据考古资料，中国境内父系专偶婚俗肇始于距约5000年的大汶口文化中期，普遍盛行于大汶口文化晚期。参见任式楠、吴耀利《中国考古学·新石器时代卷》，中国社会科学出版社2010年版，第308页。

② 李学勤：《孟子注疏》，北京大学出版社1999年版，第258—259页。

第四章 飞龙在天：远古战争神话

夏启取代伯益是偶然事件，其背后一定有某种历史发展的必然性，而要揭示这种历史必然，并不是很容易的事。

首先，需要从黄帝建立的"五官"制度说起。《史记·历书》载："盖黄帝考定星历，建立五行，起消息，正闰余，于是有天地神祇物类之官，是谓五官。"① 而《太平御览》卷七十九引《尸子》云："子贡曰：'古者黄帝四面，信乎？'孔子曰：'黄帝取合己者四人，使治四方，不计而耦，不约而成，此之谓四面。'"② 这两条文献表明，黄帝时建立了一种四方加中央的五官联合议事制度。从《尚书·尧典》中帝尧与四岳③的对话来看，中央帝在确立继承人时需要征求四方官的意见。

其次，需要对华夏联盟构成的复杂性有充分的认知。《左传·昭公十七年》载：

> （郯子曰：）昔者黄帝氏以云纪，故为云师而云名。炎帝氏以火纪，故为火师而火名。共工氏以水纪，故为水师而水名。大皞氏以龙纪，故为龙师而龙名。我高祖少皞挚之立也，凤鸟适至，故纪于鸟，为鸟师而鸟名。凤鸟氏，历正也。玄鸟氏，司分者也。伯赵氏，司至者也。青鸟氏，司启者也。丹鸟氏，司闭者也。祝鸠氏，司徒也。雎鸠氏，司马也。鸤鸠氏，司空也。爽鸠氏，司寇也。鹘鸠氏，司事也。五鸠，鸠民者也。五雉，为五工正，利器用，正度量，夷民者也。九扈，为九农正，扈民无淫者也。自颛顼以来，不能纪远，乃纪于近。④

另外，东汉服虔云：

> 黄帝以云名官，盖春官为青云氏，夏官为缙云氏，秋官为白云氏，冬官为黑云氏，中官为黄云氏。炎帝以火名官，春官为大火，

---

① （汉）司马迁：《史记》，中华书局1959年版，第1256页。
② （北宋）李昉等：《太平御览》，中华书局1960年版，第369页。
③ 四岳：其他文献中或谓之四叔、四后、四正，实为四方部落首领。
④ 李学勤：《春秋左传正义》，北京大学出版社1999年版，第1360—1366页。

夏官为鹑火，秋官为西火，冬官为北火，中官为中火。共工以水名官，春官为东水，夏官为南水，秋官为西水，冬官为北水，中官为中水。大皞以龙名官，春官为青龙氏，夏官为赤龙氏，秋官为白龙氏，冬官为黑龙氏，中官为黄龙氏。①

据此，华夏联盟内龙族、凤族都是由若干支系组成的，同时，联盟内还可能包含着部落冲突中因战败而归依的其他族群。所以，各种势力对联盟首领权力的角逐一定会以极为复杂的形式呈现。

第三，需要知道史前龙凤婚姻联盟与黄帝以来的五官制度是叠合在一起的。据《大荒东经》"少昊孺帝颛顼"、《帝王世纪》"颛顼生十年而佐少昊，二十而登帝位"，可知颛顼为少皞的继承者；《左传·昭公十七年》谓少皞挚立时"凤鸟适至"，而《大戴礼记·五帝德》有颛顼"乘龙而至四海"的记载，表明龙族之子生长于凤族内部，两族间存在婚姻联盟②。《左传·昭公二十九年》载：

  少皞氏有四叔，曰重、曰该、曰修、曰熙，实能金、木及水。使重为句芒，该为蓐收，修及熙为玄冥，世不失职，遂济穷桑，此其三祀也。③

少皞（或其继承者帝颛顼）与四叔，至少在形式上依旧延续着黄帝以来的"五官"体制。除少皞属于凤族外，四叔中的"该"被认为是殷商先祖"王亥"④，亦属凤族；除颛顼属于龙族外，四叔中的"熙"被认为是大禹之父鲧⑤，亦属龙族。

第四，需要知道夏启之前华夏联盟内部权力继承是有规律可循的。"父死子继，兄终弟及"的传位制度是建立在父系血缘关系基础上的，是父权不断被强化的产物。众所周知，在父系社会出现以前，母权具有

---

① 李学勤：《春秋左传正义》，北京大学出版社1999年版，第1361页。
② 详见本书第二章第二节。
③ 李学勤：《春秋左传正义》，北京大学出版社1999年版，第1510—1511页。
④ 王国维：《观堂集林》（外二种），河北教育出版社2003年版，第209页。
⑤ （汉）司马迁：《史记》，中华书局1959年版，第50页。

更大的影响力,当时女子无须出嫁到男子所在的部族,孩子也通常由母亲所在的部族来抚养。从母系社会到父系社会的转变,不可能在一夜之间完成,这样就必然有一个较漫长的过渡时期。在这个过渡时期里,孩子在母亲的部族里长大,却要以父亲所在的部族图腾为崇拜对象是完全可能的。从太皞(龙族)→少皞(凤族)→颛顼(龙族)的传位关系来看,这个时期的权力交接不是在父系血缘链条上前后传递,而是在具有婚姻关系的两个部族间往复式传递,尧(龙族)→舜(凤族)[①]→禹(龙族)间的传位关系亦是如此。当然,所谓"君权在具有婚姻关系的两个部落间往复式传递"只是一种表象,在"普那路亚"婚姻形态下,女子并不随夫而居,孩子是在母亲所在的部落里长大的。《五帝本纪》载:"舜既入深,瞽叟与象共下土实井,舜从匿空出,去。瞽叟、象喜,以舜为已死。象曰:'本谋者象。'象与其父母分,于是曰:'舜妻尧二女,与琴,象取之。牛羊仓廪予父母。'象乃止舜宫居,鼓其琴。"[②]舜、象兄弟与帝尧二女的婚姻,同"普那路亚"相似。本部落(联盟)里掌权的中老年男子与下一代男子主要为舅甥关系[③],上述权力交接并没有把君权交给"外族"。换言之,在夏启"子继父权"之前,华夏部落联盟内部应该流行着"甥继舅权"。

下面来分析益的身世与权力继承。

《尚书古文·舜典》载:

> 帝曰:"畴若予上下草木鸟兽?"佥曰:"益哉!"帝曰:"俞,咨!益,汝作朕虞。"益拜稽首,让于朱虎、熊罴。帝曰:"俞,往哉!汝谐。"[④]

而《史记·秦本纪》云:

---

① 按《史记·五帝本纪》,帝尧妻舜以二女,则是舜以龙族女子为妻,他本人当属凤族。
② (汉)司马迁:《史记》,中华书局1959年版,第34页。
③ 在中国北方一些农民的心目中,舅父特别是大舅的权威有时高过父亲,特别是在管理、引导儿女尽孝、分家的问题上。当有一些儿女对父母特别是对母亲不够孝顺或出现家庭财产纠纷的时候,往往当母亲的会请来自己的兄弟也就是孩子的舅舅主持公道,作用非常明显。
④ 李学勤:《尚书正义》,北京大学出版社1999年版,第77—78页。

秦之先，帝颛顼之苗裔孙曰女修。女修织，玄鸟陨卵，女修吞之，生子大业。大业取少典之子，曰女华。女华生大费，与禹平水土。已成，帝锡玄圭。禹受曰："非予能成，亦大费为辅。"帝舜曰："咨尔费，赞禹功，其赐尔皂游。尔后嗣将大出。"乃妻之姚姓之玉女。大费拜受，佐舜调驯鸟兽，鸟兽多驯服，是为柏翳。①

益，《汉书》谓之"柏益"或"伯益"②，寻检《史记》上下诸文，除《陈杞世家》外，"柏翳"与"伯益"为一人无疑。对《陈杞世家》的例外，《史记索隐》云："秦祖伯翳，解者以翳益，则一人，今言十一人，叙伯翳而又别言垂、益，则是二人也。且按《舜本纪》叙十人，无翳而有彭祖，彭祖亦坟典不载，未知太史公意如何，恐多是误。然据《秦本纪》叙翳之功，云'佐舜驯调鸟兽'，与《舜典》'命益作虞，若予上下草木鸟兽'文同，则为一人必矣，今未详其所由也。"③ 也就是说，"柏翳"与"伯益"的传说事迹吻合，两者所指相同，而《史记·陈杞世家》有误。

从族属来看，伯益属于凤族，却与龙族颛顼关系密切：女修为帝颛顼苗裔，则为龙族之女，当与凤族男子婚配，其子大业因而属于凤族男；凤族男子大业，当娶龙族之女，而其妻女华为少典之子——按《帝系》所载，"少典产轩辕，是为黄帝"④，则少典族属龙族，女华为龙族之女。

伯益既属凤族男子，按母系社会旧俗，应该从小在龙族里长大，是"龙族之甥"，有权继承龙族大禹的中央帝位。但是，自鲧、禹以来，按父系计世逐渐成为社会发展的新趋势——在大禹"归我子"的同时，伯益也需要离开母亲所在的龙族，计入父亲所在的凤族世系。换言之，伯益具有"龙族之甥"与"凤族之子"的双重身份，母系旧俗看重前者，而父系新规强调后者。在这样的新形势下，如果大禹依旧俗将帝位

---

① （汉）司马迁：《史记》，中华书局1959年版，第173页。
② （汉）班固：《汉书》，中华书局1962年版，第1641页。
③ （汉）司马迁：《史记》，中华书局1959年版，第1586页。
④ （清）王聘珍撰，王文锦点校：《大戴礼记解诂》，中华书局1983年版，第126页。

传给伯益，对龙族而言就意味着君位传给了"外族"。相反，只有将帝位传给"龙族之子"夏启，才可以把君权留在龙族内部。换言之，在女子不从夫居而孩子从母居的社会里，一个部落（或部落联盟）内掌权的中老年男子与其下一代男子间为舅甥关系，诸甥当然是帝位候选人；当本族女子外嫁异族随夫而居，外族女子嫁入本族亦随夫居，诸甥疏远而诸子亲密，帝位候选人更替也就是很自然的事了。这或许就是大禹故去之后伯益不能继任中央帝的真正原因。

三 "五行"与"三正"新解

按《书序》的说法，《尚书·甘誓》记载的是启伐有扈之事。由于《墨子·明鬼》曾引述《甘誓》，故学者多认为此篇是可信的。然而，对"有扈氏威侮五行，怠弃三正"一句的理解，历来存在着较大分歧。

《甘誓》中的"五行"何意？孔颖达云："五行，水、火、金、木、土也……在人为仁、义、礼、智、信"。[①] 此解也是后世学界的主流看法，但此说是有问题的。首先，"五行"指"水、火、金、木、土"的说法最早出自《尚书·洪范》，其文献产生不会早于殷周之际，而《甘誓》是夏启时事，二者所反映的历史相隔千年。《左传·文公七年》引《夏书》时云："水、火、金、木、土、谷，谓之六府。正德、利用、厚生，谓之三事。"[②] 据此，如果《甘誓》中"五行"的指"水、火、金、木、土"，则当时应说"有扈氏威侮六府"。其次，孔颖达所说的"五行在人为仁、义、礼、智、信"，是子思和孟子在战国时代提出来的新说，《荀子》云："略法先王而不知其统，犹然而材剧志大，闻见杂博。案往旧造说，谓之五行……子思唱之，孟轲和之……是则子思、孟轲之罪。"[③] 1973年长沙马王堆出土的帛书《老子甲本卷后古佚书》中，有一篇被庞朴定为思孟学派的"五行"说，1993年湖北荆门郭店再次出土了与帛书内容近似的竹简《五行》。简帛《五行》出土后，使荀子批评的思孟"五行"以较完整的文字形式展现在人们面前，早在

---

① 李学勤：《尚书正义》，北京大学出版社1999年版，第174页。
② 李学勤：《春秋左传正义》，北京大学出版社1999年版，第522页。
③ （清）王先谦撰，沈啸寰等点校：《荀子集解》，中华书局1988年版，第94—95页。

夏启时代的"五行",不可能是思孟所提倡的"仁、义、礼、智、信"。

刘起釪认为,《甘誓》中的"五行"原意为五星的运行,在此处为"代表天象之意"①。金景芳则认为此说难成立,理由是:

> 第一,必须明确,我们讨论的是《甘誓》的"五行",不是后世任何其它文献的"五行"。《甘誓》记的是夏启时事,当时人们还不认识五星,无缘把五星叫做"五行"。第二,如果说《甘誓》的"五行"是五星,那末"威侮五星"该怎样理解?五星在天上走,自有自己的踪迹,有扈氏威侮怎么样,不威侮又怎么样!不要说夏启说不明白,力主"五行"为五星说的今人恐怕也难说明白。第三,在夏启的时代人们对天体的认识重点在日月和当时知道一部分,后来逐渐认识全的恒星二十八宿。这有文献记载可为证明。②

《甘誓》中的"三正"何意?《尚书注疏》中有二说。首先,东汉时马融认为"三正"指建子、建丑、建寅。此说难以成立,梁启超曾指出:"然据彼辈所信,子、丑、寅三建分配周、商、夏。《甘誓》为《夏书》,则时未有子丑二建,何得云三正?"③顾颉刚进而指出:"就算照了董仲舒们的曲解,说建寅、建丑、建子三种历法是夏以前本来有的,夏、商、周三代不过顺了三统的次序循环沿用,但是夏王用的只是寅正,有扈氏如有不奉正朔之罪,也只能讨伐他的怠弃寅正,怎能说'怠弃三正'而强迫他连过去及未来的丑正、子正也一起奉守了呢?"④从疑古立场出发,顾颉刚将"五行、三正"问题的均置于汉以后,认为是刘歆等人的伪造。其次,《书传》指出"三正"为"天、地、人之正道"⑤。天、地、人通常谓之"三才",以"三才"释"三正",虽能

---

① 刘起釪:《尚书学史》,中华书局1989年版,第470页。
② 金景芳、吕绍纲:《〈甘誓〉浅说》,《社会科学战线》1993年第2期,第178—179页。
③ 梁启超:《阴阳五行说之来历》,《古史辨》(第五册下编),上海书店1935年影印版,第350页。
④ 顾颉刚:《五德终始说下的政治和历史》,《古史辨》(第五册下编),上海书店1935年影印版,第406页。
⑤ 李学勤:《尚书正义》,北京大学出版社1999年版,第173页。

第四章 飞龙在天：远古战争神话

勉强通释，但缺少旁证。

刘起釪据甲骨文中"正"指商王朝的大臣，再证以金文及文献中的这种用法，论定这里的"三正"是指"有扈氏的二三大臣"①。此说释"正"为"臣"，于《甘誓》文意亦通，是可信的。但是，认为这二三大臣从属于有扈氏，显然是无根据的推测。可见，迄今对于"三正"没有令人满意的解释。

在《甘誓》中，既然战争的借口是"有扈氏威侮五行"，就表明战前已经有"五行"了。从字形看，五行最早写作"✕彳"，有"交汇四方"之义；从传说看，《史记·历书》有"黄帝考定星历，建立五行，起消息，正闰余，于是有天地神祇物类之官，是谓五官"②的记载。结合"黄帝四面"的传说可知，黄帝所建立的"五行"是交会四方的五官制度。如果原始"五行"指"水、火、金、木、土"五种物质或天上的五星，则既不是黄帝可以建立的，也不是有扈氏可以威侮的；只有当它指一种制度的时候，上述传说才可以通释。

按《史记》的说法，五官是"天地神祇物类之官"，可见其职权包括两个方面：一是主持祭祀"天地神祇"，即具有"通神权"；二是治理"物类"，这与日常生活相关，即具有"治民权"。换言之，"五官"是五位兼有神权与政权的大巫师，是原始社会的统治者。最初的五官之间可能是平等的，随着中央集权趋势的发展，五官之间渐渐有了区别，即中央之官被称为"帝"，四方之官被称为"四叔""四岳""四后"或"四正"。由于上古传说是经由不同的渠道流传下来的，故称谓稍异，也是正常的。

"帝"与"后"都有"君主"的意思，但两者的区别很大。《说文》云，"帝，谛也，王天下之号"③；《易·姤·象》云，"后以施命诰四方"④，意谓"后"是向四方发布命令的人。《说文》又云："后，继体君也"⑤，说明"后"是可以继承君位的，与"臣"不同。此说有

---

① 刘起釪：《尚书学史》，中华书局1989年版，第470页。
② （汉）司马迁：《史记》，中华书局1959年版，第1256页。
③ （清）段玉裁注：《说文解字注》，上海古籍出版社1981年版，第2页。
④ 李学勤：《周易正义》，北京大学出版社1999年版，第185页。
⑤ （清）段玉裁注：《说文解字注》，上海古籍出版社1981年版，第429页。

旁证。《尚书正义·尧典》载:"帝曰:'咨,四岳,朕在位七十载,汝能庸命,巽朕位。'传:'巽,顺也。言四岳能用帝命,故欲使顺行帝位之事。'"[①] 这些记载虽是后人对古史传说的追记,但一般认为基本可靠。尧晚年主动让位给四岳或四后,表明四岳或四后是有权轮流成为中央帝的。后世通常称这种制度为"禅让制"。

原始五行制或禅让制,是部落联盟时代的产物,随着原始社会的解体与奴隶制国家的出现,这种制度退出历史舞台是必然的。综观文献,这一制度的破坏过程是由三次重大变革组成的。

第一次变革是"绝地天通"。据《国语·楚语》载,楚昭王问:"《周书》所谓重、黎使天地不通者,何也?若无然,民将能登天乎?"观射父指出"绝地天通"并非此意。他先释"通天"为巫师降神以通天意,继而又曰:"及少皞之衰也,九黎乱德,民神杂糅……颛顼受之,乃命南正重司天以属神,命火正黎司地以属民,使复旧常,无相侵渎,是谓绝地天通。"[②] 这里只提"南正",实因南正与楚相关。参照上文论证的五官,可知在当时还有北正、东正、西正。按《史记》的说法,黄帝时的五官是"天地神祇物类之官",即五官是兼有"通神权"与"治民权"的。而颛顼命南正重"司天以属神",火正黎"司地以属民",就把过去本属于一人的权力分给了两人,也就是把四后的"通神权"与"治民权"分离了。这样,四后的权力受到限制,中央帝的权力就相对扩大了——中央帝依旧具有"通神权"和"治民权"的,而"通神权"可以成为"治民权"的合法性基础。换言之,中央帝可以把他个人的意志说成是"天命",因为只有他可以通过祭天降神而知晓天意,四后则没有这种权力。所以,"绝地天通"为后世的中央集权铺平了道路,也为原始五行的破坏准备了条件。

第二次变革是"鲧禹治水"。据《史记》,在治水用人上帝尧与四岳的意见不一致,但四岳坚持用鲧,帝尧不得不同意。后来鲧治水失败了,说明四岳的决策是错误的。承此,《五帝本纪》载:"尧问曰:

---

① 李学勤:《尚书正义》,北京大学出版社1999年版,第45页。
② 徐元诰撰,王树民、沈长云点校:《国语集解》,中华书局2002年版,第512—515页。

第四章　飞龙在天：远古战争神话

'嗟！四岳，朕在位七十载，汝能庸命，践朕位？'岳应曰：'鄙德忝帝位。'"① 四岳为什么不敢接受呢？当然是因为他们治水用人的决策失误了，因此才说"鄙德忝帝位"，这就破坏了原始五行制轮流执政的传统。舜晚年传帝位之时，并没有像尧那样先让帝位给四岳，甚至都没有征求四岳的意见，就直接把帝位传给禹了。这固然可用"大禹治水有功，比四岳更受人们拥护"来解释，但连续两次中央帝权力转移未按原始五行制却是事实。这一重大变化，给上古时人留下了极其深刻的印象，所以《洪范》里箕子才会说"我闻在昔，鲧陻洪水，汩陈其五行"②。意谓上古人认为，是鲧治水失败才导致黄帝建立的"五行"被破坏。

第三次变革是"夏启嗣位"。严格来讲，自鲧治水失败，四后继帝为君、轮流执政的"五行"原则就没有被执行过：尧传帝位给舜，是四岳主动放弃帝位继承，所以没有造成重大的社会动荡；舜传帝位给禹，是禹治水的功劳太大，所以文献上几乎没有留下反对禹的记录。而夏启嗣位后，强烈的反对意见出现了，反对者即是有扈氏。如果因为有人反对，夏启放弃嗣位，原始"五行"制或许还能恢复。但夏启坚持以战争来消除不同意见，就使历史发展真正走上了不归路。

按原始五行制，中央帝位应由四后来继任，或至少在禅让时要经过四后同意。那么，夏启嗣位时，华夏联盟的四后是什么立场呢？就迄今所见与《甘誓》相关的文献而言，均无"四后""四岳""四正""四叔"之类字样。愚以为，这是因为当时四后意见出现了分歧，所以不再以集合名词的方式出现了。《甘誓》中王曰："有扈氏威侮五行，怠弃三正"，其中的"三正"，即应是该联盟四后中的三位，而有扈氏正是四后中唯一反对夏启的那位。夏启不说自己非法嗣位，反指责有扈氏作为四正之一，不服从中央的安排，即"威侮五行"；为了团结其他三后，又说有扈氏"怠弃三正"，也就是没把其他三位部落酋长放在眼里，以此来鼓舞将士斗志，孤立负隅顽抗的敌人。简言之，《甘誓》中的"三正"是指夏部落联盟内支持夏启的三位酋长。

---

① （汉）司马迁：《史记》，中华书局1959年版，第21页。
② 李学勤：《尚书正义》，北京大学出版社1999年版，第298页。

四 有扈氏与夷夏之争

有扈氏与夏启之间为什么会发生战争[1]呢，原因似乎是很清楚的，但从传世文献的记载来看，古人有两种截然相反的态度。

一种观点认为，有扈氏违逆不恭。《逸周书·史记解》载："有夏之方兴也，扈氏弱而不恭，身死国亡。"[2] 其所谓"扈氏弱"，应是与夏启相对而言的。《史记·夏本纪》载："有扈氏不服，启伐之，大战于甘。"[3] 而《论衡·恢国》云"夏启有扈叛逆"[4]，竟直接将有扈氏定性为叛臣。

另一种观点认为有扈氏是仗义之举。《淮南子·齐俗训》载："昔有扈氏为义而亡，知义而不知宜也。"高诱注："有扈，夏启之庶兄也。以尧、舜举贤，禹独与子，故伐启，启亡之。"[5] 而孔颖达《尚书正义》云："《史记·夏本纪》称，启立，有扈氏不服，故伐之。盖由自尧舜受禅相承，启独见继父，以此不服。"[6] 也就是说，夏启破坏禅让制，有扈氏为维护"义"而抗命。

从发展角度看，夏启继承帝位符合历史趋势，是"合宜"的；从道德角度看，他破坏帝位禅让传统，则是"不义"的。据此，《淮南子》对有扈氏"知义而不知宜"的评介比较中肯。至于有扈氏行为是否属于"违逆"或"不恭"，这就要看其与夏族的关系。

有扈与夏同姓的说法，最早可以追溯到《世本》。《世本》说："有扈，姒姓。"又说："有扈与夏同姓。"[7]《说文》也说："扈，夏后同姓所封，战于甘者。"[8] 高诱在《淮南子·齐俗训》注中说有扈是"夏启

---

[1] 《墨子·明鬼》引《甘誓》时题目作《禹誓》，说此篇为夏禹伐有扈氏的誓师词。另外，《庄子·人间世》《吕氏春秋·召类》《说苑·正理》等也认为是禹伐有扈氏。但是，司马迁根据《尚书》及其他史料，认为是启伐有扈。学界多倾向于《史记》的说法。

[2] 黄怀信等：《逸周书汇校集注》，上海古籍出版社1995年版，第1017页。

[3] （汉）司马迁：《史记》，中华书局1959年版，第84页。

[4] 黄晖：《论衡校释》，中华书局1990年版，第824页。

[5] 刘文典撰，冯逸等点校：《淮南鸿烈集解》，中华书局1989年版，第357页。

[6] 李学勤：《尚书正义》，北京大学出版社1999年版，第172页。

[7] （汉）宋衷注，（清）秦嘉谟等辑：《世本八种》，上海商务印书馆1957年版，第22、11页。

[8] （清）段玉裁注：《说文解字注》，上海古籍出版社1981年版，第286页。

第四章 飞龙在天：远古战争神话

之庶兄"①，在《吕氏春秋·先己》注中说是"夏同姓诸侯"②。

与此相应，是有扈氏的地望。《尚书正义》曰：

> 《地理志》扶风鄠县，古扈国，夏启所伐者也。"鄠""扈"音同，未知何时改也。启伐有扈，必将至其国，乃出兵与启战，故以"甘"为有扈之郊地名。马融云："甘，有扈南郊地名。"计启西行伐之，当在东郊。融则扶风人，或当知其处也。③

按《禹贡》，冀州为夏人活动的中心区域，《史记正义》谓："黄河自胜州东，直南至华阴，即东至怀州南，又东北至平州碣石山入海也。东河之西，西河之东，南河之北，皆冀州也。"④ 据此，如果有扈氏为夏人的一支，其地望偏处陕西鄠县，未免稍远。况且，那种认为古扈国在鄠县的说法，除了"扈"与"鄠"音同外，并无其他可靠证据。

王国维对上述说法很不以为然，他指出："甘亭扈谷之说，余未敢信。缘卜辞地名中有甘有雇，甘疑即《春秋》甘昭公所封之邑，雇疑即诸侯会于扈之扈，地当在周郑间。"⑤ 吕思勉在《有扈考》中也说："谓有扈在鄠县，则恐未然。禹启时兵力，恐尚不及此。甘恐即周时王子带封邑（见《左氏》僖公二十四年），在河南，正有夏之居也。"⑥ 此外，顾颉刚、李民、钱穆等也认为有扈氏故地不在陕西而在河南。

汉唐注疏中关于有扈氏的地望在陕西户县的说法既不可靠，"与夏同姓"的论断同样受到质疑。顾颉刚、刘起釪指出：

> 《左传·昭公元年》说："虞有三苗，夏有观、扈，商有姺、邳，周有徐、奄。"是把夏的观、扈和虞、商、周的几个叛乱的异姓诸侯并提，显然是把扈和观都作为夏代的异姓诸侯。按，昭公十

---

① 刘文典撰，冯逸等点校：《淮南鸿烈集解》，中华书局1989年版，第357页。
② 陈奇猷校释：《吕氏春秋校释》，学林出版社1984年版，第155页。
③ 李学勤：《尚书正义》，北京大学出版社1999年版，第172页。
④ （汉）司马迁：《史记》，中华书局1959年版，第52—53页。
⑤ 杨筠如：《尚书覈诂》，陕西人民出版社1959年版，第86页。
⑥ 吕思勉：《吕思勉读史札记》（增订本），上海古籍出版社2005年版，第89页。

七年提到东方夷族"纪于鸟"（即以鸟为图腾）的少昊部落中，有以九种扈鸟为图腾称为"九扈"的胞族。"九扈"，《说文·隹部》作"九雇"，而"雇"的籀文作"𪁉"，因古籀中"鸟"、"隹"实是一字，故《尔雅·释鸟》"雇"即作"𪁉"，郭璞注以为即经传之"扈"。王国维因卜辞地名中有"甘"有"雇"，遂据之以为此"扈"即殷代卜辞中的"雇"。又《春秋·庄公二十三年》盟于"扈"之"扈"亦即此"雇"（《殷墟卜辞中所见地名考》及杨筠如《覈诂》）。其地即杜预注所说的荥阳卷县北，亦即今原阳、原武一带，与卜辞中殷代地域相合。《商颂》"韦顾既伐"的顾也是此雇，但因败后迁避到今范县一带。

这样说来，"有扈氏"不是夏的同姓部落，而是异姓的东夷少昊族的"九扈"，其地就是殷代的"雇"，也是周代的鲁庄公二十三年及文公七年、十五年、十七年"诸侯盟于扈"之扈，地点即今郑州以北黄河北岸的原武一带。①

顾、刘两位的考证不但指明了有扈氏的族属与地望，而且据此还可以发现更多的问题：

首先，有扈氏既属东夷，自然与伯益同属凤族。

其次，夏启取代伯益继承帝位，破坏了龙、凤两族酋长轮流主盟的传统，伤害了凤族利益，也就伤害了有扈氏的利益。这应该是"甘之战"的深层原因。

第三，古史传说中未见伯益直接对抗夏启，或许只是胜负已成定局之后夏人美化历史的结果，而同为东夷凤族一支的有扈氏为"义"而战，实质上也是夏启与伯益权争的重要组成部分。

甘之战虽以有扈氏的失败而告终，夷夏之间的矛盾却没有就此而结束——后羿代夏，使得隐藏在"夏王朝"背后的秘密再次浮现在世人面前。

关于后羿的传说，最早见于《左传·襄公四年》：

---

① 顾颉刚、刘起釪：《尚书校释译论》，中华书局 2005 年版，第 866—867 页。

第四章 飞龙在天：远古战争神话

昔有夏之方衰也，后羿自鉏迁于穷石，因夏民以代夏政。恃其射也，不修民事，而淫于原兽。弃武罗、伯因、熊髡、龙圉，而用寒浞。寒浞，伯明氏之谗子弟也，伯明后寒弃之，夷羿收之，信而使之，以为己相。浞行媚于内，而施赂于外，愚弄其民，而虞羿于田，树之诈慝，以取其国家，外内咸服。羿犹不悛，将归自田，家众杀而亨之，以食其子。其子不忍食诸，死于穷门。靡奔有鬲氏。浞因羿室，生浇及豷，恃其谗慝诈伪，而不德于民。使浇用师，灭斟灌及斟寻氏。处浇于过，处豷于戈。靡自有鬲氏，收二国之烬，以灭浞而立少康。少康灭浇于过，后杼灭豷于戈，有穷由是遂亡，失人故也。①

而《楚辞·天问》云：

帝降夷羿，革孽夏民。

章句：帝，天帝也。夷羿，诸侯，弑夏后相者也。革，更也。孽，忧也。言羿弑夏家，居天子之位，荒淫田猎，变更夏道，为万民忧患。《天对》云：夷羿滔淫，割更后相。夫孰作厥孽，而诬帝以降。

胡射夫河伯，而妻彼雒嫔？

章句：胡，何也。雒嫔，水神，谓宓妃也。传曰：河伯化为白龙，游于水旁，羿见射之，眇其左目。河伯上诉天帝，曰：为我杀羿。天帝曰：尔何故得见射？河伯曰：我时化为白龙出游。天帝曰："使汝深守神灵，羿何从得犯？汝今为虫兽，当为人所射，固其宜也。羿何罪欤？"②

这两则材料说的是同一人物的同一事件，只是《左传》属历史性叙述，《天问》为神话性描写。所谓"帝降夷羿，革孽夏民"，是说古人认为夷羿（后羿）是天帝派下来革除夏民灾难的，有肯定后羿的倾

---

① 李学勤：《春秋左传正义》，北京大学出版社1999年版，第836—838页。
② （宋）洪兴祖：《楚辞补注》，中华书局1983年版，第99页。

· 201 ·

向；而《左传》谓后羿"因夏民以代夏政"，是说他凭借夏民的力量取得了夏的政权。但是，《左传》谓后羿不修民事、淫于原兽、弃四臣（武罗、伯因、熊髡、尨圉）、近小人（寒浞），则贬抑之意甚明，与前文矛盾；《天问章句》称夷羿为"弑夏后相者也"，与《天问》褒贬有别，更与下文所引"天帝为后羿辩护"的传说态度不同。总之，古人对后羿的态度因时代不同而发生了改变。

江林昌认为，古人对后羿评价的不公正是由"夷夏之辨"造成的，他说：

> 由于夏、商、周三代都是以中原华夏民族为主体而建立的共主君王政权，而且其政治文化的中心均在中原，其中夏代的中心在豫西、晋南，商代的中心在豫中、豫东北与冀西南，周代的中心则在西安至洛阳之间。于是从周公"制礼作乐"为始，孔子"整理六经"为继，司马迁著《史记》集大成，形成了一股总结中原文化、弘扬中原文化的强大思想主流，最终出现了中原文明中心论、中原文化一元论。这种观念虽然在维护中原政治统治、促成中华民族大一统格局等方面起过重要作用，但在思想文化上对我们认识中国上古史却起到了片面误导的消极作用。[①]

据此，剥离了历代"层累"的观念因素后可以发现，在早期神话或传说中，后羿很受夏民欢迎，没有被当作异族敌酋。

后羿是一个极为复杂的人物，见诸文献的称谓即有羿、后羿、夷羿、帝羿、帝羿有穷氏、夷羿有穷氏、有穷后羿等。从时代来看，他的跨度也很大，有帝喾时[②]、帝俊时[③]、帝尧时[④]和夏相时[⑤]。如果后羿仅

[①] 江林昌、孙进：《后羿、寒浞神话传说的历史钩沉》，《学术月刊》2011年第10期，第128页。
[②] 参见《史记·夏本纪》正义所引《帝王纪》。
[③] 参见《山海经·海内经》。帝俊，称谓仅见于《山海经》，有时指帝舜，有时指帝喾，有时不详所指。
[④] 参见《淮南子·本经训》。
[⑤] 参见《左传·襄公四年》。

是个体生命，上述神话或传说显然是无法解释的。江林昌指出：

> 无论是神性的羿还是人性的羿，无论是族名的羿还是酋长称号的羿，无论是图腾羿还是地名羿，他们实际上都是同一羿在不同时代和不同场合的侧重点不同而已，而其历史本相只有一个，这就是，"羿"是东夷民族中一支从五帝时代的帝喾、帝尧到夏代太康、仲康、少康时期，一直活跃在海岱地区并涉足中原地区的部族，影响深广。①

与夏启争权的益，《汉书》谓之"柏益"或"伯益"②，寻检《史记》上下诸文，除《陈杞世家》外，作为秦人远祖的"柏翳"与"伯益"为一人无疑。益、翳、羿，读音相同，都出自东夷族，其历史本相自然是相关的。据此，夏启与伯益争权，实际只是夷夏相争长河中的一个偶然事件，同时，它也是中国原始社会包括婚姻、政治等制度长期发展的必然结果。

小结

王国维曾说："上古之事，传说与史实混而不分。史实之中固不免有所缘饰，与传说无异；而传说之中亦往往有史实为之素地，二者不易区别。此世界各国之所同也。"③ 所以，探讨上古神话与传说是离不开历史的。虞、夏之际，中国社会发生了一系列深刻的变革，这些变革的内容大多隐藏在呈碎片状的上古神话或古史传说里面：概言之，黄帝时代建立的原始五行制——东、南、西、北、中五方官（酋长）联盟制度——遭到彻底破坏，四后由主政一方变为管理一类事务。据《左传·文公七年》所引《夏书》及相关记载可知，大禹时或稍前的"六府（水、火、金、木、土、谷）"被视为养民之本。在四后职务转变的过程中，"六府"被分配给四后，于是产生了新的"五行之官"。《左

---

① 江林昌、孙进：《后羿、寒浞神话传说的历史钩沉》，《学术月刊》2011年第10期，第126页。
② （汉）班固：《汉书》，中华书局1962年版，第1641页。
③ 王国维：《古史新证——王国维最后的讲义》，清华大学出版社1994年版，第1页。

传·昭公二十九年》载:"少皞氏有四叔,曰重、曰该、曰修、曰熙,实能金、木及水。……颛顼氏有子曰犁,为祝融;共工氏有子曰句龙,为后土。"① 据此大体可以推知,"四后"转变为木正、火正、金正、水正,"土"和"谷"都与农业相关,为立国之本,所以归中央,这样"六府"就简化为五,且与东、南、西、北、中五方相关了。在真实的历史进程中,上述过程并不是整齐划一的。但是,后世之人在祭祀先祖时,出于操作方便或其他考虑,逐渐人为地使其整齐起来。如《左传·昭公二十九年》载:"故有五行之官,是谓五官。实列受氏姓,封为上公,祀为贵神。社稷五祀,是尊是奉。木正曰句芒,火正曰祝融,金正曰蓐收,水正曰玄冥,土正曰后土。"② 至此,也就不难理解《洪范》里箕子所说的"五行"了:箕子讲的是殷时五行之官的职务,这是政治问题,而不是哲学命题——"世界是由五种物质构成的"。

夏启破坏了原始五行制,却反而指责有扈氏"威侮五行",很难说清这条战争借口究竟蒙蔽了古今多少人。与原始五行制一起被破坏的,还有龙凤婚姻联盟,也就是夏夷联盟:夏启以前,中央帝通常经四后或四正推荐,由夏、夷两族酋长轮流担任;夏启以后,这一惯例被破坏了,两族历史开始单线发展,偶有交集也往往伴随着战争——从有扈不服到后羿代夏,莫不如此。

---

① 李学勤:《春秋左传正义》,北京大学出版社1999年版,第1510—1511页。
② 同上书,第1506—1507页。

第五章 炼石补天：伏羲女娲信仰

登立为帝，孰道尚之？女娲有体，孰制匠之？

——《楚辞·天问》

亢龙有悔，盈不可久也。

——《易·乾》

　　伏羲女娲在诸神里的辈分很高，通常被视为一对创世的配偶神，或是人祖之神。既是创世神，其原型实际生存的时代当然会极为荒远。中国上古神话与传说大多是呈碎片状存在的，但这只是表象，事实上各种碎片之间一定存在某种联系。那么，伏羲女娲与其他神话或古史传说人物之间有什么联系呢？如果从单一维度的时间与空间去探求，这个问题几乎没有答案。而人作为高等智慧动物，其生存时空是多维的，至少有两个最基本的层次：一是物质时空，二是精神时空。物质时空，就是人的生命躯体实时经历的时空，即主体通过感觉器官能感受到的客观世界；精神时空，就是人的精神世界，即大脑能够想象到的时空。物质时空与精神时空可以转化，彼时的物质时空可以成为此时的精神时空，彼人的物质时空可以成为此人的精神时空。反之亦然。由此，有物质时空里的伏羲女娲，即自然生命躯体尚在的或原初的伏羲女娲；也有存在于其他人精神时空里的伏羲女娲，即次生的伏羲女娲。或由于生前的巨大贡献，原初的伏羲女娲得以进入很多人的精神世界，又作为精神财富代代相传，从而获得永恒的生命。由于不同时代、不同地域的人随时都可能将自己精神世界里的信息转化为现实的物质——变成符号，变成图案，变成塑像……所以，当代人所面对的伏羲女娲信息，简直是铺天盖地。这些信息，经过无数次"物质→精神"或"精神→物质"的转化，很自然地呈现出杂乱无章的状态。当原初伏羲女娲不可求或不可辨的时候，我们退而求其次，探讨次生的伏羲女娲，也就是古人对伏羲女娲的信仰。

第一节 伏羲女娲传说解构

伏羲女娲的名字，始见于战国文献。伏羲出现于《易·系辞下》《管子》《庄子》《荀子》《楚辞》《战国策》等；女娲见于《楚辞·天问》《山海经·大荒西经》《礼记·明堂位》等。尽管上述部分文献的最后成书时间可能会晚至汉代，但其中保留了大量的先秦资料是没有问题的。两名并称，则始于《淮南子·览冥训》，此后传世文献与考古发掘资料渐多，可知到东汉晚期甚至出现了伏羲女娲传说大量涌现的高峰。

一 伏羲女娲故里之争

有关伏羲女娲研究有很多未解之谜，其中纠缠较多的无疑是有关他们的故里之争。伏羲、女娲是很多中国人尊崇的祖先与神灵。神话传说或多或少都会有些历史的影子，即使最严谨的史学家通常也不会否认这一点。所以伏羲、女娲也就会有故里，有故里当然就有"故里之争"。

虽然传世古文献关于伏羲女娲的各种记载也有很多矛盾，但远不及自20世纪以来将田野资料引入相关研究后争议更大。1933年，芮逸夫等学者赴湘、黔边境考察苗族，将西南少数民族中盛传的洪水神话与伏羲女娲传说进行比较，提出伏羲女娲出自南方苗族的说法。抗战爆发后，很多学者避乱进入南方民族地区，苗、瑶等少数民族的神话资料被进一步发掘出来，"南方说"声势更加强大。力主此说的代表作，首推闻一多的《伏羲考》。此后，还有不少学者在此基础上进行了大大小小的补充论证。然而，力主伏羲女娲源自北方的学者也不乏其人，较著名的有茅盾、张光直、王孝廉等人。

主张"南方说"的学者，显然过于看重田野资料与图腾理论，忽视了对传世文献的考察。李炳海指出：

第五章　炼石补天：伏羲女娲信仰

战国时期，伏羲传说大为盛行，诸子书中往往言之。然而，对比之下，《庄子》提到伏羲的地方最多，分别见于《人间世》、《大宗师》、《胠箧》、《缮性》、《田子方》等篇。《庄子》一书最爱谈论伏羲，原因是多方面的，其中很重要的一点，就是庄子本人生活在伏羲故地。庄子是宋国蒙人，蒙地在河南商丘北境，处于鲁豫交界地带，在河南淮阳和山东曲阜之间。淮阳是太皞之虚，曲阜附近有伏羲后裔居住，庄子在伏羲故地成长，难怪他对伏羲表现出浓厚的兴趣。伏羲神话作为黄淮文化的历史积淀，充当了庄子建构理论体系的部件。庄子谈论伏羲在时间上虽然是追溯往古，在空间上却是就地取材，吸取了故土文化的营养。①

李炳海从传世文献入手，分析颇有见地。考古资料②显示，河南南部和东部，山东西南部，江苏和安徽北部等地，是伏羲女娲画像石出土最为集中的地区。虽然画像石主要为汉代特别是东汉之物而庄子是战国时人，但任何特别突出的文化现象，都不会是凭空产生的。也就是说，汉代这一地区浓厚的伏羲文化氛围不会是无本之木、无源之水。

女娲文化故地是否与伏羲故地重合？要回答这个问题，首先需要厘清伏羲女娲的婚姻关系。先秦文献中肯定没有两者为夫妻的记载，而早前那些学者在南方少数民族中调查到的田野资料是否可靠呢？杨利慧博士指出：

> 1. 伏羲、尤其是女娲，与兄妹始祖型神话并不存在必然的联系，其出现带有很大的偶然性；2. 女娲在南方少数民族同类型神话中的出现，实在是极少的。相比之下，她被汉民族神话"借用"的频率就大得多。这一点，我们从附图一的《兄妹始祖型神话分布示意图》也可大致看到：女娲在兄妹婚神话中的出现，主要是以黄河流域居多；3. 伏羲与女娲被"借用"的频率是不同的，伏

---

① 李炳海：《伏羲女娲神话的地域特征及文化内涵》，《河南大学学报》（社会科学版）1992年第2期，第26页。
② 参见本书附表二：伏羲女娲画像出土概况。

羲出现的机会更多些。

由此出发，我们不得不说："南方说"抓住南方少数民族个别兄妹婚神话中出现的与"女娲"、"伏羲"相近似的音，就将女娲、伏羲普遍地与这一类型神话相联系，并进而认定二者同源，实在没有太多事实的依据。①

据此，在南方少数民族地区获取的田野调查资料不足以支持对女娲文化故地的探求。早期女娲神话见于《楚辞》《山海经》《世本》等，李炳海根据这些文献里提到的地名，经考察后得出结论："从豫南汝水流域，经晋南漳水之源的发鸠山，北到河套，是女娲神话产生和最早流传的地方。其间大部分地区位于太行山以西，处在东部黄土高原，因此，女娲神话属于东部黄土高原文化。"②

李炳海的主张，基本可以得到考古发掘资料的支持③。从附表对伏羲女娲陵庙、画像石分布情况的统计来看，河南、山东、关陇、巴蜀四个地区出土的画像石数量远多于陵庙数量；而山西、荆湘地区则相反，陵庙类遗迹多于画像石。特别是山西及与之邻近的河北地区，有详尽报告的女娲庙数量全国最高，达18例；而画像石数量最少，仅1例。众所周知，画像石主要来自墓葬，体现上层贵族的精神生活；而女娲庙主要满足民众的求婚、乞子需要，反映下层民众的信仰。一般来说，只有大规模战争或饥荒才可引发民众迁徙；而上层贵族的流动性无疑要强得多，即使在和平时期也可能经常发生。山西地区民间女娲信仰的基础深厚，其影响不是来自外部移入的上层贵族，因而极有可能是来自上古社会了。

要确定伏羲或女娲文化流行的大致范围不难，但人们更期待能考证出伏羲女娲故里的具体位置。概言之，下列两说比较盛行。

---

① 杨利慧：《女娲溯源：女娲信仰起源地的再推测》，北京师范大学出版社1999年版，第16页。
② 李炳海：《伏羲女娲神话的地域特征及文化内涵》，《河南大学学报》（社会科学版）1992年第2期，第28页。
③ 基本支持，是指仅就伏羲女娲陵庙和画像石资料而言，这里暂不涉及其他考古资料。

第五章 炼石补天：伏羲女娲信仰

一是河南淮阳说。《左传·昭公十七年》载："陈，太皞之虚也。"① 陈地，位于今河南淮阳。如果太皞即伏羲，则伏羲故里在淮阳的观点几成定论。但此说也存在问题：首先，太皞是否即是伏羲，历来存在争议。如果太皞与伏羲所指不同，则此条文献对于论证伏羲故里的价值则大打折扣。其次，淮阳以外的其他地区有人负责祭祀太皞。《左传·僖公二十一年》载："任、宿、须句、颛臾，风姓也，实司大皞与有济之祀，以服事诸夏。"杜预注曰："任，今任城县也。颛臾在泰山南武阳县东北。须句在东平须昌县西北。四国封近于济，故世祀之。"② 这说明，春秋时山东曲阜附近有太皞后裔建立的国家。虽然不能说《僖公二十一年》的资料与《昭公十七年》的记载相矛盾，但至少说明陈地不是太皞故里的唯一选项。另外，《礼记·乐记》载："武王克殷反商，未及下车而封黄帝之后于蓟，封帝尧之后于祝，封帝舜之后于陈，下车而封夏后氏之后于杞，投殷之后于宋，封王子比干之墓，释箕子之囚，使之行商容而复其位。"③ 帝舜之后当然可以封于太皞之虚，或者帝舜之后可以同时也是太皞之后，但还有一种可能，即陈地本是帝舜之后的封地，而《昭公十七年》"陈为太皞之虚"（梓慎语）的说法有误。因为毕竟周武王封帝舜之后胡公于陈（《史记·陈杞世家》有载）的史事较近，而"太皞之虚"仅是出自星象家梓慎所讲的传说。

二是甘肃天水说。此说最早出自《帝王世纪》。《周易正义》引《帝王世纪》云："大皞帝包牺氏，风姓也。母曰华胥，燧人之世，有大人迹出于雷泽，华胥履之而生包牺。长于成纪，蛇身人首，有圣德，取牺牲以充包厨，故号曰'包牺氏'。后世音谬，故或谓之伏牺，或谓之虙牺，一号皇雄氏，在位一百一十年。"④ 据《汉书·地理志》，成纪位于天水郡，即今甘肃天水市北，没有争议。

另外，《水经注·渭水上》载：

（1）瓦亭水又南迳成纪县东，历长离川，谓之长离水。右与

---

① 李学勤：《春秋左传正义》，北京大学出版社1999年版，第1368页。
② 同上书，第399页。
③ 李学勤：《礼记正义》，北京大学出版社1999年版，第1134—1135页。
④ 李学勤：《周易正义》，北京大学出版社1999年版，第299页。

成纪水合，水导源西北当亭川，东流出破石峡，津流遂断，故渎东迳成纪县，故帝太皞、庖犠所生之处也。汉以为天水郡，县，王莽之阿阳郡治也。

（2）瓦亭水又西南出显亲峡，石宕水注之，水出北山，山上有女娲祠，庖羲之后有帝女娲焉，与神农为三皇矣。

（3）（陈仓）县有陈仓山，山上有陈宝鸡鸣祠。……荣氏《开山图注》曰：伏羲生成纪，徙治陈仓，非陈国所建也。①

上述材料言之凿凿，但由于其形成的时代较晚，故此说也很难让所有人都信服。从伏羲女娲画像的出土情况来看，甘肃地区的有关遗物或遗迹主要集中于魏晋时期，这比河南、山东等地在东汉时出现的伏羲女娲画像高峰整整晚了一个时代。这种现象可能是由魏晋时期中原大乱造成的——中原某些贵族为了躲避战乱，不得不迁入甘肃等边远地区，这样就把伏羲女娲信仰与造像艺术带到此地来了。天水说最早出现的文献《帝王世纪》与当地的伏羲女娲造像大致形成于同一时期，也可以印证这种推测。

有关资料表明②，凡是有伏羲女娲陵庙的地方，或多或少都会有他们在此地活动过的传说，情形大体与淮阳说、天水说相类。

二　材料困局与化解

伏羲、女娲生活的时代极其久远，但流传下来的文字与实物材料却普遍偏晚，加之各种材料呈碎片状，又往往互相矛盾，因而所有涉足该领域的研究者都会陷于佐证材料的困局。据传世文献，仅"三皇"至少有六种说法：

1. 伏牺、神农、黄帝（《尚书·序》）；
2. 天皇、地皇、泰皇（《史记·秦始皇本纪》）；
3. 伏羲、神农、燧人（《白虎通义·号》）；

---

① （北魏）郦道元著，陈桥驿校证：《水经注校证》，中华书局2007年版，第426—427、431页。

② 详见本书附表一"伏羲女娲陵庙分布概况"。

第五章 炼石补天：伏羲女娲信仰

4. 伏羲、神农、祝融（《白虎通义·号》）；
5. 伏羲、女娲、神农（《风俗通义·皇霸》引《春秋运斗枢》）；
6. 天皇、地皇、人皇（《艺文类聚·帝王部》）。

如果从田野调查与发掘的情况①来看，则全国各地有关伏羲、女娲的考古资料更为庞杂，而且往往彼此抵触。

要免于或突破这种困局，常规的途径有三种：

一是回避。如司马迁，只一句"神农以前尚矣"（《史记·历书》），就把"三皇"部分绕过去了；即使他作了《五帝本纪》，也不忘在文末指出：

> 学者多称五帝，尚矣。然《尚书》独载尧以来；而百家言黄帝，其文不雅驯，荐绅先生难言之。孔子所传宰予问《五帝德》及《帝系姓》，儒者或不传。余尝西至空桐，北过涿鹿，东渐于海，南浮江淮矣，至长老皆各往往称黄帝、尧、舜之处，风教固殊焉，总之不离古文者近是。予观《春秋》《国语》，其发明《五帝德》《帝系姓》章矣，顾弟弗深考，其所表见皆不虚。《书》缺有间矣，其轶乃时时见于他说。非好学深思，心知其意，固难为浅见寡闻道也。余并论次，择其言尤雅者，故著为本纪书首。②

可见，司马迁《五帝本纪》所载，虽比《尚书》向史前延伸了很长一段，却回避了若干"文不雅训""荐绅难言"的资料；即使仅择"其言尤雅"者，他依旧担心被"浅见寡闻"的人所误解。而近现代以来，疑古学派兴起，不少古籍被贴上了"伪书"的标签，很多学者对古史传说避之犹恐不及，更不要说去考证材料的真伪了。在伏羲女娲研究资料尚不充分的条件下，"回避"无疑是比较谨慎的态度，但问题已经摆在那里，总需要有人去研究的。

二是自说自话。选择此路的研究者，很清楚无法驳倒于己不利的材料或观点，便索性只举于己有利的材料，也就是"我不否定别人的观

---

① 详见本书附表一"伏羲女娲陵庙分布概况"和附表二"伏羲女娲画像出土概况"。
② （汉）司马迁：《史记》，中华书局1959年版，第46页。

点，却只坚持自己的主张"。事实上，由于与伏羲女娲有关的大部分文献和考古资料形成时代较晚，选择对自己有利的资料，也难于支撑伏羲女娲生于或葬于当地的论断。于是，很多研究者在举证了唐宋碑志、明清庙宇之后，还要强调一下当地存在着新石器时代甚至更古老的文化遗存。例如，主张伏羲故地在甘肃天水的学者，往往会举出秦安大地湾文化①来支撑自己的观点。我们姑且不说这种观点是否正确，至少从大地湾文化到西晋皇甫谧的《帝王世纪》之间，存在着至少约 5000 年的缺环；况且，主张伏羲女娲故里在河南、在山东的学者，也同样可以举出当地存在新石器时代文化的证据。所以，"自说自话"的论证方式无法真正回答伏羲女娲文化发生、发展的有关问题。

三是调和。有关伏羲女娲故里不同指向的材料是死的，但人是活的，只要"安排"两位老祖宗在史前多走一走，很多材料间的矛盾就被调和了。例如，唐代以前，有关伏羲故里影响最大的两种主张是"雷泽说"和"成纪说"：东汉王符《潜夫论·五德志》曰："大人迹出雷泽，华胥履之生伏羲。"② 认为伏羲生于雷泽。意见与此相近者，有《河图》《诗含神雾》等纬书。《山海经·海内东经》载："雷泽中有雷神，龙身而人头，鼓其腹。在吴西。"郭璞注引《河图》（又见《太平御览》七八引《诗含神雾》）云："大迹出雷泽，华胥履之，生宓牺（即伏羲）。"③ 而晋皇甫谧《帝王世纪》则认为伏羲生于成纪。皇甫谧云："有大人之迹，出于雷泽之中，华胥履之，生庖牺于成纪。"④ 后人多承此说。至唐代，孔颖达融合前人之说，谓："（伏羲）母曰华胥，燧人之世，有大人迹出于雷泽，华胥履之而生包牺。长于成纪，蛇身人首，有圣德，取牺牲以充包厨，故号曰'包牺氏'。"⑤ 这样，伏羲生于雷泽而长于成纪，就将前述两说统合起来了。另据《读

---

① 大地湾文化校正后的绝对年代，上下限应为公元前 5900—前 5000 年。参见任式楠、吴耀利《中国考古学·新石器时代卷》，中国社会科学出版社 2010 年版，第 121 页。
② （汉）王符著，（清）汪继培笺，彭铎校正：《潜夫论笺校正》，中华书局 1985 年版，第 384 页。
③ 袁珂校注：《山海经校注》，上海古籍出版社 1980 年版，第 329—330 页。
④ 徐宗元辑：《帝王世纪辑存》，中华书局 1964 年版，第 3 页。
⑤ 李学勤：《周易正义》，北京大学出版社 1999 年版，第 299 页。

史方舆纪要》可知，山东、山西等地皆有古地名"雷泽"，无论伏羲所生的"雷泽"指其中的哪个，离甘肃成纪都很远。伏羲为什么要迁移，又是怎样迁移的？如果没有任何证据，这种"迁移"只是臆测罢了。近现代以来，宣称是伏羲女娲故里的地方多起来，于是不少研究者沿着孔颖达的路子继续向前走，提出：伏羲女娲生于甲地，长于乙地，后来去丙地，最后葬于丁地。人的确会走，但是，认为所有相关遗迹都是伏羲女娲留下的显然不现实。因为人类个体的生命短暂，能力也有限，那些生活在彼地的原始人凭什么就接受来自异域的伏羲女娲？原始人迁移需要有动力或原因，而且迁移总会留下蛛丝马迹（即证据）的。假如没有证据，也找不到迁移原因，那迁移路线当然是"莫须有"，或者根本就是杜撰了。

总之，有关伏羲女娲故里之类的资料繁杂，但可靠的较少，而彼此矛盾的较多。回避、自说自话或是臆想一条迁移路线来调和矛盾，都难以得出令人信服的结论。

三 信众与祖妣的匹配

神的奇迹归根结底是由人创造的。伏羲女娲是神，他们无边的神通来自信仰他们的人——信众足迹所至的地方，都会留下伏羲女娲的"足迹"。对于那些信仰并崇拜伏羲女娲的普通人来说，仅仅建庙或塑造神像是不够的——他们必须坚称伏羲女娲生于斯、长于斯、葬于斯，并且有过种种"神迹"。假话说过千万遍，最后连说假话的人自己都会相信。于是，庙里供奉的僵硬塑像便真就有了灵性。也就是说，流传于各地或已经记载于历史文献中的大部分伏羲女娲传说，主要反映的是不同时代、不同地域的人们精神世界里的信仰真实。淳朴的信众无意于伪造古史，他们只想达到"自神其教"的目的，是把主观信仰不加分析地当成客观历史的人伪造了古史。

与伏羲女娲直接相关的历史事实是唯一的，但人们对其主观信仰可以彼此不同。在没有经过验证或深入剖析之前，可以暂将全国各地伏羲女娲陵庙像石等视为人们信仰的遗迹。选择这样的立场后，我们就会发现那些彼此矛盾的材料不再"打架"了，可以坦然地将其制成简表附在后面。这是走出材料困局的第一步。

要重现伏羲女娲时代的社会现实无疑是相当困难的,"知难而退"应该是明智的选择。这里的"退"并不是回避,而是要向后退一个时代。伏羲女娲从远古走来,其间必定要有绵延不绝的媒介。全国各地伏羲女娲陵、庙、画像石以及传世文献记载的有关传说等,都是传播伏羲女娲信仰的媒介;如果要进一步追问,则这些传播媒介都是由信仰伏羲女娲的人精心创作或刻意加工的。可以说,伏羲女娲陵、庙、画像石等分布有多广,历史上对他们的信仰就有多广;而远在史前仿佛"满天星斗"的部落社会里,他们最多也就是某个部落或部落联盟所信仰的神灵,这种信仰是随着信仰他们的部落或部落联盟的扩大而不断传播到四面八方的。所以,伏羲女娲的信众才是传播这种信仰最根本的媒介。通过将伏羲女娲的陵、庙、像石等有关遗迹列表分析,很容易发现:不同时代、不同地域的伏羲女娲信仰存在着极大的不平衡,而这种不平衡正是由于他们的信众在不同地域间或社会阶层间大规模迁移造成的。

先秦文献中除《山海经》和《楚辞·天问》外,很难找到女娲的身影(伏羲另当别论);关陇地区出现女娲陵、庙、画像石的时间,也明显晚于河南特别是楚地;而西汉建立后无论看传世文献还是考古资料,都可知伏羲女娲信仰迅速流行。可见,最热衷于伏羲女娲崇拜的人群是汉人。

众所周知,汉朝开国皇帝刘邦自楚地起兵反秦,其麾下文臣武将多为楚人。所以,楚文化在汉人那里得到了继承与发展。比较直观的证据有:《史记·项羽本纪》载,"项王军壁垓下,兵少食尽,汉军及诸侯兵围之数重,夜闻汉军四面皆楚歌";《史记·留侯世家》载,"戚夫人泣,上曰:为我楚舞,吾为若楚歌"[1]……据此可推知,汉人的女娲信仰源自楚人,《楚辞·天问》"女娲有体,孰制匠之"[2]的记载能与之印证。

由楚人继续向前追溯,有两种可能:一是颛顼,二是南蛮。选择后者无疑是极不明智的,因为在史前中原逐鹿的过程中,南蛮多数时候都是失败者,他们所信仰的神灵,很难被北方人接受。虽然楚王熊渠说过

---

[1] (汉)司马迁:《史记》,中华书局1959年版,第333、2047页。
[2] (宋)洪兴祖:《楚辞补注》,中华书局1983年版,第104页。

第五章 炼石补天：伏羲女娲信仰

"我蛮夷也"(《楚世家》)的话，但政治家擅长讲假话作为达到某种目的的借口，实在不必当真的，更何况《史记·楚世家》和《楚辞·离骚》等文献明确说过楚王族来自颛顼：

> 楚之先祖出自帝颛顼高阳。高阳者，黄帝之孙，昌意之子也。高阳生称，称生卷章，卷章生重黎。重黎为帝喾高辛居火正，甚有功，能光融天下，帝喾命曰祝融。共工氏作乱，帝喾使重黎诛之而不尽。帝乃以庚寅日诛重黎，而以其弟吴回为重黎后，复居火正，为祝融。
>
> 吴回生陆终。陆终生子六人，坼剖而产焉。其长一曰昆吾；二曰参胡；三曰彭祖；四曰会人；五曰曹姓；六曰季连，芈姓，楚其后也。昆吾氏，夏之时尝为侯伯，桀之时汤灭之。彭祖氏，殷之时尝为侯伯，殷之末世灭彭祖氏。季连生附沮，附沮生穴熊。其后中微，或在中国，或在蛮夷，弗能纪其世。①

据此，由楚人向前追溯，则颛顼族乃至黄帝族，应该是女娲的信众。承前文所论，黄帝族是来自北方的龙族团，这与女娲"人首龙身或蛇身"的形象恰好吻合。

女娲为黄帝族所信仰的神灵，可以得到其他传世文献的印证。

《淮南子·说林训》载："黄帝生阴阳，上骈生耳目，桑林生臂手，此女娲所以七十化也。"② 这段话的意思比较隐晦，但说明女娲与黄帝族关系比较密切之意还是很明确的。

《世本·夏世系》云："禹娶涂山氏女，名女娲，生启。"③ 另据《史记·夏本纪》载："夏禹，名曰文命。禹之父曰鲧，鲧之父曰帝颛顼，颛顼之父曰昌意，昌意之父曰黄帝。"④ 也可见女娲与黄帝族的关

---

① （汉）司马迁：《史记》，中华书局1959年版，第1689—1690页。
② 刘文典撰，冯逸等点校：《淮南鸿烈集解》，中华书局1989年版，第561页。
③ （汉）宋衷注，（清）秦嘉谟等辑：《世本八种》（王谟辑本），上海商务印书馆1957年版，第7页。
④ （汉）司马迁：《史记》，中华书局1959年版，第49页。

系密切①。

此外,《论衡·谈天篇》云:

> 儒书言:"共工与颛顼争为天子,不胜,怒而触不周之山,使天柱折,地维绝。女娲销炼五色石以补苍天,断鳌足以立四极。天不足西北,故日月移焉;地不足东南,故百川注焉。"此久远之文,世间是之言也。②

"共工与颛顼争为帝"和"女娲补天"曾分别流传,而这里则呈现为一件事的前因后果,应是东汉或之前的人为解释宇宙生成而将上古神话碎片加以整合的产物。简言之,共工是天地秩序的破坏者,而女娲通过补天来收拾前者捣乱留下的残局;不言而喻,女娲是维护颛顼族利益的神灵。这种神话人物关系,与前述《淮南子·说林训》《世本·夏世系》等所反映的情形一致,表明女娲与黄帝族的关系密切。

判定女娲与信众的族属,还需要将"女娲"与"女娃"区别开。《山海经·北山经》载:

> 发鸠之山,其上多柘木。有鸟焉,其状如乌,文首、白喙、赤足,名曰精卫,其鸣自詨。是炎帝之少女名曰女娃,女娃游于东海,溺而不返,故为精卫,常衔西山之木石,以堙于东海。③

或有人认为"女娃"即"女娲",其实两者除名字读音相近之外,再无其他联系或相似性:前者是死于非命的弱女子,尽管其精神不屈;后者是能造人、可补天的创世女神,神通广大。

在大多数庙宇里,女娲都被当作主管婚姻与生育的女神来崇拜的,信众俗称之"女娲娘娘"或"送子娘娘"。而在周代,人们要达到同样

---

① 涂山氏的时代较晚,与"女娲"作为创世女神的神格不吻合。或由于女娲是黄帝族主管生育的女神,而涂山氏作为部落首领大禹的妻子,也是该部落负责祭祀女娲的巫师。因此,人们以涂山氏主祭神的名字"女娲"来称呼她。
② 黄晖:《论衡校释》,中华书局1990年版,第469—470页。
③ 袁珂校注:《山海经校注》,上海古籍出版社1980年版,第92页。

目的需要去拜求先妣姜嫄，这在《大雅·生民》《鲁颂·閟宫》里都有较明确的记载。因此，周人文献或先秦时关陇地区没有女娲的身影。众所周知，周王族为姬姓，与黄帝同姓（按《国语·晋语四》说法）。但是，由于原始婚姻里女子并不随夫居，所以周人先祖后稷是随母亲在姜氏族团里长大的，脱胎于炎帝姜族文化，是华族团的一支。所以，周人不崇拜黄帝龙族团的神灵也很正常。女娲信仰在周人文献或先秦时关陇地区的缺位，从反面说明女娲属于黄帝龙族团信仰的神灵。

当我们抛弃故里之争，沿着信众线索逆时空追寻伏羲女娲信仰的时候，就已经悄然剥离了很多"层累"于伏羲女娲身上的杂乱信息，实现了走出材料困局的第二步。

小结

伏羲和女娲是中国古代神话里地位显赫的配偶神，很多宣称是其故里的地方，特别热衷于标举当地的地名、风物等可以与他们成婚的传说相印证。但是，对有关资料稍加梳理就可以发现，伏羲女娲最多也只能算是"半路夫妻"，因为至少在战国以前未见他们同时出现在一部文献中。

最早将两者并提的是《淮南子·览冥训》：

> 昔者，黄帝治天下……然犹未及虙戏氏之道也。往古之时，四极废，九州裂，天不兼覆，地不周载，火爁炎而不灭，水浩洋而不息，猛兽食颛民，鸷鸟攫老弱。于是女娲炼五色石以补苍天，断鳌足以立四极，杀黑龙以济冀州，积芦灰以止淫水。苍天补，四极正，淫水涸，冀州平，狡虫死，颛民生。背方州，抱圆天，和春阳夏，杀秋约冬……然而不彰其功，不扬其声，隐真人之道，以从天地之固然。何则？道德上通，而智故消灭也。[1]

黄帝、伏羲、女娲等神话人物的事迹显然不是该文叙述的重点，作者只想借用有关传说证明"无为而治"的合理性。文中仅明确了伏羲

---

[1] 刘文典撰，冯逸等点校：《淮南鸿烈集解》，中华书局1989年版，第205—210页。

女娲属于同一时代且早于黄帝，至于他们之间是什么关系并未透露。东汉末年，高诱注《淮南子》上述文字时云："女娲，阴帝，佐伏羲治者也。"表明此时只把女娲当成伏羲的臣属，尚不明确有夫妻或兄妹关系。两者的密切关系最早出现于东汉《风俗通义》的佚文："女娲，伏希之妹。"但这句话出自南宋《路史·后纪二》的引文，是否为《风俗通义》原文无从可考；如果是，《风俗通义》的依据又在哪里也不得而知。据此，考察伏羲女娲信仰的形成，不剔除这些后期层累的信息，就难以揭示问题的真相。另外，当我们沿着女娲信仰的线索回溯寻真的时候，伏羲便渐渐迷失了，需另文专论。这很自然，因为两者本来就具有不同的文化源头。

第二节　女娲的原型与分化

剥离层累于女娲身上不同时代的信息，也就是对女娲形象的解构（deconstruct）过程。然而解构不是目的，在全新知识背景下重新建构（reconstruct）更合理的女娲形象才是目的。从文献记载来看，先秦时代留给我们关于女娲的信息实在太少了，只有《山海经》和《楚辞》，我们需要引入考古提供的新材料。

一　神与人："女娲补天"原型

多年从事女娲研究的杨利慧博士曾经指出：

> 由目前所搜集到的材料来看，与其颇生硬、牵强地说女娲由南方（西南方）起源，然后向北方传播，似乎倒不如推测她由北方、最可能是西北的渭水流域一带发源，而后才向东、向西北、向南传播到今天中国的许多地区，比较更合乎情理一些。这样推断的主要依据是：
> 一、由女娲的神话及其信仰习俗的分布来看，女娲的"势力范围"主要在北方黄河流域；
> 二、由古典文献记载来看，女娲也常与北方或西北方相联系；
> 三、由考古学发现来看，很可能与女娲有着某种渊源关系的人

第五章 炼石补天：伏羲女娲信仰

首鲵（蛇）身像彩陶，较早地出现于西北渭河流域一带；

四、从中华民族及其文明的发展、交流史来看，我们推断女娲信仰发生于西北的渭河流域一带，也是可能的，或者说有着较大的或然性。①

杨博士倾向于认为女娲信仰源自西北渭水流域，但她的表述极为谨慎，说这是"可能的，或者说有较大的或然性"。事实上，除了上文提到的"人首鲵身像彩陶"②可以与女娲人首蛇身形象作关联分析外，青海乐都柳湾出土的马家窑文化马厂类型人像彩陶壶③，也可以作为支持"西北说"的证据：这件彩陶壶上的裸体人像，有较突出的性器官，体现了原始社会生殖崇拜倾向；又有与之相关联的蛙纹，而"蛙"与"娲"同音。所以，将这件人像彩陶壶与女娲作有关联的分析也存在着可能。

尽管如此，"女娲信仰源自西北说"存在两个致命的缺陷：

首先，周、秦曾在关中建国，但周秦文献中并没有女娲的影子；后世文献及考古资料表明，陕西、甘肃等西北地区的女娲信仰遗迹或遗物，明显晚于河南、山西、山东等地。假如女娲信仰源自西北渭河流域，那么周、秦两代的信仰断层怎样解释？

其次，据《楚辞·天问》《史记·楚世家》《淮南子·说林训》

---

① 杨利慧：《女娲溯源：女娲信仰起源地的再推测》，北京师范大学出版社1999年版，第126页。

② 人首鲵（蛇）身像彩陶（瓶），1958年出土于甘肃省甘谷县西坪乡，属仰韶文化庙底沟类型，时代距今5500年前后。瓶上以墨彩绘有一鲵鱼形动物（一说人首蛇身或蜥身等）。其头部滚圆，两眼圆睁，眉部有数首横纹，下颌长有露出牙齿的大嘴，身子窄长，尾高卷至首上，有二足。参见杨利慧《女娲溯源：女娲信仰起源地的再推测》，北京师范大学出版社1999年版，第95页。

③ 马家窑文化人像彩陶壶，仅一件，是该文化中陶器珍品，时间距今4500—4000年。该壶小口短颈，圆腹平底，泥质红陶，从口到器腹中部涂敷一层红色陶衣。彩绘一组对称两圈网纹。另一组为蛙身纹加塑绘裸体人像。塑绘人像是先捏出裸体人像，然后在人像各突出部位之间围黑彩勾勒。头面在壶之颈部。目、口、耳、鼻俱全，披发，眉作"八"字形，小眼，高鼻，硕耳，张口。器腹部即为身躯部位，乳房、脐、下部及四肢袒露。乳房丰满，用黑彩绘成乳头，上肢双手作捧腹状，下肢直立，双足外撇。彩陶壶通高为34厘米。参见青海省文物管理处考古队等《青海柳湾》，文物出版社1984年版，第116页。

《论衡·谈天篇》以及《世本·夏世系》（辑本）等文献综合研判，女娲当属黄帝族所信仰的神灵；而黄帝最初登上历史舞台的阪泉和涿鹿，在今河北北部的张家口地区。假如黄帝和炎帝都发祥于渭水流域，他们的部落要不远千里分别跑到河北北部去冲突就很难讲通了。

考古学家苏秉琦认为，"五帝时代以五千年为界可以分为前后两大阶段，以黄帝为代表的前半段主要活动中心在燕山南北，红山文化的时空框架，可以与之对应"①。据此，则红山文化中应该存在女娲信仰的痕迹。

陆思贤曾指出：

> 女娲抟黄土作人，红山文化的先民们用泥土塑造女神像，古史传说得到了实物的证明，女娲神话也是先民们创作的。红山文化的先民把女神供奉在"女神庙"里或祭坛上，是作为生育神或地母神崇拜的；尤其祭坛上的女神，从身躯残块观察，大肚皮，盘坐式，确是作为至上神灵被崇拜的，身份应是天地开辟之神，至少是红山文化古城古国的开辟神，与"女娲阴帝"的身份是吻合的。②

上述分析颇具启发意义。当然，认为黄帝、女娲同时存在于红山文化中，也存在时间上的矛盾，即：女娲作为创世女神，时代应当早于黄帝很多。不过这个矛盾并非是不可调和的，因为前者可以作为后者精神信仰的一部分而存在。

神与人有别，却可以相互转化：如果某人有大功德于同类，其死后甚至生前，就有可能被信众尊为神；如果某神肯降灵附体于巫师③，则神也可以像人一样活跃于信众之间，而不只是他们头脑里一个干瘪的概念。原始社会拥有降神能力的巫师不少，其对信众的号召力远非普通人可比。在法制不彰的状态下，原始宗教对于聚集社会力量具有重要价值——如果没有原始宗教，人类无疑会在一盘散沙的状态下蹒跚摸索更

---

① 苏秉琦：《中国文明起源新探》，生活·读书·新知三联书店1999年版，第161页。
② 陆思贤：《红山文化裸体女神为女娲考》，《北方文物》1993年第3期，第34页。
③ 神降灵于巫师，这当然只是巫师的说辞。

第五章 炼石补天：伏羲女娲信仰

长的时间。

承前论证，红山文化主要是由传说中的轩辕古国创造。这里祭祀遗址面积超过 50 平方公里，有体积庞大的积石冢群，其中大型积石冢动用土石方高达上万立方米，陪葬了造型神秘、数量众多的精美玉器，还使用或存储了难以计数的非实用功能的彩陶筒形器。在劳动工具极为落后的五千余年前，这些与满足口腹之欲无直接关系的遗迹和遗物，可能消耗的人力物力难以想象。在协调大量人力从事非生产性劳作的过程中，原始宗教无疑曾发挥过巨大的作用。

东山嘴红山文化祭祀遗址位于辽西喀左县，主体是由南圆、北方的大型石砌祭坛组成的。熟悉古代中国国家祭祀的人都知道，祭天、祭地通常都是在方丘、圜丘附近完成，而东山嘴祭坛的方圆组合格局居然与北京天坛等祭祀建筑相似。据此，这座祭坛的价值显然不容忽视。

该遗址曾出土过女性特征十分鲜明的孕妇陶像残块，说明这里的祭祀曾与女性崇拜或生殖崇拜有关；而沿着有关信众的线索追溯到此地的女娲，恰是司婚育的创世女神。所以，认为东山嘴遗址曾经存在过与女娲有关的祭祀应该没有问题。

除了造人或司生育，女娲的重要功绩还有炼石补天。全国各地宣称是"女娲故里"的地方，往往会塑一尊女像，双手或单手高高托起一块大石头作为女娲的标志。众所周知，石头很重，如果没有运载火箭之类的强大动力加在上面，它只会往地下落，不可能像块大补丁一样贴在天上。如果没有仔细研究过东山嘴遗址，恐怕所有人都无法想象炼石补天的原理——按天圆地方的古老观念，东山嘴遗址的圆坛象征着天，方坛象征着地。圆坛以长 30 厘米左右的白灰岩石片镶边，齐边朝外，十分规整，只在对应方坛南侧的部位有明显下凹。石圈内铺一层大小相近的小河卵石。这种河卵石在整个遗址堆积中未见，也不见于遗址附近，应是特意从山下河川中拣选的。

假如看完这个细节还不理解，我们就不得不重温一下英国人类学家弗雷泽讲过的巫术思维了。原始人观念中的自然法则的基础性原则是：同样的"因"可以产生同样的"果"，或者说彼此相似的事物可以产生同样的效果，弗雷泽称此为"相似律"；物体一经互相接触，在切断实际接触后，仍继续远距离地互相作用，弗雷泽称此为"接触律"或

"触染律"。巫术乃是原始人基于这两点错误的认识基础而采取的虚妄的控制自然的办法。从前一原则出发，原始人或其巫师认为，仿佛通过模拟，便能够实现他想要做的事，这样的模拟活动，便是"顺势巫术"或"模拟巫术"。从后一原则出发，原始人或其巫师则认为，通过曾经与某人接触过的物体便可以对其本人施加影响。弗雷泽称这类巫术活动为"接触巫术"。

弗雷泽将以上两种巫术统称为"交感巫术"，因为两者都认为物体通过某种神秘的感应可以超时间、超距离地相互作用，把一个物体的推动力，传输给另一个物体。①

简单地说，当原始人面临淫雨不止的可怖情形时，通常会直观地认为"天漏"了。由于当时不存在人工干预天气的科学和技术，人们只能通过巫术手段谋求改变天气。他们用石头摆成圆坛象征圆天，再以圆坛对应方坛（象征大地）的一边凹陷象征"天漏"。然后在庄严的祭祀仪式中，代表女娲的巫师以特别拣选的小河卵石摆在圆坛凹陷处。原始人相信，只要象征天的圆坛补好了，通过神秘的交感巫术，"漏雨"的自然之天也就会补好。当历史尘沙掩埋了这个古老的祭坛，掌握了先进科学技术的人也忘却了交感巫术的时候，现代人当然无法想象五千多年前"女娲"是如何补天的了。

二 善与恶：女魃的文化功能

《山海经·大荒北经》载：

> 有人衣青衣，名曰黄帝女魃。蚩尤作兵伐黄帝，黄帝乃令应龙攻之冀州之野。应龙畜水，蚩尤请风伯雨师，纵大风雨。黄帝乃下天女曰魃，雨止，遂杀蚩尤。魃不得复上，所居不雨。叔均言之帝，后置之赤水之北。叔均乃为田祖。魃时亡之。所欲逐之者，令曰："神北行！"②

---

① ［英］弗雷泽：《金枝》，徐育新等译，中国民间文艺出版社1987年版，第6页。
② 袁珂校注：《山海经校注》，上海古籍出版社1980年版，第430页。

第五章 炼石补天：伏羲女娲信仰

在这则神话里，女魃是帮助黄帝扭转战局的关键因素。由于她所做的贡献主要是止雨，以至于后来出现不良影响，即"所居不雨"。依无神论的原则推断，黄帝女魃也应当是一位女巫——她未必真能神奇地导致天旱，只不过天旱的时候，人们主观地归罪于她罢了。为了调和与联盟内农业部落（即叔均族）的关系，帝将女魃安置在赤水的北面。

赤水，当是河北赤城县境内的红河。《大荒北经》载："西北海之外，赤水之北，有章尾山。有神，人面蛇身而赤，直目正乘，其瞑乃晦，其视乃明，不食不寝不息，风雨是谒。是烛九阴，是谓烛龙。"[1] 这里的"海"当指渤海，"西北海之外"是指渤海西北，也就是阴山山脉的东南部。据《山海经》提供的大致方位，"章尾山"当是今天的大马群山，此山南面为河北北部的红河，与"赤水之北，有章尾山"方位吻合。而大马群山之南，现为赤城县，其地历史甚久，因境内山石色赤而得名。《水经注》载："赵建武年，并州刺史王霸为燕所败，退保此城。城在山阜之上，下枕深隍，溪水之名，藉以变称，故河有赤城之号矣。"[2] 此地距传说中黄帝战蚩尤的涿鹿地区不足70公里，而《读史方舆纪要》载："赤城堡……其地有古赤城，相传蚩尤所居。"[3] 又，《庄子·天地》载："黄帝游乎赤水之北，登乎昆仑之丘而南望，还归，遗其玄珠。"[4] 所以，综合相关文献与当地水文、地貌特征来看，赤城县境内的红河，正是《山海经·大荒北经》中的古赤水。

黄帝时代，今河北省红河（古赤水）之北是红山文化分布区。女魃被安置在赤水之北，其归宿也暗示了她的来路——以文化人类学的视角来看，女魃应该是红山先民中的女巫师，擅长以巫术止雨。但是，《神异经》中有一段记载，似乎与此说相矛盾。其文云：

> 南方有人，长三二尺，袒身而目在顶上，走行如风，名曰魃。所见之国大旱，赤地千里。一名狢。遇者得之，投溷中乃死，旱灾

---

[1] 袁珂校注：《山海经校注》，上海古籍出版社1980年版，第434—438页。
[2] （北魏）郦道元著，陈桥驿校证：《水经注校证》，中华书局2007年版，第337页。
[3] （清）顾祖禹：《读史方舆纪要》，上海书店出版社1998年版，第139页。
[4] （清）郭庆藩撰，王孝鱼点校：《庄子集释》，中华书局1961年版，第414页。

消也。①

于成宝等学者以此为据，认为女魃来自传说中江南的羽民国或裸民国②，或即考古发现的良渚文化③圈。"女魃来自良渚说"貌似合理，其实是经不起推敲的：

首先，《山海经》的成书时代远早于《神异经》，而女魃传说有自河北北部（古战场阪泉涿鹿一带）向南扩散的趋势（汉代河南有虎吃旱魃画像石），故晚起反映南方魃传说的《神异经》不足以作为探求黄帝女魃出处的文献。

其次，天何时下雨或何时停，不是远古时人可以任意操控的，故女魃止雨应属巫术或原始宗教行为，其价值在于提振黄帝族士兵们的信心，而实际效果则取决于众人对女魃的信仰程度。扮演女魃的巫师的确有来自本族或外族两种可能，但前一种可能无疑更大，因为即使良渚先民愿意派女巫千里迢迢去帮助黄帝，黄帝族人肯相信这位连语言都可能不通的外来者吗？

第三，就《山海经》和《神异经》两种文献本身而言，不能说南方之魃即北方的黄帝女魃。《山海经》对黄帝女魃的描述近于中性，无明确的褒贬态度；而《神异经》对南方之魃的态度基本属于否定——古人以硕大为美，而魃只有三二尺；以平正为善，而魃是眼睛长在头顶的畸形神。袁珂也曾指出："《神异经》所说之魃当已是旱魃神话之演变，非古传黄帝女魃也。"④

对于黄河流域从事农业生产的部落而言，干旱与洪水都会令人恐怖。女魃能"止雨"，所以人们往往将干旱归因于女魃没有回去，并径直称其为"旱魃"。后来中原的人似乎忘记了女魃战蚩尤的重大功绩，每遇干旱便会诅咒女魃。《诗经·大雅·云汉》云："旱既太甚，涤涤

---

① （唐）欧阳询撰，汪绍楹校：《艺文类聚》，上海古籍出版社1982年版，第1723页。
② 于成宝、曹丙燕：《从"精卫填海"与"黄帝擒蚩尤"看上古部落的冲突与融合》，《中国海洋大学学报》（社会科学版）2015年第1期，第69页。
③ 良渚文化，距今5300—4000年，主要分布于长江下游太湖流域。
④ 袁珂校注：《山海经校注》，上海古籍出版社1980年版，第434页。

第五章 炼石补天：伏羲女娲信仰

山川。旱魃为虐，如惔如焚。"① 而驱逐旱魃的办法有很多，按《山海经》的记载，便是以祝辞"神北行"来赶她走。到了汉代，驱赶旱魃的手段开始变得更加强硬，画像石里甚至出现了"虎吃旱魃"②这类巫文化意味浓厚的图案。关于旱魃形象的嬗变，孙国江概括如下：

> 旱魃是中国古代特有的旱神，最初在先秦时期以天女的形象出现。东汉以后，旱魃逐渐演变为善行疾走的小鬼形象。宋元时期，民间出现了以产妇所生鬼形儿为旱魃的说法，至明代则出现浇淋产妇以除旱魃的恶俗。随着官方对这种恶俗的禁止，明代中期以后旱魃逐渐变为僵尸的形象，并由此衍生出"打旱骨桩"的恶俗。清中期以后的小说中，又出现僵尸旱魃可变狐的说法。旱魃形象的演变是中国古代普通民众与文人士大夫相互影响的结果。③

艺术史上不乏两个完全不同的形象来自同一原型的案例，或许"女娲"与"女魃"就属于这种情况。对女娲心存美好印象的人无论如何也不愿意将她与"女魃"联系到一起，但从族属、身份、特长等角度来分析，两者的联系是无法割裂的。除《淮南子》提到的"女娲补天"是在淫雨背景下发生的之外，东汉王充在《论衡·顺鼓篇》里也曾批驳过"雨不霁，祭女娲"（董仲舒语）。据此，女娲补天的一个重要目的就是要止雨，而汉代人要想让雨停下来就会祭女娲，这与黄帝女魃止雨其实没有本质区别。如果说有区别，也只是同一事件两个极端的不同：久雨成灾时，人们祈望祭祀女娲补天止雨；久旱不雨时，人们又会诅咒女魃，说她不肯归去才造成了旱灾。从历史原型到古史传说或神话，总会有一个漫长的演进过程。在没有文字的时代里，所有历史或生

---

① 李学勤：《毛诗正义》，北京大学出版社1999年版，第1200页。
② 汉画像石里，"虎吃旱魃"题材不多，考古工作者只在河南洛阳西汉壁画墓、南阳汉画像石墓及登封中岳汉代石阙发现少量画像石。这些汉画像石均以"老虎食女人"为主题，画像中的老虎皆凶猛异常，虎口下的女子则赤裸上身或者全身赤裸，身形羸弱细小。参见李世晓《汉代的〈虎吃旱魃〉画像研究》，《南都学坛》2010年第6期，第139页。
③ 孙国江：《中国古代"旱魃"形象的起源与嬗变》，《民俗研究》2014年第6期，第64页。

活经验都是靠人们口耳相传的，所以，神话或传说随着时间推移而变形，几乎不可避免。刘宗迪指出："女娲与女魃，地望相同、对头相似、所事相应，则谓之源于同一原型，不为无据也。也就是说，女娲与女魃，是同一神话原型的不同变形。"① 其实，对任何一种自然过程的人为干预，都可能既有正面价值，又有负面作用。女娲补天止雨也是如此，只是她可能造成久旱不雨的"黑锅"被女魃背了。或许，正是因为女魃对止雨负作用的分担，才使得女娲形象达到至善至美的程度。

总之，女娲与女魃形象的分化，满足了人们既畏久雨又畏久旱的双重心理需要。当然，经过千百年的文化演进与积淀，两者早已分别具有了各自独立的艺术生命；更何况同一个原始宗教角色，可以由不同的女巫来扮演。所以，不能说东山嘴祭坛上曾经参与补天仪式的"女娲"，就是《山海经》里面的黄帝"女魃"。

三　圣与俗：战神玄女

九天玄女，又叫玄女、九天娘娘或九天圣母，常被道教信徒奉为高阶女仙或术数神。熟悉中国古典小说的人都知道，"玄女授兵书"是常见情节，因而也可以说，九天玄女是中国古代的战争女神。

在《水浒传》第四十二回中，宋江下梁山去接老父和弟弟，不料路遇官兵。他却在躲避抓捕时意外见到玄女娘娘：

> 宋江到帘前御阶之下，躬身再拜，俯伏在地，口称："臣乃下浊庶民，不识圣上，伏望天慈，俯赐怜悯！"御帘内传旨："教请宋星主坐。"宋江哪里敢抬头。教四个青衣扶上锦墩坐，宋江只得勉强坐下。殿上喝声"卷帘"，数个青衣早把朱帘卷起，搭在金钩上。娘娘问道："星主别来无恙？"宋江起身再拜道："臣乃庶民，不敢面觑圣容。"娘娘道："星主既然至此，不必多礼。"宋江恰才敢抬头舒眼，看见殿上金碧交辉，点着龙灯凤烛。两边都是青衣女童，执笏捧圭，执旌擎扇侍从。……那娘娘坐于九龙床上，手执白玉圭璋，口中说道："请星主到此，命童子献酒。"两下青衣女童

---

① 刘宗迪：《翩然起舞　羽化成仙》，《攀枝花大学学报》1996年第4期，第20页。

第五章 炼石补天：伏羲女娲信仰

执着奇花金瓶，捧酒过来斟在玉杯内。一个为首的女童，执玉杯递酒来劝宋江。宋江起身，不敢推辞，接过玉杯，朝娘娘跪饮了一杯。宋江觉道这酒馨香馥郁，如醍醐灌顶，甘露洒心。又是一个青衣捧过一盘仙枣，上劝宋江。宋江战战兢兢，怕失了体面，尖着指头拿了一枚，就而食之，怀核在手。青衣又斟过一杯酒来劝宋江，宋江又一饮而尽。娘娘法旨教："再劝一杯。"青衣再斟一杯酒过来劝宋江，宋江又饮了。仙女托过仙枣，又食了两枚。共饮过三杯仙酒，三枚仙枣，宋江便觉道春色微醺。又怕酒后，醉失体面，再拜道："臣不胜酒量，望乞娘娘免赐。"殿上法旨道："既是星主不能饮酒，可止。教取那三卷天书赐与星主。"青衣去屏风背后玉盘中托出黄罗袱子，包着三卷天书，度与宋江。宋江拜受看时，可长五寸，阔三寸，厚三寸。不敢开看，再拜祗受，藏于袖中。娘娘法旨道："宋星主，传汝三卷天书，汝可替天行道为主，全忠仗义为臣，辅国安民，去邪归正。他日功成果满，作为上卿。吾有四句天言，汝当记取，终身佩受，勿忘于心，勿泄于世。"宋江再拜："愿受天言，臣不敢轻泄于世人。"娘娘法旨道：

"遇宿重重喜，逢高不是凶。北幽南至睦，两处见奇功。"

宋江听毕，再拜谨受。娘娘法旨道："玉帝因为星主魔心未断，道行未完，暂罚下方，不久重登紫府，切不可分毫失忘。若是他日罪下酆都，吾亦不能救汝。此三卷之书，可以善观熟视。只可与天机星同观，其他皆不可见。功成之后，便可焚之，勿留在世。所嘱之言，汝当记取。目今天凡相隔，难以久留，汝当速回。"便令童子急送星主回去。"他日琼楼金阙，再当重会。"宋江便谢了娘娘，跟随青衣女童，下得殿庭来，出得棂星门，送至石桥边。青衣道："恰才星主受惊，不是娘娘护佑，已被擒拿。天明时自然脱离了此难。星主，看石桥下水里二龙相戏！"宋江抚栏看时，果见二龙戏水。二青衣望下一推。宋江大叫一声，却撞在神厨内，觉来乃是南柯一梦。

宋江爬将起来看时，月影正午，料是三更时分。宋江把袖子里摸时，手内枣核三个，袖里帕子包着天书。摸将出来看时，果是三卷天书。又只觉口里酒香，宋江想道："这一梦真乃奇异，似梦非梦。若把做梦来，如何有这天书在袖子里，口中又酒香，枣核在手里，说与我的言语都记得，不曾忘了一句？不把做梦来，我自分明在神厨里，一跤撷将出来。有甚难见处？想是此间神圣最灵，显化如何。只是不知是何神明？"揭起帐幔看时，九龙椅上坐着一个娘娘，正和梦一般。宋江寻思道："这娘娘呼我做星主，想我前生非等闲人也。这三卷天书必然有用，分付我的四句天言，不曾忘了。青衣女童道：'天明时，自然脱离此村之厄。'如今天色渐明，我却出去。"便探手去厨里摸了短棒，把衣服拂拭了，一步步走下殿来，便从左廊下转出庙前。仰面看时，旧牌额上刻着四个金字，道"玄女之庙"。宋江以手加额称谢道："惭愧，原来是九天玄女娘娘，传受与我三卷天书，又救了我的性命。如若能勾再见天日之面，必当来此重修庙宇，再建殿庭。伏望圣慈，俯垂护佑！"[①]

宋江得到玄女天书后，坚定了造反的决心。后晁天王殒命，他成了梁山泊义军的领袖。到第八十八回时，梁山泊义军归顺朝廷并奉命征辽，辽军摆设"太乙混天象阵"，让宋军损兵折将。宋江正因无计而烦闷时，忽梦青衣女童引之拜见九天玄女。玄女面授破敌之法，最终宋江以此大破辽军。

小说里的九天玄女并非作者凭空编造，而是源于上古神话传说。《诗经·商颂》有"天命玄鸟，降而生商"的说法，马书田指出，"这个玄鸟后又化身为玄女，并被编入黄帝神话中，成为黄帝之师"[②]。愚以为，认为玄鸟是玄女的原型，则时间上的矛盾恐怕难以克服：据《史记·殷本纪》，简狄吞玄鸟卵而生商祖契，其时当于唐、虞、大禹之际（远在黄帝之后），此玄鸟怎能化身玄女而为黄帝之师呢？

道教文献《云笈七签·九天玄女传》（卷一百一十四）载：

（黄帝战蚩尤于涿鹿）帝师不胜，蚩尤作大雾三日，内外皆

[①] （明）施耐庵等著，凌赓等校点：《容与堂本水浒传》，上海古籍出版社1988年版，第616—618页。

[②] 马书田：《中国道教诸神》，团结出版社1996年版，第122页。

第五章 炼石补天：伏羲女娲信仰

迷。风后法斗机作大车，以杓指南，以正四方。帝用忧愤，斋于太山之下。王母遣使，披玄狐之裘，以符授帝曰：精思告天，必有太上之应。居数日，大雾，冥冥书①晦。玄女降焉，乘丹凤，御景云，服九色彩翠之衣，集于帝前。帝再拜受命，玄女曰：吾以太上之教，有疑可问也。帝稽首曰：蚩尤暴横，毒害蒸黎，四海嗷嗷，莫保性命。欲万战万胜之术，与人除害，可乎？玄女即授帝六甲、六壬兵信之符，《灵宝五符》策使鬼神之书，制袄、通灵五明之印，五阴、五阳遁甲之式，太一、十精、四神胜负握机之图，五岳、河图策精之诀，九光、玉节、十绝、灵蟠命魔之剑，霞冠火珮、龙戟霓旗、翠辇绿辂、虬骖虎骑、千花之盖、八鸾之舆，羽篰、玄竿、虹旌、玉钺神仙之物，五龙之印，九明之珠。九天之节以为兵信，五色之幡以辨五方。

帝遂复率诸侯再战。蚩尤驱魑魅杂袄以为阵，雨师风伯以为卫，应龙蓄水以攻于帝。帝尽制之，遂灭蚩尤于绝辔之野、中冀之乡，冢分其四肢以葬之。②

不难看出，上述"玄女助黄帝战蚩尤"与《山海经》"女魃助黄帝战蚩尤"非常相似；而《水浒传》中玄女娘娘与《山海经》里黄帝女魃装束不同，但前者身边的侍女几乎全都穿青衣，这与《大荒北经》"有人衣青衣，名曰黄帝女魃"的特征完全吻合。据此，认为黄帝女魃是九天玄女的原型显然更合理一些。

黄帝女魃扭转了战局，也造成了久旱不雨的恶劣影响；而九天玄女传说变"止雨"为"授兵书"，就在保持战争女神特征的同时避开了女魃形象的阴暗面，从而使其形象更趋完美。很明显，《水浒传》的玄女授书情节是沿着《九天玄女传》的方向发展的。

后世老百姓修建女娲庙并祭祀女娲，通常是希望获得姻缘或子嗣，而九天玄女庙则不会满足信众这类世俗要求。在《水浒传》里，"玄女

---

① 据中华道藏本《云笈七签》（第29册，第902页），原文作"書（书）"。按，或为"畫（昼）"之讹。

② 蒋力生等校注：《云笈七签》，华夏出版社1996年版，第722页。

授天书"情节除增加小说的可读性之外，还为梁山泊政权及宋江个人权威的"合法性"①提供了支持。在没有选票的古代社会里，得玄女所授"天书"即意味着得"天命"，相当于至上神说"天之历数在尔躬"（《论语·尧曰》）了。简言之，与女娲信仰关注民间婚育不同，"九天玄女"的宗教价值主要在于庙堂决策。

小结

在漫长的历史进程中，神话或传说人物在流传的同时会不可避免地按照人们的主观期待发生变形。横向来看，九天玄女是由黄帝女魃演化而来，但从根本上说，女娲、女魃、九天玄女都是以黄帝部落的女巫为原型的，而在流传过程中被人们重新塑造成具有不同宗教功能的女神。纵向来看，先秦时女娲的形象并不明确，进入汉代以后她才逐步确立为人首蛇身形象。至于伏羲女娲人首蛇身交尾像，则显然是由两头蛇形象附会而来：这一形象能够追溯到的最早传世文献证据，是东汉王延寿的《鲁灵光殿赋》，"伏羲鳞身，女娲蛇躯"②。楚地曾侯乙墓（战国时）曾出土两龙交尾或两头蛇形象③，但是，若将这些形象定为伏羲女娲像恐怕证据尚不充分。古人之所以将伏羲女娲附会于交龙或交蛇形象，大概是因为这种图案具有特殊的原始宗教含义。《史记·周本纪》载：

---

① 合法性，是指人们对政权或权威的认可程度。
② （梁）萧统编，（唐）李善注：《文选》，上海古籍出版社1986年版，第515页。
③ 曾侯乙墓东室出土的五弦琴，最令人注目的是人形纹饰，如两幅图案性漆画上下相接：其一，人作蹲状，有目有口，头顶长发高竖且向两旁弯曲，头顶两侧各有一蛇；上肢作龙形，向上屈伸，胯下有二龙，龙首相对，龙身环绕三道，龙尾各向后翘，通体饰菱纹。其二，人亦作蹲状，面孔比前者多出个大鼻梁直冲天灵盖，月牙形的大嘴张而上翘，双目倒挂，相当两耳之处各有一蛇。其胯下的双龙形与上同。曾侯乙墓东室出土的漆木衣箱（原编号E.61），盖面边缘，绘两条双首人面蛇（枝头蛇），反向互相缠绕。参见湖北省博物馆《曾侯乙墓》，文物出版社1989年版，第164—166、355页。湖北省博物馆的郭德维认为，上述两处中的交龙或交蛇，均为伏羲女娲像。参见郭德维《曾侯乙墓五弦琴上伏羲和女娲图象考释》，《江汉考古》2000年第1期，第63页；郭德维《曾侯乙墓中漆箧上日月和伏羲、女娲图象试释》，《江汉考古》1981年S1期，第97页。按，五弦琴图中的交龙（蛇），其头非人面，所以定为伏羲女娲当然不妥，这幅漆画可能是《山海经·大荒西经》所叙夏后启上天得乐的写照；衣箱图中的两蛇，皆为双首，且蛇尾分五枝，这种形象在汉代及以后的伏羲女娲像中均不见，也找不到传世文献证明其身份，所以定为伏羲女娲像同样不妥。

第五章 炼石补天：伏羲女娲信仰

昔自夏后氏之衰也，有二神龙止于夏帝庭而言曰："余，褒之二君。"夏帝卜杀之与去之与止之，莫吉。卜请其漦而藏之，乃吉。于是布币而策告之，龙亡而漦在，椟而去之。夏亡，传此器殷。殷亡，又传此器周。①

三国时韦昭认为，漦是"龙所吐沫，龙之精气"②。据此，止于夏帝庭的二神龙或即交龙。东汉王充《论衡·福虚》云：

楚相孙叔敖为儿之时，见两头蛇，杀而埋之，归，对其母泣。母问其故，对曰："我闻见两头蛇者死。向者，出见两头蛇，恐去母死，是以泣也。"其母曰："今蛇何在？"对曰："我恐后人见之，即杀而埋之。"其母曰："吾闻有阴德者，天必报之福，汝必不死，天必报汝。"叔敖竟不死，遂为楚相。③

另外，《山海经·海内经》亦云：

有神焉，人首蛇身，长如辕，左右有首，衣紫衣，冠旃冠，名曰延维，人主得而飨食之，伯天下。④

闻一多曾经指出：

《山海经》等书里凡讲到左右有首，或前后有首，或一身二首的生物时，实有雌雄交配状态之误解或曲解。⑤

由此可知，普通人见了双头蛇（即交蛇）会有生命之忧，而贵人见了却可能名扬天下。可以说，交龙或交蛇其实是一种代表超自然力量

---

① （汉）司马迁：《史记》，中华书局1959年版，第147页。
② 徐元诰撰，王树民等点校：《国语集解》，中华书局2002年版，第473页。
③ 黄晖：《论衡校释》，中华书局1990年版，第266—267页。
④ 袁珂校注：《山海经校注》，上海古籍出版社1980年版，第456页。
⑤ 闻一多：《神话与诗》，上海人民出版社2006年版，第11页。

· 231 ·

的神符。值得注意的是，喀左东山嘴红山文化祭祀遗址（即女娲补天仪式疑似发生地）就出土了这样的神符——原报告称为"双龙首玉璜"①，实为交龙的简化形式——只是彼时交龙与女娲尚为不同的崇拜对象。

第三节　伏羲与八卦的草创

伏羲通常被视为"三皇"之首，在传说的古帝中资格最老；其称谓也多，除伏羲外，还有包羲、庖羲、宓羲、包牺、宓牺、伏戏、伏希、牺皇、羲皇、戏皇等。时代久远，加之早期传说的模糊性，致使伏羲传说中不同时代的层累要素陈陈相因。伏羲是否真有其人？他在早期文明的发展过程中扮演了怎样的角色？又是如何被尊为人祖的？要回答诸如此类的问题，首先就需要剥离有关传说中不同时代层累的因素。

一　论伏羲氏与太昊的分合

《艺文类聚》卷十引《帝王世纪》曰："燧人之世，有大迹出雷泽，华胥履之，生庖牺氏于成纪也。"② 这句话很短，所涉及的信息却相当丰富：

首先，伏羲生于燧人之世，说明其时代极为久远，该传说属后人追忆。因为《白虎通义》曾云，"谓之燧人何？钻木燧取火，教民熟食，养人利性，避臭去毒，谓之燧人也"③。人类刚刚学会人工取火，当然在新石器时代之前。不过，既是传说，人们的主观印象就不一定十分准确。

其次，华胥履迹而生伏羲，与姜嫄履迹而生后稷相似，两者具有

---

① 双龙首玉璜，出土于东山嘴遗址方形基址（地坛）南墙基内侧，淡绿色，长4厘米。璜形，一面雕纹，另面无纹饰，中部对穿一孔。雕纹为两端各作一龙首，较长，吻向前伸，上唇翘起，口微张，目作菱形框，身饰瓦沟纹样。参见郭大顺等《辽宁喀左东山嘴红山文化建筑群址发掘简报》，《文物》1984年第11期，第9页。

② （唐）欧阳询撰，汪绍楹校：《艺文类聚》，上海古籍出版社1982年版，第186页。

③ （清）陈立撰，吴则虞点校：《白虎通疏证》，中华书局1994年版，第52页。

第五章 炼石补天：伏羲女娲信仰

"异质同构"关系，或者说含有共同的神话母题[1]。伏羲时代在后稷之前，但记载华胥履迹的《帝王世纪》却在记载姜嫄履迹的《大雅·生民》之后，故谁影响了谁很难说清楚，但两者有关联却是基本可以肯定的，疑似伏羲是周人崇拜的远祖神。

第三，地名"雷泽"在《山海经》里也出现过，《海内东经》云："雷泽中有雷神，龙身而人头，鼓其腹。在吴西。"[2] 但是，《山海经》里未见伏羲，也未见华胥。如果《帝王世纪》之"雷泽"即《山海经》之"雷泽"，那就等于说华胥先于吴西雷泽履迹，再到陇西成纪生子。显然，让一个女人从受孕到生子辗转千里，于情于理都很难讲通。袁珂引吴承志《山海经地理今释》云："雷泽当作□泽。《说文》（十一）雨部□，篆解云，籀文震如此。雷泽即震泽。《汉志》具区泽在会稽郡吴西，扬州薮，古文以为震泽。震泽在吴西，可证。"[3] 据此，《山海经》之"雷泽"实为"震泽"，与《帝王世纪》之"雷泽"不同。将两者视为一地，并据《山海经》附会伏羲为"龙身而人头"的雷神，其实是没有道理的。

第四，"华胥"最早见于《列子·黄帝》，其文曰："（黄帝）昼寝而梦，游于华胥氏之国。华胥氏之国在弇州之西，台州之北，不知斯齐国几千万里；盖非舟车足力之所及，神游而已。其国无师长，自然而已。其民无嗜欲，自然而已。"[4] 按，《列子》晚出而早亡，今本则见于魏晋之际，其旨主要是推崇无欲无求的自然之道，故不足以作为精确的历史地理考证依据。晋人张湛注即云："不必便有此国也，明至理之必如此耳。《淮南》云，正西曰弇州，西北曰台州。"[5] 据此，《列子》原文是说华胥氏之国在西方之西、西北之北，也就是遥远难达、只可神游

---

[1] 所谓母题，就是民间叙事作品（包括神话、传说、民间故事、叙事诗歌等）中最小的情节元素。这种情节元素具有鲜明的特征，能够从一个叙事作品中游离出来，又组合到另外一个作品中去。它在民间叙事中反复出现，在历史传承中具有独立存在能力和顽强的继承性。它们本身的数量是有限的，但通过不同的组合，可以变幻出无数的故事。参见陈建宪《神祇与英雄：中国古代神话的母题》，三联书店1994年版，第11页。

[2] 袁珂校注：《山海经校注》，上海古籍出版社1980年版，第329页。

[3] 同上书，第330页。

[4] 杨伯峻：《列子集释》，中华书局1979年版，第41页。

[5] 同上。

的"彼境";相对于黄帝治理下的"此境"而言,华胥之国是列子所推崇的理想国。假如作者是利用已有的古史传说来说理的,则暗示的信息是——"华胥"似与崇拜花的部落有关(花即华),且华胥之国与黄帝之国是不同的国家。

第五,据《汉书·地理志》,"成纪"位于今甘肃天水应该没有问题,但鉴于伏羲时代过于久远,考察伏羲崇拜应该着眼于更大的地理范围。

上述五条信息中,第一条是时间指向,对判定伏羲的族属、发祥地等意义不大;第三条可以排除华胥履迹的"雷泽"在东方,即不是《山海经》里吴西的"雷泽"(震泽);而第二条、第四条、第五条指向相同,疑似表明伏羲是周人的远祖神,与崇拜花(花即华)的部落有关。

要证实伏羲为周人远祖神且与崇拜花的部落有关,最大障碍无疑是"伏羲"与"太昊"的关系。据《左传·昭公十七年》载:"太皞氏以龙纪,故为龙师而龙名"①,表明太皞属于上古龙族,而考古资料显示,五千余年前崇拜花的仰韶文化与崇拜龙的红山文化呈南北对峙状态,不可能是同一族群。将伏羲称为"太昊",首见于《汉书·律历志》,但考诸先秦文献,未有将二名连文者。清人崔东壁认为伏羲非太昊,其文云:

> 《汉书·律历志》以炎帝为神农氏,太皞为包羲氏,后之学者编纂古史皆遵之无异词。以余考之不然。《易传》曰:"庖羲氏没,神农氏作;神农氏没,黄帝、尧、舜氏作。"是庖羲、神农在黄帝之前也。《春秋传》曰:"黄帝氏以云纪,故为云师而云名;炎帝氏以火纪,故为火师而火名;共工氏以水纪,故为水师而水名;太皞氏以龙纪,故为龙师而龙名。"是炎帝、太皞在黄帝之后也。庖羲、神农在黄帝之前,炎帝、太皞在黄帝之后,然则庖羲氏之非太皞,神农氏之非炎帝也明矣!②

---

① 李学勤:《春秋左传正义》,北京大学出版社1999年版,第1360—1361页。
② (清)崔述撰,顾颉刚编订:《崔东壁遗书》,上海古籍出版社1983年版,第38页。

第五章 炼石补天：伏羲女娲信仰

上述考证很简单，却对厘清上古各原始部落间的关系具有非常重要的价值。可以初步确认的是：先秦时伏羲非龙身，与龙族团的太昊不同；伏羲应是黄河中游仰韶先民的远祖神，与神农氏、炎帝姜氏族、姬姓周人等所处时代虽不同，却属同一文化阵营。另外，古人总是说"伏羲画八卦，文王演周易"，从八卦到周易是一脉相承的，周易既是周人的专利，伏羲当然是周人的远祖神了。

经历春秋、战国乃至秦末的战乱，周人的价值体系及礼乐制度崩塌了，华族后裔与龙族后裔各自的势力范围被进一步打破。西汉王朝建立之后，社会重归安定，具有不同文化背景的族群开始更深层次融合。人们精神世界里的文化碎片需要重新组合，以便形成全社会共同的价值观。在这样的背景下，龙族后裔楚人信仰的女娲取代周人先妣姜嫄，成为新的主管婚育之神；同时，周人所信仰的祖先神，如伏羲、神农、炎帝等，也必然逐渐被周人以外的其他族群所接受。在祖先神彼此接受及古史传说体系重建的过程中，神农、炎帝等形象没有多少改变，唯有伏羲渐渐与龙族先祖神之一的太昊混同了。之所以如此，原因有二：一是伏羲比神农、炎帝更古老，而越是古老的神灵形象越模糊，就越容易被人们改造；二是传说伏羲为八卦的创制者，神秘文化的祖师爷，这一点契合了汉人的审美期待——楚地巫文化盛行而汉人脱胎于楚。

二　八卦基本内涵与华族智慧

五行八卦是诞生于中国上古社会的符号系统，对中国乃至东亚文化影响深远。通过对早期文献的简单梳理即可发现，两者在先秦时是彼此独立发展的。《四库全书总目提要》对历代《易》说有一个简明的分析，其文曰：

《易》之为书，推天道以明人事者也。《左传》所记诸占，盖犹太卜之遗法。汉儒言象数，去古未远也。一变而为京、焦，入于机祥，再变而为陈、邵，务穷造化，《易》遂不切于民用。王弼尽黜象数，说以老庄。一变而胡瑗、程子，始阐明儒理，再变而李光、杨万里，又参证史事，《易》遂日启其论端。此两派六宗，已互相攻驳。又《易》道广大，无所不包，旁及天文、地理、乐律、兵法、韵学、算术以逮方外之炉火，皆可援《易》以为说，而好异者又援以入《易》，故《易》说愈繁。①

20世纪以来，人们对《周易》的热情没有因新文化运动的兴起而减退。关于八卦的起源问题，学者们提出过各种各样的说法：如郭沫若认为，八卦是由既成文字诱导出来的②；李镜池认为，卦的意义可以从两种符号所构成的形象位置来显示，这有点像六书的指事或会意③；胡怀琛认为，八卦是上古记数符号④；汪宁生认为，阴阳两爻是古代巫师举行筮法时用来表示奇数和偶数的符号，八卦则是三个奇偶数的排列和组合⑤；周立升等认为，八卦源自上古的数字卦或数卜⑥；于省吾认为，易卦起源于原始宗教中巫术占验方法之一的八索之占⑦；任继愈等认为，八卦起源于用算筹（蓍草）排列的方式⑧；屈万里等认为易卦源于龟卜⑨；诸如此类的说法，不胜枚举。

上述种种主张，大多从八卦的符号形式入手的。事实上，相对于八卦的基本内涵，其符号形式并不稳定——它可能会受各种偶然因素刺激而产生，也可能因历史突发事件或关键人物而改变。所以，与其在证据尚不充分的条件下探讨八卦符号产生的奥秘，不如分析一下八卦的基本内涵与原始人生产、生活的关联。

《周易·系辞下》载：

> 古者包牺氏之王天下也，仰则观象于天，俯则观法于地，观

---

① （清）纪昀总纂：《四库全书总目提要》，河北人民出版社2000年版，第50页。
② 郭沫若：《中国古代社会研究》，河北教育出版社2000年版，第362页。
③ 李镜池：《周易探源》，中华书局1978年版，第242页。
④ 胡怀琛：《八卦为上古数目字说》，黄寿祺、张善文编：《周易研究论文集》（第一辑），北京师范大学出版社1987年版，第3页。
⑤ 汪宁生：《八卦起源》，《考古》1976年第4期，第245页。
⑥ 周立升：《契数与周易》，刘大钧主编：《大易集成》，文化艺术出版社1991年版，第31页。
⑦ 于省吾：《周易尚氏学序言》，尚秉和：《周易尚氏学》，中华书局1980年版，第1页。
⑧ 任继愈主编：《中国哲学发展史（先秦）》，人民出版社1983年版，第593页。
⑨ 屈万里：《易卦源于龟卜考》，《中央研究院历史语言研究所集刊》第27本，第131页。

第五章 炼石补天：伏羲女娲信仰

鸟兽之文，与地之宜，近取诸身，远取诸物，于是始作八卦，以通神明之德，以类万物之情。做结绳而为网罟，以佃以渔，盖取诸离。包牺氏没，神农氏作，斫木为耜，揉木为耒，耒耨之利，以教天下，盖取诸益。日中为市，致天下之民，聚天下之货，交易而退，各得其所，盖取诸噬嗑。神农氏没，黄帝、尧、舜氏作，通其变，使民不倦；神而化之，使民宜之。易穷则变，变则通，通则久。是以自天祐之，吉无不利。黄帝、尧、舜垂衣裳而天下治，盖取诸乾、坤。刳木为舟，剡木为楫。舟楫之利，以济不通，致远以利天下，盖取诸涣。服牛乘马，引重致远，以利天下，盖取诸随。重门击柝，以待暴客，盖取诸豫。断木为杵，掘地为臼，臼杵之利，万民以济，盖取诸小过。弦木为弧，剡木为矢，弧矢之利，以威天下，盖取诸睽。上古穴居而野处，后世圣人易之以宫室，上栋下宇，以待风雨，盖取诸大壮。古之葬者厚衣之以薪，葬之中野，不封不树，丧期无数。后世圣人易之以棺椁，盖取诸大过。上古结绳而治，后世圣人易之以书契，百官以治，万民以察，盖取诸夬。①

所谓"以类万物之情"，是说八卦中包含着万事万物的道理。显然，《系辞》无限夸大了八卦的作用：认为远古时期的各种发明，如网罟、耒耜、互市、衣裳、舟楫、服牛、乘马、重门、击柝、臼杵、弧矢、宫室、棺椁、书契等，都是圣人受到八卦的启示才创造出来的。这种判断没有其他资料可以证明，因而未必符合事实。

那么，在八卦符号所代表的诸多意义中，哪些才是它最原始的基本内涵呢？愚以为，返璞乃能归真，去华方可求实——只有排除所有经传的干扰，从八卦符号本身分析出来的意义才是它的原始内涵。从未读过《周易》的人，只要对八卦符号稍加观察，即可发现："☰"表示一种极端情况，"☷"表示另一种极端情况，而"☳""☵""☶""☴""☲""☱"六个符号则表示两种极端之间的过渡状态。对中国传统文化稍有了解的人都知道，"☰"表示的极端情况被称为"阳"，而

---

① 李学勤：《周易正义》，北京大学出版社1999年版，第298—302页。

"☷"表示的极端情况被称为"阴"。据此,八卦符号最基本的内涵应当是揭示阴、阳两种状态以及它们之间的相互转化。

《说文》云:"阴,暗也,水之南、山之北也。……阳,高明也。"段玉裁注云:"山南曰阳,故从阜。"① 可见,"阴"与"阳",原来是针对阳光向背。众所周知,地形、地势、气候、季节等因素,都有可能造成不同地方获得阳光的多寡不同。长期从事农业生产的人一定会注意到,农作物在阳光充足的条件下长势会更好,而在没有或缺少阳光照耀的条件下则很难生长。《诗经·大雅·公刘》云:"笃公刘,既溥既长,既景乃冈,相其阴阳,观其流泉。"郑笺云:"厚乎公刘之居豳也,既广其地之东西,又长其南北,既以日景定其经界于山之脊,观相其阴阳寒暖所宜、流泉浸润所及,皆为利民富国。"② 可见,以农业生产为主的周人,在选择生存环境时,会特别注意"阴阳"问题。这与后世风水先生看"阴阳"道理相同,只是前者更朴素而已。

阴、阳因太阳光照而产生,也会因太阳变化而变化:晴朗的白天与山南水北相似,具有"阳"的属性;夜晚或乌云遮住太阳时,与山北水南相似,具有"阴"的属性;夏季天气炎热时与白天相似,具有"阳"的属性;冬季天寒地冻时与夜晚相似,具有"阴"的属性;而晨与昏、春与秋,则呈现出周期不同的阴阳间过渡状态。从事农业生产的族群,按照季节变化来安排生产与生活,即"春生,夏长,秋收,冬藏",他们一定会注意到"阴"与"阳"的周期性变化。《吕氏春秋·十二纪》首章、《礼记·月令》等文献,无不体现这种规律。

另外,不仅八卦符号体现了"阴"与"阳"的周期性转化规律,就连"周易"其名也可作类似的释读:周,复也,易,变也,故"周易"乃往复变化之道也。

原始农业族群要提高粮食产量,就必须在生产过程中顺应气候的季节性变化。因此,加强对太阳的观测并制定适合农业生产的历法是必不可少的。当负责观测的巫师发现了阴、阳周期性转化的规律后,一套简单直观的记录符号就很可能应运而生。

---

① (清)段玉裁注:《说文解字注》,上海古籍出版社1981年版,第731页。
② 李学勤:《毛诗正义》,北京大学出版社1999年版,第1118页。

据《尚书·尧典》，帝尧时羲和曾奉命"观象授时"，而山西陶寺遗址大体与传说中的尧都"平阳"时空吻合，其地发掘出的"观象台"恰与观象传说相印证。画卦的"伏羲"与观象的"羲和"，虽属不同时代，却在名字中都有一个"羲"字，暗示了彼此存在某种联系；而在汉画像石里，人首蛇身、手托日轮的神像很常见，有人称之为"羲和"①，有人称之为"伏羲"②。据此，很有可能"羲和"代表了帝尧时五方联盟内部热衷于观象授时的农业部落，也就是华族后裔的一支，而"伏羲"是他们崇拜的远祖神。伏羲的名字有多种写法，这体现了他作为传说人物的极大不确定性。要具体考证出他的出生地，几乎是不可能的。也可以说，伏羲只是华族精神世界里代表远古祖先的一个符号。

简言之，与五行源自北方五方部落联盟制不同，八卦是黄河流域古代华族智慧的结晶③。

三　从原始八卦看文化多元融合

近百年来田野考古为邻近学科提供了丰富的研究资料，西安半坡人面鱼（网）纹盆、大汶口S形图案象牙梳和安徽含山玉龟、玉版等，或与伏羲画卦传说有关。

人面鱼纹盆（参见本书附图三），1955年出土于西安半坡遗址。与此相同或类似的彩陶盆，在临潼姜寨、宝鸡北首岭等同类遗址中均有发现，总数已超过10例。绘有这种人面图案的彩陶盆已成为半坡文化的典型标记。

这类彩陶盆内壁，大多有两个对称的人面纹饰，作圆形或椭圆形，眼及耳梢以上作黑彩，眉或作空白的弯曲线状或涂黑。鼻作倒"丁"字形或垂三角形。眼用两段直线表示。耳部向外平伸向上翘起弯曲成钩，或两边各加一条小鱼。嘴部以下全黑，嘴唇作"Z"形，两嘴角边有两道交叉斜线，或各衔一条小鱼，在斜线或鱼身周围加以短的斜线或

---

① 王建中、闪修山：《南阳两汉画像石》，文物出版社1990年版，第10页。
② 刘惠萍：《伏羲神话传说与信仰研究》，陕西师范大学出版社2013年版，第248页。
③ 炎黄冲突时，炎帝战败，并与黄帝结成联盟，奠定了五帝后期华族炎帝支裔进入黄帝五方联盟内的基本格局。由于传统习俗与经济形态不同，双方可能存在相对独立性。

圆点。头顶有三角形的发髻，另外还有相交的两线作成尖锥状，两边也加以斜线或圆点。

与人面纹相间的图案为鱼纹（或为网纹）。其中，鱼纹是半坡彩陶的典型纹饰，数量多，变化大，生动逼真。多饰于卷唇折腹圆底盆的肩部或内壁，有单体鱼纹和复体鱼纹两种①。

由于十几件彩陶盆上有相同或类似的纹饰，故人面、鱼纹、网纹图案组合显然不是偶然之作。众多学者对此提出 30 余种解释，刘国俊将其归纳为六类：一是图腾标志，二是期望渔猎丰收，三是祈求人口繁衍，四是原始宗教祭祀活动，五是原始历法，六是其他②。

愚以为，刘文提到的各种解释，只有个别说法没有根据（如外星人服饰说之类），其他大多数主张彼此并不矛盾——人面既与鱼形融合，表明其不是写实的自然人，因而属于图腾之类的神灵；原始人图画神灵大多为祈求丰收或人口繁衍，而丰收又可以为人口繁衍提供物质基础；此盆既涉神灵，当然会与原始宗教祭祀活动有关。至于说该盆反映了"原始历法"③则有些牵强，因为春、夏、秋、冬四时划分对种植业才有特别意义，与捕鱼关系不大；况且直到殷墟甲骨文里都没有四时记载，甚至周初《洪范》"五纪"里也没有季节划分。

半坡人面鱼（网）纹盆边沿符号共八个，虽与八卦数量相同，恐怕却不是原始八卦：因为这八个符号分两种（丨、↑），彼此相隔且两两相对，似乎意在指示四方四隅，而八卦符号的固有内涵却在于揭示阴、阳及其转化规律，与四方四隅关联不大。但是，人面、鱼纹、网纹反复出现，却很容易使人联想到发明了渔网的伏羲。半坡遗址出土农业生产工具 735 件，渔猎工具 644 件，其中石网坠达 320 件④，说明半坡社会处于农、渔交替时代，而且以网捕鱼占有相当比重，与伏羲、神农

---

① 中国科学院考古所等：《西安半坡》，文物出版社 1963 年版，第 163—164 页。
② 刘国俊：《神秘奇特的人面鱼纹》，《集邮博览》2005 年第 9 期，第 69 页。
③ 蒋书庆认为："半坡类型彩陶盆的人面形纹为太阳形的象征，以上下两个人面纹对应组合的形态，为上下两半年寒热相分又相对应的形式表示，以两个人面纹之间左右两条鱼纹对应往来的形式，为寒来暑往不断轮回的寓意象征。"参见蒋书庆《中国彩陶花纹之谜》，《文艺研究》2001 年第 6 期，第 133 页。
④ 中国科学院考古所等：《西安半坡》，文物出版社 1963 年版，第 59、75 页。

第五章　炼石补天：伏羲女娲信仰

交替的传说（《周易·系辞下》）相吻合。陇西成纪与西安半坡虽有距离，却大体位于同一地域文化圈。所以，后世传说伏羲生于陇西成纪虽未必准确，却也不完全是空穴来风。

大汶口 S 形图案象牙梳（参见本书附图六），1959 年出土于山东大汶口遗址 M26。该墓属于大汶口文化早期大型墓葬，墓主为单人，随葬品六十余件，包括石、骨、角、牙制工具以及陶器、猪头、装饰品等。

象牙梳位于墓主头部左侧，为长方形象牙皮制成，有十六个细密的梳齿，齿端略薄，把面稍厚，近顶端穿圆孔三个，顶端刻四个豁口，梳身镂花纹，用平行的三道条孔组成"8"字形，内里填"T"字形图案，界框仍由条孔组成①。

大汶口 S 形图案象牙梳与八卦的关联，早有学者提出。郑振坤认为：

> 镂雕象牙梳上部是太极阴阳八卦图象原型是可以肯定的；其图象之梳头以健首全身之意象也是可以肯定的。这一图象说明在距今六千多年前的大汶口文化之前，我国的太极阴阳八卦学说与图象不仅已经形成，而且已被应用于养生，应用于日常生活之中了。②

而逄振镐的分析更为详细：

> "≡"，与八卦的乾卦符号"☰"相似，可能是乾卦"☰"，象征天。
>
> "≡≡"与八卦的坤卦符号"☷"相似，可能是坤卦"☷"，象征地。
>
> "⊥"，甲骨文、金文皆作"⊥"形，为"上"字。《说文》："⊥，高也。此古文上，指事也。"段玉裁注："天地为形。天在上，地在下；地在上，天在下，则皆为事。"

---

① 山东文管处等：《大汶口新石器时代墓葬发掘报告》，文物出版社 1974 年版，第 15、95 页。

② 郑振坤：《镂雕象牙梳图象与"易"及养生》，《体育文史》1989 年第 3 期，第 48 页。

"⊤",甲骨文、金文皆作"⊤"形,为"下"字。《说文》:"⊤,底也。"段玉裁注:"底云下也,故下云底也。上,高也,下,氐也。高氏亦正相反相对。"又,"⊤",甲骨文作"⊤、⊤",为"示"字。《说文》:"示,天垂象,见吉凶,所以示人也。从二。三垂,日月星也,观乎天文,以察时变,示神事也。"

"⊥⊤",即"上下"。上为天,下为地。"⊥⊤"似为天地阴阳变化之意。

"○",可能也与宗教有关。结合大汶口文化居民太阳崇拜观念和大汶口墓地出土陶器上朱彩"●"图象,似乎是太阳的象形。如此,则象牙梳的上端,S形之上横排镂刻着3个"○"形,或许是天、日、月、星、辰之意,也未可知。总之,3个横排而又高悬其上的"○",必有其宗教意义,似可肯定。

"丨",《说文》:"丨,上下通也。引而上行读若囟,引而下行读若退。"段玉裁注:"可上可下,故曰上下通也。"

据此,"≡"、"≡≡"、"⊥"、"⊤"、"○"、"丨",其意为通过祭示、占卜,可使天地、阴阳、上下相通,亦即"仰则观象于天,俯则观法于地,观鸟兽之文(纹)与地之宜,近取诸身,远取诸物,于是始作八卦"。上下相通,"以通神明之德,以类万物之情"之意。

"§",与八卦的卦徽"☯"(亦称阴阳鱼)相似。卦徽不可能一下子形成,当有一个从简到繁的逐步演变过程。象牙梳的"§"图象实有上下、天地、阴阳变化之意。"§"形首尾再不断地演化、圆化相连接成"☯",然后再逐渐演化成八卦的卦徽"☯"形。如此,则"§"形可能是八卦卦徽的祖形。①

郑振坤和逄振镐的观点颇具启发意义,但略显证据不足——或许是推测的步子迈得过大的缘故。例如,常梳头的确有养生效果,该象牙梳上的透雕图案也确实与八卦相似,但墓主人已经将八卦学说应用于养生却没有证据,甚至当时存在八卦都没有证据,因为S形透雕图案只是像

---

① 逄振镐:《论原始八卦的起源》,《北方文物》1991年第1期,第23—24页。

第五章　炼石补天：伏羲女娲信仰

八卦；再如，从直观上判断，"⊥"和"丅"的确有指示上、下之意，但这两个符号本身却体现不出阴阳转化的含义；此外，三个"○"象征日、月、星辰也很武断，因为它们可能是用来系绳以便于主人携带的。

愚以为，S形图案象牙梳只能透露如下信息：首先，大汶口先民或有尚"三"的风俗。尽管我们不完全清楚各种符号的真正含义，但S形图案是由分段的三根线条组成，顶端的圆孔有三个，两侧边界条孔也各有三根，都说明主人崇尚"三"。这与八卦以三爻成卦相似。其次，"⊥"和"丅"表示一对相反的状态，而S形曲线将它们相反的部分流畅地连接起来，似乎意在表明这两种相反的状态可以互相转化。这与八卦符号表示阴阳转化的思想基本相同。总之，该象牙梳的S形图案，不仅形式与八卦相似，其透露的基本观念也与八卦相通。

含山玉龟和玉版（参见本书附图七），1987年出土于安徽含山县凌家滩遗址。

玉龟，分背甲（M4：35）、腹甲（M4：29）两部分，均呈灰白色，通体精磨。龟背甲圆弧形，背上有脊，背甲两边各对钻二圆孔，两圆孔之间琢刻凹槽，后部对钻四个圆孔。腹甲略呈弧形，较平。腹甲两边与背甲钻孔相应处对钻二圆孔，腹甲后部对钻一圆孔，这些上下对应圆孔应为拴绳固定之用。出土时长方形玉片（M4：30，通称"玉版"）夹在玉龟腹、背甲之间。

玉版，原考古报告称为"玉片"（M4：30）。牙黄色，两面精磨。平面为长方形，两短边略内弧。三边琢磨出凹边，边宽约0.4厘米、凹约0.2厘米。两短边上各对钻五个圆孔，一长边上对钻九个圆孔，另一长边在两端对钻四个圆孔。玉片中部偏右下琢一小圆圈，在小圆内琢方心八角星纹，小圆外琢磨大椭圆形圈。两圆圈间以直线平分八等份，每份琢磨圭形纹饰1个。在大椭圆形外沿圆边对着长方形玉片的四角各琢磨一圭形纹饰[①]。

凌家滩玉版上的神秘图案引起学界极大的兴趣。陈久金、张敬国最

[①] 安徽省文物考古研究所：《安徽含山凌家滩新石器时代墓发掘简报》，《文物》1989年第4期，第6页。

早对含山玉版进行研究,他们认为:

> 玉片的八方图形与中心象征太阳的图形相配,符合我国古代的原始八卦理论,玉片四周的四、五、九、五之数,与洛书"太一下行八卦之宫每四乃还中央"相合,根据古籍中八卦源于河图、洛书的记载,玉片图形表现的内容应为原始八卦。出土时,玉片与玉龟叠压在一起,说明了此玉片图形与玉龟的密切关系。故推测含山县所出的玉龟和玉片,有可能是远古洛书和八卦。①

后来,又有多位学者对此说加以补充。李学勤指出:"玉版的图纹和所谓的'规矩纹'是一脉相承的,所体现的是中国远古以来的宇宙观念。玉版蕴含的思想固然没有'规矩纹'那样丰富发展,不过其基本结构业已灿然具备。"② 李斌认为:"该玉片图形的内容是远古先民对天地关系的直观描述,表现了中国最早且对后世影响深远的'天圆地方'的宇宙模式,可以把它称为中国最早的天地模型。"③ 刘正英认为:"含山玉片是集原始的瑁、河图、洛书、八卦、历书于一体的文物,是上古结绳记事时代一部综合性工具书。"④ 陆思贤、李迪则强调:"'太阳'就是指玉片中央小圆内的八角星纹图案,表示先民们对太阳运动的观察,分划出四时八节,用8个圭形箭牌符号表示,指向东北的是立春,指向正东的是春分,指向东南的是立夏,指向正南的是夏至,指向西南的是立秋,指向正西的是秋分,指向西北的是立冬,指向正北的是冬至。这是八个表示季节的方位,是玉片最基本的授时功能。……大圆与小圆之间的 8 个圭形箭牌符号,无疑是取义于四时八节太阳在上中天时的晷影。"⑤ 冯时指出:"玉版夹放

---

① 陈久金、张敬国:《含山出土玉片图形试考》,《文物》1989 年第 4 期,第 17 页。
② 李学勤:《论含山凌家滩玉龟、玉版》,《中国文化》1992 年第 1 期,第 147 页。
③ 李斌:《史前日晷初探——试释含山出土玉片图形的天文学意义》,《东南文化》1993 年第 1 期,第 237 页。
④ 刘正英:《含山玉片新解》,《淮阴师专学报》1997 年第 1 期,第 65 页。
⑤ 陆思贤、李迪:《天文考古通论》,紫禁城出版社 2000 年版,第 123—124 页。

第五章 炼石补天：伏羲女娲信仰

在龟甲之中，这个事实和历来最难令人置信的神话般的怪谈却可以相互印证起来，因为汉代纬书中普遍流行着所谓'元龟衔符'、'元龟负书出'、'大龟负图'的说法，这些说法竟也能找到它的事实依据。"[1]

愚以为，就玉版本身而言，其大圆与小圆之间八等分并刻有8个圭形箭，指示四方四隅的含义是很明确的；假如先民用此玉版来观测日出日落，则8个圭箭又可能具有指示季节的含义。但是，由于受纬度、地形等因素的影响，在不同地点观测日出，其结果必然会有所不同；考古学家迄今并没有找到与该玉版相关的确定观测点，又不能说出土位置即是观测点，所以该玉版具有授时功能仅是可能，没有可靠证据。众所周知，八卦与八方相关的最早依据是《说卦》的"天地定位"章或"帝出乎震"章，而六十四卦卦爻辞或八卦符号本身与八方并无关联。因此，认为含山玉版所承载的思想影响了后来的八卦尚可，认为其图案即是原始八卦则明显不妥。

总之，上述文物或与八卦存在相通之处，或与伏羲结网、元龟衔符传说相关，然而却不是一时之作，也不是一地所出，疑似表明：原始八卦具有多个文化源头，而伏羲不过是周人祖先符号，寄托了黄河先民祖先崇拜的感情而已。

小结

汉唐以来，伏羲与太昊合一，八卦与五行交融，这其实是文化一统使然。溯流追源，可知中华早期文明有两条发展主线：一条是华族，伏羲是其远祖而八卦是其智慧；另一条是龙族，太昊是其远祖而五行是其智慧。借助古史传说与考古资料，厘清这两条发展主线不难，但至少有两个特例必须正确释读：

一是河南濮阳西水坡遗址。该遗址时间处于仰韶时代，地理位置也在仰韶文化后岗类型分布范围内。与其他仰韶文化遗址不同的是，考古学家在西水坡发掘出蚌砌的龙、虎图案。不过，学界有"孤证不立"的讲究，故濮阳蚌龙难以作为仰韶文化的代表（这并不是贬低该蚌龙

---

[1] 冯时：《中国天文考古学》，社会科学文献出版社2001年版，第372页。

的价值)。我们判定红山先民为龙族团,仰韶先民为华族团,显然是不依赖于孤证的;考古学家苏秉琦说"华山玫瑰燕山龙"①,也是对诸多考古资料的简练概括,道理与此相同。换言之,西水坡45号墓主,虽葬在仰韶文化腹地,其族属却未必与仰韶先民相同②。

二是安徽含山凌家滩遗址③。该遗址因出土玉人(87M1:1、2、3,98M29:14、15、16)④、玉版(87M4:30)、玉龟(87M4:35、29)、

---

① 指华山地区彩陶花图案是仰韶文化代表,燕山地区龙形象(玉龙等)是红山文化代表。

② 在中国古代神话里,龙、虎的地位极高,说明45号墓主不是一位普通人;但蚌壳在当时濮阳地区却是极常见的,因为除用于精心摆塑的龙虎图案外,多数蚌壳都被先民弃置于灰坑或散乱扔在地层中(注A)。既是重要人物,先民为何不用贵重物品来陪葬呢?其实,历代古墓葬中都不乏这种现象——通常墓主生前突然亡故,因下葬仓促,就往往会出现重要人物无厚葬的情形。据该遗址发掘主持人孙德萱介绍:在搬迁整理骸骨时,发现45号墓主身首异处,左右臂断为数段,左手齐腕斩断不存,胸中椎、肋等有刀痕或部分不存,腰椎与脚趾亦有斩痕等,显然墓主是被他人所杀(注B)。再看龙、虎图案的摆塑:墓主东方为龙,昂首、曲颈、弓身、长尾、前爪扒、后爪蹬,状似腾飞;西方为虎,虎头微低,张口露齿,虎尾下垂,四肢交替,如行走状;龙、虎皆头朝北,背朝墓主,足向外;墓主脚下略左,即北方,另有蚌壳排列成三角形,旁边还有两根人胫骨(注C)。很多释图者都将墓主脚下(即北方)的三角形解释为北斗星,同时将龙虎图案与天象之东方青龙、西方白虎相对应。我们认为,事实或许是这样的:45号墓主是一位来自北方龙族团的重要人物,在濮阳一带突然受到当地原住民的攻击并惨遭杀害。随行者无法千里迢迢将其尸体运回北方故里,只好在当地安葬;他们就地取材,以当地丰富的蚌壳在墓主左右精心摆塑成龙、虎图案,是希望他们所崇拜的神灵可以背负墓主灵魂返归北方故里。脚下(即北方)摆塑的三角形,就代表了墓主在北方本应该安息的地方,那也正是蚌龙、蚌虎奔赴的目的地。M45相关细节,参见A.郭书元、孙长虹《河南濮阳西水坡新石器时代遗址瓣鳃类动物群的生态环境分析》,《古地理学报》2003年第4期,第450页;B.庞永臣《蚕丛自有华章在:红山文化与濮阳西水坡遗存、三星堆文明之关联》,《文史杂志》2003年第2期,第16页;C.濮阳市文管会等《河南濮阳西水坡遗址发掘简报》,《文物》1988年第3期,第3页。另外,黄帝故里在新郑、太昊之虚在陈(淮阳)等观点很流行,这些说法作为龙族传人信仰是真实可信的;如果作为史实来看,则缺少早期考古资料支持。在中原华族看来,龙族是来自北方的"入侵者",并不是中原的主人;但是,历史通常体现着胜利者的价值观,龙族后裔把"他乡"说成是"故乡",就会使他们逐鹿中原的行为显得"合情合理"。简单地说,古史传说背后的真相,要比传说本身复杂得多。西水坡龙虎图案,参见附图八。

③ 下述凌家滩文化遗物参见安徽文物考古所《凌家滩田野考古报告之一》,文物出版社2006年版;安徽文物考古所《安徽含山县凌家滩遗址第五次发掘的新发现》,《考古》2008年第3期。具体页码从略。

④ 红山文化牛河梁遗址第十六地点M4发现的玉人(M4:4)与凌家滩87M1、98M29两墓六例玉人姿势相似,都是双手十指张开,手心向内,屈臂竖肘扶于胸前。这一姿势应有特殊含义。前者参见辽宁省文物考古研究所《牛河梁第十六地点红山文化积石冢中心大墓发掘简报》,《文物》2008年第10期,第8页。

第五章　炼石补天：伏羲女娲信仰

玉龟状扁圆器（07M23：123、125、127）①、玉双虎首璜（87M8：25、26）②、龙凤玉璜（87M9：17、18）③、玉龙（98M16：2）④、玉鹰（98M29：6）⑤、玉猪（87M13：1、07M23）⑥等玉器而格外引人注目。

---

① 红山文化牛河梁遗址第二地点一号积石冢（Z1）出土的玉箍形器（M4：1、M15：1两件，均在墓主头下）、牛河梁第十六地点出土的玉斜口筒形器（M4：2一件，位于墓主胸部）与凌家滩遗址出土的玉龟状扁圆器（07M23：123、125、127三件，位于墓主腰部正中）形制相似。前者参见辽宁文物考古研究所《辽宁牛河梁红山文化"女神庙"与积石冢群发掘简报》，《文物》1986年第8期，第9—12页；后者参见辽宁省文物考古研究所《牛河梁第十六地点红山文化积石冢中心大墓发掘简报》，《文物》2008年第10期，第7页。

② 红山文化东山嘴遗址出土玉双龙首璜（TE6②g1：1）与凌家滩出土的玉双虎首璜（87M8：25、26）形制相类。前者参见郭大顺、张克举《辽宁喀左东山嘴红山文化建筑群址发掘简报》，《文物》1984年第11期，第9页。

③ 凌家滩龙凤璜（87M9：17、18）剖面为扁方形，中间分开，两端平齐，侧面各对钻圆孔，并有暗横槽相连。两端一琢磨猪龙首形，一琢磨凤首形，在猪龙首眼部和凤首眼部各对钻一孔。考古学家指出，该璜龙首"与红山文化玉猪龙非常相似"。参见安徽文物考古所《凌家滩田野考古报告之一》，文物出版社2006年版，第98、108页。

④ 红山文化玉雕龙（M4：2、3，原称猪龙形玉饰，俗称玉猪龙）、安徽凌家滩玉龙（98M16：2）和晋南陶寺彩绘盘龙（如M3072：6）有一个共同特征，即"尾交首上"，这与《山海经·海外西经》所载轩辕之国"人面蛇身，尾交首上"特征相似。三者的相似性，应该不是偶然。前者参见辽宁文物考古研究所《辽宁牛河梁红山文化"女神庙"与积石冢群发掘简报》，《文物》1986年第8期，第9—10页；后者参见中国社会科学院考古研究所山西工作队等，《1978—1980年山西襄汾陶寺墓地发掘简报》，《考古》1983年第1期，第37页。

⑤ 凌家滩玉鹰（98M29：6），做展翅飞翔状，头和嘴琢磨而成，眼睛用一对钻的圆孔表示，两翅各雕一猪头似飞翔状。腹部规整刻划一直径1.8厘米的圆圈纹，内刻八角星纹。八角星内又刻一直径0.8厘米的圆，圆内偏左上又对钻一圆孔。大圆的下部雕刻扇形齿纹作鹰的尾部。鹰两面雕刻纹饰相同。参见安徽文物考古所《凌家滩田野考古报告之一》，文物出版社2006年版，第248—249页。按，该"玉鹰"头圆、短喙带钩，其特征与牛河梁第十六地点M4出土的玉凤（M4：1，又称玉鹄）头、喙部特征相似；腹部纹饰似日；两翅其实为两熊首而非猪首。在古史传说中，与鸟、日、熊皆有关联者，非少皞（昊）莫属。红山文化玉凤，参见辽宁省文物考古研究所《牛河梁第十六地点红山文化积石冢中心大墓发掘简报》，《文物》2008年第10期，第6—7页。

⑥ 07M23玉雕猪，出土于该墓填土上方。这件玉雕野猪利用玉料的自然形态雕刻而成，全长约72厘米、宽32厘米，重达88公斤，器形与过去发现的玉猪（87M13：1）十分相似。这是目前我国考古发现的时代最早、形体最大和最重的玉雕猪形器。整件器物形态逼真，吻部突出，嘴部雕刻明显，其上有两个鼻孔，在嘴的两侧刻有向上弯曲的一对长獠牙。眼睛用减地法表现，在头部上方以同样方法刻出一对向上竖立的耳朵。颈部略加琢磨，形成一个较宽而浅的半圆形脖子。在腹部的一侧，简单地琢出两条弯曲的线，形似蜷曲的双腿或带翼的翅膀。从颈部至尾部皆保留玉籽料原貌，没有任何人为加工痕迹。参见安徽文物考古所《安徽含山县凌家滩遗址第五次发掘的新发现》，《考古》2008年第3期，第10页。按，根据发掘报告的描述，该玉猪当为玉熊；若腹部的曲线为翼，则为"飞熊"。猪与熊的形象相近，极易混淆。红山文化考古中，有熊骨、熊泥塑、玉熊龙出土，但最初的报告中皆称其为猪，后考古学家郭大顺确认为熊。一般认为，传说中的"豕韦氏"崇拜猪，但据《国语·晋语八》韦昭注，豕韦氏为殷时诸侯，其所处时代和对后世影响皆不足以与红山文化、凌家滩文化相匹配。过去，人们或以为有熊氏、缙云氏、太皞氏、少皞氏、颛顼氏等为完全不同的氏族，现据红山文化、凌家滩文化考古资料可知，他们都属于黄帝龙族团。

中国五帝时代

很多人或以为凌家滩文化既发现于安徽巢湖流域，自然是代表了长江下游文化，但这样定性未免过于简单了。凌家滩文化与同时代其他文化的关系很特殊，有两点值得重视。一是它与周边的土著文化关系较疏离。周玮指出："在裕溪河流域，甚至更大范围内的巢湖流域，具有和凌家滩遗址相同文化因素的新石器时代遗址并未见诸报道。"[①] 这个细节很重要——即使将来发现与之相近的遗址，也无法否认凌家滩文化与周边文化较疏离的事实。二是它与燕北红山文化关系密切（参见附表四）。这种关联最早是由凌家滩发掘者指出的：

> 在 87M4 曾出土 1 件玉器（87M4：36），当时定名为玉笄，该墓还同时出有玉龟、玉版。现在来看，此器与 07M23 出土的玉签器形基本相似，功能也应相同，实为玉签。以此类推，红山文化出土的斜口箍形玉器与 07M23 的玉龟形器相似，可能也是与占卜有关的用具，这有助于解决红山文化斜口箍形器的功能和作用等问题，为研究红山文化增添了新的内容。凌家滩遗址和红山文化出土的玉人都是双手置于胸前，表示一种信仰仪式。凌家滩文化和红山文化出土器物表明，距今 5300 多年前相距遥远的两种文化存在某种相通性，反映出中国文明起源具有多源一体的发展趋势。[②]

揭示红山文化与凌家滩文化联系的关键在于后者所处的时代。经中国科学院考古研究所实验室热释光测定，凌家滩下层 87M4 两块陶片年代分别为距今 4500±500 年和 4600±400 年[③]；而考古学家根据陶器和玉器的风格推断，其相对年代应相当于薛家岗文化、崧泽文化和北阴阳营文化晚期，在距今 5300—5600 年[④]。如果凌家滩文化距今 5300 年以

[①] 周玮：《安徽含山凌家滩祭坛的初步研究》，《东南文化》2001 年第 1 期，第 34 页。
[②] 安徽省文物考古研究所：《安徽含山县凌家滩遗址第五次发掘的新发现》，《考古》2008 年第 3 期，第 17 页。
[③] 安徽省文物考古研究所：《安徽含山凌家滩新石器时代墓发掘简报》，《文物》1989 年第 4 期，第 9 页。
[④] 任式楠、吴耀利：《中国考古学·新石器时代卷》，中国社会科学出版社 2010 年版，第 495 页。

第五章 炼石补天：伏羲女娲信仰

上，则墓主人生活于阪泉、涿鹿之战前，其族属很难凭古史传说来判断；如果凌家滩文化距今 4500—4600 年，则墓主人生活于少皞至颛顼时代，不仅其与红山文化的关联容易剖析，① 而且玉版难题②也可以迎刃而解。

---

① 即红山文化为黄帝前期遗存，而凌家滩为颛顼时代遗存，后者为红山后裔的一支。
② 颛顼时代最重要的事件是"绝地天通"，即中央帝将四方部落首领的权力分割为"通神权（天）"和"治民权（地）"，原来每方部落首领的权力都由宗教首领和政治首领两个人分担，而中央帝依旧保留这两种权力。这样，就将黄帝建立的东、南、西、北、中"五官制"改为"中央帝＋四方八官制"。凌家滩玉版（87M4：30），由大小两个圆将画面分为三部分：小圆内的八角星，为"巫"字变形（李学勤观点），代表了中央帝的权力；小圆与大圆之间均分八格，每格内刻一圭形，代表绝地天通后八官分割地方权力；大圆外面的四圭，代表原东、南、西、北四方首领的权力。以今人的话语来说，凌家滩玉版（87M4：30）是颛顼之后的"权力分配地图"；以古人的话语来说，则该玉版是"瑁"的前身。瑁，即天子所执瑞玉，以合诸侯之圭者，因冒其上，故名瑁。《书·顾命》云："太保承介圭，上宗奉同、瑁，由阼阶隮。"孔传："瑁，所以冒诸侯圭，以齐瑞信，方四寸，邪刻之。"《说文·玉部》云："瑁，诸侯执圭朝天子，天子执玉以冒之，似黎冠。《周礼》曰：'天子执瑁四寸'。"

结　　论

一　龙族团和华族团

概言之，史前东亚主要有两大族团，即龙族团和华族团。

龙族团由很多支系组成，最重要的是两支，即崇拜龙的先夏人和崇拜凤的先商人（或夷人）。他们早期通过龙凤婚姻联盟紧密结合在一起，最初主要活跃于西起阴山东至燕山一带，即今长城一线偏北的森林草原交界地区。由于各种动物是其主要生活资料来源，所以他们崇拜的对象以动物为主，如熊、虎、鸱鸮（玄鸟），虚构的龙、凤以及自然物如日、云、石、玉等①。这个族团有两个原始宗教中心：西部是以昆仑山为中心的神山，在今阴山地区；东部是以幽都为中心的鬼府，即归葬之地或魂归之府，今牛河梁大型积石冢群是其遗迹。他们逐水草而居，活动空间很大，逐步建立了东、南、西、北、中五方联盟制度，即原始五行制或禅让制。从考古上看，龙族团大体与红山文化时空范围相对应。

华族团概指最初生活于黄河流域的古老族群②。他们同样也有很多支系，比较重要的有华胥氏、姜氏、九黎氏、三苗氏等。华即花，是植物的生殖器官；黎通藜，是一种可以食用的草本植物；苗，指尚未开花结实的禾类植物，或植物之初生者。从名字上判断，除姜氏外，华族主要是原始农业族群。古时黄河流域降水丰沛，特别利于植物生长。这里的原始先民主要通过采摘植物果实或挖掘植物根茎为生，并且很早就发

---

① 从阴山岩画来看，虎是北方原始先民崇拜的重要对象；其他崇拜对象，在红山文化考古中都有大量实物证据。
② 关于华族团的具体论证，参见本书第四章第一、二节。

展了原始农业。同时，也不排除部分人通过渔猎、畜牧方式获取生活资料。在华族团的精神世界里，伏羲是古时发明了渔网的英雄，而神农是可以保佑农业丰收的神灵。从考古上看，华族团大体与仰韶文化及部分大汶口早期文化相对应。

距今5000年前后，东亚气候急剧变化，北方草原气温降低很多，降水大幅减少，龙族团的生存环境显著恶化。迫于生存压力，龙族团在联盟首领黄帝的带领下，挥师南下，于阪泉、涿鹿（即今河北北部张家口地区）同华族团发生大规模冲突，而此时华族团的重要首领有炎帝、蚩尤。战争的结果是炎帝战败、蚩尤被杀。继之，原始华族团四分五裂：炎帝姜氏族与黄帝族组成新的婚姻联盟，即炎黄联盟；九黎或战或和，艰难地生存于各地；三苗或南迁或西迁，并断断续续地与龙族团冲突。龙族势力进入黄河流域，历史舞台的中心由冀北涿鹿沿太行山向晋南陶寺推进。考古上，北方红山诸文化衰落，中原仰韶诸文化衰落，而中原龙山诸文化兴起。

《史记》以阪泉、涿鹿之战开篇，在接下来的一千余年里，古史传说与考古资料基本吻合，但有两个特例①必须合理释读：

一是河南濮阳西水坡遗址。该遗址处于仰韶文化时空范围内，却发掘出蚌砌的龙、虎图案。由于龙、虎形象在仰韶时期的黄河流域极为罕见，故濮阳蚌龙难以作为仰韶文化的代表。或者说，西水坡45号墓主虽葬在仰韶文化腹地，其族属却未必与仰韶先民相同。

二是安徽含山凌家滩遗址。该遗址位于长江下游巢湖流域，因出土玉龙、玉鹰、玉龟、玉版等大量精美玉器而特别引人注目。凌家滩文化有距今5300—5600年前后、4500—4600年前后两种可能，前者是根据陶器和玉器风格推测的，后者是考古实验室检测数据。若依前者，则该文化无法用古史传说来解释；若依后者，则该文化为少皞至颛顼时代龙族团的一支。

二　婚盟与五行制度

华夏大地上的史前文化仿佛满天星斗，而这些文化的创造者并非一

---

① 具体论证，参见本书第五章第三节。

盘散沙。

　　婚姻是维系各原始族群之间关系的第一条纽带。持续时间长且影响巨大的婚姻联盟有两个，即龙凤联盟和炎黄联盟；黄帝与西陵女（嫘祖、嫫母等）之间的婚姻，似乎表明东方龙族（在辽西地区）与西方虎族或貘族（在阴山地区）之间也有婚盟，只是龙虎婚盟除黄帝与西陵女外，尚无其他例证。

　　先夏人和先商人（先夷人），分别是龙凤两族的一支，也是早期龙凤联盟的主要组成部分。由于在早期婚姻形态下两性结合相对自由，族人辈分无法按父系计算，所以孩子通常随母亲生活在舅舅的氏族里，即舅舅为龙族，则外甥为凤族；舅舅为凤族，则外甥为龙族。也就是说，从黄帝至大禹一千余年的时间里，龙凤两族"你中有我，我中有你"。

　　先周人是炎黄后裔，也是在较长历史时期内炎黄婚盟的直接参与者；他们自称与黄帝同姓"姬"，但实际上其文化血脉却主要源自作为华族支系的炎帝姜氏族。原因很简单：炎黄初结婚盟时，女子并不嫁到男子所在的氏族，而孩子通常都是在母亲的氏族里随舅父居住。所以在相当长的历史时期里，姜姓诸侯是姬姓周人的天然盟友。

　　原始五行制度是维系各主要族群的第二条纽带。简单地说，原始五行制就是东、南、西、北四方部落首领交会于中央，共同组成五方部落联盟的制度。原始五行制是由黄帝创立的，本质上是原始渔猎、游牧经济的产物。从匈奴铁骑到满洲八旗，在中国北方的森林草原间很容易找到这种制度的活化石。它简单而有效，很容易在比较落后的条件下迅速形成强大的力量中心。黄河流域的文明程度显然不低于北方草原，但在冷兵器时代，高级文明社会不必然具有军事优势。北方龙族猎人或牧民本来就具有彪悍的个性，通过原始五行制度组织起来势必会获得更强的攻击力。所以，一旦北方龙族团挥师南下，中原华族农民很快就溃不成军。

　　阪泉、涿鹿战后，龙族团进入黄河流域，选择与龙族妥协的华族支系也逐渐融入原始五行制度中来。中央联盟首领（帝）通常会由四方部落首领（四后、四叔或四岳）推举产生，但在多数情况下，中央帝的权力都被牢牢掌握在龙、凤两族人的手里。表面上，中央联盟首领是由龙、凤两族人轮流担任的，如太皞（龙族）→少皞（凤族）→颛顼

| 结 论 |

（龙族），或尧（龙族）→舜（凤族）→禹（龙族）等。实际上，由于两族是婚姻联盟且甥随舅居，所以最高权力一直也没有离开过这个核心族团。

原始五行制度仅适应低级社会形态，随着社会发展它必须被不断地改进。种种迹象表明，原始宗教往往是政治发展的催化剂，而五方部落首领一般都兼有巫师的身份。巫师通神职能可以极大地提高四方部落首领的政治威信，同时也会妨碍中央帝集中权力。大约在颛顼时代，五方联盟实施了"绝地天通"的宗教改革：四方首领祭天通神权被分割出去，仅保留了治民权，也就是原来归一位部落首领的权力被分派给两个人；由于中央帝依然集通神权与治民权于一身，因而中央集权得以实现。尽管如此，中央帝还是觉得四方首领各自主政一方的权力太大了，于是便把他们的权力逐渐专门化，即由主政一方改为主管一类事务。水、火、金、木、土、谷被当时人认为是六件最重要的事，中央帝将土、谷管理权留在中央，其余四种被分别派给四方首领来管理，这样东正、南正、西正、北正就逐渐演化成了木正、火正、金正、水正。正，即是官。直到殷商时，官制里还保留着木正、火正、金正、水正和土正。很多人都不了解原始五行制的上述演变过程，误以为"五行"最初就指金、木、水、火、土五种物质。

自颛顼以来的系列改革，极大地提高了原始五行制的效率，但依然无法阻止这种制度退出中原历史舞台。破坏原始五行制，首先是从家庭开始的。大约到夏禹时代，男人在两性生活中获得了相对优势，可以确定妻族中哪个孩子是自己的，哪个孩子不是自己的。在这样的条件下，有权势的男子就会要求将儿子纳入自己所在的氏族，按父系计算辈分。从传说来看，大禹就曾经提出过这样的要求（归我子）。如果依照原始五行制的老规矩，禹最终应该将中央帝位传给伯益（龙族之甥，凤族之子）；但是，孩子们离开舅族改从父居后，伯益成了外族之人，而龙族的长老们当然不愿意看到龙族的大权旁落外族。正是在这样的条件下，夏启破坏禅让制（即原始五行制）才会成功，因为龙族大部分人都会支持他。夏启继承帝位的阻力主要来自凤族（有扈、后羿等），但历史进步的车轮是任何人也阻挡不了的。至此，中原地区的原始五行制宣告终结，龙凤婚姻联盟出现裂痕，夏人与夷人的矛盾愈演愈烈。

简单地说，史前龙凤婚姻联盟是"里子"，原始五行制度是"面子"，这两种制度结合在一起，统治中原近千年之久，时间跨度超过中国历史上的任何一个王朝。其影响根深蒂固，深入中华文化的骨髓：中国历代皇帝的宫殿、服饰、器用等皆饰以龙，皇后的皆饰以凤，仿佛只有将龙、凤与他们的身份联系起来，其统治地位才具有合法性；封建时代结束以后，平民百姓也可以攀龙附凤了——人们认为"龙凤"所代表的吉祥是至高无上的。

三 战争与社会演进

战争从来都是社会矛盾不可调和的产物。从黄帝创立原始五行制凝聚社会力量，到夏启破坏这种制度建立夏王朝[①]，在一千多年的时间里，发生在中原地区的战争绵延不绝。贯穿于这些战争中的矛盾主线有两条：前期、中期以龙族团与华族团的矛盾为主，后期以龙凤联盟内夏人与夷人的矛盾为主。

众所周知，中国上古神话或传说呈碎片状，其中有很多神话或传说是彼此矛盾的。同一则神话或传说，在不同时代或地域当然可以有不同的版本，但是逻辑上其背后的历史真相只有一个。我们必须首先确定其中的某个命题（即神话或传说）是真的，然后才能进一步判定与之相关的其他命题（即神话或传说）哪些为真，哪些为假。综合多方面因素判断，阪泉、涿鹿之战是比较可靠的真命题，它所描述的情形最接近历史真相，因而构成本书重要的逻辑起点。但必须指出的是，那些不反映真实历史的神话或传说（即逻辑上的假命题），可能反映了特定时空里人们的信仰真实[②]，因而也有研究价值，不宜轻易贴上"伪造"的标签。

颛顼时代是社会矛盾比较尖锐的时期。一方面，人与自然的矛盾主要体现为黄河中下游水患多发而来自北方森林草原地区的龙族不适应多水环境；另一方面是人与人的矛盾，主要体现为龙族与华族的矛盾，如

[①]《史记·夏本纪》叙事从大禹开始，但大禹本人并没有公然破坏原始五行制（即禅让制）。因即位导致社会矛盾进而通过战争消弭之的人是夏启，从这个意义上讲夏启才是夏王朝的真正建立者。

[②] 信仰真实：即某些神话或传说作为信仰是真实的，但作为历史则不是真实的。

九黎乱德、共工与颛顼争为帝等，也可以说是炎黄斗争的延续。由于华族世代居住于黄河流域，比北方龙族更懂得洪水的特性，所以当华族后裔与滔天洪水同时威胁龙族的时候，洪水很容易被理解为华族后裔的工具（共工振滔洪水以薄空桑）。动荡不安的社会环境，迫使颛顼实施"绝地天通"的宗教改革：通神权与治民权分离，使得四方首领的权力受到限制；中央帝保留巫师的宗教职能[①]，兼具政治领袖与宗教领袖的身份，权势得到增强。颛顼的改革对中国社会影响深远，这也使他成为继黄帝之后最重要的远古帝王。

甘之战是有夏建立之初的重要事件。夏启给出的战争理由是"有扈氏威侮五行怠弃三正"，这句话本身就很难理解，加之历史胜利者说出来的话多半都不太可靠，因而需要全面梳理有关传说：将大禹"归我子"的要求置于"甥从舅居"的婚姻背景下，可知当时社会正处于由母系向父系过渡的阶段；鉴于龙凤两族存在着婚姻盟约，作为凤族之子的伯益必为龙族之甥；历史上没有要求伯益归凤族的传说，但是大禹既然要求子从父居，作为龙族之甥的伯益必受冷落；历史上也没有留下伯益对抗夏启的传说，但同属凤族的有扈氏"造反"了。所以，甘之战表面上是夏启与有扈的战争，深层上却反映了龙凤两族因帝位继承而产生矛盾。自甘之战开始，龙、凤两族走上了相对独立的发展道路，从而造就了后来的夏与商。

四 伏羲与女娲信仰

伏羲女娲在诸神里的辈分很高，通常被视为创世的配偶神或人祖神。有关他们的早期资料很少，晚期资料却很多，因而适合作为古人的信仰来探讨。

与其他古史传说人物不同，伏羲女娲在全国各地有很多庙宇，拥有数量庞大的信众。大凡有其庙宇或崇拜遗迹的地方，往往会流传一些伏羲女娲生于斯、长于斯、葬于斯的传说。这些传说对于坚定人们的信仰

[①] 古代中国皇帝被称为"天子"（天神的儿子），其统治天下的权力是由神"赋予"的；每遇国家重大祭祀活动，唯一合法的主持者是皇帝，其原始祭司的身份被临时恢复了。至于后世个别帝王懒惰，委托大臣代为主持祭祀则另当别论。

无疑起了很大的作用，但显然是无法作为历史真相来看待的。与其说全国各地的相关"遗迹"是伏羲女娲留下的，不如说是他们的信众留下的。根据不同时代、不同地域伏羲女娲陵庙、像石的分布规律，可以发现战国时女娲的信众是楚人；由楚人向上到颛顼，由颛顼向上到黄帝，可知女娲是黄帝族所信仰的神灵。

黄帝族所信仰的神灵是女娲，红山文化又是黄帝族留下的，所以红山文化中女神崇拜的遗迹或与女娲有关。红山文化东山嘴遗址是由方形和圆形祭坛组成的大型原始宗教圣地，代表天的圆形祭坛有故意设置的凹陷，上面又特别摆满了从很远的河滩里拣选来的小鹅卵石。依据原始人的交感巫术思维，这些小鹅卵石是有"补天"效果的。由于淫雨可能被古人想象为"天漏"，所以"补天"的目的应该是止雨。黄帝女魃曾经在阪泉、涿鹿之战中止雨，其地在赤水（河北赤城县红河）之北，属于今红山文化分布区。据此，女娲、女魃都是以黄帝族的女巫师为原型的；与之关系密切的女神，还有道教里的战争女神"九天玄女"。

西汉以前伏羲与女娲从未同时出现，因而只能分别追溯。"华胥履迹生伏羲"与"姜嫄履迹生后稷"类似，表明伏羲与华胥氏、姜氏关系较密切；伏羲在神农前，神农在黄帝前，黄帝在太皞前，因而伏羲并非龙族的太皞。尽管不容易确定伏羲的出生地，但他是华族崇拜的祖先神应该没有问题。八卦符号最基本的内涵是阴阳及其转化，而阴阳的基本内涵是背日或向日。发现日光的向背，寻找季节变化的规律，这都是农业族群为提高粮食产量需要去做的。因此，八卦体现了华族农民的智慧。帝尧时观象授时的"羲和"与传说画卦的"伏羲"名字相近，同样暗示了这种联系。

百年来的田野考古没有发现所谓的伏羲八卦，但确有几件文物似与伏羲画卦传说有关：半坡人面网纹盆边沿符号共八个，虽与八卦数量相同，内涵却与八卦无关；人面、网纹、鱼纹反复出现，很容易让人联想到结网的伏羲；陇西成纪与西安半坡虽有距离，却大体位于同一地域文化圈。后世传说伏羲生于陇西成纪虽未必准确，却也不完全是空穴来风。大汶口S形图案象牙梳体现了尚"三"风俗，这与八卦三爻成卦相似；"⊥"和"丅"表示一对相反的状态，而S形曲线将它们相反的部分流畅地连接起来，似乎意在表明这两种相反的状态可以互相转化，这与八卦符号表示阴阳转化的思想基本相同。含山凌家滩玉版图案与八卦基本内涵关系不大，但玉龟、玉版或与元龟衔符传说有关。

附　　表

表一　　　　　　　　　　　伏羲女娲陵、庙分布概况

时代①	地区②	概况	出处
春秋	河南淮阳县	A.（1）太昊陵，位于县城北1.5公里的蔡河之滨，是一座金碧辉煌、雄伟壮观的宫殿式古建筑群。墓周有紫禁城，墓高20余米，周长150米，上圆下方，象征天圆地方。陵上古檀繁茂，松柏峥嵘，故有"羲陵岳峙"之称。墓前竖"太昊伏羲氏之陵"宋碑一通。据旧志载，陵墓始于春秋。《家语》载，孔子自魏适陈，陈侯启陵阳之台，那时就有陵了。汉代在陵前建祠。唐贞观四年（630年）颁诏"禁民刍牧"。后周显德元年（954年）敕官吏禁民樵采耕犁。宋赵匡胤于建隆元年（960年）亲颁"修陵奉祀诏"，每年春秋以太牢祭祀。咸平元年（998年）至景德元年（1004年）曾多次修建。靖康元年（1126年）后渐毁。现存建筑多为明正统十三年（1448年）、天顺六年（1462年）、成化元年（1465年）和嘉靖二十四年至三十八年（1545—1559年）所建，明、清诸帝曾多次遣官致祭，并增建修葺，使庙宇逐具规模。（2）太昊陵西侧有女娲观。据旧志，太昊陵自春秋时即有，但女娲观为何时所建则不详。 B.八卦台，在淮宁县（淮阳旧名）北一里，亦名为八卦坛。坛后又有画卦台。《元和志》："古者伏羲氏始画八卦于此。"	A.邵士杰等：《淮阳县志》，河南人民出版社1991年版，第763—764页。 B.（清）潘锡恩撰，张元济辑：《嘉庆重修一统志·河南·陈州府·古迹》，上海商务印书馆1934年影印版。

---

①　时代，这里指该遗迹有据（古今文献或实迹）可考的最早时代；如果相关报告中没有支持其早期存在的证据，则只标记为"现代"。

②　历代对伏羲、女娲的祭祀遗迹除此表所列之外，还有以"三皇庙"形式存在者。元人虞集在其《澧州路慈利州重建三皇庙记》里曾云："国家之制，自国都至于郡邑，无有远迩，守令有司之所在，皆得建庙通祀三皇，而医者主之，盖为生民立命之至意也。"（虞集《道园学古录》卷三六，上海商务印书馆1992年影印本）据此，足见元代全国各地"三皇庙"祭祀之盛况。《明史》载："明初仍元制，以三月三日、九月九日通祀三皇。洪武元年令以太牢祀。……四年，帝以天下郡邑通祀三皇为渎。礼臣议：'唐玄宗尝立三皇五帝庙于京师。至元成宗时，乃立三皇庙于府州县。春秋通祀，而以医药主之，甚非礼也。'帝曰：'三皇继天立极，开万世教化之原，泊于药师可乎？'命天下郡县毋得亵祀。"参见《明史·卷五十》，中华书局1974年版，第1294页。直到当代，全国各地仍以"三皇庙"为地名者甚多，主要分布于长城以南、长江以北广大地区。参见地名"三皇庙"分布图（本书附图九）。由于自古迄今人们对"三皇"为谁没有一致意见，且元代以来三皇庙既为府、州、县遍设，统计意义也就不大，故本表不含"三皇庙"。

续表

时代	地区	概况	出处
战国	河北新乐市	义台，在县西南，即古野台也。《史记》：赵武灵王十七年，出九门为野台，以望齐、中山之境。《魏书》：皇始二年，道武与慕容麟战于义台坞，大败之。《地形志》：新市县有义台城。《括地志》：野台，一名义台，在县境之西南十三里。旧称有伏羲城在县西南十五里，中有羲台，东西十五丈，南北二十五丈。上有羲皇古庙，其北有洗儿池。相传炎帝生此。盖即义台，后人讹羲为羲，遂附会其说。	（清）雷鹤鸣等修，赵文濂纂：《新乐县志》，台北成文出版社1968年版，第53—54页。
魏晋	山西芮城县	A. 风陵堆①，在潼关卫城东三里黄河北岸。北至蒲关六十里。《帝王世纪》以为女娲陵也。唐天宝初，风雨晦冥，忽失所在。乾元中，复故。 B. 娘娘庙享殿，位于风陵渡镇西王村北约50米。清代。创建年代不详。占地面积约2000平方米。坐北朝南，庙已毁，现仅存享殿，面宽五间，进深一间，单檐硬山顶。梁架采用减柱造，并饰龙凤彩画图案。脊瓜柱下施驼峰，浮雕花卉，前檐施镂雕斗拱五朵，东西山墙各出檐犀头。(168—C36) C. 今芮城县风陵渡镇赵村东一里多有一座荒山，瓦砾遍地，草木无生，当地人俗称"圪塔庙"，民国以前建有女娲庙（习惯称娘娘庙②），1938年被日本侵略军拆毁修了炮楼。未毁之前的女娲庙，每年农历三月三日为庙会日，届时黄河两岸民众纷纷上香祈福，求生子女，物资交流，很是繁华。	A.（清）顾祖禹：《读史方舆纪要》，上海书店出版社1998年版，第382页。 B. 国家文物局主编：《中国文物地图集·山西分册》（下）中国地图出版社2006年版，第1070页。 C. 刘雁翔：《风陵渡女娲陵地望考》，《江西科技师范大学学报》2014年第3期，第27—30页。
东晋	河南孟津县	负图寺或称龙马负图寺，位于孟津县城东北20公里的老城乡雷河村。相传上古之世，有龙马负图出于河，伏羲据此而画八卦。后人为缅怀伏羲降龙马、画八卦的伟大业绩，于晋穆帝永和四年（348年），在此建寺纪念。《孟津县志》载："寺在孟津县（今老城西），始名浮图寺。晋天竺僧浮图澄西来，住锡于此。怀帝永嘉时曰河图寺，梁武帝改曰龙马寺，唐高宗麟德中改曰兴国寺，又改曰负图寺。"寺内雄伟的伏羲殿内，供奉着伏羲和龙马的塑像。原来建筑比较完整，历经毁坏，仅明嘉靖年间所建一座大殿旧貌未变。	马世之：《伏羲文化中原觅踪》，《寻根》2003年第1期，第27页。

---

① 风陵堆，又称风陵渡、风陵，位于陕西潼关县、河南灵宝县、山西芮城县三县交界的黄河北岸。刘雁翔认为："（风陵堆）史籍有河南阌乡县、陕西潼关县和山西河东县或永济县三说，其实所指都是同一地方。"参见刘雁翔《风陵渡女娲陵地望考》，《江西科技师范大学学报》2014年第3期，第27—30页。

② 此庙与文物部门登记编号为"168—C36"的娘娘庙（同栏B项）为同一建筑。

续表

时代	地区	概况	出处
东晋	陕西周至县	又女娲堡①，亦在县西南。晋永和十年，桓温伐秦，梁州刺史司马勋军出子午谷，为苻雄所败，退屯女娲堡。	（清）顾祖禹：《读史方舆纪要》，上海书店出版社1998年版，第380页。
北魏	甘肃秦安县	A. 古今以陇为关焉，其山当陇城之北。有女娲庙，庙建于汉以前②。娲皇成纪人也，故陇得而祀焉。今庙存而祀废。 B. 女娲庙，在秦安县西。《水经注》："石岩水出北山，山上有女娲庙。"《通志》："秦安县北山上有女娲庙。" C. 经历了漫长历史时期中的五兴五毁之后，如今陇城③的女娲庙是1989年由信众们集资修建的。这座仿古建筑名曰"娲皇宫"，占地160平方米，轩楹宏敞，飞檐兽脊，流丹飞碧，雕梁画栋。女娲宫四时香火不断，每年正月十五，在陇城还有盛大的女娲庙会。	A.（明）胡缵宗：《秦安志》，台北成文出版社1976年版，第45页。 B.（清）潘锡恩撰，张元济辑：《嘉庆重修一统志·秦州直隶州二》，上海商务印书馆1934年影印版。 C. 汪聚应、霍志军：《陇城的历史文化渊源和民间女娲崇拜》，《天水师范学院学报》2007年第6期，第12页。
北魏	山东巨野县	A. 高平。……有洸水、千秋城、胡陆城、齐城、高平山、承雀山、伏羲庙。 B. 高平城，在（巨野）县东南。汉置橐县，属山阳郡。……刘宋为高平郡治。后魏因之。北齐郡县俱废。 C. 不仅古时巨野有许多伏羲陵庙，今天巨野县仍有许多有关伏羲的陵庙。这其中较有名的是位于巨龙河附近的人祖庙，至今香火仍旺。	A.（北齐）魏收：《魏书》，中华书局1974年版，第2520页。 B.（清）顾祖禹：《读史方舆纪要》，上海书店出版社1998年版，第239页。 C. 张涛、史海威：《巨野与伏羲画八卦》，《历史文献研究》总第27辑，第98页。

---

① 女娲堡是否在陕西周至县存在不同意见。今周至县城西南仅有"娘娘山"地名与之接近，并无"女娲堡"地名。文物调查与考古也未发现相关遗迹，参见国家文物局主编《中国文物地图集·陕西分册下》，西安地图出版社1998年版，第151—163页。

② 从《诗经》《史记》等文献记载来看，周人的先妣为姜嫄，秦人的先妣为女修或女华，均不是女娲。据此，作为周秦故地的陇城早在汉代之前就有女娲庙的说法其实是臆测之辞，没有可靠根据。这一地区存在女娲庙的最早文献依据是《水经注·渭水》（详见上表所引）。所以，认为北魏之前陇右有女娲庙才是可信的。

③ 陇城镇，位于天水市秦安县城东部，距县城45公里。

续表

时代	地区	概况	出处
南朝宋	江西定南县	王歆之《南康记》曰：归美山，山石红丹，赫若采绘，峨峨秀上，切霄邻景，名曰女娲石。大风雨后，天澄气静，闻弦管声。	（北宋）李昉等：《太平御览》，中华书局1960年版，第252页。
南朝宋	江西于都县	女姥山，亦名君山，在雩都。《南康记》云："其山奇丽鲜明，远若台榭，名曰女娲宫①，亦曰女娲石。上有玉台方广数十丈，自然石室，如屋。风雨之后，颇闻山上有鼓吹之声，山都木客为唱舞之节。"	（南宋）王象之撰：《舆地纪胜》，中华书局1992年版，第1428—1429页。
北齐	河北涉县	A. 娲皇庙，在涉县北二十里。 B. 娲皇宫，俗称奶奶顶、吊庙，位于涉县城西北约14公里的中皇山腰②。娲皇宫属全国重点文物保护单位，国家4A级景区。始建于北齐，为一规模庞大，气度恢宏，整肃巍峨，仙姿勃发的古代建筑群。	A.（清）潘锡恩撰，张元济等辑：《嘉庆重修一统志·彰德府二》，上海商务印书馆1934年影印版。 B. 宗荷：《娲皇古迹古建奇观——涉县女娲古迹概览》，《当代人》2009年第2期。
隋	河南巩义市	伏羲台位于巩义市东北约10公里处的河洛镇洛口村东黄河南岸的台地上，该台地正值黄河与洛河交汇处以东的夹角地带，高出黄河河床约80余米。东部沟壑纵横，西部紧靠洛口，南边倚望莲花山，此山诸峰连绵起伏，形似莲花，当地人古辈千年口耳相传，名之曰"连山"。伏羲台为一土丘，高15米，东西长150米，南北宽100米，略呈椭圆形，是一处以仰韶文化为主要内涵的新石器时代遗址。台东有一个15平方米的洼地，称"羲皇池"，据说为伏羲画卦着墨处。隋文帝开皇二年（582年），颁诏于此建"羲皇祠"，元代谯国公曹铎在祠侧建"河洛书院"。现祠、院均毁。	马世之：《伏羲文化中原觅踪》，《寻根》2003年第1期，第26—27页。

---

① 这里的"女娲宫"，只是对形如台榭之山石的称谓，并非真有宫殿类建筑。另外，邻县会昌历史上曾是雩都的一部分，也有人认为此山在会昌，但1993年出版的《会昌县志》无载。另外，《舆地纪胜》与《太平御览》谓今江西有"女娲宫"或"女娲石"，皆引自《南康记》，两者或指同一座山。

② 此山位于在清漳河左岸，河北省邯郸市西南部涉县10余公里的索堡镇，属太行山东麓，为晋冀豫三省交界处。然而，陕西平利县亦有一中皇山。《路史·后纪二》谓"（女皇氏）治于中皇山之原，所谓女娲山也"，作者罗泌之子罗苹注曰："山在金（州）之平利，上有女娲庙，与伏羲山接庙起。伏羲山在西城，女娲山在平利。《寰宇》引《十道要录》云'抛钱二山，焚香合于此山'。"亦见《九域志》并《守令图》。参见（南宋）罗泌《路史》，中华书局1989年版，第65页。

续表

时代	地区	概况	出处
唐	山西洪洞县	女娲陵庙遗址，位于赵城镇①侯村内，又称娲皇陵庙。始建年代不详。据《大明一统志》、清道光七年（1827）《赵城县志》及碑载，唐天宝六年（747）重修，后庙毁。宋开宝六年（973）重建，元、明、清多次修葺。清末毁。坐北朝南，南北长约300米，东西宽约120米，中轴线上曾建有仪门、午门、宫门、牌楼、女娲宫和祭天台，后有陵冢、补天石及两侧的附属建筑等。地面现存庙宇基址、陵冢、补天石、宋至清碑刻10余通、古柏3株及仪门内窑洞8孔等。	国家文物局主编：《中国文物地图集·山西分册》（下）中国地图出版社2006年版，第922页。
唐	陕西临潼区	A. 老母殿，位于骊山镇老母殿村北20米。始建于唐广德元年（763），清顺治年间重葺、增修。占地面积920平方米，坐北朝南。中轴线自南而北依次为山门、前殿、中殿、正殿，两侧有祖师殿、岳王殿、汤房等。 B. 在临潼的骊山，不但有供奉女娲的人祖庙，还有女娲坟，更有与上述传说相应的滚磨成婚的传说地——磨子沟②。	A. 国家文物局主编：《中国文物地图集·陕西分册下》，西安地图出版社1998年版，第87页。 B. 陈崇凯：《骊山女娲遗迹与古代的人祖庙会》，《华夏文化》1995年第4期，第41页。
唐	陕西平利县	A. （金州）西城县③，本妫虚之地。伏羲山。女娲山，上有女娲庙。 B. 女娲庙木碑，位于女娲山乡白果树沟脑村七里村。庙颓，遗木碑一方，由3块木板拼合而成。方首无座，高2.15米，宽0.92米，厚0.043米。乾隆三年十月刻。额横题"女娲庙碑记"。首题"中皇山女娲氏庙碑记"。碑文楷书23行，满行46字，记女娲庙肇始于唐、宋，乾隆元年于此地女娲山④重修事。文中对女娲氏的传说广征博引，考据颇详，碑现存县文化馆。	A. （宋）王存撰，王文楚等点校：《元丰九域志》，中华书局1984年版，第551页。 B. 国家文物局主编：《中国文物地图集·陕西分册下》，西安地图出版社1998年版，第1127页。

① 赵城镇：周为赵城，《史记·赵世家》载："（周穆王）赐造父以赵城。"春秋时赵简子居此。1954年与洪洞县合并为洪赵县，今为洪洞县赵城镇。另外，与赵城镇相邻的辛村乡也有女娲娘娘庙。参见徐芳《民间信仰的恢复与重建——以侯村女娲信仰个案研究为例》，《民俗研究》2004年第1期，第85页。

② 据当地传说，在民国以前，当地人每年两次祭祀"人祖庙"，一次在农历三月三日，男女民众要拜人祖，游古迹，洗桃花水，祓除邪秽；一次在农历六月十五日，先拜人祖，再游女娲遗迹，到温泉涤洗身心。因为人祖庙会时多为不育或少育及无子妇女求子者朝庙上香，故骊山人祖庙会又称为"单子会"，以求育生子为主要内容。参见陈崇凯《骊山女娲遗迹与古代的人祖庙会》，《华夏文化》1995年第4期，第41页。

③ 北宋金州西城县，即今陕西平利县一带。

④ 王子今指出："平利女娲传说遗迹年代甚早，《华阳国志》已见相关记载，唐人编撰的地理书《十道要录》说到平利女娲遗迹。谭其骧主编《中国历史地图集》'隋·唐·五代十国时期'于'平利'东南，即今陕西平利西北明确标示'女娲山'，可以看作具有学术权威的历史地理学者对于唐代平利女娲山传说遗迹历史存在的肯定。"参见王子今《平利女娲传说二题》，《汉中师范学院学报》2004年第4期，第45页。

续表

时代	地区	概况	出处
唐	山东微山县	A. 济州,女娲冢①。 B. 两城山,(济宁)州南六十里。《志》云:以山夹如城而名。又有承岸山,在州南四十里。相传女娲生于此,有庙祀焉。 C. (1) 伏羲陵在今微山县两城乡陈庄管区刘庄村西侧。它北依峥嵘挺秀的凤凰山(凫山,画卦山),南抱碧波万顷的独山湖。陵台高筑,陵台长40.5米,宽34.6米,面积为1401.3平方米;台高4.6米。陵台四周条石砌垒,台上有庙,现存大殿一座,庙内存元碑一幢。(2) 在两城乡陈庄管区刘庄村西侧,伏羲庙大殿后有一座女娲庙,殿高8米,殿内供奉女娲神像。当年,女娲殿右边是关帝庙,左边是魁星阁,魁星阁前巍然挺立一株高23米,粗6围穹枝葱茏遮天蔽日的汉古柏。	A. (宋)王存撰,王文楚等点校:《元丰九域志》,中华书局1984年版,第548页。 B. (清)顾祖禹:《读史方舆纪要》,上海书店出版社1998年版,第239页。 C. 孙玉红等:《中华文明起源初探——伏羲文化》,光明日报出版社2012年版,第179—182页。
五代	山东邹城市	邹城市郭里镇伏羲庙,坐落于东凫山西麓,离微山县西凫山的伏羲庙不远。又称羲皇庙、伏羲女娲庙、人祖庙、爷娘庙。始建年代无考,原庙内立有后唐长兴二年即931年重修羲皇庙记碑,说明那时已具有相当规模。其次,是宋乾德二年(公元964年)的重修皇庙记碑。人祖殿是羲皇庙的主体建筑,正中供奉伏羲、女娲塑像。	孙玉红等:《中华文明起源初探——伏羲文化》,光明日报出版社2012年版,第191—194页。
北宋	山西泽州县	A. 浮山,在凤台县东南三十五里②,高入霄汉,若云浮天际。《州志》:浮山北有娲皇窟,谷虚如囊形,上有娲皇庙。 B. 原址上现在只有金、元、明、清几代的十几块碑刻。据一块明碑记载,早在宋代绍圣、元祐年间,这座"娲皇庙"就重修过,而它的创建时间,则缈不可考。	A. (清)藩锡恩撰,张元济等辑:《嘉庆重修一统志·泽州》,上海商务印书馆1934年影印版。 B. 孟繁仁:《黄土高原的"女娲崇拜"》,《中国文化研究》1999年夏之卷,第106页。

---

① 具体位置不详。按,北宋济州邻近今山东微山县,此冢或即两城山一带的女娲信仰遗迹。

② 凤台县,古泽州府(今山西晋城)治所,故址位于今晋城市城区附近,1914年废。浮山,位于今山西省晋城市泽州县金村镇。

续表

时代	地区	概况	出处
北宋	河南西华县	A. 柳城，在（西华）县西二十里。相传为女娲氏之都，本名娲城。 B. 女娲城址位于西华县城北十公里的聂堆乡思都岗村，城址南一公里有女娲坟。坟前古有女娲庙，今有女娲阁。1938年庙倒坟淤，其后当地人在原址堆起一土坟，并捐建女娲阁（1994年完工）。每年清明和农历十月一添坟祭祖，参加庙会的人会捧土送至坟顶。	A.（北宋）乐史撰，王文楚等点校：《太平寰宇记》，中华书局2007年版，第192页。 B. 张翠玲：《西华女娲城庙会调查报告》，《民俗研究》1996年第2期，第40—43页。
北宋	河南孟州①	A. 皇母山，又名女娲山，其上有祠，民旱水祷之。 B. 济水。淇水。女娲庙。商汤庙。	A\B.（宋）王存撰，王文楚等点校：《元丰九域志》，中华书局1984年版，第554页。
北宋	山东枣庄市	金陵山庙，县②南二十里金陵山麓，祀宓牺女娲。宋庆历四年建，今废。旧有庙，号"爷娘庙"。	（清）王振录等修，王宝田纂：《山东府县志辑·光绪峄县志》，凤凰出版社2004年版，第123页。
南宋	安徽肥东县	女娲庙，在梁县③东三十里。邵拱有诗云："八卦初成代结绳，补天当日更功深。"	（南宋）王象之撰：《舆地纪胜·庐州》，中华书局1992年版，第1836页。
南宋	四川峨嵋山	A. 今峨眉亦有女娲洞，常璩《华阳志》等谓伏羲、女娲之所常游④。（罗苹注） B. 峨眉山，在嘉定州峨眉县西百里，眉州南二百里。……山中有石龛百十二，大洞十二，小洞二十八，若伏羲、女娲、鬼谷诸洞，其最著者也。	A.（南宋）罗泌：《路史》，中华书局1989年版，第66页。 B.（清）顾祖禹：《读史方舆纪要》，上海书店出版社1998年版，第451—452页。

① 宋代孟州，包括今河南省济源市、孟州市、温县及荥阳市部分地区。据《元丰九域志》记载来看，这一地区至少有两座女娲庙，但具体位置不详。
② 原指清代峄县，即今山东省枣庄市峄城区，距离微山县两城镇（乡）、邹城市郭里镇伏羲女娲庙约90公里。
③ 南宋梁县治，位于今安徽省肥东县梁园镇。
④ 按，今本《华阳国志》无此记载。

续表

时代	地区	概况	出处
元	山西临汾市	娲皇庙，在城居村①东，有岩石柱，高二丈余，门间石长一丈五，刻工精细，有元至元六年（1269）重修碑。	刘玉玑修，张其昌纂：《临汾县志》，台北成文出版社1976年版，第654页。
元	河南沁阳市	伏羲女娲殿。沁阳境内的金顶山属太行山南麓主峰之一，位于沁阳市紫陵乡赵寨村北；山上原有一天然石洞，元代在此倚洞建有女娲殿宇，清代重修。现存伏羲女娲殿为石砌山墙，硬山灰瓦顶，殿内供奉有伏羲、女娲塑像，殿前有清代重修碑记一通。	马世之：《中原地区的伏羲文化》，《中州学刊》2007年第4期，第156页。
明	山西吉县	A. 人祖庙，又称金山寺，占地4亩，建有后宫、献亭、乐楼、僧寮等。其创建年代因石碑风化，文字脱落严重，无法考究。仅有今人从伏羲像台下，掘出木箱一只，内盛人骨，箱盖书"明正德十六年（1521），庙为天火所焚重修"字样。 B. 人祖庙中有娲皇宫、伏羲殿，山中有与女娲、伏羲向天问婚相关的滚磨沟、穿针梁、合烟崖和伏羲岩等摩崖石刻，有流传于吉县的人祖歌等。	A. 吉县志编纂委员会：《吉县志》，中国科学技术出版社1992年版，第382页。 B. 毛巧晖：《山西吉县伏羲、女娲研究》，《长江大学学报》2014年第10期，第1页。
明	山西平定县	东浮化山②位于距离平定县城东南二十公里的古贝乡③境内，是太行山脉的一个山头，上面有年代久远的女娲庙一座。内有碑刻，分别为明成化二十三年（1487）、清乾隆十七年（1752）、光绪十四年（1888）。	孟繁仁：《黄土高原的"女娲崇拜"》，《中国文化研究》1999年夏之卷，第106—107页。
明	山西长治县	A. 长治县北15华里上郝村北天台山，也有娲皇庙④一座。据说女娲曾经在这里"炼石补天"七七四十九天。在此期间，她因为思念留在数百里以外中（霍）皇山下女娲治下——赵城侯村的亲生儿女，曾经登上这里的山头，眺望家乡，所以人们把这座面积不大的小山头命名为望儿台。 B. 长治市天台山"娲皇庙"，高河乡南上郝村，明代正德六年（1511）重修。	A. 孟繁仁等：《太行山与女娲山》，《世界》2006年第6期，第73—74页。 B. 孟繁仁：《黄土高原的"女娲崇拜"》，《中国文化研究》1999年夏之卷，第108页。

① 城居村，即今山西省临汾市尧都区金殿镇城居村。
② 原来平定县境内还有西浮化山，也是一处重要的女娲遗迹，由于地方行政区域变化，先划归山西寿阳县落摩寺乡管辖，后又并入尹灵芝镇。西浮化山上过去也有女娲庙等遗迹。据传，"落摩（磨）寺"地名，就是因为当地有女娲和伏羲"隔山滚磨""合磨成婚"的传说而来。参见孟繁仁《黄土高原的"女娲崇拜"》，《中国文化研究》1999年夏之卷，第107页。
③ 据新版《平定县地图》，原古贝乡并入张庄镇。
④ 诸如此类的娲皇庙建筑在山西、河北、河南之间的太行山地区有很多，除上表中提到的外，还分布于晋东南地区平顺县南耽车村、黎城县广志山、潞城县七里店、襄垣县仙堂山，晋中地区左权县苇子沟等地。另外，在属于太行山边缘地区的河北省涉县涉城镇北岗村、城关镇河南店、张家庄云头山，河南省林县以及淇县灵山等地，都有女娲遗迹分布。参见孟繁仁等《太行山与女娲山》，《世界》2006年第6期，第74页。

续表

时代	地区	概况	出处
明	山西洪洞县	娲皇圣母庙，位于刘家垣镇西义村东，创建年代不详。占地面积1398平方米。坐北朝南，中轴线仅存圣母殿，两侧为砖砌窑洞各2孔，院外西北建有玉皇楼。圣母殿为明代遗构，面宽三间，进深四椽，单檐悬山顶，五檩无廊式构架，前檐装修已不存。庙内存清代重修碑4通，无记年碑1通。	国家文物局主编：《中国文物地图集·山西分册》（下）中国地图出版社2006年版，第931页。
明	河南新密市	A. 大方山，县西三十里，山顶平衍方正端严，即《山海经》所谓"浮戏之山"也。……浮山，在县东二十里。 B. 伏羲女娲祠在来集乡南三里的浮山岭上①。西望莽苍的中岳嵩山，北依嵩山北支、密荥交界的浮戏山，南望著名的具茨山，洧水在浮山前流过。这里正是黄帝"有熊氏故墟"的圣地。 现存8通碑刻，最早的是明代成化年间（1465—1477）的石碑。	A.（清）李士珍等：《密县志·山川》，康熙二十九年（1690）本，哈佛大学汉和图书馆藏。 B. 张振犁：《"浮戏"本是"伏羲山"华夏文明此有源——新密市浮戏山考察记》，《南阳师范学院学报》2003年第5期，第84—85页。
明	河南上蔡县	画卦亭位于上蔡县城东15公里的白龟庙村蔡河之滨。这里原有白龟祠，俗称白龟庙。祠内蓍草丛生，祀伏羲，有伏羲墓。明清之际，每年都在此举行祭祀大典。现祠被拆除，仅存伏羲画卦亭，相传为当年伏羲画卦处。	马世之：《伏羲文化中原觅踪》，《寻根》2003年第1期，第28页。
明	甘肃天水县	画卦台，俗称卦台山。位于天水县西北之渭南乡西隅，距县城北道埠约百里。山高约二百余米，呈台状。很久以前官民累于台上修庙宇，植松柏，以追念伏羲氏功绩。古传画卦台是伏羲氏画八卦处，故称卦台山。有建于明嘉靖十年②的庙宇，但毁于文化大革命。	马克定等：《天水县文物志》，天水县文物志编写委员会1984年版，第72页。

---

① 除来集乡的伏羲女娲庙外，新密市祭祀女娲的祠庙还有多处，比如，天爷洞的三皇殿，牛店乡补子庙的伏羲女娲人祖庙，浮戏山、天皇山的始祖庙，周家寨的娘娘庙等。这些遗迹损毁严重，始建年代不详。参见张振犁《"浮戏"本是"伏羲山" 华夏文明此有源——新密市浮戏山考察记》，《南阳师范学院学报》2003年第5期，第86页。

② 另外，《大清一统志·秦州直隶州二》载："太昊庙有二，一在州小西关城内，一在州北三阳川。俱明正德中建。"按，前者即今天水市区西关的人宗庙，后者即天水县渭南乡（镇）卦台山已毁的伏羲庙。参见（清）穆锡恩撰，张元济等辑《嘉庆重修一统志》，上海商务印书馆1934年版。

续表

时代	地区	概况	出处
明	甘肃天水市	伏羲庙本名太昊宫,俗称人宗庙,在甘肃省天水市城区西关,始建于明成化十九年(1483年)。伏羲庙院落重重相套,四进四院,宏阔幽深。庙内古建筑包括戏楼、牌坊、大门、仪门、先天殿、太极殿、钟楼、鼓楼、来鹤厅共10座,是甘肃唯一也是全国罕见的具有典型明代建筑风格的建筑群。	杜松奇:《伏羲文化研究》,中国社会科学出版社2013年版,第227页。
清	山西洪洞县	上张端娲皇圣母庙,位于堤村乡上张端村,创建年代不详。据石碣记载,清康熙五十五年(1716)重修。占地面积529平方米。坐北朝南,一进院落布局,中轴线现仅存正殿,两侧为砖券窑洞各1孔及东厢房三间,窑洞内置有踏道,拾级而上可至正殿。庙内存清代重修碑1通,碣1方。	国家文物局主编:《中国文物地图集·山西分册》(下)中国地图出版社2006年版,第932页。
清	山西洪洞县	A. 修伏羲庙献殿碑,位于淹底乡北卦村。青石质,圆首。高1.30米,宽0.60米,厚0.16米。乾隆四十三年(1778)立。碑文楷书,记载重修伏羲庙献殿的经过。贾明配撰文,张生义书丹。 B. 卦地,相传即伏羲画卦处,村人建有画卦台。一说地形象卦,故名。(当指今淹底乡的卦地村)	A. 国家文物局主编:《中国文物地图集·山西分册》(下)中国地图出版社2006年版,第937页。 B. 孙奂崙修,韩垧等纂:《洪洞县志》,台北成文出版社1968年版,第396页。
清	山西灵石县	娲皇庙在南关镇①。	李凯明修,耿步蟾纂:《灵石县志》,台北成文出版社1968年版,第265页。
清	山西霍州市	娲皇圣母庙,位于三教乡杜庄村,创建年代不详,清同治四年(1865)修葺。占地面积561平方米。坐北朝南,二进院落布局,中轴线依次建有戏台、献亭、正殿,两侧有厢房、耳窑。院内存清代重修碑2通。	国家文物局主编:《中国文物地图集·山西分册》(下)中国地图出版社2006年版,第848页。
清	山西霍州市	娲皇庙,位于大张镇贾村,始创年代不详。占地面积1261平方米。坐北朝南,二进院落布局,中轴线依次建有戏台、娲皇宫,两侧为钟鼓楼、窑屋、耳殿,院内东侧20米处建有魁星楼1座。娲皇宫殿内四壁绘清代工笔重彩壁画73平方米。	国家文物局主编:《中国文物地图集·山西分册》(下)中国地图出版社2006年版,第848页。

---

① 1992年由山西省灵石县志编纂委员会编写的《灵石县志》里未提到此庙。或失载,或已毁,或变更划入邻县市(霍州市)。

续表

时代	地区	概况	出处
清	山西蒲县	娲皇庙,位于蒲城镇。据碑文记载,始建于清乾隆五年(1740),五十二年(1787)重建,道光二年(1822)、同治五年(1866)维修。中轴线建有戏台、献殿、正殿。庙内存清代重修碑2通。另外,乔家湾乡曹村有女娲庙戏台,有清代重修碑2通。	国家文物局主编:《中国文物地图集·山西分册》(下)中国地图出版社2006年版,第992、994页。
清	山西闻喜县	A. 女娲庙在城东梨园村①。 B. 闻喜县礼园镇有"娲皇庙"。	A.(清)李遵唐:《闻喜县志》,台北成文出版社1976年版,第106页。 B. 孟繁仁:《黄土高原的"女娲崇拜"》,《中国文化研究》1999年夏之卷,第108页。
清	山西吉县	九天圣母庙②,位于吉县曹井乡大庙沟村,有圣母殿乐楼,为县级文物保护单位。	吉县志编纂委员会:《吉县志》,中国科学技术出版社1992年版,第392页。
清	湖北竹山县	A. 女娲山,去县西八十里,山上有女娲庙。世传女娲氏炼五色石补天即此。 B. 竹山县区域性女娲信仰是源自远古的一种女神崇拜,以她为核心的独特女神崇拜形成了当地具有特色的女性文化,对当地女性的精神和日常生活起到了巨大的影响。	A.(清)常丹葵:《竹山县志》,台北成文出版社1975年版,第172页。 B. 金梅:《女娲信仰与性别形象——以竹山县区域女娲文化为例》,《郧阳师范高等专科学校学报》2014年第2期,第31页。

① 清代闻喜县"梨园村"与孟繁仁先生所说的"礼园镇"或皆指今闻喜县礼元镇。

② 山西吉县的九天圣母庙恐不止此一座。据报道,吉县车城乡朱家堡村有一座颓败的九天圣母庙。此庙虽已墙倾屋漏,破败不堪,但庙内保存完好的碑刻、技法精湛的砖雕、古色古香的戏台却让这座深山老庙显出一种灵气,新颖别致的民国壁画更是令人叹为观止。参见《吉县惊现民国壁画 庙宇破损亟待修葺》,《山西日报》2008年3月27日。此外,山西其他地区报道不详的女娲遗迹也有很多,如位于壶关县、陵川县之间太行大峡谷以南的娲皇岭,是一处非常重要的女娲活动遗迹。这座山岭高耸入云,气势磅礴,由西向东,匍匐延伸,长达数十公里。山岭中段有娲皇庙一所,在原来正殿的西墙镌有石碑一块,记载着这座庙宇的古老历史。遗憾的是,由于曾经用石灰水粉刷过碑面,导致碑文字迹漫漶不清。参见孟繁仁等《太行山与女娲山》,《世界》2006年第6期,第73页。

附 表

续表

时代	地区	概况	出处
清	湖北房县	八卦庙，在南乡二百里。	（清）杨廷烈：《房县志》，台北成文出版社1976年版，第512页。
清	台湾①宜兰县	补天宫女娲娘娘庙。据说是由浙江漂到大福海岸的神像，由一位放牛的人捞起来供奉在家中，这家从此飞黄腾达，成当地首富，附近庄民知道后就建宫迎奉之。庄民笃信"女娲娘娘"能保佑经商的乡民旅途平安，并能使信徒疾病痊愈，所以香火鼎盛。	A. 凌志四：《台湾民俗大观3》，台北大威出版社1985年版，第81页。 B. 关山情：《台湾古迹全集1》，台北户外生活杂志社1980年版，第54页。
现代	陕西延川县	伏义河是陕北延川县土岗乡黄河岸边的一个村庄。传说伏羲曾经居住在这里，当时有龙马从黄河中出现，背负《河图》，伏羲得河图于此，据河图而画八卦，故而人们将黄河这一段叫"伏义河"。距伏义河村不远，有个伏寺村，也叫伏祀里，据说是伏羲祭祀天地的地方。村内有一座伏羲庙，庙里供奉着人首蛇身的伏羲和女娲。	马世之：《黄土高原地带的伏羲文化》，《天水师范学院学报》2007年第4期，第17页。
现代	陕西蓝田县	华胥镇。这里保留的史迹，有华胥氏踏大人迹妊娠伏羲、女娲的雷泽所在的雷庄、华胥沟、华胥窑、华胥河、毓仙桥、毓圣桥、华胥陵、女娲谷、娲氏村、女娲陵、炼石台、人宗庙、老母殿、五龙宫、磨针观、画卦台。	马世之：《华胥氏与伏羲、女娲故里考》，《黄河科技大学学报》2007年第4期，第31页。
现代	台湾台中市	A. 朝奉宫九天玄女庙，别名"连理妈庙"，是供奉九位连理妈的神体。在九位连理妈中，只有大妈、二妈和九妈较得民众崇信，其他六位罕少祭祀。 B. 朝奉宫供奉的九天玄女娘娘，传说曾"秘授黄帝针法，以破蚩尤"。她与炼石补天的女娲娘娘是否为同一人，颇有争议，但一般都将二者合并奉祀。	凌志四：《台湾民俗大观3》，台北大威出版社1985年版，第80—81页。
现代	台湾彰化县	鹿港天后宫供奉的女娲娘娘，作道姑打扮，大概是想强调女娲娘娘的法力无边吧。本省制伞业者认为，女娲能将像伞一般的天穹修补完好，一定是位补伞的能手，所以都奉之为守护神。	凌志四：《台湾民俗大观3》，台北大威出版社1985年版，第80页。

---

① 台湾奉祀"女娲娘娘"为主神的寺庙，约有17座，较有名的是宜兰的"补天宫女娲娘娘庙"、台中的"朝奉宫九天玄女庙"和台南的"清风坛九天玄女庙"。参见凌志四《台湾民俗大观》（3），台北大威出版社1985年版，第80页。

续表

时代	地区	概况	出处
现代	台湾台北市	太昊伏羲氏八卦祖师纪念庙,是全台湾以伏羲为主神①的庙宇中历史最悠久的。旧址位于延平区甘谷街四十六号之一,初建于1946年,为宝岛唯一供奉伏羲的庙宇。1985年,台北伏羲庙在日本清水市的高岛神社设立分庙,成为海外第一座伏羲庙宇。	刘惠萍:《伏羲神话传说与信仰研究》,陕西师范大学出版社2013年版,第274—276页。
当代	台湾台北县	莺歌镇碧龙宫。原为供奉龟公石的庙宇,1991年"龟公庙"正式改称"碧龙宫",龟公石上的八卦图纹也被尊称为"八卦祖师"或"伏羲大帝"。目前,前殿奉观音佛祖、天上圣母与关圣帝君,后殿奉八卦祖师像与龟公神石。	刘惠萍:《伏羲神话传说与信仰研究》,陕西师范大学出版社2013年版,第276—277页。
当代	台湾宜兰市	南侨路伏羲庙。约建于1983年,是当地人王青木感念宇宙创始者女娲娘娘、伏羲圣帝、太上老君等神尊,发心设立。	刘惠萍:《伏羲神话传说与信仰研究》,陕西师范大学出版社2013年版,第277页。
当代	山西吉县	挂甲山后土庙于1986年开始修建,1996年基本落成。庙内塑有伏羲、女娲神像,周围环以原始人制陶、渔猎等栩栩如生的生活场景群塑,乃仿照谢悉坤柔圣母庙②所建造,但在民众心目中,这只是一个赝品。	毛巧晖:《山西吉县伏羲、女娲研究》,《长江大学学报》2014年第10期,第3页。
当代	河北赵县	人祖庙位于河北赵县城北8公里左右的双庙村,当地俗称哥姐庙,其中哥庙为伏羲庙,姐庙为女娲庙,二庙并称人祖庙。由于庙中有井,又称龙井庙、龙泉庙。双庙村现有两座人祖庙,东西相邻,东边的人祖庙建于1997年,规模较小,三间平房,庙内并供伏羲女娲挂像。西边的人祖庙建于2000年,大殿两座共六间,伏羲殿和女娲殿各占三间。	杜谆:《文化再生产视野中的伏羲女娲信仰》,《民间文化论坛》2011年第2期,第105页。

---

① 除以伏羲为主神的庙宇外,台湾也有不少以伏羲为配祀神明的庙宇,如位于台北县金瓜石的劝济堂、新竹新丰乡坡头村的普元宫、埔里北安宫伍法堂及台东市神农宫等。参见刘惠萍《伏羲神话传说与信仰研究》,陕西师范大学出版社2013年版,第273页。

② 坤柔圣母庙,又名皇天后土庙,在吉县县城东北8公里谢悉村外。庙址居高临下,视野广阔,始建于宋天圣元年(1023)。元延祐七年(1320)重修。明隆庆四年(1570)局部重建。参见《吉县志》,中国科学技术出版社1992年版,第387页。据《左传·昭公二十九年》,共工氏之子(句龙)为后土,应是男神,但民间祭祀时将"皇天"男性化、"后土"女性化,并有将"后土"与"女娲"混一的趋势。

附表

表二　　　　　　　　　　　　伏羲女娲画像出土概况

时代①	地区②	概况	出处
西汉初期	湖南长沙市	马王堆一号墓。帛画天界最高处的正中所画的那个人首蛇身的形象，头上无冠，头发经过整饰的梳理，缠绕在蛇尾上，两手抄在袖中，向左而坐，看来很像一位女子（女娲）。	郭沫若：《桃都·女娲·加陵》，《文物》1973年第1期，第3页。
西汉中期	河南洛阳市	卜千秋墓。女娲：上身人像，下身蛇尾。伏羲：上身男像，短发戴王冠，面目端庄威严，下身蛇尾。两者在画两端，女娲靠近月亮，伏羲靠近太阳。	洛阳博物馆：《洛阳西汉卜千秋壁画墓发掘简报》，《文物》1977年第6期，第8—9页。
西汉	河南唐河县	湖阳出土。两人皆人首蛇躯，长尾相交。上为常羲③，双手举月，内有蟾蜍；下为羲和，双手举日，内刻金乌。	俞伟超等：《中国画像石全集·第6卷·河南汉画像石》，山东美术出版社河南美术出版社2000年版，第11页。
西汉后期	河南洛阳市	浅井头西汉壁画墓。伏羲：上半身为男身，八字胡，长须，头戴冠，肩有红帔；下半身为蛇躯，黄色，点朱。女娲：上身人像，头戴冠，着交领红衫；下身蛇躯，黄身点绿。	洛阳第二文物工作队：《洛阳浅井头西汉壁画墓发掘简报》，《文物》1993年第5期，第13—14页。

---

① 本表依画像时代排序，大体分西汉初期、中期、后期，新莽，东汉初期、前期、中期、后期（或中晚期）、晚期，魏晋，东晋，北朝，隋，唐。有关报告断代为"西汉"者，则附在西汉中期之后；断代为"东汉"者，则附在东汉中期之后；断代为"汉代"者，则附在"新莽"之后。特此说明。

② 本表仅选经科学发掘或有明确出土地点的画像石，个别早期出土而实物不知去向（仅存拓片）且相关报告不详者不选。

③ 一般认为，汉画中人首蛇身举日轮者为羲和，人首蛇身举月轮者为常羲，而伏羲、女娲通常是执灵芝仙草或规、矩。参见王建中、闪修山《南阳两汉画像石》，文物出版社1990年版，第10页。但是，也有人认为手托日月者亦为伏羲、女娲。参见刘惠萍《伏羲神话传说与信仰研究》，陕西师范大学出版社2013年版，第248页。按，人首蛇身托举日月的画像，可以理解为日、月之神，也可以理解为具有阴、阳属性的配偶神。特别是人首蛇身交尾形象，更有男女相交、夫妻合和的寓意。事实上，民间术士给信众画的"夫妻合和符"在形式及功能上跟人首蛇身交尾像很相似。据《山海经》之《大荒南经》和《大荒西经》可知，羲和、常羲皆为帝俊之妻，均属女性，而两位女神"交尾"就很难解释了。有鉴于此，本书将此类画像皆酌情引入，同时也会尊重并保留相关资料作者的命名意见。下文相类者，不再注明。

续表

时代	地区	概况	出处
西汉后期	河南南阳县	辛店乡熊营村东。（主室中门柱正面）伏羲女娲交尾图：上刻两套连圆环，下刻伏羲女娲交尾三匝。左侧头戴冠，手擎华盖，怀抱日轮者，为伏羲。右侧面呈慈祥，梳髻，手擎华盖，怀抱月轮者，为女娲。	南阳市文物研究所：《河南省南阳县辛店乡熊营画像石墓》，《中原文物》1996年第3期，第13页。
西汉后①	河南洛阳市	新安县磁涧镇里河村汉代砖室墓。（1）女娲月象组图，由9块砖组成，包括凤鸟图、异兽图、女娲月象图、赤龙图和黄龙图。女娲上身女相，头挽髻，两鬓垂发，身着青色右衽宽袖袍服，肩生羽翼，拱手，露出紫色内袖。下身为赤色蛇尾，在身体右侧弯曲上卷，尾上托着一轮青色圆月，女娲侧目视月。月轮内绘一奔兔、一蟾蜍、一桂树。（2）伏羲日象图，由两块砖组成。伏羲上身男相，头戴冠，面目已模糊，身着红色右衽宽袖袍服，肩生似羽翼，拱手，露出青色内袖。下身为青色蛇尾，在身体左侧弯曲上卷，尾上托着一轮红日。日轮内绘金乌和神树。	沈天鹰：《洛阳出土一批汉代壁画空心砖》，《文物》2005年第3期，第76—77页。
西汉后期	山东滕州市	城郊马王村出土。画面分左中右三格。中格，西王母正中坐，身后一执便面侍者，两侧有玉兔捣药、凤鸟及人物；面前六人，有坐有立。右格，东王公正中偏下坐，伏羲、女娲持规矩居两侧，另有二躬身人物与一仙兽。	俞伟超等：《中国画像石全集·第2卷·山东汉画像石》，山东美术出版社河南美术出版社2000年版，第65页。
新莽	河南唐河县	电厂画像墓。（前室南壁中柱、西侧柱）两幅画面相同，伏羲戴冠，女娲高髻，皆人身着上襦，下躯为龙体。	吕品等：《唐河县电厂汉画像石墓》，《中原文物》1982年第1期，第10页。
新莽	河南偃师县	偃师县高龙乡辛村新莽壁画墓。勾栏门上横额绘常仪、羲和、方相图。画面呈梯形，上宽55厘米、下宽157厘米、高47厘米。中间绘变形虎头方相氏，双耳竖立，双目圆瞪，盆口利齿，脖后鬃毛如翼，其状凶猛，当为镇墓之物。常仪居左，手托月，月中有桂，头戴黑冠，红须上着交领衣，下部蛇身，尾部有爪。羲和居右，手托日，日中绘金乌，束发，着短领上衣，下部蛇身，蛇身在白底上涂紫蓝色。	洛阳市第二文物工作队：《洛阳偃师县新莽壁画墓清理简报》，《文物》1992年第12期，第5页。

———

① 原报告断代为"西汉中晚期至新莽时期"。为方便比较，本文取中间值，将其排在西汉后期。

附 表

续表

时代	地区	概况	出处
汉代	河南南阳市	市西南18里草店村汉画像石墓。女娲（位于主室北面柱），正面而立，人身蛇尾，手执灵芝，头梳发髻，髻插一簪。伏羲（位于主室南面柱），神人正面立，人身蛇尾，手持灵芝。	南阳汉画馆：《南阳草店汉画像石墓》，石红艳等主编，《南阳汉代画像石墓发掘报告集》，中州古籍出版社2012年版，第394页。
汉代	安徽淮北市	祁集镇常家孤堆出土。女娲头戴山字形冠，冠上有纹饰，上身着裙，领口为三角形；两手合拢于胸前，下肢为蛇躯。	高书林：《淮北汉画像石》，天津人民美术出版社2002年版，第168页。
汉代	安徽淮北市	时村出土。左为女娲，右为伏羲，均人首蛇身；女娲束髻，头上有饰物，上身着衣，两手置于胸前；伏羲瓜皮帽上有一钮，上身亦着衣，右手持方形物（有纹饰），左手抚之。	高书林：《淮北汉画像石》，天津人民美术出版社2002年版，第169页。
汉代	安徽淮北市	梧桐村出土。女娲、伏羲刻在鼓形器画像石上方，因石残，故女娲、伏羲的上半身不详，下半身为蛇躯。	高书林：《淮北汉画像石》，天津人民美术出版社2002年版，第194页。
汉代	安徽萧县	陈沟出土。(1) 女娲头戴圆顶帽，帽下有发髻，身着袿，束腰，两手合拢于胸前，下体蛇身。(2) 女娲头戴筒形帽，身着袿，束腰，左右手各执一圆形物于胸前，似为日月，下肢蛇躯有两爪。(3) 伏羲人首蛇身。	高书林：《淮北汉画像石》，天津人民美术出版社2002年版，第169—170页。
汉代	安徽萧县	岱山口出土。女娲人首蛇身，身着袄，束腰，双手合拢于胸前，下体卷曲；头上有一只大鸟。	高书林：《淮北汉画像石》，天津人民美术出版社2002年版，第170页。
汉代	安徽宿县	曹村出土。伏羲女娲人首蛇身，彼此交缠形成三个圆。这三个圆中均有画像：靠近伏羲的圆象征日，日中有三足鸟和金乌；靠近女娲的圆象征月，月中有蟾蜍；中间的圆因石残不详。	高书林：《淮北汉画像石》，天津人民美术出版社2002年版，第171页。
汉代	江苏睢宁县	双沟地区出土。(1) 图83，石鼓侧面，刻人首蛇身像和车马。(2) 图85，墓门右边像石，上刻伏羲女娲人首蛇身，尾呈"8"字形彼此相交，下方左右各有一人首蛇身小人（一残）。(3) 图90，侧面刻人首蛇身形。	江苏文管会：《江苏徐州汉画象石》，科学出版社1959年版，第12页。

· 273 ·

中国五帝时代

续表

时代	地区	概况	出处
汉代	北京丰台区	三台子汉画像石。二人并立像,皆作人首、兽足、蛇尾弯曲而未交;右者冠前低后高,双手捧筒;左者竖发髻"山"字形,双手扶未耜;两人腹前各有圆轮,疑为日、月。	喻震:《北京市丰台区三台子出土汉画像石》,《文物》1966年第4期,第53页。
汉代	四川成都市	扬子山1号墓画像砖。伏羲蛇躯,面左,一手举日轮,一手执矩,日轮中有金乌。	重庆市博物馆:《重庆市博物馆藏四川汉画象砖选集》,文物出版社1957年版,第84页。
汉代	四川新津县	宝子山崖墓。A.1号石棺后端为伏羲女娲图:人首蛇身;左为伏羲,戴山形冠,举日;右为女娲,高髻,举月(两者另一手各持巾带)。B.4号石棺后端,伏羲女娲图,与1号石棺相近。	罗二虎:《汉代画像石棺》,巴蜀书社2002年版,第38、42页。
东汉初期	河南洛阳市	北郊石油站壁画墓。(1)东部为伏羲擎日图。伏羲硕首圆面,阔眉细目,小口朱唇,乌发稍乱,绾椭髻于耳后,耳饰红色线状垂珥。面北侧,朝后室,神态蔼祥,从容安宁。内着素衣高领拥颈,外着灰绿色短衣交领右衽,赭红缘,袖阔大,红宽缘。双臂上举。指头尖细,捧太阳于头顶,红日径22厘米,紧压乌发,中一黑鸟长啄高头似鹅,展翼叉尾,形体如燕。腹下蛇躯色同外衣,右曲转向下垂,人腹与蛇躯结合处,二兽肢褐色,右肢上抬,左肢下伸。(2)西部为女娲擎月图①。女娲广额方面,长眉上挑,长目扁鼻,小口朱唇上蓄八字胡,颏下短须稀疏,乌发梳理光洁,胆形垂髻约束于脑后。面南侧,朝前小室,双目下视,仪容俊秀,神气清朗。内着素衣高领长袖,袖口呈弧形展开。外着黄褐色短衣,交领右衽,袖阔大,口收缩,领袖黑缘。双臂上举,指头尖细,捧月亮于头顶,圆月径20厘米,紧压乌发,中卧一赤色蟾蜍(?)。腹下蛇躯浅灰绿色,右弯曲转下左曲,渐长渐细形成蛇尾,以黑色圆圈纹与双弧纹相间为饰。沿蛇躯右侧饰一条黄褐色宽带,左侧外伸卷曲的长毛数根。人腹与蛇躯的结合处二兽肢浅灰绿色,爪黄褐色,右肢上抬屈膝,虎形爪按于蛇体,左肢下垂,爪上跷露趾。	洛阳市文物工作队:《河南洛阳北郊东汉壁画墓》,《考古》1991年第8期,第719—720页。

① 此像鬓发后梳掩耳,垂髻于脑后,发型与伏羲、乘舆男子小有区别而胡须赫然,与中室两壁的恭立男子、卜千秋墓的伏羲蓄须式样雷同,亦为汉画表示男子仪容所习用的手法,显然是男性形象。参见洛阳市文物工作队《河南洛阳北郊东汉壁画墓》,《考古》1991年第8期,第720页。按,文献记载中未见女娲为男性的说法,此"蓄须女娲"是画师疏忽所致还是有意为之,抑或有其他原因,待考。

附 表

续表

时代	地区	概况	出处
东汉初期	河南南阳市	军帐营村画像石墓。墓门中柱石两幅，正面刻伏羲、女娲图，上身着衣，下露蛇尾，相对而立，伏羲执矩，女娲执规。	南阳博物馆：《河南南阳军帐营汉画像石墓》，《考古与文物》1982年第1期。
东汉初期	河南南阳县	石桥镇王寨村画像石墓。主室南侧柱刻伏羲图，北侧柱刻女娲图。伏羲、女娲皆人首蛇身，各执灵芝一株，侧身向内。	仁华、长山：《南阳县王寨汉画像石墓》，《中原文物》1982年第1期，第15页。
东汉初期	河南南阳县	南阳画像石（南阳县出土，图一三）。女娲头戴冠，面左，手执灵芝，两兽足，蛇尾弯曲。	河南省博物馆：《南阳汉画像石概述》，《文物》1973年第6期，第25页。
东汉初期	河南南阳县	蒲山镇周圪垱村汉画像石墓（M1）。伏羲，刻于主室东门柱，人首蛇躯，戴冠着衣，下垂曲尾，有双爪，双手捧一灵芝草，侧身而立；女娲，刻于主室西门柱，与伏羲相向而立，亦为人首蛇躯，下垂曲尾，有双爪，双手捧一灵芝草。	南阳地区文物研究所：《河南南阳县蒲山汉墓的发掘》，《华夏考古》1991年第4期，第28页。
东汉初期	河南南阳县	英庄画像石墓。伏羲、女娲图各一幅（图21）。皆人首蛇身，手执华盖。羲和、常羲图一幅（图20）。人首蛇身，两尾相交，分别举着日轮、月轮。	南阳地区文物工作队等：《河南南阳县英庄汉画像石墓》，《文物》1984年第3期，第30页。

续表

时代	地区	概况	出处
东汉初期	河南南阳市	市西郊3.5公里麒麟岗村。 A. 南大门门楣下，（图版42）羲和人首蛇身，头戴"山"形冠，肩生毛羽，着上衣，下体裸露长长的蛇尾和二爪，有羽毛从臀部和二下肢垂下，怀中的大圆是太阳。 B. 北大门门楣下，（图版43）常羲人首蛇身，头上似饰高髻，肩生毛羽，着上衣，下体裸露长长的蛇尾和二爪，有长羽毛下垂到臀部和下肢，怀中大圆是月亮。 C. 前室南壁西立柱正面，（图版57）伏羲人首蛇身，戴冠，上体着衣，蛇身弯曲下垂，生有二爪和毛羽，右手拿一物似为"影木"①。 D. 前室盖顶石下面，（图版63）由9块石板组成"黄帝暨日月神图"：画像中部，上刻朱雀，下刻玄武，东刻青龙，西刻白虎。中央戴"山"形冠踞坐者，即中央神黄帝。这是代表东、西、南、北、中五神的方位。青龙右边刻日神羲和②，戴冠，上身着衣，下体为蛇躯生二爪。怀抱圆物为日，日中刻三足乌。其右刻北斗七星连线。白虎左边刻月神常羲，戴冠，似有披发。上身着衣，下体为蛇躯生二爪，怀中抱圆物为月，月中刻蟾蜍。其左刻南斗六星连线。整幅画地刻饰云气。 E. 南主室门北立柱北侧面，（图版68）伏羲人首蛇身，下体生双爪，蛇尾毛羽下垂，头戴"山"形冠。 F. 北主门北立柱南侧面，（图版71）女娲人首蛇身，头饰高髻，上体着衣，下体生双爪，拱手侧面而立。 G. 北主室盖顶石下面，（图版98）由6块石板组成"伏羲女娲高禖图"：画中刻神高禖，全身赤裸，圆眼，大嘴，长喙下颚有齿。右手执条状物，右肘窝揽住女娲蛇尾。伏羲蛇尾卷曲于高禖神左腿后侧。高禖神左手伸出，弓步作揽拽之状。画左，女娲人身蛇躯，身生长毛羽，双手上举，奔向高禖神。女娲之下一物似蟾，有长尾。画右，伏羲人首蛇躯，身生毛羽。右手执珠树，左手持物有招展之状，面向高禖神，有曲身以赴之状。伏羲身后有玄蛇，蛇背向下，尾朝上，口中吐物。整幅画地刻饰云气。 H. 中主室南壁中假门门楣下，（图版112）女娲人首蛇躯，双手上举，蛇躯舒卷作飞腾之状。 I. 中主室盖顶石下面，（图版122）由6块石板组成伏羲女娲高禖图：画中高禖神全身赤裸、圆眼大嘴、身生毛羽，其上刻伏羲人首蛇躯，蛇尾漫卷在高禖肩肘上下。高禖之下为女娲，人首蛇躯，头有高髻或长发。左手执物似瑞草，长长的蛇尾漫卷在高禖右腿窝左右。女娲下边刻画似人或物（难辨），画地饰云气。	黄雅峰、陈长山：《南阳麒麟岗汉画像石墓》，三秦出版社2008年版，第10—24页。

---

① 影木，《拾遗记·瀛洲》载："有树名影木，日中视之如列星，万岁一实，实如瓜，青皮黑瓤，食之骨轻。上如华盖，群仙以避风雨。有金銮之观，饰以众环，直上干云。中有青瑶几，覆以云纨之素，刻碧玉为倒龙之状，悬火精为日，刻黑玉为乌，以水精为月，青瑶为蟾兔。于地下为机樴，以测昏明，不亏弦望。时时有香风泠然而至，张袖受之，则历年不歇。"参见（晋）王嘉撰，齐治平校注《拾遗记》，中华书局1981年版，第227页。

② 按《吕氏春秋·十二纪》《礼记·月令》等记载，东方青帝太皞，而汉人认为太皞即伏羲（《汉书·古今人表》），故这里的"羲和"释为"伏羲"更恰当。

续表

时代	地区	概况	出处
东汉初期	河南唐河县	唐河针织厂汉画像石墓。 A.（图22、23）伏羲：高髻，右手执一物（三角形），左手执柄状物，蛇尾弯曲，兽足，下有玄武（龟蛇）；女娲：山形冠（或为高山冠），蛇尾弯曲，两兽足。未交尾。 B.北主室北壁左下方画像。画面中刻三个方面的内容，左上方为一力士斗牛；左下方为龙虎呈祥；右为盘古（？）抱伏羲、女娲。（图979）	A. 周到、李京华：《唐河针织厂汉画像石墓的发掘》，《文物》1973年第6期，第30页。 B. 凌皆兵等主编：《南阳汉代画像石图像资料集锦》，中州古籍出版社2012年版，第259页。
东汉初期	山东嘉祥县	纸坊镇敬老院出土。画面分三层，上层中间刻高禖，头戴"山"字形冠，三角眼，阔嘴露齿，一手抱伏羲，一手抱女娲。	俞伟超等：《中国画像石全集·第2卷·山东汉画像石》，山东美术出版社、河南美术出版社2000年版，第41页。
东汉初期	山东嘉祥县	刘村洪福院出土。画面三层。上层残，左为二人物，右为伏羲、女娲；中层，左边一人物，圆脸大眼，双手握一长蛇，蛇头伸向右边一人物头部欲咬，右边人物亦圆脸大眼，头戴高冠，身佩长剑，左手持钟；下层，泗水升鼎。	俞伟超等：《中国画像石全集·第2卷·山东汉画像石》，山东美术出版社、河南美术出版社2000年版，第43页。
东汉初期	山东嘉祥县	花林村出土。画面两层。上层，中间刻九头人面兽蹲坐，右边刻一神人怀抱伏羲、女娲，左边是首尾均为一人首的怪兽，下面两怪兽，肩生两人首。下层，刻辎车两辆，后一辆残。	俞伟超等：《中国画像石全集·第2卷·山东汉画像石》，山东美术出版社、河南美术出版社2000年版，第44页。
东汉初期	江苏铜山县	汉王乡东沿村出土，第二石为伏羲女娲图：伏羲、女娲均作人首龙身，身体下部有爪；二龙尾中间刻一璧；伏羲居左，着冠，左手举一鸟，当为金乌；女娲戴胜。	王黎琳、李银德：《徐州发现东汉画像石》，《文物》1996年第4期，第29页。
东汉前期	山东历城县	孝堂山郭氏墓石祠。东壁上层，伏羲人首蛇身，面北，手持矩；西壁上层，女娲人首蛇身，手持规。	罗哲文：《孝堂山郭氏墓石祠》，《文物》1961年第4—5期，第48页。
东汉前期	山东肥城县	栾镇村画像石墓。（1）前室藻井东面盖顶石板刻画像。画面中部屋顶左右刻伏羲、女娲，人身蛇尾，分执规、矩，未交尾。（2）前室东壁亦有画像石，内容大体与前石相同。	王思礼：《山东肥城汉画象石墓调查》，《文物参考资料》1958年第4期，第34页。

续表

时代	地区	概况	出处
东汉前期	山东莒南县	延边区小山前（延宾）公社东兰墩村生产三队出土。阙身右侧自上而下分三栏：第一栏刻长尾四脚兽，头向上身侧立；第二栏为穿璧纹；第三栏为人首蛇身像（伏羲或女娲）。	刘心健、张鸣雪：《山东莒南发现汉代石阙》，《文物》1965年第5期，第16—17页。
东汉前期	山东平邑县	平邑镇皇圣卿阙，东阙南面画像。第一层，中一神人，双手拥抱人身蛇尾、手执规矩的伏羲、女娲，左有玄武，右有朱雀。	俞伟超等：《中国画像石全集·第1卷·山东汉画像石》，山东美术出版社河南美术出版社2000年版，第2页。
东汉前期	陕西绥德县	四十里铺田鲂墓。(1)后室口左竖石上部刻女娲，人首蛇身，手执矩；头上有月轮，月中蟾蜍；下有一牛头人身立者。(2)右竖石上刻伏羲，人首蛇身，手执规，头上有日轮，日中有鸟，下有一执物者（似执便面）。	李贵龙、王建勤：《绥德汉代画像石》，陕西人民美术出版社2000年版，第18—19页。
东汉前期	陕西绥德县	四十里铺出土。墓门竖石：画面外栏为云纹；内栏分格刻绘女娲、舞伎、侍女；下格为玄武。	李贵龙、王建勤：《绥德汉代画像石》，陕西人民美术出版社2000年版，第161页。
东汉前期	陕西绥德县	四十里铺出土。墓门竖石分六格，左一格为伏羲、女娲图：人首、蛇尾、兽足，左右相对，中间是树。	李贵龙、王建勤：《绥德汉代画像石》，陕西人民美术出版社2000年版，第171页。
东汉前期	陕西绥德县	延家岔M2出土。前室南壁（南耳室）门楣，画像分上下二层：上层左右两端刻伏羲女娲，中间为车骑出行；下层刻舞乐。	李林：《陕西绥德延家岔二号画像石墓》，《考古》1990年第2期，第179页。
东汉中期	河南邓县	长冢店画像石墓。(1)南二侧室门东立柱及北二侧室门西立柱均刻女娲像。女娲，人首蛇身，戴冠，双手执芝草。(2)南二侧室门西立柱及北二侧室门东立柱均刻伏羲像。伏羲，人首蛇身，戴冠，双手执芝草。	长山、仁华：《邓县长冢店汉画像石墓》，《中原文物》1982年第1期，第19页。
东汉中期	陕西米脂县	官庄村2号画像石墓。门框两侧伏羲女娲像，着冠服，人首蛇身，手捧日月，日月中用墨线分别绘画金乌和蟾蜍。这种题材在陕北画像石中还是第一次发现。（1971年清理）	陕西省博物馆：《米脂东汉画象石墓发掘简报》，《文物》1972年第3期，第71页。

续表

时代	地区	概况	出处
东汉中期	陕西绥德县	黄家塔出土，墓室中柱石。画面正中为高大楹柱上承斗拱，柱侧有朱雀、青龙、白虎、伏羲、女娲等，嘉禾点缀其间。	李贵龙、王建勤：《绥德汉代画像石》，陕西人民美术出版社2000年版，第191页。
东汉中期	陕西绥德县	辛店乡裴家峁村画像石墓。墓门竖框上对应刻画出伏羲、女娲图像，半人身，半龙身。	吴兰等：《绥德辛店发现的两座画像石墓》，《考古与文物》1993年第1期，第19页。
东汉中期	陕西绥德县	黄家塔M9出土。东壁左门框外上格，人首蛇身、背负圆轮者为伏羲；右门框外上格，人首蛇身、遥遥相对者为女娲。	戴应新、魏遂志：《陕西绥德黄家塔东汉画像石墓群发掘简报》，《考古与文物》1988年第6期。
东汉中期	陕西绥德县	刘家湾汉墓出土。墓门左右立柱：画面上部伏羲女娲人首蛇身，女娲尾下竖一鱼；下部为卷云蔓草纹。	李贵龙等：《绥德汉代画像石》，陕西人民美术出版社2000年版，第26页。
东汉中期	陕西绥德县	张家砭汉墓出土。墓门左右立柱：画面上为人首蛇身的伏羲女娲，下为执笏捧盾的小吏，小吏身前竖一鱼。	李贵龙等：《绥德汉代画像石》，陕西人民美术出版社2000年版，第27页。
东汉中期	陕西神木县	大保当M11出土。（1）伏羲刻于右门柱中下段，鸟足蛇尾，八字须，肩插羽毛，下着羽裙，头戴朱饰朱冠，身着朱衣，手中执矩，胸前置日轮，内绘三足乌。（2）女娲刻于左门柱中下段，鸟足细长尾，头绾双髻，肩披羽翼，下穿羽裙，臂上举，手持一物（似规）。胸前置月轮，月内绘蟾蜍。	陕西考古所等：《陕西神木大保当第11号、第23号汉画像石墓发掘简报》，《文物》1997年第9期，第28页。
东汉中期	山东邹城市	郭里乡黄路屯村出土。画面上部刻东王公拱手端坐，两侧为伏羲、女娲，手举日轮，下部刻三鸟啄鱼。	俞伟超等：《中国画像石全集·第2卷·山东汉画像石》，山东美术出版社、河南美术出版社2000年版，第29页。

续表

时代	地区	概况	出处
东汉中期	山东枣庄市	山亭区桑村镇出土。画面分两层，上层中间西王母端坐，两侧有执便面的伏羲、女娲；左有九尾狐，右有玉兔、蟾蜍；下坐六人，中间放置二壶。	俞伟超等：《中国画像石全集·第2卷·山东汉画像石》，山东美术出版社、河南美术出版社2000年版，第68页。
东汉中期	山东滕州市	孔集村出土。画面自上而下刻龙、凤鸟、伏羲和一株树，树上栖鸟，一人物正引弓射鸟。	俞伟超等：《中国画像石全集·第2卷·山东汉画像石》，山东美术出版社、河南美术出版社2000年版，第70页。
东汉中期	重庆沙坪坝	1号石棺①。棺身后端为伏羲图：一手举日轮，日中有金乌，一手持规，戴山形冠，着袍，背上有羽状双翼，为人首兽足蛇尾。 2号石棺。棺身后端为女娲图：一手举月，其形象基本与伏羲相同。	罗二虎：《汉代画像石棺》，巴蜀书社2002年版，第145—146页。
东汉中期	四川郫县	犀浦东汉残墓。作为护壁的石碑背面，上部浮雕有伏羲、女娲、蟾蜍各一；下部浮雕有朱雀、玄武、牛首、鹿、圭、璧、璜各一。碑两侧雕龙、虎。	谢雁翔：《四川郫县犀浦出土的东汉残碑》，《文物》1974年第4期，第67页。
东汉	河南南阳市	环城乡王府出土。画面左刻伏羲，右刻女娲，皆人首蛇身，曲尾相交；下刻神龟，引以增年。	王建中、闪修山：《南阳两汉画像石》，文物出版社1990年版，图版171。
东汉	陕西米脂县	官庄村画像石墓。（1）墓门左右竖框画像大体相同，内栏，上为人首、蛇尾、鼠爪、手执规矩的伏羲、女娲图；中为执彗门吏图；下为蛇缠龟背的玄武图。（2）前室北壁横额分两栏，下栏用嘉禾间隔刻着仙禽神兽，如桃拔、玉兔、应龙、白虎、双颈鹿以及羽人和手执规矩的伏羲、女娲等。	吴兰、学勇：《陕西米脂县官庄东汉画像石墓》，《考古》1987年第11期，第993、1001页。

---

① 这两具石棺1937年出土于重庆市沙坪坝区原国立中央大学农场的坟丘墓中。参见常任侠《巴县沙坪坝出土之石棺画象研究》，《金陵学报》1938年第12期；常任侠《重庆附近之汉代三种墓葬》，《说文月刊》1941年第4期；常任侠《重庆沙坪坝出土之石棺画象研究》，《常任侠艺术考古论文选集》，文物出版社1984年版，第1页。

续表

时代	地区	概况	出处
东汉	陕西靖边县	杨桥畔取土场出土。后室门口两侧：（1）西侧像人首龙身，戴冠蓄须，上身穿广袖短襦，手持一羽状物，下身生两爪，以弧线画出节纹（似为伏羲）。（2）东侧像与西侧略同，但头部似女子，下身用粗笔绘出斑纹（似为女娲）。	陕西考古研究院等：《陕西靖边东汉壁画墓》，《文物》2009年第2期，第42页。
东汉	山东滕县	城关画像石。画面四层，上层伏羲、女娲分列于西王母两侧，人首蛇尾相交。（图322）	山东博物馆等：《山东汉画像石选集》，齐鲁书社1982年版，第36页。
东汉	山东滕县	南沙河公社王开村出土。画面两层，上层中为西王母，伏羲、女娲人首蛇尾，手执规、矩，分列两侧。（图334）	山东博物馆等：《山东汉画像石选集》，齐鲁书社1982年版，第37页。
东汉	山东临沂市	白庄出土。画面上部为伏羲执规，身上刻日轮图，内有三足乌和九尾狐，旁有羽人和玉兔捣药；下部为一山形斗拱，拱间各有一兽面图，柱两侧为蛇尾神人交连，还有数小人形象。	俞伟超等：《中国画像石全集·第3卷·山东汉画像石》，山东美术出版社、河南美术出版社2000年版，第7页。
东汉	山东临沂市	白庄出土。画面上部为女娲执矩，腹部刻月轮，内有玉兔捣药和蟾蜍，身旁有朱雀和羽人；下部为一大树，树顶二鸟相对衔鱼，树左一人执竿捣鸟巢，树右一人奋力推树。	俞伟超等：《中国画像石全集·第3卷·山东汉画像石》，山东美术出版社、河南美术出版社2000年版，第8页。
东汉	山东临沂市	汽车技校出土。画面为人首龙躯的伏羲，右手执规，左手于腹部捧住日轮，左右有祥云。	俞伟超等：《中国画像石全集·第3卷·山东汉画像石》，山东美术出版社、河南美术出版社2000年版，第13页。
东汉	山东临沂市	独树头镇西张官庄出土。（1）画面为伏羲、女娲蛇尾相交，左右各饰一鸟。（2）画面上部为一蛇尾神人（伏羲或女娲），双手合拢；下部为一兽首人身的神兽。（图60和图61）	俞伟超等：《中国画像石全集·第3卷·山东汉画像石》，山东美术出版社、河南美术出版社2000年版，第20—21页。

续表

时代	地区	概况	出处
东汉	山东费县	垛庄镇潘家疃出土。四周边栏各一道，画面由题榜分为上下两层：上层，女娲执矩，头戴笼冠，着装如男子。下层，"戴日抱月"，一生双角之人正面站立，头顶一日轮，双手抱一月轮，内有蟾蜍。榜题五行"行□□□□日也□戴日抱月此上下皆□□圣人也"。	俞伟超等：《中国画像石全集·第3卷·山东汉画像石》，山东美术出版社、河南美术出版社2000年版，第28页。
东汉	山东费县	垛庄镇潘家疃出土。A. 画面为伏羲执规，人身蛇尾兽足，身上刻一大日轮，左下角刻一鸟。B. 画面为女娲执矩，女娲人身蛇尾兽足，身上刻一大月轮。	俞伟超等：《中国画像石全集·第3卷·山东汉画像石》，山东美术出版社、河南美术出版社2000年版，第30页。
东汉	山东昌乐县	三冢子村出土。画面上部为手执矩、肩生翼的女娲，身后一女侍者；下部为铺首衔环，铺首作兽面形，张口以獠牙钩环，前肢握环，环下系绶带。	俞伟超等：《中国画像石全集·第3卷·山东汉画像石》，山东美术出版社、河南美术出版社2000年版，第50页。
东汉	山东淄博市	临淄乙烯厂出土。A. 左边刻十字穿钱纹；右边上部为一白虎，中部为伏羲，尾巴细长，下部为亭长捧盾。B. 右边刻十字穿钱纹；左边上部为一青龙，中部为女娲，下部为一留须门卒捧笏而立。	俞伟超等：《中国画像石全集·第3卷·山东汉画像石》，山东美术出版社、河南美术出版社2000年版，第51—52页。
东汉	山东平阴县	实验中学出土。画面正中为楼，楼左右为重檐双阙，阙左有异兽，阙右有伏羲女娲。	俞伟超等：《中国画像石全集·第3卷·山东汉画像石》，山东美术出版社、河南美术出版社2000年版，第69页。
东汉	安徽萧县	圣泉乡圣村M1。第4石，前室南壁门楣，第二面：左右各一铺首，中间是伏羲女娲像，人首蛇躯，作交尾状；中间有一人，应是他们所繁衍的后代。	周水利：《安徽萧县新出土的汉代画像石》，《文物》2010年第6期，第62页。
东汉	重庆盘溪	嘉陵江北岸盘溪香炉湾无铭阙。阙身为独石，右侧面刻一人首蛇身的形象。此像双手上举，捧一圆月，月中一蟾蜍，应是女娲捧月。	重庆市文化局等：《四川汉代石阙》，文物出版社1992年版，第38页。

续表

时代	地区	概况	出处
东汉	四川泸州市	大驿坝出土石棺。1号墓石棺后端：女娲人首蛇身，左手持圆轮，右手持矩，头戴女人冠。	高文：《绚丽多彩的画像石》，《四川文物》1985年第1期，第14页。
东汉	四川彭山县	画像砖墓。画像砖为长方形，中间横穿一线将画面分为上下两部分。上图左方有一观阙式的建筑物，顶有三重：建筑物外有一官吏，手执笏板，面向建筑物；建筑物中有一人似妇人，正合掌于胸前跪于地上，仿佛在祈求着什么。建筑物的右旁，有伏羲女娲二神人，他俩面部相对，其尾相绕并蔓延于下图，化成相交的二龙。整个画面浑然一体，格调神秘，含义颇深。	余德章：《"伏羲女娲·双龙"画像砖试释》，《四川文物》1984年第3期，第46页。
东汉	四川宜宾县	公子山崖墓石棺。（1）大棺棺尾（后挡）刻伏羲女娲图，皆人首兽身，图左女娲右手托月，左手执矩；图右伏羲左手托日，右手执规。（2）小棺棺尾（后挡）刻伏羲女娲图，与大棺棺尾的伏羲女娲图基本一致，只是伏羲与女娲作交尾状。	A. 兰峰：《四川宜宾县崖墓画像石棺》，《文物》1982年第7期，第24—27页。B. 高文：《四川汉代石棺画像集》，人民美术出版社1998年版，第4页。
东汉	四川乐山市	张公桥崖墓（M1）。甬道左门框浮雕伏羲图，人首蛇身，着冠，左手举日，右手执规；右门框浮雕女娲图，人首蛇身，梳高环髻，右手举月，左手执矩。两者相向对立，颇具神气。	唐长寿：《乐山崖墓和彭山崖墓》，电子科技大学出版社1994年版，第144—145页。
东汉	四川金堂县	杨柳乡出土2号石棺。（图124）西王母端坐正中，左有朱雀，右有伏羲、女娲（人首蛇身，手捧日月，两尾相交，两脸相亲）。	高文：《四川汉代石棺画像集》，人民美术出版社1998年版，第65页。
东汉	四川合江县	城西人民体育场东侧张家沟崖壁M2。石棺后挡头刻伏羲女娲图：左为女娲，头挽高髻，右手托月轮高于头，左手持矩；右为伏羲，头戴山字形冠，左手托日轮高于头，右手持规；均人首、蛇身、双足、长尾，腰系飘带，两尾相交，此谓日月合璧，阴阳相交，繁衍子孙，天长地久。	王庭福、李一洪：《合江张家沟二号崖墓画像石棺发掘简报》，《四川文物》1995年第5期，第65页。
东汉	四川合江县	城郊张家沟出土4号石棺。（图138）女娲在左，一手托月轮，一手执矩；伏羲在右，一手托日轮，一手持规；两尾相交，面朝对方。	高文：《四川汉代石棺画像集》，人民美术出版社1998年版，第71页。

续表

时代	地区	概况	出处
东汉	四川合江县	城郊张家沟出土 5 号石棺。（图 143）伏羲、女娲人首蛇身，手捧日月，两尾相交，手持巾带，面朝对方。	高文：《四川汉代石棺画像集》，人民美术出版社 1998 年版，第 74 页。
东汉	四川合江县	实录乡崖墓 10 号石棺。（图 154）伏羲一手托日轮，女娲一手托月轮；二人另一只手分别朝对方半举，似有所持；腰间斜下似各伸一足抵对方；两蛇尾弯曲相交。	高文：《四川汉代石棺画像集》，人民美术出版社 1998 年版，第 80 页。
东汉	四川泸州市	市郊出土 7 号石棺。（图 164）女娲，人首蛇身，左手白托一圆轮（内有四决纹，似古币，中间有小圆），右手执一物，似斧；有双足，作奋力迈步状；蛇尾长而卷曲。	高文：《四川汉代石棺画像集》，人民美术出版社 1998 年版，第 86 页。
东汉	四川泸州市	市郊洞宾亭崖墓，1 号石棺。棺身后端，为伏羲女娲图，已模糊，各举日月。	罗二虎：《汉代画像石棺》，巴蜀书社 2002 年版，第 113 页。
东汉	四川泸州市	市郊出土 12 号石棺。（图 177）伏羲人首蛇身，戴山形冠，左手高、右手低，各托一圆轮，似带有四决纹的古币，中心皆有小圆；动作张扬。	高文：《四川汉代石棺画像集》，人民美术出版社 1998 年版，第 94 页。
东汉	四川内江市	2 号岩墓（距市中心以东一公里处的潞澜洞）。羲和主日，位于石棺前头门洞之左侧，人首蛇身，手举日轮，为日神。女娲，位于石棺前头门洞之右侧，人首蛇身，左手举月轮，右手持矩，为月神。两图左右对称，作对视状，尾部朝相反方向上卷。	雷建金、付成金：《内江市发现东汉岩墓画像》，《四川文物》1987 年第 4 期，第 66 页。
东汉中晚期	河南永城县	县西 12.5 公里酂城汉墓。 A. 左上站一鹰，中刻伏羲，戴冠；右上刻一鸟，中刻半圆形乳钉，象征太阳。女娲头梳高髻，束手广袖，身着长襦，人首蛇躯。 B. 左上刻半圆形深浮雕，象征月亮，女娲双手捧月；右上刻半圆形高浮雕，四周绕以弦线，象征日和光环，下刻伏羲，双手上举，意为捧日；两者皆人首蛇躯，尾曲未交。	阎根齐等编著：《商丘汉画像石》，河南美术出版社 1992 年版，第 64—65 页。
东汉中晚期	山东微山县	两城镇出土。西王母正中端坐，头上栖一鸟，背后升起云气。伏羲、女娲执便面，下体作蛇尾交盘，尾连二朱雀。画面外框饰波纹。	俞伟超等：《中国画像石全集·第 2 卷·山东汉画像石》，山东美术出版社、河南美术出版社 2000 年版，第 13 页。

附表

续表

时代	地区	概况	出处
东汉中晚期	安徽宿县	褚兰镇出土。M1前室藻井顶盖：画面中心为一圆圈，内刻一朵盛开的莲花；圈外为伏羲、女娲，其形象为人首龙体，有鳞有爪；伏羲戴进贤冠，女娲梳髻簪饰；皆着花边衣，束腰，广袖，环绕中心莲花飘然飞舞，神态优美。	王步毅：《安徽宿县褚兰汉画像石墓》，《考古学报》1993年第4期，第523页。
东汉中晚期	四川合江县	城郊张家沟崖墓出土1号石棺。棺身后端为伏羲女娲图：右刻伏羲，一手托日，日中有金乌，一手持规；左刻女娲，一手托月，月中有兔与桂树；伏羲女娲人首蛇尾，双尾相交。	罗二虎：《汉代画像石棺》，巴蜀书社2002年版，第127页。
东汉中晚期①	四川合江县	胜利乡莱坝村草山砖室墓。1号石棺后挡，刻伏羲、女娲。伏羲托日持规，女娲托月持矩，均为人首蛇身，两尾相交。2号石棺后挡，与1号相同。	谢荔、徐利红：《四川合江县东汉砖室墓清理简报》，《文物》1992年第4期，第45页。
东汉中晚期	四川内江市	白马石棺（白马镇关升店崖墓）。（图76）左伏羲戴山形冠捧日，右女娲高髻饰羽捧月，均人首蛇身，双足无尾未相交，腰系飘带；右有朱雀展翅作欲飞之状。	A. 高文：《四川汉代石棺画像集》，人民美术出版社1998年版，第41页。B. 罗二虎：《汉代画像石棺》，巴蜀书社2002年版，第229页。
东汉中晚期	四川富顺县	邓井关1号崖墓（县化肥厂1985年出土）。棺身后端：伏羲、女娲人首蛇身，手捧日月，两尾相交；下部为玄武。	罗二虎：《汉代画像石棺》，巴蜀书社2002年版，第79页。
东汉中晚期	四川富顺县	邓井关2号崖墓。1号石棺后端：伏羲女娲图（残）。2号石棺后端：伏羲女娲均为尖椎髻，人首蛇身，有一足（?），双手举日、月轮，由于二神形象相同，难辨谁为伏羲，谁为女娲。	罗二虎：《汉代画像石棺》，巴蜀书社2002年版，第80—82页。
东汉后期	四川泸州市	小市镇杜家街出土5号石棺。（图161）伏羲一手托日轮，女娲一手托月轮，另一只手各持巾带②；两尾卷曲未交。	高文：《四川汉代石棺画像集》，人民美术出版社1998年版，第84页。

---

① 原报告将此墓年代定为东汉早期；其后，罗二虎认为该墓的年代约为东汉中晚期。参见罗二虎《汉代画像石棺》，巴蜀书社2002年版，第129页。

② 此画像在其他报告中描述略异，即除各托日、月外，伏羲一手执规，女娲一手执矩。参见高文、高成英《四川出土的十一具汉代画像石棺图释》，《四川文物》1988年第3期，第20页。

续表

时代	地区	概况	出处
东汉后期	四川宜宾市	西郊翠屏村石棺墓（M7）。石棺北壁刻伏羲、女娲，人首蛇身，两尾相交，手上各托一圆轮（日、月）。	匡远滢：《四川宜宾市翠屏村汉墓清理简报》，《考古通讯》1957年第3期，第24页。
东汉后期	云南昭通市	白泥井3号砖室墓石棺。后端为伏羲女娲图，均人身蛇尾。	罗二虎：《汉代画像石棺》，巴蜀书社2002年版，第151、229页。
东汉晚期	河南南阳市	第二化工厂汉画像石墓（M30）。伏羲（图1），人首蛇躯，上身着襦，下垂曲尾，有双爪，手持仙草。羲和（图17），人首蛇躯，头梳髻发，上身着襦，下垂双尾，有双爪，上刻一日轮。	南阳汉画馆：《南阳市第二化工厂三十号汉画像石墓》，石红艳等主编，《南阳汉代画像石墓发掘报告集》，中州古籍出版社2012年版，第402—403页。
东汉晚期	河南南阳市	A. 宛城区溧河乡十里铺村画像石墓（M2）。伏羲，位于后室南门柱北侧面，人首蛇身，戴冠双手执灵芝草而立；女娲，位于后室北门柱南侧面，人首蛇身，头梳高髻，着襦服，双手执灵芝草，作侧立之姿。 B.（一说）伏羲人首蛇身，手执曲柄华盖（图981）。与之相似的，还有图982（征集于南阳市）。	A. 南阳市文物研究所：《河南省南阳市十里铺二号画像石墓》，《中原文物》1996年第3期，第20页。 B. 凌皆兵等主编：《南阳汉代画像石图像资料集锦》，中州古籍出版社2012年版，第260页。
东汉晚期	河南浚县	贾胡庄汉墓出土。后室门中立柱上刻：伏羲在左，女娲在右，人首龙身，两尾相交；伏羲头戴网状纱冠，女娲头绾高髻，各持规、矩，拱手相对；画面左端有两条身躯相交的升龙，伏羲与升龙间上刻一奔走状裸体羽人，下刻一昂首之鸟；女娲右方刻一猛虎，张口弓背，与前方一鸟嬉戏。	鹤壁市文物队等：《浚县贾胡庄东汉画像石墓》，《中原文物》2000年第4期，第7—9页。
东汉晚期	山东嘉祥县	武梁祠西壁画像。第二层，自右至左为伏羲、女娲、祝融、神农、黄帝、颛顼、帝喾、尧、舜、禹、桀等传说中的帝王图像。伏羲、女娲均人首蛇尾，其尾交缠。女娲举规、伏羲持矩。他们中间有一个小孩，双脚如尾。左边隔栏上题字一行："伏羲仓精，初造王业，画卦结绳，以理海内。"	朱锡禄：《武氏祠汉画像石》，山东美术出版社1986年版，第13、103页。

续表

时代	地区	概况	出处
东汉晚期	山东嘉祥县	后石室第五石第二层。女娲执规，伏羲执矩，其尾相互交缠。女娲在右方，面向左，其后有两个人身蛇尾女侍者，一人手举便面。她们后面刻有半个长发小人。伏羲头戴斜顶高冠，面向右。其身后有一个头戴双角帽、肩生双翼、腿作双尾形的仙人，手举便面，但便面已经剥落。此仙人当为侍者。	朱锡禄：《武氏祠汉画像石》，山东美术出版社1986年版，第41、117页。
东汉晚期	山东嘉祥县	左石室第四石，第三层中刻伏羲、女娲。伏羲头戴斜顶高冠，女娲头戴五梁华冠，均为人身蛇尾，尾相缠。伏羲执矩，女娲举规，背相向。当中两个小仙人，尾也相交缠。伏羲面前还刻一长尾、肩生双翼的小仙人，其下刻云纹。云纹中有两鸟头伸出。女娲面前有一长尾小女仙飞翔，其下也有鸟头、云纹、左上方一榜无题字。	朱锡禄：《武氏祠汉画像石》，山东美术出版社1986年版，第50、123页。
东汉晚期	山东嘉祥县	城南南武山出土。画面分四层。第一层，西王母正中坐于矮榻上，肩生双翼，面部已残；左侧一有翼女子捧杯进献玉浆，二玉兔扶臼捣药，玉兔左有二肩生双翼的蛇尾仙人[①]；西王母右侧一女子奉三珠果，也有二肩生双翼的蛇尾仙人，仙人后面有鸟一只，犬一只。	俞伟超等：《中国画像石全集·第2卷·山东汉画像石》，山东美术出版社、河南美术出版社2000年版，第47页。
东汉晚期	山东安丘市	董家庄安丘汉墓，前室封顶石南段画像。下边饰水波纹、垂幛纹、锯齿纹；画像中间刻伏羲、女娲蛇尾相交，手执规矩；其周围一羽人和翻滚腾跃的六异兽。	俞伟超等：《中国画像石全集·第1卷·山东汉画像石》，山东美术出版社、河南美术出版社2000年版，第45页。
东汉晚期	山东安丘市	董家庄安丘汉墓，后室西间封顶石画像。人首蛇躯，尾部相交，冠饰不清，应是伏羲女娲像。	山东省博物馆：《山东安丘汉画象石墓发掘简报》，《文物》1964年第4期，第31页。
东汉晚期	山东枣庄市	山亭区冯卯乡欧峪村出土。画面分七层。第一层，东王公正中端坐，左右侧刻伏羲、女娲，神兽在捣药。	俞伟超等：《中国画像石全集·第2卷·山东汉画像石》，山东美术出版社、河南美术出版社2000年版，第50页。

---

① 在很多以西王母或东王公为中央主神的画像石中，伏羲、女娲分列左右，蛇尾或交或不交，俨然成了西王母或东王公的侍者。此画像中，西王母左右的人首蛇身像（伏羲、女娲）一分为二，可视为上述常见神话母题的变体。

续表

时代	地区	概况	出处
东汉晚期	山东枣庄市	山亭区桑村镇西户口村出土。画面分八层。第一层，西王母正中端坐，左右各一人身蛇尾仙人持便面服侍，右有玉兔捣药，左有龙、仙兽。	俞伟超等：《中国画像石全集·第2卷·山东汉画像石》，山东美术出版社、河南美术出版社2000年版，第76页。
东汉晚期	山东沂南县	北寨画像石墓，墓门东侧支柱上部。伏羲、女娲均为人首蛇尾，伏羲右持一矩，女娲左持一规，中间还夹一个人，用两手紧紧拥抱着他们。	蒋宝庚等：《山东沂南汉画像石墓》，《文物参考资料》1954年第8期，第40页。
东汉晚期	山东滕州市	龙阳店（镇）出土。画面中间刻一神物蹲踞，两足有蹼；左侧有伏羲，右侧有女娲，皆手触神物头角，其尾与神物两腿相交。	俞伟超等：《中国画像石全集·第2卷·山东汉画像石》，山东美术出版社、河南美术出版社2000年版，第53页。
东汉晚期	山东滕州市	龙阳店（镇）出土。画面上刻伏羲、女娲，其尾相交；下刻三龙、三虎。	俞伟超等：《中国画像石全集·第2卷·山东汉画像石》，山东美术出版社、河南美术出版社2000年版，第55页。
东汉晚期	山东滕州市	龙阳店（镇）出土。画面两层：上层铺首衔环，两侧有伏羲、女娲蛇尾相交穿于环内，双羊；下层，一人斗龙。	山东博物馆等：《山东汉画像石选集》，齐鲁书社1982年版，第31页。
东汉晚期	山东滕州市	官桥镇大康留庄出土。画面上刻一月轮，月内有蟾蜍、玉兔，月轮外绕一龙，两侧为伏羲、女娲，皆人身蛇尾。伏羲、女娲饲一大鸟，鸟背负日轮，日内刻一只三足鸟，日月轮外布满云气、群星及神鸟。	俞伟超等：《中国画像石全集·第2卷·山东汉画像石》，山东美术出版社、河南美术出版社2000年版，第57页。
东汉晚期	山东滕州市	官桥镇后掌大出土。画面中刻铺首衔环，环内一鱼；左侧伏羲，人首蛇尾，右侧一龙。（图180）	俞伟超等：《中国画像石全集·第2卷·山东汉画像石》，山东美术出版社、河南美术出版社2000年版，图版第172页。

续表

时代	地区	概况	出处
东汉晚期	山东滕州市	官桥镇后掌大出土。画面正中刻铺首，两侧为伏羲女娲相对，人首蛇身，两蛇尾相交于铺首环内。（图181）	俞伟超等：《中国画像石全集·第2卷·山东汉画像石》，山东美术出版社、河南美术出版社2000年版，图版第173页。
东汉晚期	山东滕州市	造纸厂出土。画面分三层。上层，东王公正中端坐，两侧有神兽供奉和仙人戏兽，左右端为伏羲、女娲。	俞伟超等：《中国画像石全集·第2卷·山东汉画像石》，山东美术出版社、河南美术出版社2000年版，第57页。
东汉晚期	山东滕州市	东寺院出土。正面上刻一凤鸟口衔联珠，下刻鱼、龙，间饰云纹；左侧面刻龙、羽人骑鹿；右侧面刻独角神人、伏羲、犬。	俞伟超等：《中国画像石全集·第2卷·山东汉画像石》，山东美术出版社、河南美术出版社2000年版，第59页。
东汉晚期	山东滕州市	东寺院出土。刻三面：正面一虎、一龙、二神兽，间饰云纹；左侧面刻女娲、神鹿，间饰云纹；右侧面刻伏羲、神人持仙草、神人骑鹿等。	俞伟超等：《中国画像石全集·第2卷·山东汉画像石》，山东美术出版社、河南美术出版社2000年版，第59页。
东汉晚期	山东滕州市	岗头镇西古村出土。石侧面刻女娲捧月，月轮中可见玉兔、蟾蜍。（图190）	俞伟超等：《中国画像石全集·第2卷·山东汉画像石》，山东美术出版社、河南美术出版社2000年版，第64页。
东汉晚期	山东济宁市	喻屯镇城南张画像石。画面自上而下刻双头虎面兽，双头人面兽，伏羲、女娲交尾，鸟身者，半蹲大嘴圆眼怪兽，珍禽六只等。	俞伟超等：《中国画像石全集·第2卷·山东汉画像石》，山东美术出版社、河南美术出版社2000年版，第1页。
东汉晚期	山东济宁市	喻屯镇城南张画像石。画面自上而下刻大鸟一只，周围聚栖八只小鸟，东王公居中央，左右各一人首蛇身仙人交尾侍奉，四羽人戏耍，或正立或倒立，人面兽两只，长角兽一只，三首共身兽一只。	俞伟超等：《中国画像石全集·第2卷·山东汉画像石》，山东美术出版社、河南美术出版社2000年版，第4页。

续表

时代	地区	概况	出处
东汉晚期	山东济宁市	喻屯镇城南张画像石。自上而下刻三人蛇尾,三鱼人面戴冠,二人引鸟,两人身蛇尾相交,三人连体等神怪异兽。(图146)	山东博物馆等:《山东汉画像石选集》,齐鲁书社1982年版,第23页。
东汉晚期	山东邹城市	郭里乡高李村出土。羲和人面兽身长尾,头横仰,双手上举托起太阳,太阳中阴线刻三足乌。	俞伟超等:《中国画像石全集·第2卷·山东汉画像石》,山东美术出版社、河南美术出版社2000年版,第21页。
东汉晚期	山东枣庄市	山亭区驳山头出土。中央上部,西王母正中凭几坐,两侧人身蛇尾交盘者(伏羲、女娲)执便面,左右聚多跽拜、宴饮及六博游戏人物。	俞伟超等:《中国画像石全集·第2卷·山东汉画像石》,山东美术出版社、河南美术出版社2000年版,第65页。
东汉晚期	山东莒县	龙王庙乡沈刘庄出土。(墓门自西而东之第三根方立柱)分为上、下两格。上格刻一人首蛇身的神人,双手举一圆形物,当为伏羲捧日,日中刻一小圆孔;下格刻一门卒拥彗侍立。	苏兆庆、张安礼:《山东莒县沈刘庄汉画像石墓》,《考古》1988年第9期,第792页。
东汉晚期	山东莒县	东莞镇7号石。左侧刻一人,拥彗而立;右侧有边框,框内上下两端皆刻三角纹;画面中央是人首蛇尾的伏羲、女娲,手执规矩,其下立一人。	刘云涛:《山东莒县东莞出土汉画像石》,《文物》2005年第3期,第87页。
东汉晚期	山东章丘市	黄土崖东汉画像石墓。刻于墓门甬道两壁。左壁刻仙人戏龙图。一仙人云中昂首挥臂,两腿前后分开作戏龙状,龙回首张口,反身翘尾,四腿作奔腾状。右壁上部为一人蛇身(女娲)持一规矩状器,四周有朵云。下部二人头戴长冠,身着朝服,拱手胸前作对拜状。	章丘市博物馆:《山东章丘市黄土崖东汉画像石墓》,《考古》1996年第10期,第47页。
东汉晚期	江苏东海县	昌梨水库1号画像石墓。后室室顶前半部是抹角结构,藻井盖上有雕刻,东间是伏羲,西间是女娲,都是两手捧着日、月。	南京博物院:《昌梨水库汉墓群发掘简报》,《文物参考资料》1957年第12期,第31页。

续表

时代	地区	概况	出处
东汉晚期	江苏铜山县	周庄汉画像石墓。 （图41）墓门门框左侧立柱。正面刻青龙，下为卫士执旌；侧面为伏羲，人首蛇身，下有一执簪的人。 （图42）墓门门框右侧立柱。正面刻白虎，下有一卫士执旌；侧面刻女娲，人首蛇身，下有持簪的人。	A. 王德庆：《江苏铜山东汉墓清理简报》，《考古通讯》1957年第4期，第35页。 B. 江苏省文物管理委员会：《江苏徐州汉画象石》，科学出版社1959年版，第8页。
东汉晚期	江苏铜山县	青山泉公社白集东汉墓。西壁（北）刻石，上格刻女娲像。女娲作人首蛇身，两手举捧一圆形杯，以象征月亮。右侧下有三只瑞鸟，头均向月亮而望。（与之对称的位置，上格刻金乌一只以象征太阳，金乌身呈圆形，两翼张开，另有两只瑞鸟向金乌飞来）(1965)	南京博物院：《徐州青山泉白集东汉画象石墓》，《考古》1981年第2期，第145—146页。
东汉晚期	江苏徐州市	南郊十里铺乡画像石墓。后室西支柱正面画像，上刻一人首蛇身之像，双手擎日轮。（伏羲）(1964)	江苏省文管会等：《江苏徐州十里铺汉画象石墓》，《考古》1966年第2期，第75页。
东汉晚期	江苏徐州市	利国画像石墓。(1) 墓门东柱刻人首蛇身的伏羲女娲像，伏羲戴平顶冠，女娲梳髻，上边和右边刻连弧纹，左刻菱形格纹。西柱刻五只异鸟。(2) 南面门柱东立柱，上刻伏羲女娲人首蛇身相交之像。(3) 东面门柱北立柱，刻伏羲女娲人首蛇身两尾相交之像。(4) 西面门柱南、北二立柱皆刻伏羲女娲像。(1962)	江苏省文管会等：《江苏徐州、铜山五座汉墓清理简报》，《考古》1964年第10期，第506页。
东汉晚期	江苏徐州市	黄山砖石结构墓（离利国镇3.5公里）。后室南立柱上刻一鸟，其下为伏羲女娲像。	江苏省文管会等：《江苏徐州、铜山五座汉墓清理简报》，《考古》1964年第10期，第514页。
东汉晚期	重庆合川区	沙坪公社画像石室券顶墓。后室左门柱无纹饰，右门柱正面刻伏羲举日图，日中有飞鸟，伏羲两足间蛇尾弯曲。此处伏羲像与别处不同的地方，是由人首麟身发展为人首人身。	重庆市博物馆等：《合川东汉画象石墓》，《文物》1977年第2期，第65页。

续表

时代	地区	概况	出处
东汉晚期	重庆璧山县	广普乡新民村蛮洞坡崖墓1号石棺。棺身后端绘伏羲女娲双蛇图。左侧为伏羲戴冠，右侧为女娲梳髻，均为人首人身。二神一手举日、月轮，一手相互交置，其两腿之间各有一蛇，蛇的头部置于二神的性器官下方，蛇两尾相交，暗示交合之意。这种造型的伏羲女娲图尚属首见，较为特殊。	罗二虎：《汉代画像石棺》，巴蜀书社2002年版，第135页。
东汉晚期	重庆璧山县	崖墓2号石棺。棺身右侧绘迎宾与伏羲女娲图：左为伏羲，右为女娲；伏羲头戴山形冠，作人首蛇尾，腋下后方生双翼，一手持日轮，一手持一物，似为变形"胜"纹；女娲头上似为双角形象，身体形象同于伏羲，一手持月轮，一手持嘉禾之类的东西；伏羲右边一人戴山形冠，双手持笏，作迎谒状，亦为仙境天国守卫门户的"大司"之类的人物，其右侧有两人共抬一变形"胜"纹；女娲左边一人为墓主，已进入天国，正受到左边三人的躬迎。此图中的伏羲女娲持变形"胜"纹或嘉禾之类物品，在汉代石棺画像中均属罕见。	罗二虎：《汉代画像石棺》，巴蜀书社2002年版，第139页。
东汉晚期	重庆璧山县	崖墓3号石棺。棺身左侧绘伏羲女娲图。伏羲在左边框栏内，头戴尖顶帽，人首蛇身，腰部间生双翼，一手持日轮，一手拿剑；伏羲旁边站立一侍从，着帻穿短袍，手持戟；女娲在右边框栏内，梳髻（？），形象基本与伏羲相同，其一手持月轮，一手持一物；旁有一侍从，高髻长裙，手持便面。	罗二虎：《汉代画像石棺》，巴蜀书社2002年版，第140页。
东汉晚期	重庆璧山县	崖墓4号石棺。棺身右侧绘有伏羲女娲图。三根竖柱将画面分为四栏。中间偏左栏内，左边有2人，左一人为伏羲，高冠，人首蛇身，腰间生双翼，一手举日，一手持嘉禾；其右为侍从，面向伏羲，双手持矛。中间偏右栏内也有2人，右为女娲，梳髻，人首蛇身，一手举月轮，一手持嘉禾，旁有一侍从，持便面，面向女娲。	罗二虎：《汉代画像石棺》，巴蜀书社2002年版，第142页。
东汉晚期	重庆璧山县	崖墓5号石棺。棺身左侧，伏羲女娲图：两神形象基本相同，人首蛇身，腰间生双翼，一手举日、月，一手持剑；右为伏羲，左为女娲。	罗二虎：《汉代画像石棺》，巴蜀书社2002年版，第143页。
东汉晚期	重庆沙坪坝	重庆市一中（原重庆联合中学）校内出土石棺。棺身后端为伏羲女娲图：均人首人身蛇尾，分别一手举日、月轮，一手持规矩；上面饰有卷云纹。	罗二虎：《汉代画像石棺》，巴蜀书社2002年版，第146页。

附 表

续表

时代	地区	概况	出处
东汉晚期	四川郫县	新胜公社东汉墓（M1）。（石棺）前面一方刻伏羲女娲画像：像作人首蛇身两尾相交。左边为伏羲，手中持一日轮，轮中有一金乌；右边为女娲，手中持一月轮，轮中除有一蟾蜍外，似另有一蛇。	A. 李复华等：《郫县出土东汉画象石棺图象略说》，《文物》1975年第8期，第63页。 B. 高文：《四川汉代石棺画像集》，人民美术出版社1998年版，第43页。
东汉晚期至蜀汉	四川郫县	新胜公社东汉墓（M2和M3）。 石棺一 B头：刻伏羲女娲图。在伏羲女娲之上，分别有日和月。日中有金乌，月中有玉兔，只是日月之间有羽人一个，表示他是往来于天空的仙人，这是比较少见的画面。 石棺二 B头：有伏羲女娲图，与其他棺的此类图相似（半制品）。 石棺三 B头：有伏羲女娲图。 石棺四 A头：有伏羲女娲图。	A. 四川博物馆等：《四川郫县东汉砖墓的石棺画象》，《考古》1979年第6期，第496—503页。 B. 高文：《四川汉代石棺画像集》，人民美术出版社1998年版，第45—50页。 C. 罗二虎：《汉代画像石棺》，巴蜀书社2002年版，第229页。
东汉晚期	四川成都市	天回山崖墓石棺。M3南二室石棺左侧面所画的内容可分为三组：左边一组是一对人首蛇身、两尾盘曲相交作8字形的伏羲、女娲，手上各执一圆轮，二轮之间又夹一圆轮，此三轮不知是否为日、月、星三者的象征；中间一组画的是一只展翅的朱雀，其左下有大鱼一尾，朱雀下垂的喙正与大鱼相对；右边一组画的是两个对面相立的人，不知题材是何故事，主题可能有吉祥、辟邪的意思。	刘志远：《成都天回山崖墓清理记》，《考古学报》1958年第1期，第94页。
东汉晚期	四川简阳市	董家埂乡鬼头山崖墓3号石棺。右为伏羲，人首蛇身，头戴冠，一手高举，一手前伸，双手均未持物。右上方榜题"伏希"，即伏羲。左为女娲，人首蛇身，背上生羽，双手斜上举，手中也未持物。右上方榜题"女娃"，即女娲。伏羲、女娲左右相对，两尾部呈八字形。两尾之间有一玄武，头向前伸出，有四足，短尾，作爬行状，榜题"兹武"（玄武）。	A. 内江市文管所等：《四川简阳县鬼头山东汉崖墓》，《文物》1991年第3期，第22页。 B. 高文：《四川汉代石棺画像集》，人民美术出版社1998年版，第53页。

续表

时代	地区	概况	出处
东汉晚期	四川长宁县	古河镇七个洞东汉岩墓群。 (1) M1 墓门第二层门框左右立颊刻绘伏羲女娲图像，门额上刻绘双龙。伏羲、女娲皆戴三尖冠，唯女娲冠上尖角较圆钝。二神生有双足，尾以下为蛇躯，伏羲左手托日，女娲右手托月。门额上双龙身躯相缠绕，头各向一方，龙身各饰线刻水波纹和平行线纹。 (2) M3 墓室后壁正中刻女娲，人首蛇身，双髻，双手上举捧月。女娲下方绘一龙蛇形兽，弓背曲腰，两腿粗壮有力，前伸作支撑状。 (3) M6 墓门第一层门框左右立颊和门额上刻绘伏羲、女娲和巨鸟啄鱼图。伏羲在右，戴三尖冠，着长裙，腰佩剑，下微露两足，下为蛇尾，以左手举日。女娲在左，亦戴冠着裙，下为蛇尾，以右手举月。日、月上各站立一巨鸟，皆引颈啄住一鱼。图像为剔地凸起浅浮雕，衣纹用线刻勾勒。 (4) M6 右棺端面刻伏羲、女娲像，皆人首蛇躯，戴冠，着宽袖裙衣，尾部交缠，各以一手相互牵连，一手托举日、月。女娲下方刻一倒置小人，举手分腿。伏羲下亦有一图像，因下部遭破坏，难以辨认。 (5) M7 墓门第一层门框左右立颊刻伏羲女娲，人首人身蛇尾，有手有足，戴三尖冠，两侧尖角很长并有弯曲。伏羲以右手举日，女娲以左手举月，右手另举一圆形物，或为星。 (6) M4 附近，墓门右边刻交尾的伏羲、女娲图像，十分草率，模糊不清①。	A. 四川大学考古专业七八级实习队等：《四川长宁"七个洞"东汉纪年画像崖墓》，《考古与文物》，1985 年第 5 期。 B. 高文：《四川汉代石棺画像集》，人民美术出版社 1998 年版，第 15 页。
东汉晚期	四川南溪县	城郊乡南溪 3 号石棺②。(图 19) 中刻双檐单阙；阙右为伏羲，一手执规，一手托日；阙左为女娲，一手执矩，一手托月；皆人首蛇身，尾曲未交。	高文：《四川汉代石棺画像集》，人民美术出版社 1998 年版，第 11 页。
东汉晚期	四川金堂县	城厢区姚渡公社光明大队第三生产队。伏羲女娲画像砖，左为女娲，右为伏羲，两像相对，各伸一指连接，状似"握手"，两像之尾均向后翘，两像手指之间为一"弓"形符号。女娲后面有一个"幩"形图案，伏羲身后站立着一条九尾狐。	李恩雄：《成都市出土东汉画像砖》，《考古与文物》1982 年第 1 期，第 44 页。

---

① 两汉时，伏羲、女娲既被视为神，其形象刻画必是极庄重的。此图模糊、草率且位置不当，或为后人涂鸦之作。

② 同一作者的其他报告说此画像出自南溪 2 号石棺，未知孰是。参见高文、高成英《四川出土的十一具汉代画像石棺图释》，《四川文物》1988 年第 3 期，第 21 页。另据罗二虎《四川南溪长顺坡汉墓石棺画像考释》，《四川文物》2003 年第 6 期，第 68 页，该墓时代约为东汉晚期。

附 表

续表

时代	地区	概况	出处
东汉晚期	贵州金沙县	后山乡汉画像石墓。（第一石）画面略偏右侧，顶部刻有一条宽约6厘米的长条形云气纹带。画面主体刻伏羲女娲，女娲居左，头梳高髻，身着交领宽袖衣。左手上托月亮，右手向右伸出，与伏羲共握一伞状物。腰下为龙身，双龙爪左右伸出，龙尾向右伸。伏羲刻在右侧，面对女娲，头戴斜顶冠，身穿交领宽袖衣，左手向前伸出，与女娲共握伞状物，右手向上抬伸，上托一半圆形太阳，从腰下开始亦成龙身，尾部向左长伸，与女娲尾相交。	贵州省文物考古研究所：《贵州金沙县汉画像石墓清理》，《文物》1998年第10期，第45页。
魏晋	河南南阳市	北郊七里园乡达士营村邢营南画像石墓（M1）。伏羲，刻于西主室盖顶第二石上，人首龙身，戴冠，双手执灵芝（一说执华盖）。	南阳市文物工作队：《南阳市邢营画像石墓发掘报告》，《中原文物》1996年第1期，第111页。
魏晋	河南南阳市	市郊王庄村。（1）伏羲，位于墓门西立柱背面，头戴进贤冠，双手捧长颈芝草如花盖，作侧立之姿；（2）女娲，位于墓门东立柱背面，戴冠，人首蛇身，手执曲颈芝草侧身而立。（3）常羲（女娲）捧月图，女子，人首蛇身，双手擎一满月，月中刻画蟾蜍。	南阳市博物馆：《南阳市王庄汉画像石墓》，《中原文物》1985年第3期，第28—32页。
魏晋	四川江安县	留耕镇1号魏晋石棺。（图218）女娲在左，一手托月轮，一手执乐器；伏羲在右，一手托日轮，一手执物（不详）；人首蛇身，两尾相交。	高文：《四川汉代石棺画像集》，人民美术出版社1998年版，第213页。
魏晋	四川江安县	留耕镇1号魏晋石棺。（图227）伏羲一手托日轮，女娲一手托月轮，二人手相执，蛇尾卷曲而未交。	高文：《四川汉代石棺画像集》，人民美术出版社1998年版，第129页。
魏晋	四川江安县	黄龙乡桂花村石室墓。1号棺棺尾（后档）刻伏羲女娲图：皆人首蛇身，交尾相缠；女娲头戴冠，身着宽袖袍，一手托月，一手执矩，下露两足；伏羲装束与女娲同，一手托日，一手执规，下露两足和蛇尾。	崔陈：《江安县黄龙乡魏晋石室墓》，《四川文物》1989年第1期，第63页。
魏晋	甘肃天水市	麦积山石窟。69窟与169窟（补编）之间的崖壁上，有摩崖浮塑小坐佛，下有浮塑"伏羲女娲"[①]，人首蛇身作绞尾状。高约三十五公分。	佚名：《麦积山石窟内容总录》（三），《文物参考资料》1954年第4期，第106页。

---

① 李怀顺等认为，此浮塑交龙"是麦积山唯一所见的以交龙形式来表现佛教三千大千世界中护持佛法的'龙'形象……在石窟造像中，即使是应用了汉民族神话传说中的形象，其题材也应是佛教的，故'伏羲女娲'像不可能塑在佛教石窟中护法的位置上。"参见李怀顺、魏文斌、郑国穆《麦积山石窟"伏羲女娲"图像辨析》，《华夏考古》2006年第3期，第96页。

续表

时代	地区	概况	出处
魏晋	甘肃高台县	南华镇10号墓。棺板上绘有伏羲、女娲像。伏羲、女娲相交在一起，伏羲头戴"山"字形冠，女娲头有发。伏羲胸前是太阳，中有蟾蜍；女娲胸前是月亮，中有金乌①。（2003）	赵莉：《甘肃考古发现的汉、魏晋时期伏羲、女娲图像》，《丝绸之路》2009年第22期，第24—25页。
魏晋	甘肃民乐县	八卦营魏晋早期墓葬，2号壁画。画中三人均为人首龙身，中间一人有胡须，当为伏羲。此外，还有日、月，日中绘金乌，月中绘蟾蜍及玉兔。（1993）	赵莉：《甘肃考古发现的汉、魏晋时期伏羲、女娲图像》，《丝绸之路》2009年第22期，第24页。
魏晋	甘肃高台县	骆驼城西南苦水口1号墓。壁画砖位于墓前室顶部，作为藻井使用。伏羲人首蛇尾，头戴三株冠，着交领广袖袍服，腹部绘一轮太阳，太阳中墨绘三足乌，手中持规。（2001）	赵莉：《甘肃考古发现的汉、魏晋时期伏羲、女娲图像》，《丝绸之路》2009年第22期，第24页。
魏晋	甘肃高台县	骆驼城乡西南6公里，3座墓，画像砖出中间一墓。（1）伏羲画像砖2块。伏羲高髻，穿宽袖袍，两腿间有长长的蛇尾；一手持规，一手擎日轮；日轮中有一飞翔的金乌。（2）女娲画像砖1块。女娲高髻，宽袖袍；下身两腿似虎爪，中间垂一条长长的蛇尾；一手持矩，一手攀月轮；月轮中有一只蟾蜍，四周云朵飘飘。（1994）	张掖地区文管办等：《甘肃高台骆驼城画像砖墓调查》，《文物》1997年第12期，第45页。
魏晋	甘肃高台县	骆驼城遗址M2，东壁。伏羲位于北侧，人首蛇身，手中持矩，胸、腹部绘圆形，内绘三足乌，肩部生翼。伏羲画像砖下部，墨线绘出一坞堡，坞堡方形，上砌雉堞，正面中部开门。南侧绘女娲，人首蛇身，手中持规，胸、腹部绘一圆圈，内绘蟾蜍一只。（2001）	甘肃省文物考古研究所等：《甘肃高台县骆驼城墓葬的发掘》，《考古》2003年第6期，第47页。
魏晋	甘肃敦煌市	佛爷庙湾墓群。砖四周勾绘白色边框，画面中央绘伏羲。伏羲人首蛇身，头戴三株冠，脑后发丝飘起，下颌蓄胡须，左肩长翼，手持规，尾弯曲，墨线勾绘网状纹。伏羲胸部画有圆圈，圈内墨绘飞鸟，昂首展翅飞翔。（1991）	赵莉：《甘肃考古发现的汉、魏晋时期伏羲、女娲图像》，《丝绸之路》2009年第22期，第24页。

① 特别值得注意的是，此画矛盾明显：戴"山"字形冠者所抱圆轮中有蟾蜍（通常为月相），无冠有发者所抱圆轮中有金乌（通常为日相）。如果释冠者为伏羲，则其所抱之月不与男性身份适合；如果释抱日（中有金乌）者为伏羲，则男不冠而女娲也悖于常理；如果释冠者所抱圆轮为日、无冠者所抱圆轮为月，则日中有蟾蜍、月中有金乌又与汉画惯例矛盾。按，据考古报告发表的图片来看，此画极其潦草，与线条流畅、构图规整的汉画差距很大，或为丧礼中巫师低劣的模拟之作。参见甘肃省文物考古研究所《甘肃省高台县汉晋墓葬发掘简报》，《考古与文物》2005年第5期，第28页。

续表

时代	地区	概况	出处
魏晋	甘肃嘉峪关	嘉峪关戈壁古墓（M1）。一号墓棺盖内面，清晰可见有朱绘人首蛇身、手捧圆物（圆物中心图案已较模糊，可能是象征日、月的金乌、蟾蜍图案），应当即伏羲、女娲图像。	甘肃省文物工作队等：《嘉峪关壁画墓发掘报告》，文物出版社1985年版，第18页。
魏晋	甘肃嘉峪关	新城1号墓。木棺盖内面有朱绘人首蛇身伏羲女娲像：尾较长似相交，胸前圆形分为日、月，内绘图案已模糊不清；伏羲女娲周围饰云气纹。（1972）	王春梅：《嘉峪关魏晋墓出土伏羲女娲图像考析》，《丝绸之路》2013年第8期，第60页。
魏晋	甘肃嘉峪关	新城13号墓。后室放置两具较完整的木棺盖，内绘伏羲女娲图。（1）女棺伏羲女娲图像为人首蛇身，尾部相交；伏羲在右，左手执规，头戴"山"字形冠，留"八"字须，胸前日中一乌；女娲在左，右手执矩，发髻高挽，胸前月中一桂树；二神周围饰云气纹。（2）男棺伏羲女娲图像为人首蛇身，尾部有兽足。伏羲在左，右手执规，头戴"山"字形冠，胸前日中一乌；女娲在右，左手执矩，发髻高挽，胸前月中一蟾蜍；伏羲女娲着宽袖交领衣，似在轻盈云气中飞舞。（1979）	王春梅：《嘉峪关魏晋墓出土伏羲女娲图像考析》，《丝绸之路》2013年第8期，第60页。
魏晋	甘肃嘉峪关	新城南墓区一墓。木棺盖内绘伏羲女娲图。伏羲女娲人首蛇身，两尾相交，伏羲在右，左手执矩，女娲在左，右手执规，周围饰云气纹。（1998）	王春梅：《嘉峪关魏晋墓出土伏羲女娲图像考析》，《丝绸之路》2013年第8期，第60页。
魏晋	甘肃嘉峪关	毛庄子村南约2公里一座墓。两具木棺，盖内均绘伏羲女娲图像。（1）男棺伏羲女娲人首蛇身，人物脸部表现侧面，较清瘦，蛇尾相交，周围纹饰似条条飞腾的龙。（2）女棺内顶绘伏羲女娲日月星河图，画面为竖图，图四周为连绵起伏的群山。上半部为伏羲女娲相对而立，伏羲在左，右手执矩，头戴"山"字形冠，留"八"字须，着宽袖交领衣。女娲在右，左手执规，飞天髻，脸部丰腴饱满，着宽袖交领衣。蛇尾单交，上有网格纹。下半部为日月星河。（2002）	王春梅：《嘉峪关魏晋墓出土伏羲女娲图像考析》，《丝绸之路》2013年第8期，第60页。
魏晋	甘肃嘉峪关	峪泉镇戈壁滩墓群。（1）M2一块棺板上绘伏羲女娲图，仅见上半身。伏羲在左，右手执规，头戴"山"字形冠，留"八"字须，着交领衣。女娲在右，左手执矩，着交领衣。（2）M5出土一块麻质伏羲女娲图，破损较重。（2011）	王春梅：《嘉峪关魏晋墓出土伏羲女娲图像考析》，《丝绸之路》2013年第8期，第61页。

续表

时代	地区	概况	出处
魏晋	甘肃嘉峪关	新城墓木棺盖上所绘。伏羲、女娲相对而立，伏羲手中执规，"山"字形头发，留须。下有一太阳，中有金乌，棺盖所绘其他图像青龙、白虎、玄武、朱雀；四角绘柿蒂纹饰、天马、飞禽，并辅以云气纹。颜色有黄、绿、黑、白，对比明显。（2002）	赵莉：《甘肃考古发现的汉、魏晋时期伏羲、女娲图像》，《丝绸之路》2009年第22期，第24页。
东晋	河南南阳市	妇幼保健院东晋墓。伏羲刻于甬道东立柱右侧面，人首蛇躯，身着襦服，手持一灵芝而立。	南阳市文物研究所：《南阳市妇幼保健院东晋墓》，《中原文物》1997年第4期，第60页。
北朝	甘肃敦煌市	莫高石窟第285窟。窟顶东披的中央画有两个力士捧着摩尼宝珠，在宝珠的两旁是伏羲、女娲，皆人头兽身。伏羲一手持矩，一手持墨斗，身上有一个大圆轮，内有三足乌，表示太阳。女娲手持规，身上也有个大圆轮，内画蟾蜍，表示月亮。	敦煌研究院：《敦煌石窟鉴赏丛书》第三辑第二分册，甘肃人民美术出版社1995年版，第3—4页。
北朝北周	陕西西安市	匹娄欢石棺画像。（棺盖上）伏羲、女娲人首龙身，未交尾，伏羲捧日轮，女娲捧月轮。	《文物》1965年第9期图版贰。
北朝末年	吉林集安县	五盔坟高句丽古墓（M4）。日月神①绘于北角二抹角石上，人首龙身。日神居右，男相，披发，双手捧日轮于头上，日中有三足乌，着合衽羽衣；月神居左，女相，长发，双手举月轮于头上，月中有蟾蜍，着合衽红羽襦衣，腰系白带。龙身五彩，龙足前后蹬开，正向飞翔。日月神中间及各自身后均绘有菩提树。	吉林省博物馆：《吉林辑安五盔坟四号和五号墓清理略记》，《考古》1964年第2期，第61页。
北朝末年	吉林集安县	五盔坟高句丽墓（M5）。东北绘人身龙尾的日月神像，月神居左，女相，散发，着尖领的绿色羽衣，腰系褐色兜巾，双手擎举白色圆月于头顶，月中蟾蜍已不可见；日神居右，男相，着尖领褐色羽衣，腰系绿色兜巾，双手擎举褐色日头，日中有左向的三足乌。在日月神之间，夹有数株菩提树。	吉林省博物馆：《吉林辑安五盔坟四号和五号墓清理略记》，《考古》1964年第2期，第64页。
隋	陕西三原县	李和墓棺盖。采用减地平及的雕刻技法，上部正中主要刻有位置对称高至1米的男女人首禽身像各一，每人一手上举持圆形物。这种图案画，可能和《山海经》所载的人首鱼身或人首龙身一样，都是代表神话中的伏羲和女娲的，圆形物可能代表日月。下边又刻有对称的两个人像，体形较小。	陕西省文物管理委员会：《陕西省三原县双盛村隋李和墓清理简报》，《文物》1966年第1期，第32页。

---

① 从其人首龙（蛇）身、手托日月的形象看，与中原同类墓葬中伏羲、女娲相近。下文五盔坟高句丽墓（M5）同此。

续表

时代	地区	概况	出处
十六国至盛唐	新疆吐鲁番	阿斯塔那村北区墓葬。四十座墓葬的随葬品中，十之六七都发现有伏羲女娲像的绢画。出土后，少数还很完整，大多已碎成零块，大约一共有二三十幅之多。它们在墓室中，一般都是画面朝下，用木钉钉在墓顶上。有少数则是折叠包好，摆在死者身旁。内容题材，则完全是人首蛇身，一男一女，上有日形，下有月形，四周布满星辰。章法虽然近似，而尺寸、面貌、服装以至日、月、星辰的形象各有不同。	冯华：《记新疆新发现的绢画伏羲女娲像》，《文物》1962年第7—8期，第86页。

表三　　　　　　　　伏羲女娲信仰的时空比较

时代 \ 地域	河南① 像	河南① 陵庙	山西② 像	山西② 陵庙	山东③ 像	山东③ 陵庙	关陇④ 像	关陇④ 陵庙	巴蜀⑤ 像	巴蜀⑤ 陵庙	荆湘⑥ 像	荆湘⑥ 陵庙	其他⑦ 像	其他⑦ 陵庙	总计⑧ 像	总计⑧ 陵庙
春秋		1														1
战国				1												1
西汉⑨ 初期											1				1	
西汉⑨ 中期	1															
西汉⑨ 西汉	1														1	
西汉⑨ 后期	3				1										4	

---

①　河南相当于古豫州。有文字记载以来的历史表明，豫州是东亚大陆多元文明或势力互动的枢纽——中原沃土往往是各强势族群争夺的对象，而不总是它们最初孕育的摇篮。

②　除包括山西省外，还涉及河北省与之邻近的地区，大体相当于古冀州。

③　除包括山东省外，还涉及江苏、安徽两省的北部地区，大体相当于古青州、徐州。

④　除包括陕西、甘肃两省外，还涉及新疆部分地区，大体相当于古雍州及其向西北的延伸。

⑤　除四川、重庆外，还包括云南、贵州两省北部地区，大体相当于古梁州及其向西南的延伸。

⑥　主要指湖北、湖南、江西等地，大体相当于古荆州、扬州及其向江南的延伸。

⑦　指上述省份以外的边远地区，如吉林、台湾等省。

⑧　本表据附表一、附表二统计得出，凡相关报告不详尽者（即前两表脚注中提到的陵庙、像石分布地点）不在统计之列；同一墓葬出土多件标本者，仅计为1；新疆地区出土的伏羲女娲图像原报告为约数，本表取中间值。特此说明。

⑨　时代分段标准不尽一致，是为适应不同报告断代精度不一的实际情况。参见"伏羲女娲画像出土概况（附表二）"脚注说明，下同。

续表

时代		地域 河南 像石	河南 陵庙	山西 像石	山西 陵庙	山东 像石	山东 陵庙	关陇 像石	关陇 陵庙	巴蜀 像石	巴蜀 陵庙	荆湘 像石	荆湘 陵庙	其他 像石	其他 陵庙	总计 像石	总计 陵庙
新莽		2														2	
汉代		1		1		7				2						11	
东汉	初期	8				4										12	
东汉	前期					4		4								8	
东汉	中期	1				3		7		2						13	
东汉	东汉	1				12		2		14						29	
东汉	后期	1				2				8						11	
东汉	晚期	3				33				15						51	
魏晋		2		1				14		3						19	1
东晋		1	1						1							1	2
南朝												2					2
北朝				1		1	2	1						2		4	3
隋			1					1								1	1
唐				1		1	25	2								25	4
五代						1											1
北宋			2	1		1											4
南宋						1			1								2
元			1	1													2
明			2	4				2									8
清				8								2		1			11
现代								2						3			5
当代						2								2			4
合计		25	8	1	20	66	5	55	8	44	1	1	4	2	6	194	52

表四		部分红山、凌家滩玉器的关联	
相似部位	A. 红山玉器	B. 凌家滩玉器	图片出处
玉人双手抚胸			A. 辽宁文物考古所：《牛河梁第十六地点红山文化积石冢中心大墓发掘简报》，《文物》2008年第10期，第8页。 B. 安徽文物考古所：《凌家滩田野考古报告之一》，文物出版社2006年版，第248页。
玉龙首尾相交			A. 辽宁文物考古所：《辽宁牛河梁红山文化"女神庙"与积石冢群发掘简报》，《文物》1986年第8期，第9页。 B. 安徽文物考古所：《凌家滩田野考古报告之一》，文物出版社2006年版，第197页。
玉鸟首部尾部	原称：玉鸮或玉凤	原称：玉鹰	A. 辽宁文物考古所：《牛河梁第十六地点红山文化积石冢中心大墓发掘简报》，《文物》2008年第10期，第8页。 B. 安徽文物考古所：《凌家滩田野考古报告之一》，文物出版社2006年版，第249页。
玉斜口器	原称：箍形器或筒形器	原称：玉龟状扁圆器	A. 辽宁文物考古所：《牛河梁第十六地点红山文化积石冢中心大墓发掘简报》，《文物》2008年第10期，第8页。 B. 安徽文物考古所：《安徽含山县凌家滩遗址第五次发掘的新发现》，《考古》2008年第3期，第15页。

续表

相似部位	A. 红山玉器	B. 凌家滩玉器	图片出处
玉双首璜	龙首	虎首	A. 郭大顺、张克举：《辽宁喀左东山嘴红山文化建筑群址发掘简报》，《文物》1984年第11期，第9页。 B. 安徽文物考古所：《凌家滩田野考古报告之一》，文物出版社2006年版，第91页。
龙首局部	红山三星他拉龙	龙凤玉璜	A. 孙守道：《三星他拉红山文化玉龙考》，《文物》1984年第6期，第10页。 B. 安徽文物考古所：《凌家滩田野考古报告之一》，文物出版社2006年版，第100页。
玉圭形或丫形	原称：兽面圭形（拓片）	原称：丫形器（摹本）	A. 孙守道：《三星他拉红山文化玉龙考》，《文物》1984年第6期，第10页。 B. 安徽文物考古所：《凌家滩田野考古报告之一》，文物出版社2006年版，第100页。

附 图

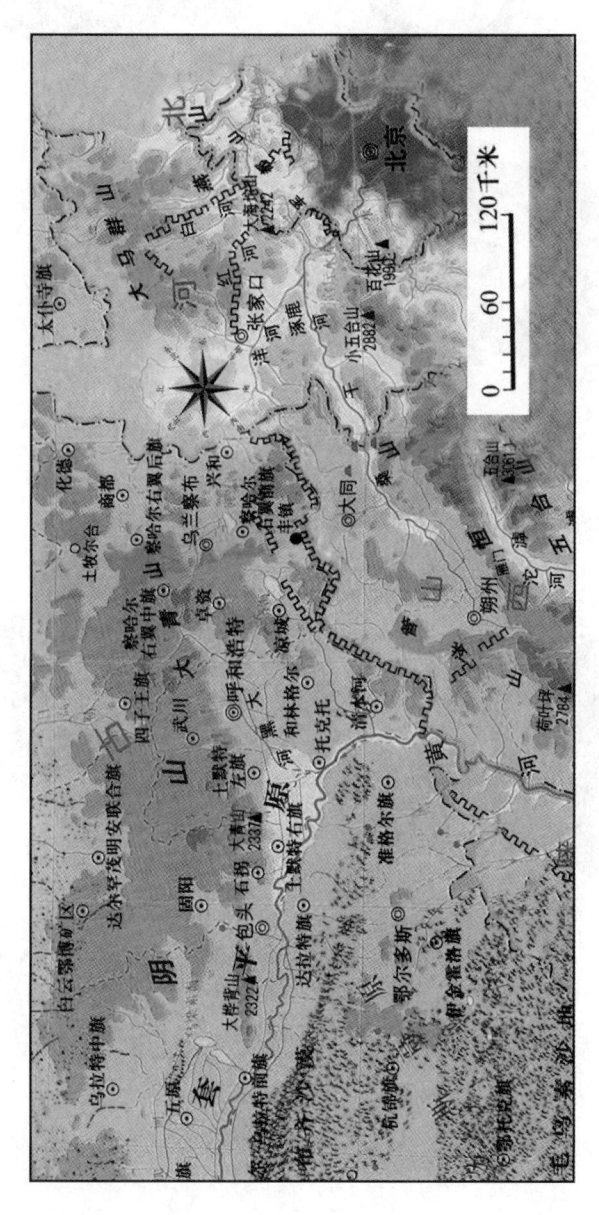

图一 阴山周边地形图

（据内蒙古地形图并增加标注）

中国五帝时代

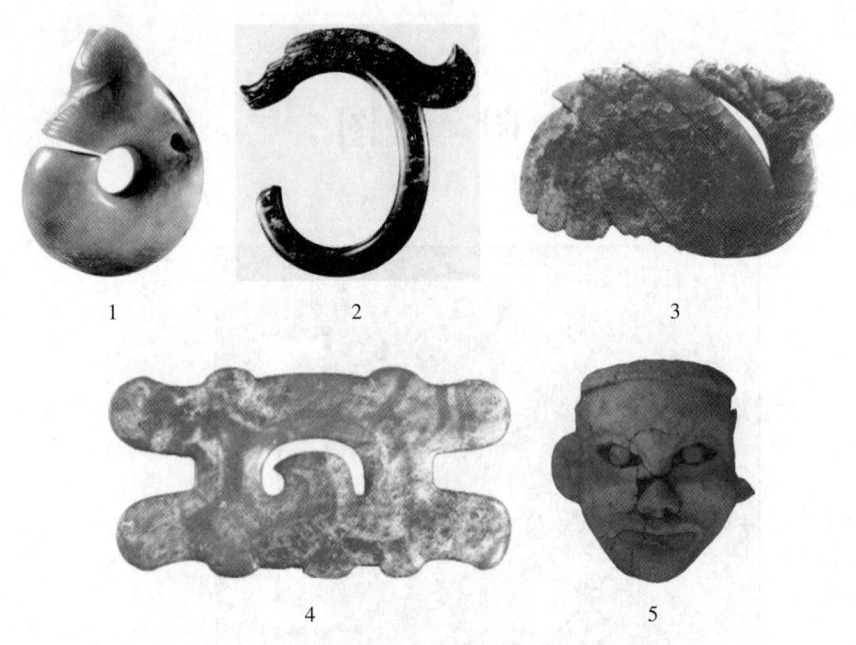

图二　红山龙、凤、云与女神像

1. 玉雕龙 2. C形龙 3. 玉凤 4. 勾云玉佩 5. 女神头像（选自朝阳市文化局、辽宁省文物考古研究所编《牛河梁遗址》，学苑出版社2004年版，第36、5、71、73、19页。）

人面鱼纹盆　　　　　　　　　细泥红陶盆

图三　仰韶文化代表性彩陶盆

（人面鱼纹盆选自：中国科学院考古所等《西安半坡》，文物出版社1963年版，图版1；细泥红陶盆选自：中国科学院考古研究所《庙底沟与三里桥》，科学出版社1959年版，图版24。）

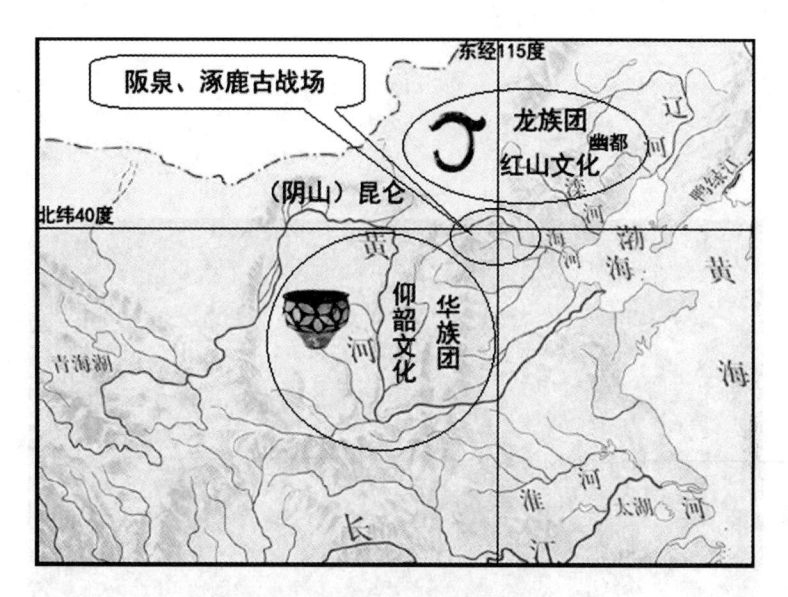

图四 涿鹿战场与南北考古文化

（此图基于中国水系图自绘。）

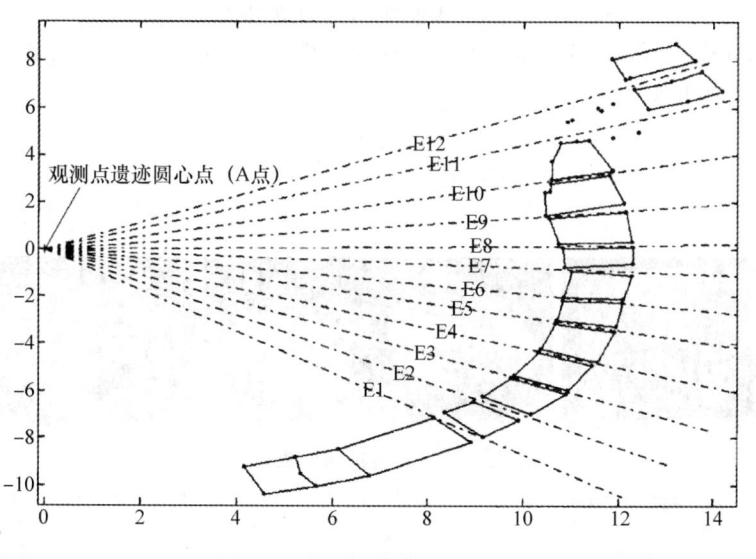

图五 陶寺遗址古观象台示意图

（此图选自：中国社会科学院考古研究所山西队、山西省研究所、临汾市文物局《山西襄汾县陶寺中期城址大型建筑ⅡFJT1基址2004—2005年发掘简报》，《考古》2007年第4期，第24页。）

图六　大汶口 S 形图案象牙梳

（选自：山东文管处等《大汶口新石器时代墓葬发掘报告》，文物出版社 1974 年版，图版 90。）

图七　含山县凌家滩玉版和玉龟

（此三图选自：安徽文物考古所《凌家滩玉器》，文物出版社 2000 年版，第 14—15 页。）

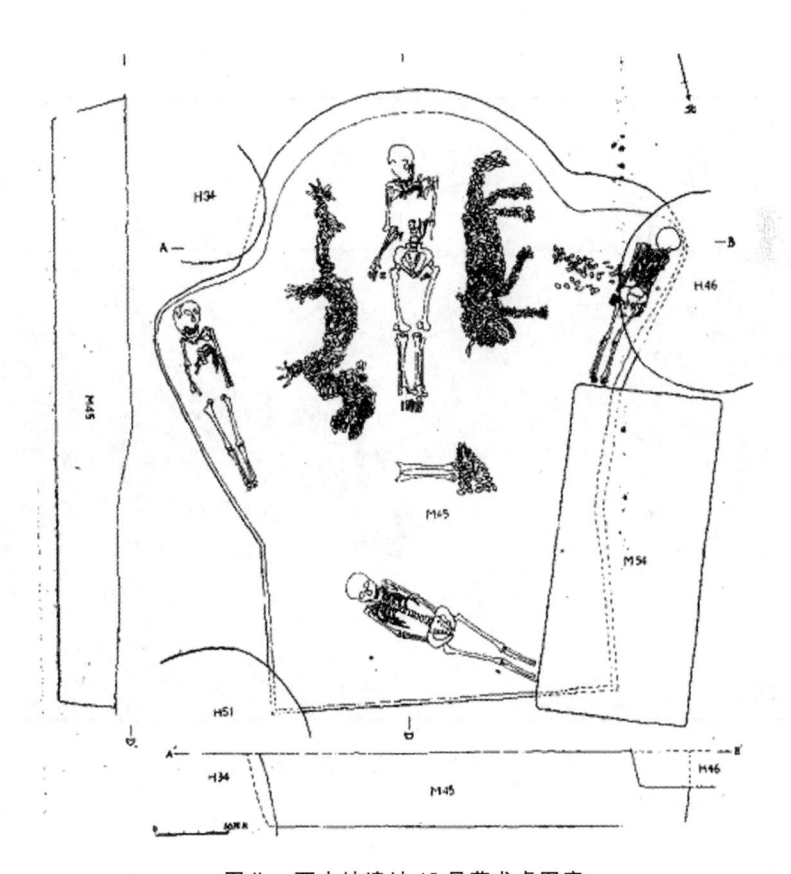

图八 西水坡遗址 45 号墓龙虎图案

（此图选自：《文物》1988 年第 3 期，第 4 页。）

| 中国五帝时代 |

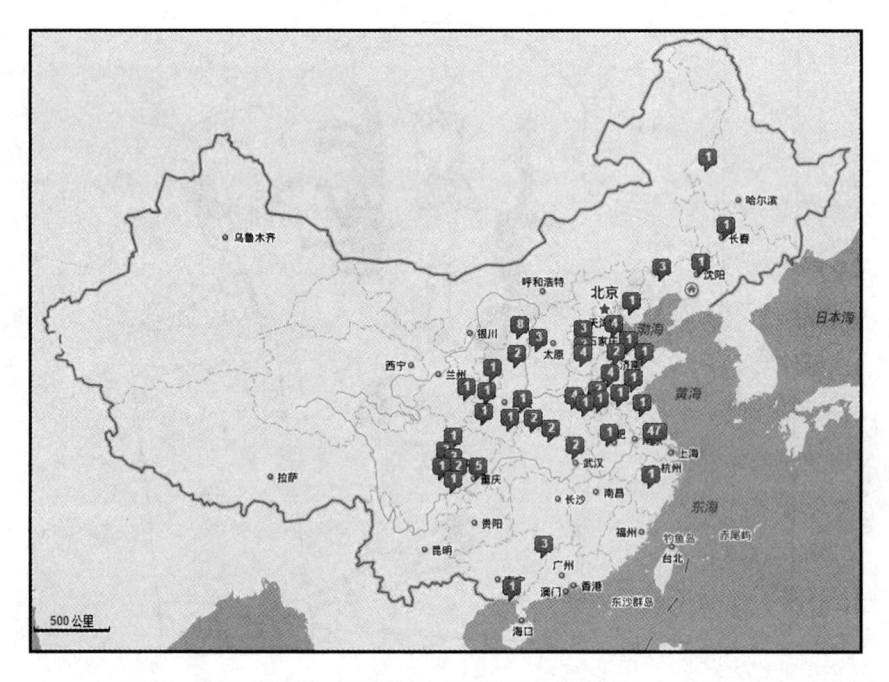

图九 当代地名"三皇庙"分布图

（据百度中国地图制作。）

参考文献

(一) 古籍及考释类（以四部图书分类为序）

经部

（清）王聘珍撰，王文锦点校：《大戴礼记解诂》，中华书局1983年版。

（清）孙希旦撰，沈啸寰等点校：《礼记集解》，中华书局1989年版。

（清）段玉裁注：《说文解字注》，上海古籍出版社1981年版。

《尚书大传》，《影印文渊阁四库全书》，台北商务印书馆1983—1986年版。

李学勤：《十三经注疏》，北京大学出版社1999年版。

方向东：《大戴礼记汇校集解》，中华书局2008年版。

顾颉刚、刘起釪：《尚书校释译论》，中华书局2005年版。

高明：《大戴礼记今注今译》，台湾商务印书馆1977年版。

苏舆撰，锺哲点校：《春秋繁露义证》，中华书局1992年版。

杨筠如：《尚书覈诂》，陕西人民出版社1959年版。

史部

（汉）司马迁：《史记》，中华书局1959年版。

（汉）班固：《汉书》，中华书局1962年版。

（汉）刘向集录：《战国策》，上海古籍出版社1998年版。

（汉）宋衷注，（清）秦嘉谟等辑：《世本八种》，上海商务印书馆1957年版。

（北魏）郦道元著，陈桥驿校证：《水经注校证》，中华书局2007年版。

（北魏）崔鸿：《十六国春秋》，《中国野史集成》第2册，巴蜀书社1993年版。

（北齐）魏收：《魏书》，中华书局1974年版。

（南朝）范晔撰，（唐）李贤等注：《后汉书》，中华书局 1965 年版。

（南朝）沈约：《宋书》，中华书局 1974 年版。

（唐）李延寿：《北史》，中华书局 1974 年版。

（唐）李泰等著，贺次君辑校：《括地志辑校》，中华书局 1980 年版。

（唐）李世民等：《晋书》，上海古籍出版社 1986 年版。

（唐）魏徵、令狐德棻：《隋书》，中华书局 1973 年版。

（唐）杜佑撰，王文锦等点校：《通典》，中华书局 1988 年版。

（唐）刘知几撰，赵吕甫校注：《史通新校注》，重庆出版社 1990 年版。

（后晋）刘昫：《旧唐书》，中华书局 1975 年版。

（宋）欧阳修等：《新唐书》，中华书局 1975 年版。

（宋）王存撰，王文楚等点校：《元丰九域志》，中华书局 1984 年版。

（宋）乐史撰，王文楚等点校：《太平寰宇记》，中华书局 2007 年版。

（宋）王象之撰：《舆地纪胜》，中华书局 1992 年版。

（宋）罗泌：《路史》，中华书局 1989 年版。

（元）脱脱等：《辽史》，上海古籍出版社 1986 年版。

（元）脱脱等：《金史》，中华书局 1975 年版。

（元）陈准：《北风扬沙录》，《中国野史集成》第 10 册，巴蜀书社 1993 年版。

（明）胡讚宗：《秦安志》，台北成文出版社 1976 年版。

（清）王振録等修，王宝田纂：《光绪峄县志》，凤凰出版社 2004 年版。

（清）李士珩等：《密县志·山川》，康熙二十九年本，哈佛大学汉和图书馆藏。

（清）李遵唐：《闻喜县志》，台北成文出版社 1976 年版。

（清）常丹葵：《竹山县志》，台北成文出版社 1975 年版。

（清）杨廷烈：《房县志》，台北成文出版社 1976 年版。

（清）马骕撰，王利器整理：《绎史》，中华书局 2002 年版。

（清）藩锡恩撰，张元济辑：《嘉庆重修一统志》，上海商务印书馆 1934 年影印。

（清）雷鹤鸣等修，赵文濂纂：《新乐县志》，台北成文出版社 1968 年版。

（清）顾祖禹：《读史方舆纪要》，上海书店出版社 1998 年版。

（清）张澍撰：《蜀典》，《续修四库全书》第735册，上海古籍出版社2002年版。

（清）张廷玉：《明史》，中华书局1974年版。

（清）鄂尔泰等修：《八旗通志》，东北师范大学出版社1985年版。

（清）纪昀总纂：《四库全书总目提要》，河北人民出版社2000年版。

方诗铭、王修龄：《古本竹书纪年辑证》，上海古籍出版社1981年版。

黄怀信等：《逸周书汇校集注》，上海古籍出版社1995年版。

李澍田编，张璇如等校：《清实录东北史料全辑》，吉林文史出版社1988年版。

李步嘉校释：《越绝书校释》，中华书局2013年版。

徐元诰撰，王树民等点校：《国语集解》，中华书局2002年版。

徐宗元辑：《帝王世纪辑存》，中华书局1964年版。

中国第一历史档案馆等译：《满文老档》，中华书局1990年版。

子部

（汉）王符著，彭铎校正：《潜夫论笺校正》，中华书局1985年版。

（晋）干宝：《搜神记》，中华书局1979年版。

（晋）王嘉撰，齐治平校注：《拾遗记》，中华书局1981年版。

（晋）郭璞注：《穆天子传》，《汉魏六朝笔记小说大观》，上海古籍出版社1999年版。

（隋）萧吉：《五行大义》，《续修四库全书》第1060册，上海古籍出版社2002年版。

（唐）佚名辑：《琱玉集》，《续修四库全书》第1212册，上海古籍出版社2002年版。

（唐）欧阳询撰，汪绍楹校：《艺文类聚》，上海古籍出版社1982年版。

（宋）高承撰：《事物纪原》，《丛书集成初编》第1212册，商务印书馆1937年版。

（宋）李昉等：《太平御览》，中华书局1960年版。

（明）施耐庵著，凌赓等校点：《容与堂本水浒传》，上海古籍出版社1988年版。

（清）王先谦：《庄子集解》，中华书局1987年版。

（清）王先谦撰，沈啸寰等点校：《荀子集解》，中华书局1988年版。

（清）王先慎撰，锺哲点校：《韩非子集解》，中华书局1998年版。

（清）汪继培辑：《尸子》，上海古籍出版社1986年版。

（清）郭庆藩撰，王孝鱼点校：《庄子集释》，中华书局1961年版。

（清）孙诒让撰，孙启治点校：《墨子间诂》，中华书局2001年版。

（清）陈立撰，吴则虞点校：《白虎通疏证》，中华书局1994年版。

王云五主编：《风俗通义》，《丛书集成初编》第274册，商务印书馆1937年版。

刘文典撰，冯逸等点校：《淮南鸿烈集解》，中华书局1989年版。

陈奇猷校释：《吕氏春秋校释》，学林出版社1984年版。

蒋力生等校注：《云笈七签》，华夏出版社1996年版。

蒋礼鸿：《商君书锥指》，中华书局1986年版。

杨丙安校理：《十一家注孙子校理》，中华书局1999年版。

杨伯峻：《列子集释》，中华书局1979年版。

黎翔凤撰，梁运华整理：《管子校注》，中华书局2004年版。

黄晖：《论衡校释》，中华书局1990年版。

袁珂校注：《山海经校注》，上海古籍出版社1980年版。

浙江书局辑：《二十二子》，上海古籍出版社1986年版。

集部

（梁）萧统编，（唐）李善注：《文选》，中华书局1977年版。

（宋）洪兴祖：《楚辞补注》，中华书局1983年版。

（清）俞正燮撰，涂小马等校点：《癸巳类稿》，辽宁教育出版社2001年版。

（清）崔述撰，顾颉刚编订：《崔东壁遗书》，上海古籍出版社1983年版。

逯钦立校注：《陶渊明集》，中华书局1979年版。

（二）近现代论著类（以作者姓氏拼音为序）

安徽文物考古所：《凌家滩田野考古报告之一》，文物出版社2006年版。

卜工：《文明起源的中国模式》，科学出版社2007年版。

毕宝魁：《东北古代文学概览》，春风文艺出版社1993年版。

参考文献

北京大学考古文博学院：《洛阳王湾》，北京大学出版社 2002 年版。
《世界上古史纲》编写组：《世界上古史纲》上册，人民出版社 1979 年版。
曹书杰：《后稷传说与稷祀文化》，社会科学文献出版社 2006 年版。
曹胜高：《汉赋与汉代文明》，东北师范大学出版 2009 年版。
常玉芝：《殷商历法研究》，吉林文史出版社 1998 年版。
常任侠：《常任侠艺术考古论文选集》，文物出版社 1984 年版。
晁福林等：《中国民俗史·先秦卷》，人民出版社 2008 年版。
陈建宪：《神祇与英雄：中国古代神话的母题》，生活·读书·新知三联书店 1994 年版。
陈民镇：《中华文明起源研究》，安徽大学出版社 2010 年版。
陈文化：《农业考古》，文物出版社 2002 年版。
陈星灿：《中国史前考古学史研究 1895—1949》，生活·读书·新知三联书店 1997 年版。
陈寅恪：《陈寅恪史学论文选集》，上海古籍出版社 1992 年版。
陈寅恪撰，唐振常导读：《唐代政治史述论稿》，上海古籍出版社 1997 年版。
陈梦家：《殷虚卜辞综述》，中华书局 1988 年版。
崔适著，张烈点校：《史记探源》，中华书局 1986 年版。
朝阳市文化局、辽宁文物考古所：《牛河梁遗址》，学苑出版社 2004 年版。
赤城县志办：《赤城县志》，改革出版社 1992 年版。
重庆市博物馆：《重庆市博物馆藏四川汉画象砖选集》，文物出版社 1957 年版。
重庆市文化局等：《四川汉代石阙》，文物出版社 1992 年版。
丁山：《中国古代宗教与神话考》，上海书店 2011 年版。
杜松奇：《伏羲文化研究》，中国社会科学出版社 2013 年版。
董家遵：《中国古代婚姻史研究》，广东人民出版社 1995 年版。
敦煌研究院：《敦煌石窟鉴赏丛书》，甘肃人民美术出版社 1995 年版。
［德］恩格斯：《家庭、私有制和国家的起源》，人民出版社 1972 年版。
方铭：《期待与坠落：秦汉文人心态史》，河北教育出版社 2001 年版。

· 313 ·

冯时：《中国天文考古学》，社会科学文献出版社 2001 年版。
范文澜等：《中国通史》，人民出版社 1994 年版。
[英] 弗雷泽：《金枝》，徐育新等译，大众文艺出版社 1998 年版。
过常宝：《原史文化及文献研究》，北京大学出版社 2008 年版。
关山情：《台湾古迹全集》，台北户外生活杂志社 1980 年版。
盖山林：《阴山岩画》，文物出版社 1986 年版。
郭大顺：《龙出辽河源》，百花文艺出版社 2001 年版。
郭大顺、张星德：《东北文化与幽燕文明》，凤凰出版社 2004 年版。
郭宝钧：《中国青铜器时代》，生活·读书·新知三联书店 1963 年版。
郭静云：《夏商周：从神话到史实》，上海古籍出版社 2013 年版。
郭沫若：《殷周青铜器铭文研究》，科学出版社 1961 年版。
郭沫若：《郭沫若全集·历史编》第一卷，人民出版社 1982 年版。
郭沫若：《中国古代社会研究》，河北教育出版社 2000 年版。
顾颉刚等：《古史辨》（1—7），上海古籍出版社 1982 年版。
高书林：《淮北汉画像石》，天津人民美术出版社 2002 年版。
高文：《四川汉代石棺画像集》，人民美术出版社 1998 年版。
甘肃省文物工作队等：《嘉峪关壁画墓发掘报告》，文物出版社 1985 年版。
国家文物局：《马王堆汉墓帛书》，文物出版社 1980 年版。
国家文物局：《中国文物地图集·陕西分册》，西安地图出版社 1998 年版。
国家文物局：《中国文物地图集·山西分册》，中国地图出版社 2006 年版。
韩高年：《礼俗仪式与先秦诗歌演变》，中华书局 2006 年版。
胡厚宣：《甲骨文合集释文》，中国社会科学出版社 1999 年版。
黄雅峰、陈长山：《南阳麒麟岗汉画像石墓》，三秦出版社 2008 年版。
湖北省博物馆：《曾侯乙墓》，文物出版社 1989 年版。
江林昌：《中国上古文明考论》，上海教育出版社 2005 年版。
江林昌：《考古发现与文史新证》，中华书局 2011 年版。
江苏文物管理委员会：《江苏徐州汉画象石》，科学出版社 1959 年版。
《吉县志》编纂委员会：《吉县志》，中国科学技术出版社 1992 年版。

荆门博物馆：《郭店楚墓竹简》，文物出版社1998年版。

蒋智由：《中国人种考》，华通书局1929年版。

康有为著，朱维铮、廖梅编校：《新学伪经考》，中西书局2012年版。

［意］克罗齐：《历史学的理论和实际》，傅任敢译，商务印书馆1982年版。

刘生良：《鹏翔无疆——〈庄子〉文学研究》，人民出版社2004年版。

刘起釪：《尚书学史》，中华书局1989年版。

刘莉：《中国新石器时代：迈向早期国家之路》，文物出版社2007年版。

刘毓庆：《上党神农氏传说与华夏文明起源》，人民出版社2008年版。

刘玉玑修，张其昌纂：《临汾县志》，台北成文出版社1976年版。

刘惠萍：《伏羲神话传说与信仰研究》，陕西师范大学出版社2013年版。

吕思勉：《先秦史》，上海古籍出版社1982年版。

吕思勉：《吕思勉读史札记》，上海古籍出版社2005年版。

罗二虎：《汉代画像石棺》，巴蜀书社2002年版。

罗振玉：《殷虚书契考释三种》，中华书局2006年版。

李山：《诗经的文化精神》，东方出版社1997年版。

李炳海：《部族文化与先秦文学》，高等教育出版社1995年版。

李济：《中国文明的开始》，江苏教育出版社2005年版。

李学勤：《走出疑古时代》，辽宁大学出版社1994年版。

李学勤主编：《中国古代文明与国家形成研究》，云南人民出版社1997年版。

李凯明修，耿步蟾纂：《灵石县志》，台北成文出版社1968年版。

李贵龙、王建勤：《绥德汉代画像石》，陕西人民美术出版社2000年版。

李镜池：《周易探源》，中华书局1978年版。

凌志四：《台湾民俗大观3》，台北大威出版社1985年版。

凌皆兵等主编：《南阳汉代画像石图像资料集锦》，中州古籍出版社2012年版。

［法］列维·布留尔：《原始思维》，商务印书馆1981年版。

陆思贤:《神话考古》,文物出版社 1995 年版。

陆思贤、李迪:《天文考古通论》,紫禁城出版社 2000 年版。

鲁迅撰,郭豫适导读:《中国小说史略》,上海古籍出版社 1998 年版。

马承源:《商周青铜器铭文选》,文物出版社 1988 年版。

马承源:《上海博物馆藏战国楚竹书》(1—7),上海古籍出版社 2001—2008 年版。

马克定等:《天水县文物志》,天水县文物志编写委员会 1984 年版。

马书田:《中国道教诸神》,团结出版社 1996 年版。

[德] 马克思、恩格斯:《马克思恩格斯选集》,人民出版社 1995 年版。

[美] 摩尔根:《古代社会》,杨东莼等译,商务印书馆 1981 年版。

彭林:《〈周礼〉主体思想与成书年代研究》,中国社会科学出版社 1991 年版。

潜明兹:《中国神话学》,上海人民出版社 2008 年版。

钱穆:《史记地名考》,商务印书馆 2001 年版。

青海省文物管理处考古队等:《青海柳湾》,文物出版社 1984 年版。

任式楠等:《中国考古学·新石器时代卷》,中国社会科学出版社 2010 年版。

任继愈主编:《中国哲学发展史》,人民出版社 1983 年版。

容庚:《商周彝器通考》,大通书局 1973 年版。

尚学锋等:《中国古典文学接受史》,山东教育出版社 2000 年版。

石红艳等编:《南阳汉代画像石墓发掘报告集》,中州古籍出版社 2012 年版。

宋兆麟等:《中国原始社会史》,文物出版社 1983 年版。

宋耀良:《中国史前神格人面岩画》,上海三联书店 1992 年版。

孙作云:《诗经与周代社会研究》,中华书局 1966 年版。

孙玉红等:《中华文明起源初探——伏羲文化》,光明日报出版社 2012 年版。

孙奂崙修,韩垌等纂:《洪洞县志》,台北成文出版社 1968 年版。

沈长云、张渭莲:《中国古代国家起源与形成研究》,人民出版社 2009 年版。

苏秉琦:《华人·龙的传人·中国人》,辽宁大学出版社 1994 年版。

苏秉琦：《中华文明起源新探》，生活·读书·新知三联书店 1999 年版。

邵士杰等：《淮阳县志》，河南人民出版社 1991 年版。

山东博物馆等：《山东汉画像石选集》，齐鲁书社 1982 年版。

山东文物管理处等：《大汶口新石器时代墓葬发掘报告》，文物出版社 1974 年版。

睡虎地秦墓竹简整理小组：《睡虎地秦墓竹简》，文物出版社 1990 年版。

涂光社：《中国古代美学范畴发生论》，人民教育出版社 1999 年版。

田广林：《中国东北西辽河地区的文明起源》，中华书局 2004 年版。

田兆元：《神话与中国社会》，上海人民出版社 1998 年版。

田昌五：《古代社会形态研究》，四川人民出版社 1980 年版。

田昌五：《华夏文明的起源》，中国国际广播出版社 2010 年版。

汤惠生等：《青海岩画》，科学出版社 2001 年版。

唐善纯：《中国的神秘文化》，河海大学出版社 1992 年版。

唐长寿：《乐山崖墓和彭山崖墓》，电子科技大学出版社 1994 年版。

王晖：《商周文化比较研究》，人民出版社 2000 年版。

王晖：《古文字与商周史新证》，中华书局 2003 年版。

王仁湘：《中国史前考古论集》，科学出版社 2003 年版。

王宇信、杨升南：《甲骨学一百年》，社会科学文献出版社 1999 年版。

王玉哲：《中华远古史》，上海人民出版社 2000 年版。

王云五：《人类学》，《云五社会科学大辞典》，台北商务印书馆 1971 年版。

王东：《中国龙的新发现：中华神龙论》，北京大学出版社 2000 年版。

王献唐：《炎黄氏族文化考》，齐鲁书社 1985 年版。

王建中、闪修山：《南阳两汉画像石》，文物出版社 1990 年版。

王国维：《王国维遗书》，上海古籍出版社 1983 年版。

王国维：《古史新证——王国维最后的讲义》，清华大学出版社 1994 年版。

王国维：《观堂集林》（外二种），河北教育出版社 2003 年版。

王震中：《中国文明起源的比较研究》，陕西人民出版社 1994 年版。

王震中：《中国古代文明的探索》，云南人民出版社 2005 年版。

魏建震：《先秦社祀研究》，人民出版社 2008 年版。

闻一多：《神话与诗》，上海人民出版社 2006 年版。

[芬兰] 韦斯特马克：《人类婚姻史》，李彬等译，商务印书馆 2002 年版。

玄珠：《中国神话研究》，台北东方文化书局 1971 年版。

许顺湛：《五帝时代研究》，中州古籍出版社 2005 年版。

徐旭生：《中国古史的传说时代》，文物出版社 1985 年版。

谢维扬：《中国早期国家》，浙江人民出版社 1995 年版。

萧兵：《楚辞与神话》，江苏古籍出版社 1987 年版。

夏鼐：《中国文明的起源》，文物出版社 1985 年版。

于省吾：《甲骨文字诂林》，中华书局 1996 年版。

叶舒宪：《中国神话哲学》，中国社会科学出版社 1992 年版。

叶舒宪：《诗经的文化阐释》，陕西人民出版社 2005 年版。

严文明：《仰韶文化研究》，文物出版社 1989 年版。

严文明：《农业发生与文明起源》，科学出版社 2000 年版。

阎文儒：《中国考古学史》，广西师范大学出版社 2004 年版。

阎根齐等编著：《商丘汉画像石》，河南美术出版社 1992 年版。

杨利慧：《女娲溯源》，北京师范大学出版社 1999 年版。

姚淦铭、王燕编：《王国维文集》第四卷，中国文史出版社 1997 年版。

袁珂：《中国神话史》，上海文艺出版社 1988 年版。

俞伟超等：《中国画像石全集》，山东美术出版社、河南美术出版社 2000 年版。

张新科：《文化视野中的汉代文学》，中国社会科学出版社 2006 年版。

张光直：《中国青铜时代》，生活·读书·新知三联书店 1983 年版。

张光直：《中国青铜时代二集》，生活·读书·新知三联书店 1990 年版。

张淑一：《先秦姓氏制度考索》，福建人民出版社 2008 年版。

章炳麟撰：《訄书》，《续修四库全书》第 953 册，上海古籍出版社 2002 年版。

赵敏俐：《文学传统与中国文化》，东北师范大学出版社 1993 年版。

赵诚：《二十世纪金文研究述要》，书海出版社 2003 年版。
赵诚：《二十世纪甲骨文研究述要》，书海出版社 2006 年版。
赵沛霖：《兴的起源》，中国社会科学出版社 1987 年版。
朱凤瀚：《商周家族形态研究》，天津古籍出版社 2004 年版。
朱维铮校注：《梁启超论清学史二种》，复旦大学出版社 1985 年版。
朱芳圃：《殷周文字释丛》，中华书局 1962 年版。
朱芳圃：《中国古代神话与史实》，中州书画社 1982 年版。
朱锡禄：《武氏祠汉画像石》，山东美术出版社 1986 年版。
周膺：《良渚文化与中国文明的起源》，浙江大学出版社 2010 年版。
郑裕孚：《归绥县志》，台北成文出版社 1968 年版。
邹衡：《夏商周考古学论文集》，文物出版社 1980 年版。
詹鄞鑫：《神灵与祭祀》，江苏古籍出版社 1992 年版。
中国科学院考古所：《西安半坡》，文物出版社 1963 年版。
中国社科院考古所：《新中国的考古发现和研究》，文物出版社 1984 年版。
中国社科院考古所：《殷墟发掘报告 1958—1961》，文物出版社 1987 年版。
中国社科院历史所：《甲骨文合集补编》，语文出版社 1999 年版。
中国社科院考古所：《殷墟花园庄东地甲骨》，云南人民出版社 2003 年版。
中国社科院考古所：《中国文明起源研究要览》，文物出版社 2003 年版。
专家组：《夏商周断代工程 1996—2000 年阶段成果报告》，世界图书出版公司 2000 年版。

（三）相关的论文类（以作者姓氏拼音为序）

安徽文物考古所：《安徽含山凌家滩新石器时代墓发掘简报》，《文物》1989 年第 4 期。
安徽文物考古所：《安徽含山县凌家滩遗址第五次发掘的新发现》，《考古》2008 年第 3 期。
北京大学考古实习队：《洛阳王湾遗址发掘简报》，《考古》1961 年第

4期。

曹熙：《〈楚辞〉中的鲜卑与幽都考》，《齐齐哈尔大学学报》1983年第4期。

曹定云：《商族渊源考》，中国社会科学院考古研究所编：《中国商文化国际学术讨论会论文集》，中国大百科全书出版社1998年版。

常金仓：《由鲧禹故事演变引出的启示》，《齐鲁学刊》1999年第6期。

长山、仁华：《邓县长冢店汉画像石墓》，《中原文物》1982年第1期。

程德祺：《略谈产翁习俗——兼释"伯禹愎鲧"》，《固原师专学报》1982年第3期。

陈崇凯：《骊山女娲遗迹与古代的人祖庙会》，《华夏文化》1995年第4期。

陈久金、张敬国：《含山出土玉片图形试考》，《文物》1989年第4期。

崔陈：《江安县黄龙乡魏晋石室墓》，《四川文物》1989年第1期。

重庆市博物馆等：《合川东汉画象石墓》，《文物》1977年第2期。

杜谆：《文化再生产视野中的伏羲女娲信仰》，《民间文化论坛》2011年第2期。

戴应新、魏遂志：《陕西绥德黄家塔东汉画像石墓群发掘简报》，《考古与文物》1988年第6期。

方殿春、刘葆华：《辽宁阜新县胡头沟红山文化玉器墓的发现》，《文物》1984年第6期。

冯广宏：《颛顼是四川人还是山东人》，《文史杂志》2001年第4期。

冯华：《记新疆新发现的绢画伏羲女娲像》，《文物》1962年第7—8期。

郭大顺、张克举：《辽宁喀左东山嘴红山文化建筑群址发掘简报》，《文物》1984年第11期。

郭大顺：《龙凤呈祥——从红山文化龙凤玉雕看辽河流域在中国文化起源史上的地位》，《文化学刊》2006年第1期。

郭沫若：《桃都·女娲·加陵》，《文物》1973年第1期。

郭书元、孙长虹：《河南濮阳西水坡新石器时代遗址瓣鳃类动物群的生态环境分析》，《古地理学报》2003年第4期。

郭德维：《曾侯乙墓中漆箱上日月和伏羲、女娲图象试释》，《江汉考古》1981年S1期。

郭德维:《曾侯乙墓五弦琴上伏羲和女娲图象考释》,《江汉考古》2000年第1期。

龚维英:《从上古族间的斗争与融合看蚩尤——兼论评价历史人物应实事求是》,《安徽史学》1985年第1期。

高文:《绚丽多彩的画像石》,《四川文物》1985年第1期。

贵州省文物考古研究所:《贵州金沙县汉画像石墓清理》,《文物》1998年第10期。

甘肃文物考古所:《甘肃高台县骆驼城墓葬的发掘》,《考古》2003年第6期。

甘肃文物考古所:《甘肃省高台县汉晋墓葬发掘简报》,《考古与文物》2005年第5期。

何星亮:《中国图腾文化概述》,《云南社会科学》1990年第2期。

何驽、严志斌:《黄河流域史前最大城址进一步探明》,《中国文物报》2002年2月8日。

何浩:《颛顼传说中的神话与史实》,《历史研究》1992年第3期。

鹤壁市文物队等:《浚县贾胡庄东汉画像石墓》,《中原文物》2000年第4期。

胡顺利:《大溪文化图腾说辨析及其相关问题》,《江汉考古》1987年第1期。

胡厚宣:《释殷代求年于四方和四方风的祭祀》,《复旦学报》1956年第1期。

胡厚宣:《甲骨文商族鸟图腾的遗迹》,中华书局编:《历史论丛》(第一辑),中华书局1964年版。

胡怀琛:《八卦为上古数目字说》,黄寿祺、张善文编:《周易研究论文集》(第一辑),北京师范大学出版社1987年版。

河南省文物考古研究所:《河南辉县市孟庄龙山文化遗址发掘简报》,《考古》2000年第3期。

河南省博物馆:《南阳汉画像石概述》,《文物》1973年第6期。

江林昌:《楚辞所见母权制向父权制转变诸现象考》,《东岳论丛》1996年第4期。

江林昌、孙进：《后羿、寒浞神话传说的历史钩沉》，《学术月刊》2011年第10期。

江苏省文物管理会等：《江苏徐州十里铺汉画象石墓》，《考古》1966年第2期。

江苏省文物管理会等：《江苏徐州、铜山五座汉墓清理简报》，《考古》1964年第10期。

吉林省博物馆：《吉林辑安五盔坟四号和五号墓清理略记》，《考古》1964年第2期。

金景芳、吕绍纲：《〈甘誓〉浅说》，《社会科学战线》1993年第2期。

金宇飞：《涿鹿之战的考古学研究》，《重庆文理学院学报》2011年第4期。

金梅：《女娲信仰与性别形象——以竹山县区域女娲文化为例》，《郧阳师范高等专科学校学报》2014年第2期。

蒋宝庚等：《山东沂南汉画像石墓》，《文物参考资料》1954年第8期。

蒋书庆：《中国彩陶花纹之谜》，《文艺研究》2001年第6期。

匡远滢：《四川宜宾市翠屏村汉墓清理简报》，《考古通讯》1957年第3期。

兰峰：《四川宜宾县崖墓画像石棺》，《文物》1982年第7期。

吕品等：《唐河县电厂汉画像石墓》，《中原文物》1982年第1期。

李炳海：《昆仑地望及东夷文化区的西限》，《东岳论丛》1992年第2期。

李炳海：《伏羲女娲神话的地域特征及文化内涵》，《河南大学学报》1992年第2期。

李斌：《史前日晷初探》，《东南文化》1993年第1期。

李学勤：《商代的四风与四时》，《中州学刊》1985年第5期。

李学勤：《论含山凌家滩玉龟、玉版》，《中国文化》1992年第1期。

李济：《小屯与仰韶》，《安阳发掘报告》1930年第2期。

李林：《陕西绥德延家岔二号画像石墓》，《考古》1990年第2期。

李复华等：《郫县出土东汉画象石棺图象略说》，《文物》1975年第8期。

李恩雄：《成都市出土东汉画像砖》，《考古与文物》1982年第1期。

李怀顺等：《麦积山石窟"伏羲女娲"图像辨析》，《华夏考古》2006年第3期。

李世晓：《汉代的〈虎吃旱魃〉画像研究》，《南都学坛》2010年第6期。

刘毓庆：《黄帝族的起源迁徙及炎黄之战的研究》，《山西大学学报》2008年第5期。

刘毓庆、刘鳞龙：《陶寺遗址对接历史的可能性及其难题》，《晋阳学刊》2009年第4期。

刘次沅：《陶寺观象台遗址的天文学分析》，《天文学报》2009年第1期。

刘海峰：《嫘祖故里河南西平考》，《兰台世界》2012年第34期。

刘雁翔：《风陵渡女娲陵地望考》，《江西科技师范大学学报》2014年第3期。

刘心健、张鸣雪：《山东莒南发现汉代石阙》，《文物》1965年第5期。

刘云涛：《山东莒县东莞出土汉画像石》，《文物》2005年第3期。

刘国俊：《神秘奇特的人面鱼纹》，《集邮博览》2005年第9期。

刘志远：《成都天回山崖墓清理记》，《考古学报》1958年第1期。

刘宗迪：《翩然起舞 羽化成仙》，《攀枝花大学学报》1996年第4期。

刘正英：《含山玉片新解》，《淮阴师专学报》1997年第1期。

林向：《大溪文化与巫山大溪遗址》，《中国考古学会第二次年会论文集》，文物出版社1982年版。

临汝县文化馆：《临汝阎村新石器时代遗址调查》，《中原文物》1981年第1期。

辽宁文物考古研究所：《辽宁省牛河梁红山文化"女神庙"与积石冢群发掘简报》，《文物》1986年第8期。

辽宁文物考古研究所：《牛河梁第十六地点红山文化积石冢中心大墓发掘简报》，《文物》2008年第10期。

罗哲文：《孝堂山郭氏墓石祠》，《文物》1961年第4—5期。

雷建金、付成金：《内江市发现东汉岩墓画像》，《四川文物》1987年第4期。

梁思永：《小屯、龙山与仰韶》，《梁思永考古论文集》，科学出版社

1959 年版。

陆思贤：《红山文化裸体女神为女娲考》，《北方文物》1993 年第 3 期。

洛阳博物馆：《洛阳西汉卜千秋壁画墓发掘简报》，《文物》1977 年第 6 期。

洛阳市文物工作队：《河南洛阳北郊东汉壁画墓》，《考古》1991 年第 8 期。

洛阳第二文物工作队：《洛阳偃师县新莽壁画墓清理简报》，《文物》1992 年第 12 期。

洛阳第二文物工作队：《洛阳浅井头西汉壁画墓发掘简报》，《文物》1993 年第 5 期。

马世之：《伏羲文化中原觅踪》，《寻根》2003 年第 1 期。

马世之：《中原地区的伏羲文化》，《中州学刊》2007 年第 4 期。

马世之：《黄土高原地带的伏羲文化》，《天水师范学院学报》2007 年第 4 期。

马世之：《华胥氏与伏羲、女娲故里考》，《黄河科技大学学报》2007 年第 4 期。

毛巧晖：《山西吉县伏羲、女娲研究》，《长江大学学报》2014 年第 10 期。

孟繁仁：《黄土高原的"女娲崇拜"》，《中国文化研究》1999 年夏之卷。

孟繁仁等：《太行山与女娲山》，《世界》2006 年第 6 期。

内江市文管所等：《四川简阳县鬼头山东汉崖墓》，《文物》1991 年第 3 期。

南阳市文物研究所：《河南省南阳县辛店乡熊营画像石墓》，《中原文物》1996 年第 3 期。

南阳博物馆：《河南南阳军帐营汉画像石墓》，《考古与文物》1982 年第 1 期。

南阳博物馆：《南阳市王庄汉画像石墓》，《中原文物》1985 年第 3 期。

南阳地区文物研究所：《河南南阳县蒲山汉墓的发掘》，《华夏考古》1991 年第 4 期。

南阳地区文物工作队等：《河南南阳县英庄汉画像石墓》，《文物》1984

年第 3 期。

南阳市文物工作队：《南阳市邢营画像石墓发掘报告》，《中原文物》1996 年第 1 期。

南阳市文物研究所：《河南省南阳市十里铺二号画像石墓》，《中原文物》1996 年第 3 期。

南阳市文物研究所：《南阳市妇幼保健院东晋墓》，《中原文物》1997 年第 4 期。

南京博物院：《昌梨水库汉墓群发掘简报》，《文物参考资料》1957 年第 12 期。

南京博物院：《徐州青山泉白集东汉画象石墓》，《考古》1981 年第 2 期。

庞永臣：《蚕丛自有华章在：红山文化与濮阳西水坡遗存、三星堆文明之关联》，《文史杂志》2003 年第 2 期。

逄振镐：《论原始八卦的起源》，《北方文物》1991 年第 1 期。

彭邦本：《昌意降居若水与川西地区的颛顼传说》，《地方文化研究辑刊》2014 年第 7 辑。

濮阳市文管会等：《河南濮阳西水坡遗址发掘简报》，《文物》1988 年第 3 期。

屈万里：《易卦源于龟卜考》，《中央研究院历史语言研究所集刊》第 27 本。

仁华、长山：《南阳县王寨汉画像石墓》，《中原文物》1982 年第 1 期。

山东省博物馆：《山东安丘汉画象石墓发掘简报》，《文物》1964 年第 4 期。

四川博物馆等：《四川郫县东汉砖墓的石棺画象》，《考古》1979 年第 6 期。

四川大学考古专业七八级实习队等：《四川长宁"七个洞"东汉纪年画像崖墓》，《考古与文物》1985 年第 5 期。

苏秉琦：《辽西古文化古城古国——兼谈当前田野考古工作的重点或大课题》，《文物》1986 年第 8 期。

苏兆庆、张安礼：《山东莒县沈刘庄汉画像石墓》，《考古》1988 年第 9 期。

邵望平、汪遵国：《迎接中国考古学的新世纪——苏秉琦先生访谈录》，《东南文化》1993 年第 1 期。

孙华：《蜀族起源考辨》，《民族论丛》1982 年第 2 期。

孙国江：《中国古代"旱魃"形象的起源与嬗变》，《民俗研究》2014 年第 6 期。

沈天鹰：《洛阳出土一批汉代壁画空心砖》，《文物》2005 年第 3 期。

陕西省博物馆：《米脂东汉画象石墓发掘简报》，《文物》1972 年第 3 期。

陕西考古所等：《陕西神木大保当第 11 号、第 23 号汉画像石墓发掘简报》，《文物》1997 年第 9 期。

陕西考古研究院等：《陕西靖边东汉壁画墓》，《文物》2009 年第 2 期。

陕西省文物管理委员会：《陕西省三原县双盛村隋李和墓清理简报》，《文物》1966 年第 1 期。

涂元济：《从母系制过渡到父系制的一场夺子之争——对〈诗经·生民〉神话的一种解释》，《福建师范大学学报》（哲学社会科学版）1981 年第 1 期。

唐兰：《中国有六千多年的文明史——论大汶口文化是少昊文化》，《大公报在港复刊三十周年纪念文集》（上），香港大公报 1978 年。

滕海键：《漫论岩画与原始巫术》，《昭乌达蒙族师专学报》1999 年第 5 期。

卫斯：《嫘祖故里"西陵"历史地望考》，《农业考古》2007 年第 1 期。

王步毅：《安徽宿县褚兰汉画像石墓》，《考古学报》1993 年第 4 期。

王晖等：《出土文字资料与古代神话原型新探》，《北京师范大学学报》2005 年第 1 期。

王黎琳、李银德：《徐州发现东汉画像石》，《文物》1996 年第 4 期。

王震中：《从仰韶文化与大溪文化的交流看黄帝与嫘祖的传说》，《江汉考古》1995 年第 1 期。

王震中：《共工氏主要活动地区考辨》，《人文杂志》1985 年第 2 期。

王玉哲：《尧、舜、禹"禅让"与"篡夺"两种传说并存的新理解》，《历史教学》1986 年第 1 期。

王晓毅等：《从陶寺遗址的考古新发现看尧舜禅让》，《山西师大学报》

2004 年第 3 期。

王子今：《平利女娲传说二题》，《汉中师范学院学报》2004 年第 4 期。

王思礼：《山东肥城汉画象石墓调查》，《文物参考资料》1958 年第 4 期。

王庭福等：《合江张家沟二号崖墓画像石棺发掘简报》，《四川文物》1995 年第 5 期。

王德庆：《江苏铜山东汉墓清理简报》，《考古通讯》1957 年第 4 期。

王春梅：《嘉峪关魏晋墓出土伏羲女娲图像考析》，《丝绸之路》2013 年第 8 期。

汪聚应、霍志军：《陇城的历史文化渊源和民间女娲崇拜》，《天水师范学院学报》2007 年第 6 期。

汪宁生：《八卦起源》，《考古》1976 年第 4 期。

吴兰等：《绥德辛店发现的两座画像石墓》，《考古与文物》1993 年第 1 期。

吴兰、学勇：《陕西米脂县官庄东汉画像石墓》，《考古》1987 年第 11 期。

吴汝祚：《关于夏文化及其来源的初步探索》，《文物》1978 年第 9 期。

武家璧、陈美东、刘次沅：《陶寺观象台遗址的天文功能与年代》，《中国科学》（G 辑）2008 年第 9 期。

徐中舒：《论尧舜禹禅让与父系家族私有制的发生和发展》，《四川大学学报》1958 年第 1 期。

徐中舒：《耒耜考》，《历史语言研究所集刊》（第二册），中华书局 1987 年版。

谢雁翔：《四川郫县犀浦出土的东汉残碑》，《文物》1974 年第 4 期。

谢荔、徐利红：《四川合江县东汉砖室墓清理简报》，《文物》1992 年第 4 期。

于成宝、曹丙燕：《从"精卫填海"与"黄帝擒蚩尤"看上古部落的冲突与融合》，《中国海洋大学学报》2015 年第 1 期。

于省吾：《周易尚氏学序言》，尚秉和：《周易尚氏学》，中华书局 1980 年版。

严文明：《鹳鱼石斧图跋》，《文物》1982 年第 12 期。

严文明：《龙山时代和龙山文化》，《文物》1981年第6期。

叶修成：《黄帝族的迁徙及其神话传说的区域性》，《贵州文史丛刊》2004年第3期。

叶修成、梁葆莉：《黄帝族的发祥地及其时代》，《贵州文史丛刊》2006年第2期。

叶修成、梁葆莉：《黄帝神话传说与东夷文化》，《湖北民族学院学报》2007年第1期。

杨东晨：《中华"先蚕"嫘祖考》，《西南科技大学学报》2008年第5期。

杨国勇：《黄炎华夏考》，《山西大学学报》1982年第4期。

佚名：《麦积山石窟内容总录》（三），《文物参考资料》1954年第4期。

余德章：《"伏羲女娲·双龙"画像砖试释》，《四川文物》1984年第3期。

喻震：《北京市丰台区三台子出土汉画像石》，《文物》1966年第4期。

张绍文：《原始艺术的珠宝——记仰韶文化彩陶上的〈鹳鱼石斧图〉》，《中原文物》1981年第1期。

张涛、史海威：《巨野与伏羲画八卦》，《历史文献研究》总第27辑。

张翠玲：《西华女娲城庙会调查报告》，《民俗研究》1996年第2期。

张振犁：《"浮戏"本是"伏羲山"华夏文明此有源——新密市浮戏山考察记》，《南阳师范学院学报》2003年第5期。

张掖地区文物管理办等：《甘肃高台骆驼城画像砖墓调查》，《文物》1997年。

章丘市博物馆：《山东章丘市黄土崖东汉画像石墓》，《考古》1996年第10期。

朱达等：《牛河梁遗址第十六地点发掘获重大成果》，《中国文物报》2003年9月11日。

赵诚：《诸帚探索》，中国古文字研究会等：《古文字研究》（第12辑），中华书局1985年版。

赵莉：《甘肃考古发现的汉、魏晋时期伏羲、女娲图像》，《丝绸之路》2009年第22期。

宗荷：《娲皇古迹 古建奇观——涉县女娲古迹概览》，《当代人》2009年第 2 期。

中国社会科学院考古研究所实验室：《放射性碳素测定年代报告》（七），《考古》1980 年第 4 期。

中国社会科学院考古研究所山西工作队、临汾地区文化局《1978—1980 年山西襄汾陶寺墓地发掘简报》，《考古》1983 年第 1 期。

中国社科院考古所等：《陶寺城址发现陶寺文化中期墓葬》，《考古》2003 年第 9 期。

中国社会科学院考古研究所山西队、山西省考研究所、临汾市文物局：《山西襄汾县陶寺中期城址大型建筑ⅡFJT1 基址 2004—2005 年发掘简报》，《考古》2007 年第 4 期。

周到、李京华：《唐河针织厂汉画像石墓的发掘》，《文物》1973 年第 6 期。

周水利：《安徽萧县新出土的汉代画像石》，《文物》2010 年第 6 期。

周立升：《契数与周易》，刘大钧编：《大易集成》，文化艺术出版社 1991 年版。

周玮：《安徽含山凌家滩祭坛的初步研究》，《东南文化》2001 年第 1 期。

郑慧生：《我国母系氏族社会与传说时代：黄帝等人为女人辨》，《河南大学学报》（哲学社会科学版）1986 年第 4 期。

郑振坤：《镂雕象牙梳图象与"易"及养生》，《体育文史》1989 年第 3 期。

回到起点

对于仰慕国学的我来说，古都西安是神往的起点。2013年秋天，我从辽宁鞍山出发，负笈千里，立雪于陕西师范大学刘师生良先生门下，以博士后身份，开启了一段新的求学生涯。刘先生为人耿直中正，宽厚热忱；为学求真务实，硕果累累；为师诲人不倦，尽力扶持。彼时先生正从事国家社科基金项目研究，但每次我提交论文，先生都会在百忙中认真批阅，多方指导。聆听先生教诲，总是让我如沐春风。可惜我愚钝不灵，文章拙劣，远没有达到先生的期望。读书之余，我也得以近距离感受西安——古城墙、大雁塔、兵马俑，而作为一个好古而又缺乏根基的人，我最喜欢的地方却是西安半坡。或许是因为心已经老了的缘故，我往往不愿意在景区留影，那天去半坡博物馆却与原始人蜡像合了影。假如时空可以穿越，我非常愿意做一个半坡猎人，快快乐乐地生，无忧无虑地死，所谓"无怀氏之民""葛天氏之民"，也不过如此吧！

对于感念师恩的我来说，涂光社先生是大学的起点。涂先生是我本科论文的指导老师，也是我遇到的第一位大学老师。记得初次拜见老师，临别前老师送至门外，什么都没有说，只是双手合十朝我深深鞠了一躬。当时我惊呆了，从内到外，仿佛被一股无名之水清洗过，瞬间变得透明起来。后来，涂老师见到我，常常拉着我的手说话，而我总是满怀敬畏地聆听。老师嘱我，要转益多师，还要把书当作最好的老师。十余年来，我铭记于心，先后忝列毕师宝魁先生、尚师学峰先生门墙，还多次向许志刚、朱明伦、郭大顺、刘刚、王鸿卿、李炳海、赵敏俐、鲁洪生、过常宝、李山、方铭、于雪棠诸位先生求教，来到西安后又蒙张新科先生、曹胜高先生百忙中多方指导，感激之情，难以言表。早在北师读博期间，我就拜读过王晖先生大作；来到陕师后，又蒙王先生帮助与指导，这里一并致谢。另外，博管科鲜路、文学院领导和各位老师，也多次不厌其烦地帮助过我，同样令我不敢忘怀。

对于心怀故土的我来说，辽西建平是生命的起点。2002年秋天，我从家乡建平出发，踌躇满志，正式成为辽宁大学文化传播学院的硕士研究生。建平是女神的故乡，也是龙族的故乡，然而五千年风沙已经掩埋了国人的回乡之路。当初希望能为家乡做点什么，便以"红山神话"为题，准备修一条通往"辽西古老文明之路"。我以无知者无畏的勇气完成了硕士论文，但离修成"返乡之路"的目标无疑还有很遥远。

近几年，父母年迈，家兄祚薄，生命沧桑之感更让我返乡心切。然而我听说，周代秦国一公族受封于逯邑（位于今陕西），后来逯邑公族子孙就以封地为氏，世代姓逯；也有人说逯邑本是楚国邑名，楚公族以该邑为氏者称逯氏。而秦、楚皆出自颛顼，为黄帝子孙，红山先民苗裔。如此说来，不论祖上出自嬴姓还是芈姓，我都可以算是红山后裔了。但先辈几经辗转，一定到过很多地方，所以长城内外、大江南北皆是我的故乡。尽管如此，当初要修"返乡之路"的念头还没有泯灭，涂老师反复嘱我"要好好研究红山文化"的要求也不敢忘怀。于是，我重拾旧稿，花了大约十八个月的时间，完成了上面的文字。初稿完成后，同窗好友陈春保、任树民兄提出了宝贵建议。谨志于此，以示谢意。

十年一个轮回，我希望回到起点。

逯宏
2015年10月